U1013817

徐訏作品

徐彻作品系列

张作霖

ZHANG ZUO LIN

徐彻◎著

中国文史出版社

目　录

第一章 奇闻坊间传 轶事口碑赞

坊间流传着许多关于张作霖的轶闻趣事，从中不难看出张作霖的精神风貌和个性特征。我现在简单地叙述 10 个故事，供读者一哂。必须说明的是，这些故事都是真实的。

一、喜小兵为其娶妻

民间流传着许多张作霖的逸闻趣事，给小兵娶媳妇就是其中的一个。

这是 1920 年以后的事。张作霖头脑灵活，遇事机敏，他很早就觊觎东北王的宝座。在 1916 年，他伙同冯德麟巧妙地挤走了奉天巡按使段芝贵之后，得到了大总统袁世凯的信任，被任命为奉天盛武将军督理奉天军务兼奉天巡按使。袁世凯死后，继任大总统黎元洪，改任张作霖为奉天督军兼省长。1918 年，大总统徐世昌升任张作霖为东三省巡阅使。这就是说，43 岁的张作霖成为凌驾于东三省省长之上的东北最高行政长官，成为东北王了。

当上东北王的张作霖不敢疏忽，对部队约束很严。他有个习惯，喜欢微服私访。一天晚上，张作霖手摇纸折扇，头戴瓜皮帽，身穿绸长袍，脚着软布鞋，一身商人打扮，不带副官，不带卫士，一个人悄悄地从帅府南门走了出去。他要私下查访奉天城内军队的防卫情况。他乘着黑夜，先是突然来到了宪兵司令部，值班军官吓了一跳，没想到大帅会微服暗访。张作霖检查了司令部的值班情况，看到井井有条，很是满意。接着，他又只身来到了第二十七师师部，值班军官满脸惊讶地接待了大帅。大帅看到师部井然有序，也便悄悄地退了出来。

张作霖不让任何人护送，自己溜溜达达地往回走。当时已是凌晨 2 时左右了，街上行人稀少，漆黑一片。张作霖不慌不忙地朝帅府走去，他想从东门回家，慢慢地靠近了帅府东门。大帅府的东门胡同灯光幽暗，张作霖模模糊糊地看到了帅府东门的岗亭，并影影绰绰地感觉到一个哨兵在站岗执勤。

在靠近东门仅 100 多米的时候，大帅突然听到一声严厉的断喝："站住！"大帅愣了一下，往四周看了看，以为是在警告别人，没当回事，定了定神，还继续往前走着。这时大帅听到了步枪拉大栓、子弹上膛的声音，久经战阵的大帅，知道这是在做预备射击的动作。同时，又听到了一声更加严厉的高声叫骂："王八蛋，你找死啊！再不站住，我可要开枪送你回老家啦！"张作霖一听卫兵骂他王八蛋，不禁大怒，高声说道："我是张作霖！"大帅以为只要亮明自己的身份就可以解除误会，顺利地进门回家了。

不承想，卫兵警惕性很高，根本不相信大帅的回答，认为是拿假话蒙他，所以继续厉声地呵斥道："你是张作霖他亲爹，也得快点给我滚开。不然，我这枪可不留情！"张作霖听了先是一愣，小杂种，竟敢骂我，刚想发火，可是立刻冷静下来，想了想，不禁哈哈大笑，并说道："好小子，算你有种！好，好，我走，我走！"张作霖意识到这个卫兵是个极为认真的人。同时，黑灯瞎火的，自己穿着便衣，又没带卫兵，孤身一人，没法证明自己的身份。一旦擦枪走火，可不是闹着玩的。他当机立断，机敏地立刻转身往胡同东头走去。

张作霖冷静下来，抄近道直奔大南门里路东的教导队机关枪中队部。到了中队部，叫来了中队长王贯三。王贯三丈二和尚摸不着头脑，不知这么晚了叫他干啥。张作霖告诉他往大帅府挂电话，叫卫队连连长出来接他回府。当时接电话的恰好是卫队旅参谋长郭松龄。郭松龄一听张作霖从外边打电话叫人接他回来，还以为出了什么大事，不敢怠慢，当即集合手枪连，跑步来到中队部，把大帅接回了帅府。

张作霖回到帅府办公厅，还没等坐稳，就立刻对郭松龄说："去把在东大门站岗的那个卫兵叫来，我有话说。"郭松龄不明就里，但未敢多问，就传下令去。不久，由当晚卫兵执行官褚连长把一个 20 多岁的精干的卫兵带了来。这么晚，大帅召见自己，卫兵感到十分奇怪。

张作霖见了那个卫兵，严肃地问道："你叫啥名？"

卫兵不知咋回事，愣愣地高声答道："我叫李德标！"

张作霖听了李德标说话的口音，分辨出刚才和他对话的正是这个卫兵。张作霖自言自语地小声说道："正是这小子！"张作霖仔细地端详着这个小伙子，看他生得傻大黑粗，一脸的忠厚相，心里已经暗暗地喜欢上他了。却故作严厉地说道："他妈巴子！刚才为什么不让我进东大门？还说，是我爹也不成！难道说，我的话你也不听吗？”至此，李德标才知道刚才被骂一顿，又不许走进东大门的那个人，真的是张大帅。他不知所措，一阵惶恐，知道碰到茬口上了。但是，事已至此，后悔也没有用了。怕呢？当然更不济事。要杀要剐，随你便吧。但是，他想必须说明情况，为自己争辩一下，于是，硬着头皮说道：“报告大帅，连长有命令！”

张作霖厉声问道：“什么命令？”

卫兵高声朗朗答道：“夜间站岗，没有上边命令，不许任何人出入帅府。”李德标强调“不许任何人”，你也是任何人之一。

“好小子！”张作霖看了一眼站在一旁的褚连长，赞许地说，“看不出你小子还会带兵呢！”说完，满脸放松地询问李德标多大岁数，啥地方人，当过几年兵，娶过媳妇没，以及家庭状况等。原来李德标是辽北法库县人，今年 21 岁，已经当了两年兵了，因家贫还没有娶媳妇。张作霖点点头。

有了今晚的实际遭遇，又经过方才的一番口头调查，张作霖已经胸有成竹。他决心重奖褚连长和这个年轻的卫兵，以他们为榜样，鼓励其他人。张作霖叫过来参谋长郭松龄命令道：“茂宸（郭松龄的字），升褚连长当营长，升李德标当少尉军官。告诉军需处，赏褚连长 500 银元，赏李德标 2000 银元。这是我私人奖赏给他们的，让军需处先记笔账。”

郭松龄答应：“是！”

张作霖意犹未尽，想了想，又说道：“告诉杨宇霆明天早上来见我！”大帅还想对李德标作进一步的安排。

第二天，巡阅使署总参议杨宇霆来见张作霖，张作霖客气地对他说：“邻葛（杨宇霆的字），我替你介绍一个你们一县的小同乡。”杨宇霆也是法库人。杨宇霆问是谁，张作霖叫来李德标，给他们互相介绍了。介绍过后，张作霖对杨宇霆把昨晚发生的事说了一遍，杨宇霆听了哈哈笑道：“真是大帅遇上兵，有理说不通！”张作霖极口称赞李德标“有种”，连连说道：“我张作霖就喜欢硬骨头。军人嘛，当然以尽责任听命令为第一，像李德标这小子，严格执行军令，不管是谁，妈巴子的，真够冲，真有种！”

然后，张作霖又嘱咐杨宇霆两件事：第一件，请杨宇霆负责给李德标选择一个年貌相当的大姑娘作媳妇；第二件，马上把李德标送到讲武堂去上学。李德标从此成了东北军上下皆知的有名人物。这个贫苦家庭出身的普通卫兵，自此改变了人生轨迹。李德标很争气，进了著名军事学校讲武堂后努力学习并以优异的成绩毕业。在军中，李德标表现出色，由连长，而营长，到民国

16 年（1927 年），已经升为第二十七师的上校团长了。[1]

由此看来，张作霖是很会用人的。

二、束家人鼓励执法

张作霖对自己的家人约束甚严，不准他们在外惹是生非。这里有一个流传很广的常荫槐杖责张作霖五夫人娘家恶仆的故事。

常荫槐，山东寿光人，后迁到吉林省梨树县。宣统二年（1910 年），毕业于奉天法政学堂。1922 年，任军警执法处处长，后又任奉天全省清乡总办。1925 年，任京奉铁路局局长。其职位仅在中上级之间，并不过于重要。但常荫槐敢于负责，敢于执法，不畏权贵，不怕报复。

一日，京奉铁路的头等包厢内进来了一名男客，检票时发现他没有购买车票，但列车检票员不敢将他撵下车。此人油光的分头，一身绸装，着黑亮的皮鞋，叼根纸烟，像个主不主仆不仆的人。经盘查，其自称是张作霖大帅之五夫人世称寿夫人娘家的一名男仆。这名男仆倚仗着寿夫人的名声，在车上作威作福，很是霸道，无人敢管。这寿夫人不简单，很得张作霖的眷宠，名声在外。寿夫人之娘家姓王，住在奉天小南关的上头，门首牌示“山左王寓”，以明示与普通百姓不同。当时东北之政要，多有求其办事的，常常奔走其门下。因此，寿夫人名声越发显赫。因为这层关系，这个男仆强占一个头等包厢，没人敢令其下车。

张作霖的墨迹“慎行”

恰逢常荫槐乘同列车出差，列车员向其报告。常荫槐不听邪，亲自前往检查，看到这个男仆骄横跋扈，不可一世，极为气愤，当即命令执法人员将这个男仆强行拉下列车。不料，这个男仆很不识趣，仍

① 罗雨田：《东北王张作霖》，《张作霖传记资料》，第 1 辑，台湾天一出版社，第 16 页。

然骂骂咧咧，傲慢无礼。常荫槐忍无可忍，下令执法处的部下在站台之上将其杖责。执法人员下手很重，打得这个男仆几乎不能行走。

男仆勉强回到家后，辗转将自己受到常荫槐杖责的事告诉了寿夫人，想让寿夫人为他出口恶气。

数日后，寿夫人趁张作霖高兴之际，将娘家男仆受到杖责的事，委婉地告诉了张作霖，企望得到张作霖的庇护，以代娘家人出气。想不到，张作霖不仅没有责怪常荫槐，反而大大地称赞了常荫槐一番：“竟有这等事？敢在太岁头上动土？我说常荫槐能办事，敢打王家仆人，这小子，真有种！我正需要这样铁面无私的角色呢！”知道进退的寿夫人见状，没敢往下深说，到嘴边的话咽了回去。自此，常荫槐扶摇直上，1926 年升为安国军政府的铁道部次长①。

从中可以看出，张作霖知人善任，器识恢弘，不听枕边细言，不护家人之短。

三、不护短严惩妻弟

张作霖对自己的家人亲属要求很严，有时候给人的感觉都有点过分。一个最典型的例子是下令处死三夫人戴氏之弟某卫士。

戴氏原为人妻，据说是北镇县捕盗班头的儿媳，远近闻名的美人。1906 年，张作霖当上了统带（团长），长驻新民府。他对戴氏早就垂涎，但无权无势，不敢作非分之想。现在，自己统带一个团的兵力，炙手可热，踌躇满志，就想把戴氏搞到手。经一番努力，终于用重金娶到了戴氏。

戴氏有一个胞弟，是一个平庸青年，在帅府任卫士。一天傍晚，闲来无事，他外出游荡，一时心血来潮，从腰间拔出手枪，将路边新安装的路灯作为靶子，瞄准射击，以图练练枪法。他的枪法还真不错，竟将一条街上的路灯全都击碎了。他以为自己是张作霖的小舅子，打碎几只路灯算个什么，谁能把他怎么样。这在他不过是一场小小的游戏。不料，却因此惹下大祸。电灯厂得知路灯被击碎，而且是张作霖的三夫人戴氏的弟弟干的，就正式行文到大帅府告状，看看你大帅怎么处置，是不是亲亲相护。击碎路灯的事，在

---

① 陆云山：《简述张雨帅之事迹》，《张作霖传记资料》，第 1 辑，台湾天一出版社，第 40 页。

城内广泛流传。电灯厂上告张作霖小舅子，坊间都说电灯厂瞎胡闹，怎么能告倒张作霖的小舅子？

张作霖听说小舅子无端击碎路灯，勃然大怒，立即严令大帅府卫队长将其妻弟枪毙。卫队长左右为难，一边是大帅，一边是三夫人，两头都不敢得罪。卫队长以为其妻弟虽有过失，但只是微罪，罪不当死，而且又是大帅的至亲，不至于这么严重，就暂时没有执行大帅的命令，想先拖一拖再说。

卫队长等待时机。过了些时日，看看大帅气消了，趁大帅高兴的时候，卫队长就上前替其妻弟说情。不承想，张作霖勃然变色，严厉地说道："你竟敢不服从我的命令。如果你不立刻枪毙他，我就枪毙你！"卫队长吓了一跳，知道大帅动真格的了，命令必须执行了，无奈，就违心地枪毙了这个小伙子。其间，戴氏曾经几次哭泣求情，闹得死去活来，张作霖都没有松口。张作霖一边流泪一边说道："我杀你弟弟，实在是不得已。我不能包庇亲戚而辜负父老乡亲。况且，我身为东北的首长，竟纵容亲戚不法，还有什么颜面治理国家天下呢？"

张作霖是抱着诸葛亮挥泪斩马谡的心情杀掉其妻弟的，但是戴氏从此对张作霖冷若冰霜，心如死灰，本来暴躁的脾气更加暴躁，并失去了生活乐趣，终至削发为尼，遁入佛门，与青灯佛像为伴。1906 年，在佛寺郁郁而终①。

现在看来，张作霖此举未免过当，但在当时却博得了大义灭亲的声誉。

四、待俘虏有如亲朋

第二次直奉战争，吴佩孚在紧急关头，曾调动其军校学生前往见习。不料，张宗昌突出冷口，袭占丰润，吴佩孚仓皇浮海逃走，这数百学生都陷入了奉军的手中。这些俘虏学生，全被解至奉天的太清宫中。张作霖派重兵看押，每天菜饭好生侍候。一天三个饱一个倒，生活得倒也舒适。

被关押的这几百名俘虏学生心里没底，不知道会怎么处置他们。当时，一个不祥的预感在太清宫上空回旋。有的人猜测，天天给好吃的，不见得是好事，很可能会全部被枪毙。因此，人人恐慌，个个胆寒，不知厄运何时会降临到他们头上。

① 何秀阁：《张雨亭将军草莽轶闻》，《张作霖传记资料》，第 1 辑，台湾天一出版社，第 60 页。

突然张作霖的手令到，通知订好了某日在某饭店设宴招待被俘的学生。学生闻讯，大吃一惊，以为设宴招待是谑语，其实是枪毙行刑的信号。大家面面相觑，默默无语，只好勉强打起精神写遗书，备后事。日期到了，学生们到了饭店，果然看到了丰盛的酒席，但仍然认为这是临死之前最后的晚餐。当时的风俗，死囚行刑前，向例赐有丰厚的酒肉。

正在大家没心思享用美味的时刻，大出意料，张作霖居然亲自来到饭店，并登台讲话。为了缓和气氛，他今天没有穿军装，而是一身长袍。他态度亲切，语调温和，没有绕弯子，先摘下瓜皮帽，给大家恭恭敬敬地行了个礼，开门见山地说道："兄弟们受苦了，我给兄弟们鞠个躬，算是赔罪！他妈巴子，我早知道，你们这批人都是人才。我这个大老粗向来是爱才的，所以才把你们都带到奉天来。这几天给你们压压惊，养养身子。今天有幸请你们一谈。我知道，你们学习本事是为了将来报效国家。那又何必一定跟吴佩孚瞎跑？到我这里照样是报效国家。我姓张的可不亏待人啊！倘能留下来，跟着兄弟干，马上给你们连升三级，由少尉直升少校。如不能留下来，我也不勉强，今天备酒，算我送行，现在就可以自己作决定。"

于是，俘虏学生群情感奋，除十几人外，都表示愿意留下。席中，张作霖对随员大声说道："有十几个人是要走的。他们都从远道来，不容易，每人要厚给路费，可不能叫人看我姓张的太寒碜。"等到酒席终了，集合喊立正，这十几个人都改变初衷，趋前跪地请求道："大帅恩义重，我们再要走，是没有良心了。"结果竟然没有一个人走。这批干部，人才辈出。他们的加入，为东北军增添了新鲜血液①。

张作霖的俘虏政策是很值得人深思的。

五、对秘书容人雅量

1924 年，第二次直奉战争张作霖讨伐曹锟之役，战前例有通电，揭露对方罪恶。这是民国时期军阀打仗时的惯用手段。在此前的 1921 年张作霖为了和曹锟拉上更加紧密的关系，就给自己的第四子张学思和曹锟的第六女曹世英定了亲，那时定亲就被视为亲家。这时张作霖和曹锟还是儿女亲家，并没有解除婚约。当然，后来解除了婚约。

---

① 何秀阁：《张雨亭将军草莽轶闻》，《张作霖传记资料》，第 1 辑，台湾天一出版社，第 60 页。

因为这层关系，受命起草通电的老秘书不得不字斟句酌，颇费踌躇。他写得必须分寸得当，不能一味讽刺挖苦，也不能不痛不痒。老秘书顾虑到双方公私关系，数易电稿，绞尽脑汁，久不成文。张作霖为了争取时间，以便赶快把电报发出，几度出入秘书室催办，老秘书起先置之不理，但内心焦躁，又不敢说，但总是寻找不到恰当的词儿。

此时，张作霖又进来催促，老秘书忍无可忍，终于发火，把笔一摔说道："你要快，另找人办，我不干了！"张作霖看到勤于职守的老秘书真的火了，急忙道歉："得，得！你慢慢地写吧，我再不来了。"[①] 这个故事是朱庆澜将军口述的，不是杜撰。

从张作霖能够忍受老秘书发火，说明身居高位的大帅有容人的雅量。

六、遇大帅职员提升

张作霖有他独到的用人观。他很重视老实勤奋的人，并十分相信自己的直觉。

民国初年，在大帅府的春节期间，张作霖偶然碰到了一名职员，这名职员从此改变了命运。大帅府初建时，前后四进的院落是相连接的，前院办公，后院住宿。春节到了，前院办公的人员都回家过年去了，人走院空。一天，张作霖心想前院清静，就端着长长的铜嘴烟袋边走边吸，信步来到前院。不料竟透过窗户，远远地看到一个穿着棉袍的人坐在办公室里伏案写字，心甚诧异。于是，张作霖悄悄溜进办公室，偷偷地观察这个人在干什么。

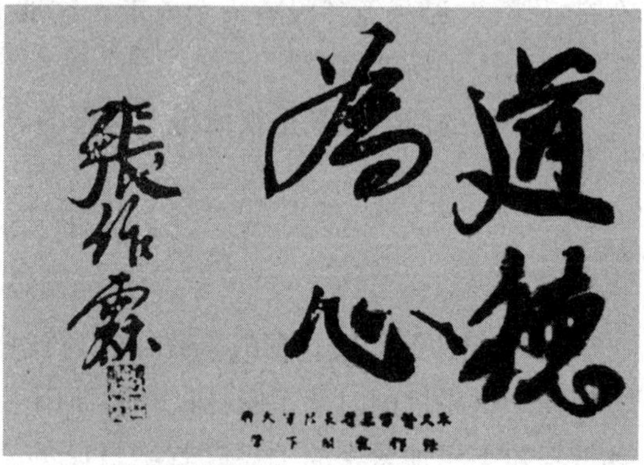

张作霖的墨迹"道德为心"

不料，这个人发现了张作霖，大吃一惊，不知所措，手脚都不知道往哪儿放了。张作霖好奇地问他为什么不回家过年，而在办公室写字。那个人

① 王大任：《张作霖的感情世界》，《张作霖传记资料》，第5辑，台湾天一出版社，第50页。

嗫嚅道："卑职之家，远在安东某县的一个小村子，往返需要十几天。如回家过年，则将假期徒然耗费在路上了。况且，我家不太富裕，省点是点，把省下的路费寄回家，家里还可以过一个富裕年，这是一举两得呀！"张作霖又探求地追问道："既不回家过年，也可以到亲戚朋友家消遣，为什么还在这儿写字？"那个人小声答道："亲戚朋友家正值过年，不便去打扰。外面消遣，也浪费金钱。卑职平常喜欢写字，来此写字，也是一种消遣。"听罢这个小职员的平静而懂事的答话，张作霖很是感动，连声夸赞道："好小子，有出息！"然后，张作霖就若有所思地回去了。这个谨小慎微、安分守己的小职员给张作霖留下了深刻的印象。

春节后的某一天在帅府办公厅，张作霖突然对东三省巡阅使署秘书长袁金铠说道："你把署里的一个会写字的叫来。"袁金铠不知就里，也不敢发问，就把署里的一个书法好的人领来。张作霖看了直摇头。连带数人，张作霖均说不对。袁金铠心里琢磨，必是一个善于写字的人叫张作霖看到了，张作霖要有所表示。袁金铠立刻就把大家召集起来，大声问道："谁在写字的时候让大帅看到了，请举手！"那个人神色异常，不知是怎么回事，也不敢举手。但他迥异的神色，已被目光犀利的袁金铠发现了，但没有当场点破。会后，袁金铠找到了那个人，经再三追问，那个人才承认是他。于是，袁金铠就带他去见张作霖。刚到张作霖办公室的门口，张作霖一眼就认出了他，高声说道："对了，就是这小子！"

张作霖声音洪亮，那个人一脚门里，一脚门外，听得一清二楚。闻声吓了一跳，以为大祸将要临头，可能会被拉出去枪毙，面无人色，颓然倒地。袁金铠急忙将他扶起，安慰他几句。勉强进屋之后，不料，张作霖对他大加赞扬，说他人品好，书法好，要加以培养，并让袁金铠给他安排一个好官位。后来，袁金铠将他安排在哈尔滨某税务局任局长。安分守己的小职员，因奇遇张作霖，而升为权重位高的大局长①。

张作霖在用人上，有自己的一套。

七、脱讲稿口若悬河

东北讲武堂，设备完善，教官一流，是驰名全国的军事院校，也是张作

① 何秀阁：《张雨亭将军草莽轶闻》，《张作霖传记资料》，第1辑，台湾天一出版社，第58页。

霖培养军事干部的摇篮。适逢讲武堂某期学员毕业，左右进言，请张作霖亲临讲武堂致演说辞。张作霖以自己平素没有公开演说的经验，断然拒绝前往。但左右苦苦劝道："毕业生是大帅来日创业的骨干，其情意有如子侄。哪有子侄毕业佳期，长辈不亲往祝贺的道理？"此言使张作霖怦然心动，于是老实地说道："可是，我实在不会演说，但是你又说得很有道理。那就给我写一个讲稿，你们教我熟读背诵吧！"

张作霖拿着写好的讲稿，认真准备，熟读记忆。等到毕业佳期，张作霖已经能够背诵了，就胸有成竹地欣然前往。张作霖全副戎装，腰挎短剑，神情庄重地步上讲演台。没想到，走上讲演台之后，只见台下黑压压的人头，场面极其严肃，久经战阵的张作霖突然一阵紧张，刚刚背出头两句"作霖戎马半生，饱经事变"后，下面的词全然忘掉了。过了一会，张作霖又重复了前两句。但是，下面的词还是想不起来。一时台上台下，肃然无声，场面十分尴尬。

突然，见过大场面的张作霖骂道："他妈的，我来前原已将大篇讲稿背得滚瓜烂熟，看见你们一高兴，竟全忘掉了。"本来张作霖是想逗大家一乐，紧张的气氛就能够有所缓和。但学员听众深知大帅的威风，哪里敢造次地出声地笑。于是，张作霖沉着地步下讲台，在大厅内巡视一周。遇到年龄相貌较轻的，就询问人家的姓名年龄，并频频称赞是"好小子"，这一举动使群情活跃，场面热烈，气氛和缓，神情轻松。

然后张作霖复又登上讲台，摆脱讲稿，发自内心地说道："我今天看到你们真高兴。许多要说的话，就是想不起。统而言之，言而统之，你们知道现今天下的潮流吗？中国是谁的？从长远看，就是你们的。你们都是好小子，是好小子就得好好干。譬如你们毕了业，就可当排长。不久就给你们升连长，再好好干，就给你们升营长，升团长。只要知道努力，不贪生怕死，有功我必赏，要什么有什么，要什么我都可以给你们什么。但是，只有一样我可不能给。"此时，张作霖目视全场听众，笑着说："我的太太可不能送给你们哪！"于是，全场欢呼雀跃，掌声雷动。场面之热烈，直似家人父子之久别重逢①。

张作霖的脱稿讲演，风趣十足，妙语连珠，远胜于他没能背出的讲稿。

---

① 何秀阁：《张雨亭将军草莽轶闻》，《张作霖传记资料》，第1辑，台湾天一出版社，第60页。

八、申冤案处决真凶

张作霖对部队军官严加约束，遇有违法犯纪的，绝不手软。

遇到欺压百姓的军官，张作霖一定严惩不贷。有一年，西丰县驻军向当地著名的大财主王德昌勒索未遂，就诬陷人家是“红胡子”，将其押解到奉天陆军司令部军法处，要处以极刑，但是碰到了军法处长颜文海。

颜文海，字百川，浙江萧山人，习刑名法律之学，是一位有名的“绍兴师爷”。光绪三十一年（1905 年）到东北，初至锦州，投到朱庆澜幕府，当上一名军法官，后任奉天府地方审判厅厅长。民国后，任奉天督军公署军法课长，镇安上将军行署军法处长。当时，奉天的驻军军官如汤玉麟等，倚仗出身绿林，视法律为草芥，胡作非为，无法无天，轻则打人，重则杀人。但担任了军法处长的颜文海，狠抓军纪，枪毙帮统金寿山、营长周德成等，使地方秩序大有好转。

这次颜文海认真地审问了王德昌，了解了案中的隐情。颜文海稍作沉吟，拿着张作霖发下的对王德昌“立即执行枪决”的手谕，冒险去见张作霖。

张作霖阴沉着脸问道：“你是巡阅使，我是巡阅使？”颜文海冷静地答道：“大帅是。”张作霖又冷冷地逼问道：“那你为什么不听我的命令？”颜文海沉着地申辩说：“我是大帅派的军法处长，我要按照军法办事，不能乱杀良民。”接着，颜文海把王德昌所受的冤屈和盘托出，说明这是一桩错案。

张作霖有些不相信，就叫人把犯人王德昌领来，他亲自问话。于是，王德昌被带了上来。张作霖不解地问道：“你在西丰县驻军旅部，已经承认自己是‘红胡子’，为什么到这儿又要翻案？”商人王德昌在西丰县遭受了重刑，已经吓得失魂落魄，这次看到张作霖这样问他，害怕再受重刑，就又承认了自己是“红胡子”头儿了。站在一旁的颜文海尴尬极了。不过他很冷静，大声鼓励王德昌说出实情：“你不要怕，跟大帅说出实情。”王德昌一听坐在自己面前的是张大帅，就鼓足勇气讲出了实情。

张作霖仔细听了，明白了是怎么一回事。他感慨万千，对颜文海赞许道：“百川，你真行！”接着问颜文海怎么办。颜文海斩钉截铁地答道：“要严厉惩办诬良为匪的驻军官长，释放商人王德昌。”张作霖看到王德昌受了这么大的委屈，就拿出 300 块大洋赏给了他。同时，向王德昌赔礼道歉，诚恳地说道：“我的兵陷害你，都是我不好！好吧，你在省城休息两天，看我怎么办他们。”

张作霖说到做到，第二天把肇事的一个姓褚的旅长捉了来，当天晚上就枪毙了。执行枪决时，还把王德昌用汽车接到法场去观看①。

张作霖知错必改，为百姓申冤。

九、辨忠奸严惩军霸

张作霖对欺压百姓的恶霸军官深恶痛绝，绝不手软，坚决镇压。

因为张作霖出身辽西，有些出身辽西的军人或借口亲戚，或声称乡党，就爬了上去，当上了大官。他们狗仗人势，狐假虎威，欺压百姓，搜刮民财。如新立屯的张旅长、六家子的杨团长和后窝棚的穆团长，与张作霖和孙烈臣非亲即友，都借机当上了带兵官。他们久驻地方，渐渐地都发了大财。当时有句俗语："洋刀匣枪，银元成缸。"这是说，只要当上了腰挂洋刀，怀揣匣枪的军官，银元多得可以用装水的瓦缸来装了。

这些搜刮民脂民膏的旅长、团长揣着大把的银元，回到家乡，购买土地，设立窝棚，更加狠毒地剥削百姓。所谓窝棚，其实就是经营田地的公司，是恶霸军官盘剥百姓的机构。当时有旅长的种地窝棚，团长的管地收租窝棚。这些窝棚后来又发展成为牧养公司，对百姓的盘剥更加刻薄。窝棚由军人管理，俨然是一个小衙门，为非作歹，无人敢惹。他们雇长工不给钱，或少给钱。一旦百姓的牲口不小心践踏了他们的青苗，轻则将牲口打死，重则除没收牲口外，还要处罚主人。这些窝棚肆无忌惮地鱼肉乡里，已经成为害群之马，百姓对其恨之入骨。

当地百姓实在忍无可忍，不得已推举了几名代表，到奉天去向张作霖告状请愿。他们战战兢兢地向张作霖揭发了这些窝棚的劣迹，不知道张作霖到底能不能给他们做主。不承想，张作霖一听勃然大怒，愤然说道："我张作霖还梦想替东三省父老谋幸福呢！又哪承想，连我的家乡伯叔兄弟都受了我的害！"张作霖当即向他们道歉，请他们原谅，并郑重表态，一定严惩这些恶霸军官，让他们回去等他的好消息。

经慎重考虑，张作霖特派军法处长颜文海和第二十七旅旅长王瑞华前往调查处理。这两个人同辽西没有任何瓜葛，可以公正地执法判案。颜文海、王瑞华是辽宁锦西人，曾任第二十七旅旅长、第九军副军长等职。颜文海铁

① 罗雨田：《东北王张作霖》，《张作霖传记资料》，第1辑，台湾天一出版社，第18页。

面无私，执法如山，威名远播。王瑞华刚正不阿，办事不苟，了解民情。两人合作，可以说是珠联璧合。

他们到达辽西后，经过深入调查，查清了这些恶霸军官的种种罪行劣迹。经请示，得到张作霖的批准，他们下令就地枪决了一些恶霸军官，以及一些罪大恶极的窝棚管事和兵痞流氓，并严令军官不准置买田产，不准设立窝棚。同时赔偿了百姓的损失。张作霖还特意在奉天请客道歉，客人都是辽西的地方父老。

这就为张作霖挽回了影响。张作霖对欺压百姓的恶霸军官是绝不手软的①。

十、敌师长得到重用

这是胡毓坤口述的真实故事。

胡毓坤，字灵臣，原为直军之师长。1924 年，第二次直奉战争时被奉军俘虏。1929 年，东北军抗击苏军，有两名最高指挥官，一名是王树常，一名是胡毓坤。胡毓坤懂军事，很能带兵打仗。

一天，张作霖拟在北平顺承王府召见李景林和胡毓坤，李景林因故未去，胡毓坤独往。胡毓坤被让到客厅，在客厅等候良久。只见张作霖头戴瓜皮白帽，手持铜制水烟袋，慢悠悠而来。落座后，张作霖目光未及胡毓坤，只顾自己吸烟。过了一会，才徐徐举目，询问胡毓坤的姓名及在直军担任的职务。询问过后，张作霖大声训斥道："他妈巴子，你不是他妈的大疙瘩（当年大疙瘩为今辽宁省西安县之别名）人吗？为什么跑进关跟姓吴的扯？在自己家乡什么事不能做？你既已是师长，现在就给我也先当师长吧！你们都是有正式出身的，前途无量，在戏台上是唱红脸的啊！我他妈的算什么，乃是唱白脸的啊！以后可要好好干，可不要再三心二意地乱跟人家跑，我他妈做家长的，还能亏待你们吗？去吧，回去问问那李景林，为什么他未来？"

张作霖的俘虏观值得深思，值得借鉴。张作霖是疑人不用，用人不疑。胡毓坤原来是直军的师长，是奉军的死对头。但是，当他得知胡毓坤是东北人之后，立刻起用了他。并且，当即授予他原来级别的师长衔。这对自己以为生死未卜的败军将领来说，等于天降祥瑞。此时，胡毓坤感激涕零，发誓效命疆场，终其一生。

---

① 罗雨田：《东北王张作霖》，《张作霖传记资料》第 1 辑，台湾天一出版社，第 14 页。

第二章　出身贫寒家　投身草莽间

一、多灾难出身贫寒

张作霖，清光绪元年二月十二日（1875年3月19日）出生，字雨亭，奉天省海城县小洼村人。此地后又改称大洼县东风镇叶家村张家甸屯，现改称大洼县驾掌寺乡马家房村西小洼屯。其实，这里现在只有一片房屋遗址，根本没有村落了。

其祖籍主要有两说。

一为山东省说。《中华民国陆海军大元帅张公行状》中写道：

> 公讳作霖，字雨亭，奉天海城人。远祖居山东，族甚蕃，清道光初徙居海城。祖发业农，称素封。生子四。父有财，序居三。轻财尚义，不事生产。娶于邵，生女一。继氏王，生子三，曰作泰、作孚，其季则公也。祖殁，父以析产徙海城之小洼，复于驾掌寺村设商肆。
>
> 时作泰病瘵辍读，作孚以岁馑力农。公年十三始读书，十四丧父。遭海邑大水，有田七百亩悉鬻之，奉母至镇安就食外祖家，居二道沟。①

“行状”是过去死者家属叙述死者世系、籍贯、事迹的纪念文体。该文称“远祖居山东”，主山东省说。

① 《中华民国陆海军大元帅张公行状》，《张大元帅哀挽录》，第1编，第1页。

一为河北省说。河北省中又有河北大城、河北高阳、河北河间三说。《中华民国陆海军大元帅张公雨亭神道碑》写道：

> 公讳作霖，字雨亭。其先为直隶人，清末迁奉天海城。①

这通碑文是督军署参谋长臧式毅领衔，又有八位处长署名的，载于《张大元帅哀挽录》。文中明确地说“其先为直隶人”，即是河北人，主河北说。

那么，张作霖的祖籍到底是山东还是河北呢？其实，这并不矛盾。张作霖的“远祖居山东”，后来迁居河北了。张学良在其口述历史中说道：

> 我们家的祖籍是河北大城。②

从有关历史记载看，张作霖的祖籍是诸说并存。因多数主河北省说，张学良亦自称他的祖籍是河北省大城县。故笔者认为，张作霖的祖籍为河北省大城县。

张作霖家族世系应该是这样的：

曾祖父张永贵。

祖父张发。

张发生有四子：长子张有福、次子张有庆、三子张有财、四子张有旺。

三子张有财是张作霖的父亲。张有财先是娶妻邵氏，生有一女，后邵氏病故。继而续娶王氏，乃黑山王文礼次女。王氏原嫁李姓，夫亡改嫁张氏，生有三男一女，三男为张作泰、张作孚、张作霖，一女为张秀英。

关于张氏家族有几个疑点应当澄清。

第一个疑点，张作泰到底是怎么死的？

有人记载，张作泰是患肺病亡故的。前引张闾庸的回忆文章记道：“作泰十八九岁时病故无后。”对于张作泰之死，人们似乎有难言之隐。

这个疑问，张学良在1957年撰写的《杂忆随感漫录》里予以解惑了。1887年，张作霖13岁，张作泰23岁。 张作泰年轻英俊，被邻居一位妇女爱

---

① 《中华民国陆海军大元帅张公雨亭神道碑》，《张大元帅哀挽录》，第2编，碑文，第1页。

② 张学良口述，唐德刚撰写：《张学良口述历史》，中国档案出版社2007年版，第3页。

张氏家族世系简表

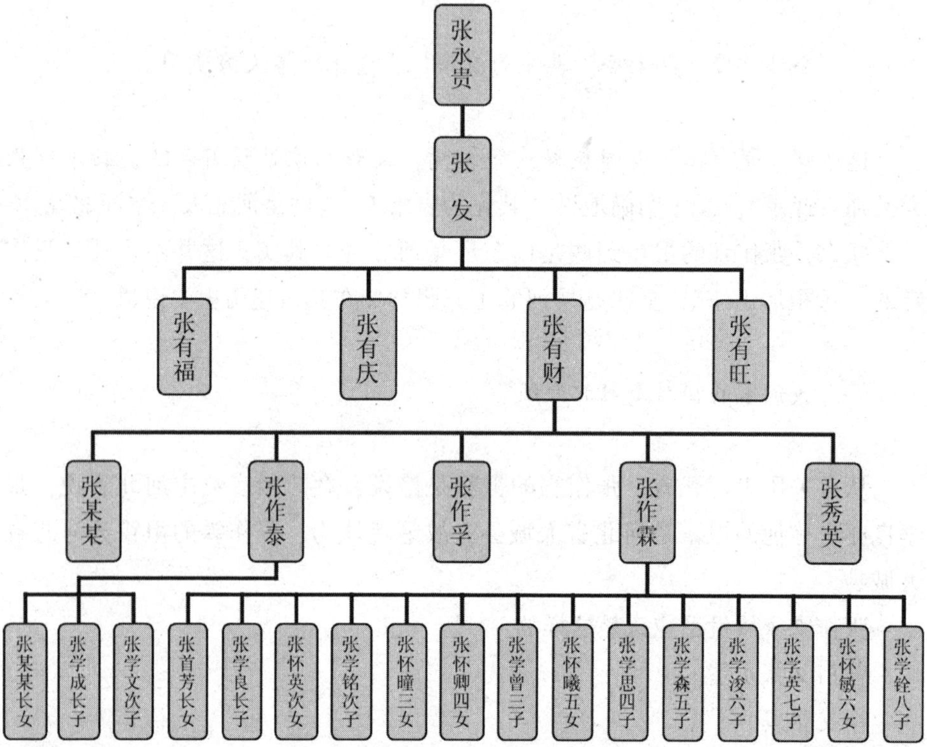

慕，双方发生关系。此事被其夫发觉，而告到张父有财处。张有财视张作泰淫乱，怒不可遏。在张作泰吃午饭时，用一洋镐把从背面将其误击身亡。这一事件，是张有财终生之痛，也是张作霖终生之痛。

1990 年，90 岁的张学良在回忆起大伯父张作泰之死时，仍然愤愤不已：

我们家里的人，实在地说，都是长得一表人才。我父亲年轻的时候也是很漂亮。我的大爷（张作泰），就是我的大伯父呀，很漂亮，是叫我爷爷（张有财）给打死的。

我父亲一讲起我大爷这事，他就掉眼泪，他跟他大哥两个人很好。他一说这事他就骂。他（张作泰）那时候才十九岁、二十岁。我的大爷和一个乡下人的太太，他们俩有关系。我父亲总骂，说这王八脑袋他当王八，管不住自己老婆，就告状——向我爷爷那告状去了。我爷爷火了。你知道，我们那地方的人都凶得很，他火了，他儿子做了不好的事，给他丢脸了。

我大爷也不知道，在家里头吃中饭呢。我们那儿都是炕。他倒着脸子坐在炕上的桌边儿，后背朝着门吃饭呢。我爷爷进来就给他一棒子。听见那人告状啊，他有气。这一棒子就打在腰上了，一棒子就给打倒了，就这么死了。

我父亲一提这事儿就哭，说这王八脑袋自己当王八，管不了老婆还乱告状。①

张有财失手误杀亲生长子的悲剧，给幼年的张作霖留下了极为深刻惨烈的印痕。其一，爷爷为维护个人的尊严，竟然可以不顾一切；其二，涉及女人的事情，一定要慎重对待。因此，在以后的军旅生涯中，张作霖规定一条铁的纪律：凡奸污妇女者，格杀勿论。

第二个疑点，张有财究竟是怎么死的？

其实，张有财是因为打抱不平而被恶人打伤致死的。关于张有财之死，张学良有一段口述历史，他说：

有个年轻的孩子家里有钱，但岁数不大，不懂得事，跟这个姓王的两人赌钱。年轻人把钱都输了，输光了。不光输，还负那个姓王的，姓王的就逼他要钱……那个年轻人被他逼哭了。这时，我爷爷在旁边就说话了："算了吧，你都赢了那么些了，就算了吧。"这下，那个姓王的不乐意了，"碍着你什么事情了，你管什么？"这下把我爷爷说火了，我爷爷也是很凶的一个人，那时候已经五十多岁了："我说什么？假如我要是说出来，你就在这站不住，你就待不了，你就瘪了！"

这句话翻了姓王的底儿了，他在那闹鬼儿，做手脚，那么，这个人就不吱声了。

到下午了，大家都回家了。我爷爷和姓王的也回家，走在路上，姓王的就跟我爷爷说："你要给我道歉，你管这个闲事干吗？""你那个事情（指姓王的做手脚）我都看见了，你还瞒得过我？"说着两人就吵起来了，那个说你得给我道歉，这个不但不道歉还骂他。于是，

---

① 张学良口述，唐德刚撰写：《张学良口述历史》，第1章，第6页。

两人就打起来了。我爷爷五十多岁的老头打不过姓王的，人家是三十几岁的年轻人，我爷爷就被打伤了……后来我爷爷就因为这个伤死了。[1]

第三个疑点，张作孚到底是如何被判刑入狱的？

张作孚曾经被判刑入狱，但在史料中很少提及，大概是为尊者讳吧。张作孚的被判刑入狱，同其父张有财的被伤致死有很大关系。张学良详细叙述了张作孚被判刑入狱的过程：

为了这事儿，我二伯父跟我父亲就要报仇，要去打死那个姓王的……带的是杆土枪。那时候的那种枪呀，不晓得你看过没，扣着一个炮仗，不是点火绳的，就带这么一个枪去。

这个王家人口比较多。住着上房和下房，下房住着一个老太婆，人家住着上房，她住这儿。他们要翻墙进去时，因为这个墙是用石头垒的，就哗啦响了一下。这老太婆听见了，出来一看，就喊有人，有人。

哥俩儿就捂着老太婆的嘴，不让她喊。谁知一下把枪弄走火了，"砰"一下把老太婆打死了。枪一响，上房出来人了。我父亲跟我二伯父两个人就跑了，我父亲是骑着驴跑的。

人家以为是土匪来了，就报官，说是"明火"。"明火"这两个字懂不懂？就是抢劫的。

我父亲逃走了。县衙门就把我这个二伯父抓去，判了十年徒刑。因为打死人的是我父亲，是他动枪的，所以我二伯父没判死刑。[2]

因生活无着，张作霖的曾祖父张永贵跑到了东北海城，从事农业开垦。到其祖父张发时，从事农耕，"称素封"。所谓"素封"，是指虽然没有官爵封邑，却和受封者一样富有，大体是小康之家。这是说，在张发时，张家在经济上是富有的。张发有四子，即张有福、张有庆、张有财和张有旺，其第三子是张作霖的父亲张有财。张发死后，家产分给了兄弟几人。张有财带着

① 张学良口述，唐德刚撰写：《张学良口述历史》，第4页。
② 张学良口述，唐德刚撰写：《张学良口述历史》，第5页。

他的那份财产，来到了海城，在驾掌寺村做小买卖。张有财不惯农耕，有点经商头脑。先是开了一个小杂货铺，收入甚微。后来小杂货铺倒闭，他无所事事。如前所述，因仗义执言，而被仇家打伤致死。

张作霖本来没钱念书，但是有一位好心的老师帮了他的忙。这位老师名叫杨景镇，那时教私塾。有一天，杨景镇看到窗外有一个小孩偷偷听他讲课。好奇地叫进来一问，小孩答道："我叫张作霖，我愿意念书，家穷，上不起学，因此常在这里偷听。"杨先生感到这个小孩想读书识字是好事，就免费让他上学，还赠给他纸笔。这时的张作霖已经是 13 岁了。就这样，张作霖读了一段私塾。在这里，他打下了初步的文化基础。这在他的一生中是十分重要的。张作霖知道感恩，他后来当了民国陆军第二十七师师长，不忘旧谊，特地请杨景镇到沈阳来，在家里开设了私塾馆。张学良就曾跟他读书①。这乃是后话。

张有财死后，家庭生活更加困难，没办法，其母王氏只得带着四个孩子投奔到镇安县（黑山县）小黑山附近二道沟娘家。张作霖有两个哥哥，一个妹妹。娘家生活也是非常困难，又添了五张嘴，简直没法继续生活下去了。张作霖不能指望家里了，只有到社会上混饭吃。

二、寻出路混迹人间

那时的中国是一片混乱，东北地区尤甚。清朝政府腐败透顶，中国大好河山任人瓜分。沙俄强行割去中国领土 100 多万平方公里，仍觊觎中国东北的广袤土地；中国甲午战争失败，日本魔爪伸入中国东北。官吏横征暴敛，百姓不堪忍受。亡命之徒便铤而走险，啸聚山林，土匪蜂起，打家劫舍，百姓生活更加痛苦了。

张作霖小时候就常跟他的父亲出入赌场，受到熏陶，也爱赌博。开始时，他靠卖烧饼赚点钱，可是很快就输光了。他的母亲让他改学木匠，他嫌拉锯太累，不爱干。他曾一度流浪街头，沿街乞讨。后来流浪到营口高坎镇，他在大车店给人家打杂。有时骡马病了，他就弄点草药给治，还真的就治好了。他很聪明，一来二去，就成了兽医，这个行当他还比较喜欢。后来，他开了

---

① 栾贵田：《张作霖二三事》，《文史资料选辑》第 35 辑，文史资料出版社 1980 年版，第 196 页。

一个兽医桩，以此为生[1]。以后，他命运多舛，被人冤枉，遭受痛打，差点送命。经好心人帮助，得以不死。他似乎降到了人生的最低点，走投无路，死又不甘，求生无门。恰在此时，中日甲午战争爆发，他便抱着一线求生的希望，从军了。他投到宋庆毅军马玉昆的门下，当了一名骑兵。那年，他 20 岁。他喜好马匹，“以精骑击，得名擢哨长”[2]。

关于张作霖从军的这段生活，张学良在口述历史中有所叙述：

> （王家那件事后）我父亲没办法，就逃走了，逃到了毅军。那时候毅军是宋庆的部队，当他的部下。
>
> 我父亲年轻时候，也很会挑很会打的，人家挑他当护兵。那时候叫“戈什”，我想可能是满洲话。后来我父亲的那些卫士还有叫“戈什”的……我父亲给宋庆当卫士，因为这个缘故，那个宋庆对我父亲很好，很不错。后来过了几年，我父亲就升官了，是外委，这个官就是现在的准尉……升官了，就要荣耀回家，我父亲就回到我们乡下来了……刚到家里，乡下旁的人就给我父亲送信，说王家的人看见你回来了，上乡政府报告去了，要抓你。没办法，我父亲又跑……他认识一个兽医，治马的。他就跑到那儿避难去了，帮着人家，当一个下手，所以我父亲会当兽医。
>
> 就打这儿起，他反而起来了。
>
> 那时候的草莽英雄，凡是有马的人，大多数都是有问题的。还有一种叫贩马的，就是偷人家马来卖，都差不多，都经过这个兽医，都在这个地方转手。所以兽医呀，跟这些人最容易接触。因此，我父亲自然就认识一批草莽英雄。后来他们这些人，有些就成了我父亲的朋友。[3]

这是说，张作霖在宋庆的毅军当上了一名卫士。后来逐渐升迁为准尉那么大的官，也即是哨长，相当于排长。

---

① 姜向春：《张作霖在辽西的片断》，《辽宁文史资料》第 6 辑，辽宁人民出版社，1981 年版，第 23 页。

② 《中华民国陆海军大元帅张公行状》，《张大元帅哀挽录》，第 1 编，第 1 页。

③ 张学良口述，唐德刚撰写：《张学良口述历史》，第 8 页。

甲午战败，他逃回了辽西。1895 年，他 21 岁时同赵家庙地主赵占元的二女儿赵春桂结婚。赵春桂是张作霖的原配夫人，是张首芳、张学良、张学铭的生母。张作霖是个不甘寂寞的人。他不想像他的同乡那样过着衣食无着、平淡无味的生活，他想换个活法。

三、投绿林成立大团

甲午战后的辽西是个三不管地区。散兵游勇成群，乞丐难民遍野。官府腐败，土匪横行，百姓的生命财产受到严重威胁。在这种情况下，各地就相应地成立了一些自保的武装组织，名曰大团。1900 年，张作霖因岳父赵占元的帮助，在赵家庙成立了一个大团，20 多人，他当上了小头目，负责附近几个村子的治安。他负责的地区称为保险区。张作霖在保险区内很守规矩，不仅遵章守纪，而且维护治安。因此，在这个地区胡匪的骚扰得到遏制。张作霖也得到村人的称赞，他的声名由此鹊起。他管辖的范围逐渐扩大，达到 20 多个村子。

张作霖的原配夫人赵春桂及其子女

（左起张学良、张首芳、赵春桂、张学铭）

对于张作霖参加保险队一事，张学良有自己的看法。他在口述历史中说道：

> 这时候正赶上义和团变乱，东北没有政府了，政府人都跑了，地方都自保。村庄都自己自保了。就是这个时候，我父亲起来的，这就是人家说他是土匪的原因。但是我父亲没有当过打劫那样的土匪。那他这叫什么？他就是跟他那些朋友，有十几个人，做“保险队”。什么叫“保险”？就是咱们唱戏的那话——坐地分赃。就是你这个村庄我给你保护，你那个村庄我给你保护，你每个月给我多少钱。如果有土匪来打你，有什么旁人在这儿经过，我负责给你打，

但是你拿钱。就这么着，人家说我父亲是土匪。其实他不是。[①]

张学良认为张作霖不是土匪。民间传说张作霖是打家劫舍的土匪，其实是一个冤案。

在赵家庙的西北，有个大团，团主叫金寿山。金寿山网罗了一批地痞流氓，组成了100多人的大团。大团的总部设在中安堡，其周围地区是他的保险区。金寿山在保险区内横行霸道，无恶不作，比胡匪还凶残。大团本来是保民的，可是金寿山却专门害民。百姓被逼得实在无法，就去请名声较好的张作霖帮忙。张作霖率众驱走了金寿山，占据了中安堡。他的部众增加了，势力扩大了。但是，金寿山在1901年腊月三十夜半偷袭了张作霖。张作霖携带妻女率众突围，逃到了姜家屯，继而又逃往八角台。在逃往八角台的途中，身怀六甲的赵氏在马车上生下了一个男孩，这就是张学良。那是1901年阴历四月十七日，阳历是6月3日。

八角台（今属台安县）是个大集镇，商号有50多家。本来张作霖是想从八角台借道投奔辽南的绿林冯德麟的，但是到了八角台，这40多人就被留下了，借以保护地面。这都得益于张作霖的名声好，不扰民。商会会长张紫云对张作霖的名声早有耳闻，此次见面，看到张作霖北人南相，眉清目秀，且行止有矩，谈吐不俗，果然是名不虚传。就决心把他们留了下来。后来证明，这个决定是正确的。原来八角台的头目张景惠主动让贤，甘居副职，张作霖做了团练长，地方的绅商也表赞成。从此，张作霖就在八角台落了脚。这里也成了他的发家地。[②]

张作霖在投身草莽的过程中，受了很多苦。但是，他也得到过一些好心人的帮助。

张作霖对一辈子干保险队没有兴趣，恰遇清政府招安。[③]

---

① 张学良口述，唐德刚撰写：《张学良口述历史》，第1章，第9页。

② 姜向春：《张作霖在辽西的片断》，《辽宁文史资料》，第6辑，辽宁人民出版社，1981年版，第24页。

③ 王大任：《张作霖的感情世界》，《张作霖传记资料》，第5辑，台湾天一出版社，第50页。

第三章 受招抚当官 进省城勤王

一、设巧计劫持贵妇

1894年的甲午中日战争，1900年的庚子八国联军的侵华战争，以及其后的1904年的甲辰日俄战争，都给东北人民带来了深重的灾难。身为保险队头目的张作霖感到作为一支民间武装，不是长久之计，没有什么前途。为此，他想让政府对其招抚，成为一支政府武装。

张作霖的被政府招抚，史传三个版本。

第一个版本是张作霖设计劫持说。

第二个版本是廖同知主动接纳说。

第三个版本是八角台绅士挽留说。

现在先讲第一个版本，张作霖设计劫持说。

话说此时，发生了一件对张作霖十分有利的事。因事件重要，虽文字较长，笔者亦作全文摘引。据了解此事的当时人宁武回忆，此事的整个经过是这样的：

> 他（张作霖）是个机警过人，别有野心的人物。庚子变乱之后，他看到这样干下去是不会有好结果的，就同张景惠等几个得力伙伴计议说：我们长此在绿林中吃黑饭，前途是暗淡的，是毫无出路的。我看不如借我们现有的这点实力作本钱，向官家讨价，弃暗投明。总比这样继续干下去有些出路。当时他的几个伙伴都表示同意，并且说，只要当家的（匪中黑话，即首领之意）有好办法，打定主意，我们无不唯命是听。张接着说，只要大家愿意，我自有道理。不过

在未实现以前，必须严守秘密。如果泄露出去，不但事情要失败，而且更要被绿林朋友耻笑。你们也许听说了吧：奉天将军增祺带家眷逃到锦义县一带好久，后来他自己回到奉天，家眷就进关去了。听说前些日子已派人去接他的家眷回到奉天。现在火车只通到沟帮子，这就是我们的大好机会，将来增的家眷从此经过，我们要连人带物都给劫下来，但不准乱动，到时听我的命令行事。关于这一点必须同众弟兄讲清楚，违者就要以手枪相见。

果然，不久增祺的老婆和随护人员，乘着十几辆马车行经新立屯附近一条荒僻路径，就被张作霖早已埋伏的匪众拦截住，将大小官弁所携带的枪械子弹以及数十件箱柜全部劫了下来，连人带物一并押解到新立屯街上。他们把掳来的人员车马都安顿停当，单给增的老婆和她的贴身侍者安置在一座很好的房舍里，并用最好的鸦片烟款待增的老婆和随行人员。这些人看到这帮土匪非常温和，很容易接近，心中有些莫名其妙。张作霖又亲身招待随行的几个重要人员躺在床上吸鸦片烟，还表现出唉声叹气的样子，并说：咳，现在我们的国家是如此的软弱，毫无国际地位，受尽了外人的欺凌，国内人民生活竟达到这般境地，真使我有说不出来的伤痛！我们所以当土匪，也是被逼上了梁山哪！增太太的随行人员看到张谈吐如此文雅和满腹牢骚的情景，料定其中必有文章，其中一个比较有地位的人搭讪着说：我们很同情你的处境，我想我们将军来到奉天一定会有办法的，你们也一定会有出头露面的那一天。接着又说：请原谅我不懂规矩，不知道应该怎样称呼，我要大胆请问您贵姓。张答说：我就是张作霖。这几个人一听是张作霖，倒抽一口冷气，一时都很愕然。这些人过去听说张作霖是奉天著名的一个匪首，生成的身魁力大，面貌凶恶，今天真个见了面，却是这样一个儒雅温和、文质彬彬的二十六七岁的青年，暗中觉得有些诧异。张作霖接着就把自己的身世和为什么会走上绿林这条路的前因后果，很坦率地说出来了，言下流露出一股愤懑不平之意，对奉天将军增祺故意特别表示怨恨，说增到任不久，不弄清真假虚实，就要严拿法办，使我们有口难辩。不过我们干这个勾当，个人的生命早已置之度外了！那个随员接着说：依我之愚见，长此同官家作对，毕竟是没有好处的。为了个人的前途，我看你们弃暗投明，才是正路。随后问张：

假如有这样的机会，尊意如何呢？张回答说：我已说过了，我们是万不得已才当上土匪的，假如能得到机会为国家效命是正和我们的心愿的。不过听说增将军这个人很固执，我们现在还很难使他改变态度，等等。张接着又问：你们究竟是哪一部分的呢？那位太太又是谁呢？请放心，我们保证不会加害你们的。带头的那个人思索片刻说：待我回禀太太一声，取得她的吩咐再同你谈。这位随员立即去见增太太，把和张作霖的谈话经过述说一遍。增太太当时考虑，一来为了解除眼前急难，二来为了替增祺去一地方治安大患，论公论私都应见张一面。

张入室行一个大礼参拜，低首站立着说：张作霖冒犯夫人，愿听吩咐。增太太看张对自己很恭敬，也很谦逊，就对他说：我明白告诉你吧，我就是增将军的夫人。我们这次由京城来到奉天，路过此地。我原在省城时，就听说绿林各帮与增将军为难，特别是你的名声最大。现在路上巧遇，想不到你这样对待我们。适才听到随行人员报告关于你过去的一切和你的愿望，我们很同情你。我看你是一个很有作为的青年，而且又有这样一部分力量。假如你能很快地改邪归正，弃暗投明，前途一定是不可限量的。我想你一定是很愿意这样吧！只要你能保证我们一行平安到达奉天，我也一定保证向增将军建议收编你们这一部分力量为地方效劳，既有利于地方治安，你们也有了出路。随即问张：你看这样做好吗？张立即称谢，并说：假使我张作霖能带众兄弟投到增将军麾下，为国家效命，有生之日，决不能忘掉增太太的大恩。随即辞出，与张景惠等说明，并命令匪众把所劫的东西连同枪械子弹如数交还随行人员查点清楚，寸草未动。增太太和随行人员更大受感动，并拿出五锭纹银赏给张的部众。张婉言谢绝说：只要我们有出头露面的一天，那就没世难忘了。增太太一行人等随即离开新立屯，平安回到了奉天。

增太太到达奉天后，立即把途中遇险和张作霖诚心弃暗投明的愿望说与增祺，并且把张作霖的实力和他的为人以及她本人对张的看法，详细向丈夫叙说了一遍。增祺听太太和几个亲信随员说了这些情况后，一时大为动容。经过考虑后，决定奏明清廷，并命新民府增韫（子固）把张部收编为省防营。这是清光绪二十八年（1902年）的事情。从此以后，张作霖和他的三个助手就成为奉天省防军的正式军官了，但仍驻在新民地方负责维持这一带地方治安。①

宁武回忆记载的这个事件很富戏剧性。张作霖巧妙设计，劫持了盛京将军增祺的夫人，并由此引起了增祺将军本人的注意，最终导致张作霖被顺利招抚，成为政府官军。这个事件的真实性似乎大致不差。

但考诸历史档案，张作霖接受招安还有更加详细、更加准确的记载，即第二个版本，廖同知主动接纳说。

二、顺潮流接受招安

廖同知，即新民厅五品同知廖彭。

在《奉系军阀档案史料汇编》里，我们查到了重要档案。这件档案透露了诸多信息。《新民厅抚民同知廖彭密请收抚张作霖等以化莠为良绥靖地方的禀呈及交涉总局批》。档案全文如下：

> 花翎同知衔在任补用同知署新民厅抚民同知候补知县廖彭谨禀将军麾下：敬密禀者，窃查厅属八角台练勇任朝武等情殷投诚，业经卑职禀请派员收抚，密示遵行在案。兹据该屯绅士盛京宗学汉教习张程九、附生方可猷、陶允恭等来署谒见，以任朝武、张作霖等自本年春间，经厅安抚后，悔过自新，诚心向化，将及一载，未扰乡民，亦且左近借以安堵。际此盗匪扰攘，转恳收抚，派员管带，一转移间，多一良氓，即少一盗匪。保全生命，意美法良。第该头目任朝武、张作霖素为众所推服，其投效情殷，心无疑贰，而所部既众，人心如面，未免不同，如另派员以统其众，遽易生手，不识性情，万一办理失宜，转于地方有碍。拟请奉准收抚，派员点验，莫若仍责成任朝武、张作霖暂行分带，听候调遣，庶示开诚布公，使彼当更感奋，就我范围，得收实效，原不仅在派员易代与否。至应需饷项，仍愿暂由绅等就地按月筹给，俟事局大定，或易管带，或分其势，从容就理，无复他虞。绅等为预防意外，慎重起见，谨

① 宁武：《清末东三省绿林各帮之产生、分化及其结局》，《文史资料选辑》，第6辑，第140页。

献刍荛，乞速转请核示，等情，面禀前来。卑职复查前此密禀，恳请收抚任朝武等，虽尚未奉到批示，然仰体我宪台化莠为良，绥靖地方一片苦心，谅蒙从宽俯允，准其投效自赎。兹该绅张程九等所禀各情，不为无见，应准如所请办理。一面由卑职就近察看，随时调遣，以顺舆情，而昭妥慎。理合据情密禀将军，查核示遵，实为恩公两便。肃此具禀，恭请勋安。伏乞垂鉴。卑职彭谨密禀。①

这是新民厅同知廖彭呈送给盛京将军增祺的一个禀帖。嘉庆十八年（1813年）六月，设立新民厅，隶属奉天府，下辖承德（沈阳）、广宁（北镇）两县。那时八角台，即台安县，亦隶属新民厅，新民厅于光绪二十八年（1902年）升为新民府。

同知廖彭的这个禀帖，主要是汇报八角台地方武装练勇任朝武、张作霖等在新民厅同意招抚一年内的表现，并呈请盛京将军增祺以盛京将军的名义同意对他们予以招抚。对张作霖等进行招抚，是八角台绅士张程九等推荐的结果。此次，廖彭建议两点：其一，保留原有编制，保留原来练长。“莫若仍责成任朝武、张作霖暂行分带，听候调遣”。其二，保持所需款项，保持原有做法。“至应需饷项，仍愿暂由绅等就地按月筹给”。廖彭进一步说道：“徐俟事局大定，或易管带，或分其势，从容就理，无复他虞。”为此，建议增祺用这个办法招抚张作霖等，即保留原有编制、保持所需款项。

增祺看到这个禀帖后，当即予以批准。同时，增祺又提出了更多的要求，主要是动员张作霖等进一步剿灭杜立山、海沙子等著名巨匪。由此可知，在光绪二十八年（1902年）初，张作霖就已经被官府招抚，成为新民厅的政府军。而到光绪二十八年八月二十八日（1902年9月29日），张作霖等又成为得到增祺将军承认的政府军了。

三、表心迹痛剿巨匪

张作霖为了表明对接受自己为官军的感激之情，积极参与了对巨匪海沙子的围剿。围剿海沙子之战，奉系档案文件有详细记载。这个文件是《盛京将军增祺札转总巡璞玉密调八角台练长张作霖等队会剿海沙子情形禀》（1902

① 《奉系军阀档案史料汇编》，第1册，第85件，第153页。

年10月19日）。文件内称：

本月初八日据璞玉、李洪亮等禀称，窃沐恩亮（按：李洪亮）前将派队尾跟贼首海沙子、三只眼、杜立子、萧汉臣等，并会同璞总巡玉、芬帮带车贺，在姜镇密议进剿，各情已禀明钧鉴。嗣于八月三十日，据探回称，海沙子等带领二百余人，并有贼首徐子扬、路海川各领伙党百余合入帮内，共有四百多人，现在姜镇东南八十里小通江子河口一带分住，声言姜镇调集多队，必在围打，拟赴河东躲避，等语。沐恩等闻报，随密调八角台练长张作霖带会勇在西路堵击，沐恩亮带马队二百五十名，沐恩玉（按：璞玉）带队五十名，沐恩贺（按：芬车贺）带队一百五十名，前往剿捕。于月之初一日，行至小通江子口，正遇该匪三十余名，已登船过河之际，经沐恩亮营前官陈树森领队攻打，枪毙贼五名，内有小头目，割取耳级。沐恩等当搜剿逃匪，贼之大股由西突至，枪弹如雨。我队奋勇迎击，由午打至未刻，该匪抵敌不住，向西南败逃。沐恩等即督带各队追击二十余屯，共八十余里，枪毙贼十数名，打下九间房被绑常姓票二名。至桑林子，天黑，奈难跟追，沐恩等即收队。在于各村放卡，随查点各营什兵，仅沐恩贺营右哨队兵柴玉林左额角枪子透过，登时殒命，各营战马打毙七匹。沐恩等随派妥差，分股连夜跟探。初二日卯刻，据南路探差回称，该匪于初一日夜四更时，逃窜桑林子南三十余里广界高平镇，假扮洋队闯进，打死放卡会勇四五名，住户妇女三四名，该镇大小铺户均被抢掠一空。沐恩等随带各队，并张作霖之会勇一百名前往。至午刻，赶到高平。沐恩亮、玉由东北向南攻击；沐恩贺由西北往西南围击。打至戌刻，我队猛勇闯进围壕三道。该匪迎敌不及，趁黑分股逃走。当时枪毙贼首海沙子、徐永和、路海川、辛洛疙瘩，枪毙伙党三十余名。理应割取首级，奈路途遥远，随将贼首耳级割取。沐恩等意欲在此搜缉，奈该贼临逃之时，将该烧锅库房药篓使捻点著，轰声大振，火光四起。百姓□荒（惊慌），又兼天黑，未便追搜。沐恩等连夜将队带出镇外二里许，四面分住。沐恩亮查点，中哨队兵杨庆丰右膀受透子伤一处，田茂春左腿受透子伤一处，练长张作霖（、）会勇张永盛右腿受枪伤一处。打下开原代洋牌巡捕马队号坎两件、马九匹、天门枪一杆、单出毛瑟枪一杆。马匹充赏，枪械理宜呈缴。惟恐撞遇洋人，俟后再为呈送；打下白旗堡马姓之票一名；桑林字（子）王姓票一名；又，不知姓名票十余名。即派兵分送回家。沐恩等此次剿灭贼首海沙子（即阎海山）等，枪毙伙匪四十余名，得获被绑之票多名，虽经沐恩等督饬各队勇击，皆仰赖鸿威，歼除巨寇。海沙子素在边之内外及南北一带，被其扰害抢掠焚烧，诚（惟）[为] 不少，其罪大恶极，今将该逆诛灭，票民无不称快。暨费用子母，俟查清数目，另行呈报。所有新抚官弁陈树森、徐景忠、马朝斌、王世和、张鸣九，练长张作霖等均各血战，力破重围，其哨弁姜恩山、周明远、庄鸿勋及璞、芬各带弁兵，无不奋击，此次均皆尤为出力。可否奖励之处，伏俟宪裁，等情……

各据此，查海沙子等结党窜扰，已非一日，焚杀淫掠，无所不为，迭经各队分道剿除，该匪迄未授首。□□等合力□击毙此巨寇及余匪数十名，救回难民，殊堪嘉尚，自应准其奖励。惟此外各匪现逃何处？有无乘虚窜扰及盘踞勾结情形，亟应上紧拿办。前已传饬营务处，密调恒统巡带队，由北南来会剿，应再责成璞总巡等迅督兵练，会合各队，尽力搜捕，务使首从各犯从此净绝根株。一俟地方乂安，本军督部堂即当破格奏奖。此次伤亡各兵练，均属奋不顾身，深堪悯恻，柴玉林一名，原籍系何处人，有无家属在此？须速查明给恤；其受伤之杨庆丰、田茂春、张永盛等三名亦当分别给赏。此外打仗兵练，并准每名各给银元一元，由璞总巡等查明开单，呈候饬领散给；广宁厨县等请领子母，候即札饬交涉局迅速酌发，以资防堵。惟恒统巡未到之先，各处剿捕不容稍弛。恒统总巡等仍当各就现有兵力，一体确探，妥为分路堵击。除分札外，合行札仰□局遵□□□。①

这是盛京将军增祺向清廷上报事项的一个禀帖。这里主要汇报了官军会剿巨匪海沙子等的整个过程。这次会剿是由奉天省总巡璞玉、李洪亮、帮带芬车贺等率队官军进行的，参加者有八角台练长张作霖等。巨匪海沙子等共有 400 余人，匪势猖獗。官军方面李洪亮带马队 250 名，璞玉带队 50 名，芬

① 《奉系军阀档案史料汇编》，第 1 册，第 89 件，第 157 页。

车贺带队150名，张作霖带队100余人，共计550多人，显然官军占有优势。

这次会剿主要打了两仗，第一仗在小通江子河口，第二仗在广宁县之高平镇。这两仗，官军皆获大胜。枪毙巨匪海沙子等是这次会剿最大的胜利。此次战斗，练长张作霖表现神勇，“右腿受枪伤一处”。张作霖的表现，给盛京将军增祺留下了深刻印象。必须说明的是，盛京将军增祺于光绪二十八年八月二十八日批准招抚张作霖，九月十八日，张作霖就参加了剿灭海沙子等巨匪的战斗，时隔仅20天。从中可见，张作霖投入官军态度是真诚的，行动是积极的。

为此，盛京将军增祺正式行文，除特别嘉奖外，并特殊批准张作霖仍旧管带原班人马。

关于击毙海沙子，张学良在其口述历史中曾经说及：

> 接下来来了这么一个人，叫海沙子，这是我父亲最喜欢给我讲的一段儿。
>
> 海沙子这个人势力很大。我父亲才有十几条枪，这个人有二十多条枪，在那个地方势力相当地大。他经过一个村寨，就是我出生的那个地方，叫八角台，现在叫台安县。完了他就要钱，要过路费，管人要钱。我父亲说那不行，我在这儿保护，你在这儿过要不要钱？那个人说要，你不给我钱就要打。我父亲说，我呀，负责这个地方的责任，在这块我拿人钱，咱俩一打的话就把这个村庄打得混乱了，咱俩对打好不好？我父亲身上有伤就是这回落的。他说你的人在那边，我的人在这边，咱俩开枪对打，你把我打死呢，我这个地方就归你，我把你打死呢，那你的部下归我。
>
> 两个人对打，我父亲身上落了一枪伤。他一枪把那个海沙子打死了，海沙子的部下就能都归我父亲了。①

张学良的这段口述，显然具有传奇色彩。海沙子是不是叫张作霖这样一枪打死的，已不可考。但是，海沙子确实是在这次官军的会剿中被击毙的，张作霖也确实在这次会剿中受了枪伤。张作霖很喜欢向张学良讲述这段光荣历史，意在说明他本人不是土匪吧！

---

① 张学良口述，唐德刚撰写：《张学良口述历史》，第10页。

四、立大功迭次升迁

张作霖因表现突出，随后两次升迁。

第一次升迁，担任巡警游击马队帮带（副营长）。关于此次升迁，档案文件《盛京将军增祺札转新民府为安插张作霖降队酌核饷章等情禀》有详细记载（1902年10月31日）。

这份文件是盛京将军增祺转发的新民府知府增韫的一个禀帖。新民厅升为新民府后，增韫接替廖彭，担任了新民府知府。增韫上任后，面对张作霖、任朝武之队伍如何整编的问题。张作霖一股现有400余名，任朝武一股现有730余名，两股合计1130余名。这个地方武装队伍显然人数过多了，地方供养不起，也没有必要。根据实际需要，现在只能保留250名，成立一支巡警游击马队，其余人员必须陆续遣散。任命张作霖、任朝武为马队帮办。这就是说，张作霖担任了新民府巡警游击马队的帮办了，帮办是马队的副职，相当于副营长。这是张作霖在官场上的第一次正式升迁。

至于马队人员的饷酬问题，仍然由民间筹资解决。但是，现在筹到的款项一律交到新民府，再由官府根据他们不同的职位级别，按月分别发放。即“由卑府谕令该处绅商自行筹捐，来府呈交，分别开放，不得散漫无稽”。月饷如次：帮带（副营长）25两，哨官（连长）25两，哨长（排长）20两，什长（班长）9.5两，字识（参谋）9两，等等。

对于新民府知府增韫的请示禀帖，盛京将军增祺给予批示。批示云：“据禀各情均悉。议招抚则筹饷维艰，不受降则商民被害。张作霖等既能悔罪归诚，该绅商等复能筹捐充饷，均属深明大义，殊堪嘉尚，准如所议办理。”盛京将军增祺同意按照新民知府增韫的请示执行。

第二次升迁，升为新民府马步队管带（正营长）。此次升迁，《新民府知府增韫为张作霖所部马步队调驻新民府本街添派张景惠为帮办给增祺禀》（1903年8月28日）有记载。

这是新民府知府增韫上报盛京将军增祺的一个禀帖。内容是因新民府“民力不支，是以归并队伍，节省薪饷”一事。原来驻扎新民府本街的地方武装，其“每月薪饷均须铺商按月筹捐”，即由地方绅商负担。此外，“南方之姜家屯陈树森、八角台之张作霖、西佛牛录之任朝武，先后招抚各营薪饷，亦须就地筹捐”。这两支地方队伍，均由新民府地方绅商负担，“为数甚巨”，地方绅商负担不起。为此，知府增韫提议，整编队伍，去弱留强，减少开支，以利兵民。

此次整编，重要一环是“当经札令张作霖率其所部调归本街，与本街原募之马步队伍一并挑选，去弱留强”。即以张作霖为中心，进行整编。计八角台原练马步队 200 名、步队 200 名，新民街本街原练马队 179 名、步队 300 名。今遣撤马队 94 名、步队 300 名，共挑留马队 285 名、步队 200 名，统归张作霖管带，添派帮带张景惠一员，以资助理。这样整编的结果，新民府本街每月节省银 500 两，八角台地户每月节省银 1800 余两。如此，大大减轻了绅商的经济负担。而从此，张作霖就成为新民府本街的马步队的管带了，管带即正营长。张作霖从偏僻的八角台乡镇，进入新民府本街，是他仕宦生涯的重要一步。

五、受招抚当上军官

第三个版本，是八角台绅士挽留说。

甲午战后乱了几年，1902 年社会秩序逐步稳定。这两年张作霖苦心经营他的武装，势力有所扩展。他也尽职尽责，起到了保境安民的作用。同时，和当地绅商也相处融洽，得到他们的交口赞誉。但是，随着社会秩序的稳定，地方自治武装也就失去了存在的价值。按理张作霖的大团应予遣散，团民或回家务农，或进城经商。但八角台商会会长张紫云考虑到遣散这一武装，团民四散，可能为害地方。同时，他也和张作霖结下了友情，就想给他们找个出路。

为此，张紫云同有关人商量，拟将这一武装交给政府，这个提议得到绅商的赞同。于是，他们向新民府知府增韫正式推荐张作霖，对张作霖大加赞扬。增韫知府便接见了张作霖，张作霖以弟子身份行叩见礼，称增韫知府为老师。通过亲见和谈话，增韫感到张作霖是个温文尔雅之人，留下了很好的印象。他便命张作霖整理部伍，将其带到新民府听候点编。张作霖真是喜从天降。其实，张作霖的政治野心很大，他深知经营民团不是长久之计。他早就想“改邪归正”，被政府收编。恰在此时，盛京将军增祺采纳了“化私团为公团”的建议，作出了“化盗为良”的决定。适逢其时，增韫知府的报告得到了盛京将军增祺的批准。

张作霖急忙回到八角台，积极招兵买马，扩充队伍。因为他和增韫说了大话，吹嘘自己有一营人马，实际才有 100 多人。当时准许他组建 250 人的队伍。他便乘机开展组编活动。他吸收了辽西一些小股匪帮，如义县的张作相、黑山县的薄振声等，都招了进来。人数够了，他就率队到新民府接受点编，成立了新民府巡警前路游击马队，命张作霖为帮办（副营长），队伍仍驻八角台①。第二年，即 1903 年 7 月，张作霖所部和新民街巡捕队合并为巡防马步游击队，计 485 人。其中，骑兵 2 哨，步兵 3 哨。张作霖为管带（营长），张景惠为帮办（副营长），中哨哨官由张作霖兼任，前哨哨官为张作相，左哨哨官为汤玉麟，右哨哨官为王立有，后哨哨官为赵五把式②。哨官是连长。队伍亦移驻新民府，负责地方治安，并兼剿胡匪。就这样，张作霖由一个民团武装的头目摇身一变，而成为政府官军的军官了。这是他人生的一个重大转折。从此，依靠这支武装，他便平步青云，扶摇直上了。

六、巧安排应对日俄

张作霖为人机敏，长于计谋。来到了新民府本街的生疏环境，他知道如何自处。他把争取增韫的信任摆在首位，投其所好，“馈以金钱”，执礼甚恭，服从命令，听从调遣。同时，笼络绅商，认真办事，约束部下，管理有方。这就深得知府增韫的赏识，被倚为不可或缺的左膀右臂。张作霖又略施手腕，挤走了新民府的巡警局长王奉廷。没费太大的劲儿，他就控制了新民府的军事实权。在这方面，他表现了巧于应对的能力。

这个能力还表现在残酷的日俄战争中。1904 年 2 月，在我国东北爆发了日俄战争。两个帝国主义国家在我国东北展开厮杀。腐败的清政府竟然宣布辽河以东为战区，以西为中立区。战争打响，还哪管什么中立区。日、俄匪军烧杀淫掠，无恶不作。土匪蜂起，百姓遭殃。处在辽西的新民府是个重镇，张作霖除了要维护境内的治安外，还在盘算如何增强自己的实力。他的原则是谁给我好处，我就帮助谁。一开始，俄军强大，他就接受俄军的枪械和金钱，帮助俄军。后曾被日军俘虏，差点处死。被释放后，他又同日军签订誓

---

① 姜向春：《张作霖在辽西的片断》，《辽宁文史资料》，第 6 辑，辽宁人民出版社 1981 年版，第 26 页。

② 罗巨峰：《台安八角台镇联庄会》，《吉林文史资料选辑》，第 4 辑，吉林人民出版社 1983 年版，第 13 页。

约，“立誓援助日本军”[1]。1905 年日俄战后，他的部队不但没受损失，反而扩编为三个营。在日俄两大帝国主义战争夹缝中生存的张作霖，充分显示了处理复杂问题的能力。因政声颇佳，1906 年张作霖又升官了。新任盛京将军赵尔巽和新任新民府知府沈金鉴下令，将张作霖的部队由三营扩编为五个营，张作霖当上了统带（团长）。

七、施谋略计擒杜匪

成了官军的张作霖对为害地方的胡匪十分痛恨，极力剿杀。在他的连年痛剿下，辽西的小股胡匪或被招抚，或被剿灭。就连党羽千余的大股悍匪田玉本也被张作霖部击毙，其徒众星散，百姓称快。

但是，还有一个奸诈凶残的土匪杜立三很难对付。杜立三盘踞在辽中县青麻坎。杜立三的势力越来越大，官军拿他没有办法。他自称马上皇帝。在他盘踞的地方，随意封官许愿，老百姓见他称杜大人。实际上，他已经形成了割据之势。盛京将军赵尔巽曾下令“严密访拿”，几次派兵进剿，但都败下阵来。1907 年，清政府在东北建立行省，任命徐世昌为东三省总督。徐世昌为了除掉这个心头之患，特派智谋之士知县殷鸿寿到新民府协助张作霖剿灭杜立三。

对杜立三是强攻还是智取，他们进行了仔细的商讨。杜立三自诩为马上皇帝，马上功夫了得。能双手使枪，弹无虚发。且城池坚固，徒众凶顽，关卡林立，防备极严。如像以前那样派兵强攻，恐师劳无功，难以奏效。因此，决定智取。他们设了一计。张作霖派人到辽中县送上一封贺信，祝贺杜立三被奉天省招抚，当上了大官，官位比张作霖还高。让杜立三速到新民府来面谒省里的招抚大员，以便到奉天向徐世昌总督致谢。杜立三有所察觉，不敢贸然行动。同他母亲和兄弟商量。他们也认为到新民风险很大，凶多吉少，都不主张他去。

此计落空。张作霖没有灰心，又生一计。他想到了黑山秀才杜泮林。杜泮林是张作霖的义父。张作霖在中安堡当保险队头目时，同绅士杜泮林结下交情，来往密切，关系甚笃。张作霖知道杜立三拜认杜泮林为同族叔，对其言听计从，十分尊重。张作霖就想打杜泮林的主意。他和殷鸿寿密谋，用杜

[1] 东亚同文会编：《对华回忆录》（中译本），第 276 页。

泮林引诱杜立三上钩。

张作霖特地亲自到黑山把杜泮林接到新民府，并把他引见给省城大员殷鸿寿，以证明确实是省里招抚杜立三，并非虚构。张作霖又在新民街上，为杜泮林另设招待处，请杜泮林在招待处稍事休息，候杜立三来到之后，一同晋省。秀才杜泮林是老实人，不知是计，就给杜立三写了一封亲笔信，言辞恳切，感情真挚。有“游侠非终身之事，梁山岂久居之区；一经招安，不仅出人头地，亦且耀祖荣家”等语。

杜立三本来疑信参半，犹豫不定。突然得到他素来景仰的族叔的亲笔信，便疑念顿消，决定前往。于是，他在1907年6月6日仅率13人，作为随身护卫，由宋庆濂带领，奔向新民府，接受封官去了。他哪里知道此去是有去无回了。张作霖为了不出意外，事先作了周密布置。杜立三只身赴会，十分警惕。在晋见委员殷鸿寿时，他坐在背靠墙壁面对诸人的位置，同时两手插入兜内，握住枪柄，观察动静，以应突变。谈话完毕，殷高声喊道：“送客！”杜立三起身告辞，殷鸿寿送至里屋门口，杜立三转身请殷鸿寿“留步”时，刹那间，被汤玉麟等几个壮汉按倒，下了双枪，死死捆住。事不宜迟，当晚就把杜立三在新民府西门外枪决了。其实，在这之前，张作霖早已派张景惠率大队人马，绕道台安八角台，做好进击杜立三老巢的准备。得到处决杜立三的消息后，张景惠等迅速出击杜立三的老巢。群龙无首，他的老巢辽中县青麻坎被一举端掉①。除掉了杜立三，扫除了一大害，辽西匪患遂绝，人人称快。

杜立三这个多年啃不动的硬骨头，让张作霖轻而易举地剔除了。他采用的是智取的谋略。这里显示了张作霖的过人的智慧。得此消息，总督徐世昌喜出望外，上报清廷，为张作霖请奖。清廷除赏银5000两外，将张作霖升为奉天巡防营前路统领（旅长），管辖马步五个营。其他还有中路、左路、右路、后路等四路统领。张作霖成为东北旧军五个举足轻重的武装力量之一，势力更加壮大了。

八、拼死力清除蒙患

1908年，徐世昌把剿匪得力的张作霖调到辽宁西北部的通辽、洮南一带，

---

① 王寿山：《辽西巨匪杜立三》，《辽宁文史资料》，第5辑，辽宁人民出版社1965年版，第200页。

去剿除被沙俄收买的蒙古叛匪。据知情人回忆：

> 洮南一带系干燥的草原，草有一二尺高，一望无边。夏日蚊虫甚多，大者如蜜蜂，叮人很厉害。据我个人的回忆，虽在夏天，都得用棉花把头包上，否则寸步难行。狼群更多，一群就是十几条。当时队里的通信人员（当时叫作跑拨子的）往往被狼吃掉，剩下马跑回来。所以跑拨子的一起总是几个人。带着全副武装，有时还免不了被狼围住。沙漠上没有正规的道路，陌生的人很容易走失。只有住在这一带的蒙古人，对道路熟悉，才能经常来往这些地方。由于地方广漠，在军事上都是骑兵。蒙古军队都是一个人乘两匹马，骑一匹，备一匹，力量足，跑得也快。以上种种，全是蒙军优于汉军的地方，所以张作霖清剿蒙匪不是一件容易的事情。
>
> 蒙古军队所用的战法，多用奇袭。出其不意，来一个攻击，给你一些损害，便骑马跑了。等你整顿好人马向前追击时，他们早杳如黄鹤了。所以在这一带打仗，不管是宿营、做饭、休息，都要十分注意。还有双方经过接触后，蒙军退了，汉军开始追击，队伍往往跑到很远的地方，甚至二三天和本队脱离，用号集合往往是听不到的。鸣枪取联络，又很容易被敌发觉，招致严重后果。在沙漠里作战，确是一件困难的事情。所以不善于带兵的人，在这些地方可能跑得一干二净，剩一个光杆司令。张作霖能在这些地方一干几年，是有他的能力的①。

这是说，洮南一带是广阔无垠的大草原，是蒙匪活动的根据地。他们熟悉地形，了解民情，精于骑射，出没无常。他们行踪无定，多用奇袭，打了就跑，渺无踪迹。其中，有几股大的蒙匪，如白音大赉、牙什、陶克陶胡（陶什陶）等，都“扰害边疆，至数年之久，此剿彼窜，滋蔓难除，国家视为巨寇”。

这些“巨寇”不除，国家不得稳定，百姓不得安宁。张作霖当此重任，开始并不顺利。后来，他采用了强攻和智取的两手策略，派人打入蒙匪内部，

① 陶乃文述，秦诚至记：《张作霖清剿陶什陶琐记》，《辽宁文史资料》，第6辑，辽宁人民出版社1981年版，第31页。

取得情报，而逐渐扭转了劣势。

张作霖深知只用强攻是不行的，必须智取。而智取，必须首先打入蒙匪内部，掌握敌情，才能采取正确的策略，取得最后的胜利。为此，足智多谋的张作霖相中了一个人，就是名闻遐迩的安遇吾。

安遇吾是台安一带的亦绅亦匪式的人物。安遇吾人说能够指挥土匪，土匪听他的。安遇吾好生了得！“安遇吾是个大个子，好骑快马；经常穿蓝色缎子袍，不扣纽扣；腰系洋绉答布带子。骑马时不拿马鞭，而拿蝇拂（当时东北土豪的打扮）。家中很有钱，像坐地分赃的黄三太”。这个安遇吾是张作霖的好朋友。张作霖知道安遇吾有个用人鲍老疙瘩，两人关系很好，现在在蒙古巨匪牙什那里混事。就想利用这个关系，派安遇吾打入蒙匪内部，了解敌情，设谋围剿。于是，张作霖便派人送信，邀请安遇吾到通辽来聚会。

张作霖从来没有麻烦过安遇吾，安遇吾知道此次叫他去，肯定是军事上遇到烦心事了。安遇吾临行前，在家中杀猪宰羊，大请邻里友好；当着众人，又托以家庭后事。他知道，张作霖让他办的事一定是危险困难的，自己能否回到台安是个未知数。安遇吾到了通辽，张作霖设宴款待，亲自陪同游玩，什么事也不谈。这样过了一个月，安遇吾有些忍耐不住，便向张作霖慨然言道：“雨亭，究竟有什么事情，快快讲。如果有用得着我的地方，我是万死不辞！”于是，张作霖才把这件事说了出来，并说除了安大哥，谁也办不了。安遇吾听罢张作霖的叙述，爽快地答应了。第二天，就只身单骑，进入了浩瀚的沙漠。

安遇吾经过千难万险，找到了蒙匪驻地，见到了鲍老疙瘩。安遇吾对他谎称，土匪冯德麟夺去了他的地盘，他在八角台一带站不住脚，才来投靠牙什。鲍老疙瘩信以为真，领他拜见了牙什等匪首。于是，安遇吾在蒙匪窝中安顿下来。安遇吾谋划着两件事：一是刺死一个蒙匪头子；二是画好通往牙什老巢的路线图，以便全歼牙什巨匪。很快地，安遇吾画好了通往牙什老巢的路线图，并将其藏在身上。当他想要刺杀蒙匪头目时，不幸被蒙匪发觉而遭逮捕。蒙匪恼羞成怒，将其杀死，尸体解成几块。

某一天，张作霖突然发现一股蒙古骑兵向通辽袭来，就派骑兵迎击。蒙古骑兵没有恋战，空打几枪，就跑掉了。这时，他们发现一棵树上悬挂了一个包袱。打开一看，竟然是安遇吾的遗体。张作霖见到安遇吾的遗体，放声痛哭，并叫人把安遇吾的遗体洗净，再用针线将遗体连缀在一起，装入棺内，预备送回原籍安葬。不承想，在清洗遗体时，发现刀伤一处。在伤口里竟然藏有一个小小的油纸包，打开一看，里面是通往巨匪牙什老巢的路线图。这个路线图，标注清晰，指向准确。张作霖如获至宝，喜出望外。由于蒙匪在杀死安遇吾后，并没有检查他的遗体，意外留下了这个纸包。

张作霖后来根据这个路线图，派人捉获了牙什的两个儿子，所以牙什被迫首先投降了。

1909 年，徐世昌看到张作霖的兵力不足，便给他扩编，增强他的实力，把五个营扩编为七个营，又将驻扎在洮南的孙烈臣部划归张作霖。这样张作霖的部队增至 3500 人，成为东北的一支劲旅。

张作霖是个很知道感恩的人。受到东三省总督徐世昌如此青睐、如此器重，他剿匪更加努力。同时，他也在不断地总结剿匪的经验教训，摸索出一套可行的规律。他本人也吃苦耐劳，身先士卒。因此，又经过年余苦战，终于将白音大赉击毙，并打败了陶克陶胡（陶什陶）。后来追击陶克陶胡（陶什陶）800 里，一直将陶克陶胡（陶什陶）赶到了俄国西伯利亚。

为了安抚地方、追缴陶克陶胡（陶什陶），于光绪三十四年八月十三日（1908 年 9 月 8 日），奉天前路马步巡防统领张作霖会同洮南府知府孙葆瑨又发布布告，重金悬赏勇于告发者。

布告首先晓谕，蒙匪白音大赉、牙什“业已次第伏诛，匪党及牙匪逆子，亦相继歼除授首”。只有巨匪陶克陶胡（陶什陶）逃走了，“尚未就擒”。现在悬赏捉拿蒙匪陶克陶胡（陶什陶）。赏格分两种：其一，生擒陶匪者，赏银 1000 两；其二，割取首级者，赏银 500 两。

经年余奋战，张作霖等终于剿灭了边疆蒙匪，立功甚巨。为此，统领张作霖和洮南府知府孙葆瑨联衔为部下请赏，得到总督徐世昌的批准。光绪三十四年十一月二十八日（1908 年 12 月 21 日）上递《孙葆瑨张作霖会衔保奖剿淘（陶）出力人员呈》，内含东三省总督徐世昌的批示。

批示充分肯定了统领张作霖和洮南府知府孙葆瑨的剿除边疆蒙匪的功绩。张作霖的功绩主要是：“查该统领督队剿办北边一带贼匪，统计大小 10 余战，先后击毙匪首牙失（牙什）、白音大来（白音大赉），并枪毙余匪百余名，夺获旗枪、枪械、车马等物。”又说：“该统领与士卒备尝艰苦，卒能激励军心，扫除匪患，实属勤勇可嘉。”孙葆瑨知府的主要功绩则是：“该府率属侦探，派兵堵击，地方得以转危为安，亦堪嘉尚。”总之，总督徐世昌对张作霖剿灭边疆蒙匪给予充分肯定，并予以优厚嘉奖。

为害东北边疆多年的蒙患解除了，打击了蒙古分裂主义分子的嚣张气焰，维护了国家的统一和民族的团结，张作霖此功是不可没的。

九、占先机智进省城

在张作霖的政治生涯中，他于1911年智进奉天省城，是一大手笔。

1911年10月10日，爆发了武昌起义，是谓辛亥革命。各省纷纷响应，脱离清政府，宣布独立。奉省的革命党人张榕、宁武、商震等早有活动，新军中也有吴禄贞、蓝天蔚等从事革命活动。武昌起义的消息传来，东北革命党人群情振奋，准备积极响应。当时以蓝天蔚为协统（旅长）的新军第二混成旅驻扎在奉天的北大营，这是省城的唯一一支驻军。蓝天蔚又是革命党人，他如果抓住机会及时策动反正，可以立见成效的。他确实也在和革命党人张榕紧密磋商，秘密酝酿起义。

但是，由于经验不足，他们没有抓住先机。1911年5月，赵尔巽又任东三省总督。辛亥革命爆发时，他正在外视察，得到消息，便急忙赶回奉天，并连夜开会，研究对策。当他得知握有兵权的蓝天蔚等革命党人正在酝酿起义时，顿时吓得不知所措，表示他即将入关，也就是说，准备逃跑了。这时奉天省咨议局副议长袁金铠立即跪求劝阻，并建议重用巡防营旧军。这个建议使赵尔巽如获至宝，茅塞顿开。他思忖，地方巡防营的将领都是忠于他的守旧军人，同革命党人没有任何联系，正是他可以利用的镇压革命党人的军事力量。他立刻来了精神，马上密调后路巡防营统领吴俊升率部自通辽迅即来奉天，以防备革命党人起事。

任清军巡防营统领时的张作霖

然而，这个重要消息却被张作霖在奉的部下探知。这个人就是张作霖驻奉办事处处长张惠临。张惠临深知事关重大，就以最快的速度把这个消息密报给张作霖。张作霖是个有很大政治野心的人，他不甘心在西北的洮南待一辈子。

为此，他早就在观察奉天省城的动静。他曾密嘱到奉天讲武堂学习的各营管带张景惠、汤玉麟、张作相等，注意省城的军政动向，并及时写信报告。同时，他对全国的政治形势也是极为关注的。得到这个重要消息，他认为这是天赐良机，不可错过。这是他大显身手的时候了。他当机立断，立即亲率所辖步骑七个营的全部人马，从洮南出发，马不停蹄，日夜兼程，直奔奉天。路过通辽时，吴俊升等出城迎接，张作霖与其虚与委蛇，未露实情。

到达奉天省城后，张作霖为争取主动，马上晋见赵尔巽，诚惶诚恐地说："因局势紧张，惟恐总督陷于危境，迫不及待，率兵勤王。如总督认为未奉命令，擅自行动，甘愿接受惩处。"赵尔巽急需用兵，感到张作霖来得恰逢其时。张作霖又信誓旦旦地说："请恩师听我部署，只要我张作霖还喘着一口气，我是愿以生命保护恩师，至死不渝。"① 张作霖这一披肝沥胆的表态，深得赵尔巽的嘉许。因此，张作霖不但没有受到惩处，反而得到赞赏。除补发调防令外，赵尔巽还命张作霖兼任中路巡防营统领，以加强忠心耿耿的张作霖的军力。这样，张作霖就统率15个营的兵马了。到此，张作霖实质上已经是奉省现有部队最大的军事力量的首领了。

我们不难看出，张作霖关注信息，研究形势，抓住时机，闻风而动，显示了他的不同常人之处。

① 亦云：《张作霖评传》，《张作霖传记资料》，第2辑，台湾天一出版社，第77页。

第四章 持手枪赴会 升师长握权

一、持手枪压制革党

东三省总督赵尔巽有了张作霖这个拥有军事实力的保镖，就有恃无恐了。他们先是迫使新军将领通过了赵尔巽提出的“保境安民”的主张。这个主张实质是反对革命，继续保皇。继而又在奉天国民保安公会上贯彻赵尔巽的保皇主张，成立了由前东三省总督赵尔巽为会长的奉天国民保安公会，这是换汤不换药，继续代表清廷行使皇权。在这个过程中，张作霖都扮演了一个流氓打手的角色。

武昌起义爆发不久，奉天省的革命党人云集省城，研究运用何种方式响应武昌首义。经过反复争论，最后得出采取和平手段进行东北革命，即“谋运用政治手腕，实现东三省革命”①。革命党人的首领蓝天蔚、吴景濂等事先密议，用会议的方式兵不血刃地夺取东北政权。拟由吴景濂以奉天省咨议局议长的名义，召集省城各界领导人开会，在会上解决这个问题。他们研究了一个方案，以维持治安为名，成立奉天全省保安会，逼走东三省总督赵尔巽，然后推举蓝天蔚为关外都督，吴景濂为奉天省民政长，脱离清廷，宣布独立，完成东三省革命。如果“东北大局既定，继进兵关内，会师燕郊，直捣虏穴”②。幼稚的革命党人以为采取会议表决的和平方式，就可以一举夺得东北大权。

吴景濂就是这样想的。吴景濂，奉天省兴城人，1873 年生，京师大学堂

① 《辛亥革命》资料丛刊，第 7 辑，上海人民出版社 1981 年版，第 389 页。
② 同上。

毕业。任奉天两级师范学堂监督，奉天教育会会长。1909年，任奉天咨议局议员，后任议长。他思想维新，倾向革命。武昌起义爆发后，他积极参与革命活动。吴景濂于1911年11月12日，以他的名义召开保安大会，绅商各界到会的有200多人。赵尔巽到会，他带来了张作霖。会上还有他的支持者，如袁金铠等。袁金铠，奉天省辽阳人，1909年任奉天咨议局副议长，他是赵尔巽一党。

此次会议，老辣的赵尔巽也早有准备。他派张作霖在会场内外布置人马，持枪待命，明施压力。张作霖则持枪赴会，满脸杀气。会场气氛非常紧张，大有一触即发之势。但是革命党人并没有胆怯，而是慷慨陈词，主张脱离清廷，宣布独立。赵尔巽极为不满，表示坚决反对。他说："你们要搞自治还可以商量，独立？怕有未便吧？"他的话还没讲完，就被革命党人的发言驳回，革命党人强烈要求赵尔巽宣布独立。

这时，张作霖急不可耐地跳了出来，把手枪往桌子上一拍，蛮横凶恶地叫道："我张某身为军人，只知听命保护大帅。倘有不平，我张某虽好交朋友，但我这支手枪它是不交朋友的。"这是个信号，会场四周他的手下均立刻抽出手枪，情况极为险恶。在这种情况下，已经没有办法再讨论下去了。倾向革命的议员都愤然纷纷离开会场，但这也就等于把这个会议的主动权让给了保皇派。

会议一度中断，后又复会。这时由赵尔巽的党羽袁金铠以副议长的身份主持会议，会议意见自然一边倒。最终成立了奉天国民保安公会，赵尔巽任会长，伍祥祯、吴景濂任副会长，袁金铠任参议总长，蒋方震、张榕任参议副长。这个保安公会实质是个变相的保皇会。它的会长仍然是东三省总督兼东三省将军和奉天巡抚赵尔巽，东北大权仍然掌握在他们的手里。而革命党人吴景濂、蒋方震和张榕不过是为了掩人耳目的摆设罢了。而张作霖则当上了保安公会军政部副部长，取得了军事实权。这一回合，幼稚的革命党人没有斗过老辣的保皇党人。革命的路还很长。

二、用软招挤走天蔚

蓝天蔚，字秀豪，湖北黄陂人。1878年生。1902年入日本陆军士官学校。1904年加入同盟会。1906年任同盟会辽东支部负责人。1910年任东北第二混成协协统（旅长），是个坚定的革命党人。此次会议本来是蓝天蔚等发起，目的是推举蓝天蔚为关外都督。但不承想，却让赵尔巽占了上风。

赵尔巽深知兵权的重要，他必须立刻剥夺蓝天蔚的兵权。于是，他于成立保安公会的第二天，即1911年11月13日，向袁世凯发一密电："此军即令聂汝清暂兼协统，并留奉防，可保目前治安。"① 这就是说，第二混成协的协统由原任该协标统（团长）的聂汝清担任了。这个聂汝清是个顽固守旧的军人，坚决反对革命，是赵尔巽最放心的忠于他的奴才。赵尔巽把第二协的兵权交给了他。

还不止此。这个老奸巨猾的赵尔巽还把蓝天蔚挤到了关内，让他远离东北，以免在他的眼皮底下作乱。他的手法是很高妙的。在成立保安公会的第三天，即1911年11月14日，赵尔巽就以考察的名义，把蓝天蔚派到了关内。赵尔巽给蓝天蔚下了一个札令："查有第二混成协蓝统领天蔚，志趣远大，识见明敏，堪以派赴东南各省考察此次战事之实情、公众之意见，并传布奉省保安会宗旨，以谋国民之幸福。"②

就这样，赵尔巽不费吹灰之力就把蓝天蔚挤走了。但在外界看来，好像是给蓝天蔚委以重任似的。把拟任关外都督的人选撵到了关内，使关外的革命没有了领袖，赵尔巽的这一着是够狠毒的了。在挤走蓝天蔚的过程中，张作霖曾与蓝天蔚发生冲突，张作霖想下掉蓝天蔚的枪，被赵尔巽假意制止。但这一举动，也给蓝天蔚构成了威胁。张作霖是挤走蓝天蔚的帮凶。

三、设诡计诱杀张榕

张作霖对赵尔巽是言听计从，他把维护赵尔巽当作升官发财的重要手段。为了维持他们在东北的统治地位，赵尔巽密谋除掉另一个重要的革命党人张榕。

张榕，原名焕榕，字荫华。祖籍山东济南，后徙居奉天抚顺，为抚顺人。1884年生。1903年入北京译学馆学习俄文。1904年日俄战争爆发，他弃学回奉，组织关东自卫独立军。1905年创办秘密刊物，宣传革命。后因参与刺杀清政府出洋考察五大臣，被捕入狱。1908年脱逃后去日本，加入同盟会，和

---

① 《辛亥革命》资料丛刊，第7辑，上海人民出版社1981年版，第421页。

② 辽宁省档案馆编：《辛亥革命在辽宁档案史料》，第51页，辽宁省档案馆，1981年版。

著名革命党人黄兴在一起，从事革命活动。1910年回大连，准备武装起义。1911年武昌起义后，回奉天，继续革命活动。

革命党人张榕

张榕首先做的一件大事是发起成立了一个革命组织。蓝天蔚等离开东北后，东北革命者群龙无首，各派有分崩离析之势。张榕与革命党人张根仁、柳大年等积极策划成立一个革命组织，以把分散的革命力量组织起来。他们就成立了奉天联合急进会，各界参加的人很多。他们的宗旨是："将以响应南方，牵制北军势力，使清帝不敢东归，赵督不敢独立。"① 推举张榕为会长，柳大年等为副会长，密谋武装起义。他们派人到辽阳、海城、海龙、兴京各地，运动军警，组织民军，参加民军的有1万多人，连当地的官吏也不敢干涉，形成了一股革命的势头，声势浩大。

对张榕的所有举动，赵尔巽都看在眼里，记在心上。他"侦知其谋，惮之弥切"。赵尔巽在成立保安公会时，还给了张榕一个有名无实的参议副长的官位，以便迷惑笼络张榕。张榕是个光明磊落之人，对赵尔巽的阴险狡诈没有任何防备。张榕认为袁金铠是自己人，对他无话不讲，这就泄露了组织内部的秘密。其实，袁金铠是赵尔巽的心腹。袁金铠把急进会的起义计划密告了赵尔巽，赵尔巽就派张作霖设计杀害张榕。

本来赵尔巽早就派张作霖秘密监视张榕的一举一动，同时让张作霖和张榕虚与周旋，待机而动。1912年1月23日晚，袁金铠怂恿张作霖请张榕到平康里得意楼便宴，张榕不知是计，按时赴宴。酒饭将毕，袁金铠借故先支走了张作霖，以便张作霖去布置人杀害张榕。酒席散后，张榕往回走时，遭到两个人的枪击，当场毙命，时年28岁。这两个人就是张作霖派出的密探。

随后，他们查抄了张榕的家，接着又查抄了张榕哥哥的家。当晚，张作霖又派人杀害了张榕的助手革命党人宝琨（宝昆）和田又横（田亚赟）。以后几天，继续大搜捕，有100多人被杀，白色恐怖笼罩整个省城。对这次血腥的反动暴行，张作霖于1912年1月24日向赵尔巽专门写了一个呈文，以表其功。呈文曰：

① 辽宁省档案馆编：《辛亥革命在辽宁档案史料》，辽宁省档案馆1981年版，第143页。

奉天巡防前路兼中路马步队统领官张作霖为呈报事：窃查奉省自武昌事起以后，谣诼纷传，当九、十两月之间，凡各处土匪地痞及诸无赖不逞之徒，无不假革命为名，希图扰乱。迭蒙宪台面谕，随时访查首要人等，捕拿送案，以遏乱萌，等因。连日密派侦探，严加防范。兹有省城大北关张榕，前经组织急进会，自称会长，潜结亡命无赖多人，昼夜计议，并有暗杀党名，伺职出入。职早有所闻，祇以无据风传，仍坦怀以待。近据密探报告，数日来民军北犯，已抵烟台，风声愈加紧急。连日，该犯张榕纠聚在会多人，大开秘密会议，与该军机关部来往通函，约期起事，等语。职闻信之下，尚未敢稍涉鲁莽，当派侦探长于文甲，带同兵弁，跟踪追缉。本拟将张榕捕获，然后呈请讯办，乃行至西关平康里，路遇张榕，上前诘问，该犯竟敢开枪拒捕。经于文甲还枪迎击，即将该犯当场击毙。旋赴该犯住屋，搜出民军告示、委任状多件，又急进会会长木印一颗，小戳一个，及信内有东洋文字者数封，内有大连来信，系近日发自机关部者，并汇有巨款，即系约期急速起事之函；又内有速将双木消化一语，双木盖暗寓职名也；又有一日文信函，内有速将张某、冯某致死，则余可无虑等语。皆与职侦探相符，即此二函可为谋叛暗杀之铁证。闻该犯党羽甚多，以满洲人宝昆、田亚赟为死友，一切结会、通匪，多系宝昆为之主谋，田亚赟辅之。张榕经被捕，同恶万难姑容，该探长旋分赴查拿，乃一进宝昆宅内，该犯即从楼上开枪，轰伤探兵一名，该兵等奋勇前进，宝昆由楼窗跃下，被探兵立时格毙，搜获快枪三杆。步二营汤管带分往查拿田亚赟，方抵其家，田亚赟已持枪冲出。该管带上前拦击，亦将田亚赟击毙。职查张榕图谋不轨，意欲自举总统，扰害治安，其蓄谋已非一日，今与民军机关部汇款，订期即拟起事。若非先期探明，下手迅速，则内外勾通，祸变必不可思议。至同党田亚赟，素著凶恶，其密谋暗杀之心亦最烈，惟以无知莠民，无足比数；而宝昆本系旗籍，代受国恩，亦复甘心附逆，私藏军火，居心尤不可问。今幸立时破获，该首逆等同时伏法，地方得免扰乱，无任欣幸。除将告示、信件、名册业经面呈，暨分报巡防营务处外，理合将张榕及其同党宝昆、田亚赟等格毙各缘由及木印小戳，一并具文，呈报宪台，鉴核施行。

须至呈者。

计呈送木印一颗、小戳一个，均存上

右呈

钦差大臣东三省总督部堂赵[1]

赵尔巽批示："该统领不动声色，连毙三凶，实足以快人心，而彰显戮。"[2] 对张作霖的暴行，他极力称赞。

由于张作霖镇压革命有功，经赵尔巽的保奏，清廷任命张作霖为关外练兵大臣，赏戴花翎，以总兵记名，并将其所部改为第二十四镇，成为一个师的建制，授为统制（师长），并兼奉天巡防营总办。从此，张作霖掌握了奉天省的军事大权。

四、赞共和取悦袁氏

张作霖是个十足的实用主义者，一切以对自己升官发财是否有利为出发点。他个人没有什么主张和理论。凡是有利于他升官发财的，他就干；反之，他就不干。但是，他也深知，要想爬上更高一级的台阶，必须观察形势，投其所好。开始时，他以为奸臣袁世凯没有取宣统小皇帝溥仪而代之的野心，便联合冯德麟等 33 名将领，联名致电袁世凯，表示"决议勤王"。电文称："东三省与内地各省不同，军队部署既定，且勤王之心亦厚。劲旅数万，一旦有命，即可取道山东南下，以区区微忠，尽瘁朝廷。"他声嘶力竭地向袁世凯表示，要"尽瘁朝廷"，要誓死保皇。

其实，这并不是说，他对小皇帝溥仪有什么特殊的感情，非得保皇不可。他这是在表示忠心，以便取得袁世凯的信任，为将来的提升预留地步。虽然张作霖的保皇论调同袁世凯的假共和主张有矛盾，但是，老奸巨猾的袁世凯从张作霖的表忠电里，已经嗅出张作霖是个可以利用的鹰犬。因此，袁世凯便对张作霖采取了暗中联络的策略，派出信使，发出密信，在信中说明宣统皇帝退位，势在必行。并诱之以利，清帝退位后，答应必"任卿为东三省防务督办"。这对抱着"有奶便是娘"的信条的张作霖来说，是个天大的喜讯。

① 《奉系军阀档案史料汇编》，第 1 册，第 617 页，第 341 件。

② 辽宁省档案馆编：《辛亥革命在辽宁档案史料》，辽宁省档案馆 1981 年版，第 125 页。

从此，以这个政治交易为契机，他们两位就紧紧地结合在一起了。张作霖心领神会，自然放弃了保皇论，摇身一变，而成为共和制的积极拥护者了。他“两次致电袁世凯表示赞成共和”，从而成为袁世凯的真正帮凶。

任中华民国大总统时的袁世凯

张作霖认准抱定袁世凯这条粗腿对他有利，便一再地向袁世凯表忠。袁世凯当上了临时大总统，他觉得还不够，就致电拥戴袁世凯当正式大总统。电文云：“国体既定，临时共和政府已成立，窃维推选袁世凯为大总统，实属至当。”张作霖很怕后于他人，抢先表态。在以后的许多重大问题上，如袁世凯不想离开他的老巢北京等事件上，张作霖都亦步亦趋，紧跟袁世凯，表示忠顺。这些做法，也确实得到了袁世凯的首肯，张作霖也理所当然地得到了应有的回报。

五、升师长手握兵权

张作霖的尽忠表现，深得袁世凯的青睐。在东三省的行伍中，他看中了张作霖。1912 年 9 月 11 日，袁世凯下令对东三省的军队进行重点改编。命由张作霖任统领的原中路、前路巡防营改编为国家陆军第二十七师，驻扎军政要地奉天。任命张作霖为师长，陆军中将衔，特授勋五位。这一年，张作霖是 38 岁。

这在张作霖一生的经历中是十分重要的一环。原来的巡防营是地方治安部队，是由东三省筹资维护的，主要任务是辅助陆军攻守和协同巡警捕盗。而陆军师团，则是负责国防要务，兼司地方剿匪，是国家的正规部队，由中央拨款装备，归国家调遣。陆军第二十七师的编制有了很大的提升。由原来马步单一兵种的落后部队改编为多兵种合成的先进部队。它有五个兵种，即步兵两个旅，骑兵一个团，炮兵一个团，工兵一个营，辎重兵一个营。相对而言，该部队装备精良，面目一新。

张作霖本人升官，他的老班底也跟着升迁。张作霖命汤玉麟为第五十三旅旅长，孙烈臣为第五十四旅旅长，张景惠为骑兵第二十七团团长，张作相为炮兵第二十七团团长①。其余的团、营、连长也都是张作霖的亲信。因此，陆军第二十七师名义上虽为国家的军队，实质上却是张作霖的私家军。官官之间、官兵之间、兵兵之间，是用亲戚、乡党、盟友、帮派联系在一起的。他们以帮派利益和兄弟义气为纽带，结成了牢固的封建群体。他们只听命于一个人的指挥，这个人就是他们的恩人张作霖。陆军第二十七师实质就是张作霖的家兵家将。

任民国陆军师长时的张作霖

当时，东三省还有三支部队。其一是冯德麟的陆军第二十八师，是由原巡防营左路改编的，编制两个旅。冯德麟任师长，张海鹏、汲金纯分任旅长，驻北镇。军力显然弱于张作霖的师。其二是由原巡防营后路抽调一部分改编为陆军骑兵第二旅，吴俊升任旅长，兼巡防营统领和洮南镇守使，负责奉省西北的地方治安，驻洮南。其三是巡防营右路未变，由东边道镇守使马龙潭统辖，仍驻原地凤城。

这三支部队，其装备、数量、兵种、驻地等，都不能和张作霖的陆军第二十七师相比，它们都是弱旅。其时的张作霖占有了天时、地利、人和三大有利条件。张作霖此时变成了东三省举足轻重的武装力量。这为他后来的发展奠定了可靠的基础。

① 荆有岩：《奉系军事集团的形成与扩展》，《辽宁文史资料》，第21辑，辽宁人民出版社1987年版，第3页。

第五章　排挤巡按使　坐当东北王

一、见总统装粗卖傻

张作霖在政治上很有一套。这在他应召进京谒见袁世凯的表现上，可以看得一清二楚。1914 年 6 月 6 日，陆军第二十七师师长张作霖奉大总统袁世凯之命，带同卫队 20 名，进京谒见袁世凯。袁世凯这次是轮番约见各省将军进京述职，借机对他们当面加以考察。当时张作霖身任第二十七师师长，不是奉天省的将军，奉天省的将军是张锡銮。但张作霖是奉天掌握军队的握有军事实权的强悍人物，为了稳住张作霖，袁世凯特意在北京接见他。

张作霖心中有数。此次入京，张作霖思考再三，决定扮演一个胸无大志、觊觎小利的世俗人物，以便让老奸巨猾的袁世凯放松对他的警惕。这一年张作霖是 39 岁，已经在江湖上闯荡多年。据载，张作霖初次入京，特意嘱咐其卫队随员，在北京的风化之地八大胡同，包下所有妓院，让随员在此花天酒地，寻欢作乐。动静越大越好，秽声越高越妙，目的是直达天听，传到袁世凯的耳朵里。果然，袁世凯的耳目把张作霖在京的秽行丑闻报告给了袁世凯，袁世凯心中大喜，以为张作霖胸无大志，不过尔尔。

袁世凯在北京自称皇帝，改元洪宪

拜见袁世凯那天，张作霖更是作了绝妙的表演。张作霖小心翼翼地走进了富丽堂皇的居仁堂，见袁之前，在大厅里故意四顾张望，有如刘姥姥初进大观园。居仁堂悬挂了不少条幅，摆设了很多宝物，张作霖左顾右盼，目不暇接，口中不时地啧啧称赞，好像乡巴佬进城，看什么都新鲜。有些宝物，张作霖特意盯住不放。他的一举一动早被袁世凯安排的仆人记在心里。

等到袁世凯出现时，张作霖表现得诚惶诚恐，不知所措，扑倒在地，行了跪拜大礼。本来民国后，官场已经废止了跪拜礼，而行鞠躬礼了。当时，袁世凯忽然拿出佩戴的怀表，看看时间。张作霖看到怀表，非常好奇，伸长脖子去瞧。袁世凯以为张作霖喜欢它，就把这块怀表当场赠送给了张作霖。袁世凯心想，连怀表都没见过，真是一个老土。

本来去见袁世凯，张作霖不得其门而入，就找到了老搭档雷震春。雷震春过去曾经担任东三省右翼总统，后来进京担任袁世凯的处长。袁世凯问张作霖："是谁把你引见来的？"张作霖粗声答道："禀大总统，是雷震春处长。雷震春处长过去曾经当过我的老总统。"听到这个话，站在一旁的雷震春很尴尬。张作霖应对时的陋辞莽语，颇得袁世凯的好感。这就麻痹了袁世凯，使得张作霖以后可以大行其道。

张作霖回到在京之公寓，仆人向他报告，袁世凯派人把张作霖喜欢的宝物送过来了。张作霖目瞪口呆，想不到袁世凯办事如此周密①。张作霖的粗俗表演，麻痹了袁世凯。但是，因为袁世凯在北京的接见，张作霖提高了政治地位，这是袁世凯没有想到的。

二、设压力排挤锡銮

握有东三省兵权的张作霖并不满足于当一个小小的师长，他眼睛盯着下一个更大的目标，就是东三省的最高权力。1914 年 6 月 30 日，袁世凯下令裁撤各省都督，调赵尔巽去京任清史馆馆长。在这之前，1912 年 9 月，任命张锡銮为东三省西边宣抚使。11 月，任奉天都督兼奉天民政长。1914 年 5 月，改任奉天巡按使，旋又改任奉天将军，授镇安上将军，节制奉天、吉林、黑龙江的军务。

把张锡銮调到奉天，袁世凯是经过慎重考虑的。张锡銮是他的老把兄弟，很是可靠。而且张锡銮原在奉天任过奉天巡防营务处总办，那时张作霖任前

① 何秀阁：《张雨亭将军草莽轶闻》，《张作霖传记资料》第 1 辑，台湾天一出版社，第 59 页。

路巡防营统领，冯德麟任后路巡防营统领，两个人都是张锡銮的老部下。这次老上司前来，他们总得给点面子。这是袁世凯打的如意算盘。可是，今非昔比了。今天的张作霖已不是昨天的张作霖了。张锡銮是1843年生，1914年他已是71岁的老人了。面对咄咄逼人的张作霖，他感到力不从心。

但这是袁世凯的一着棋。袁世凯对张作霖是不放心的。他对张作霖采取的是既利用又限制的策略。而张作霖也不是白给的，他对袁世凯的招数洞若观火，便采取了既逢迎又抵制的策略。1913年3月20日，袁世凯在密谋刺杀革命党人宋教仁后，接着就对南方的革命党人发起了进攻。

前文述及，袁世凯为了有一个稳固的后方，便在北京首次召见了张作霖。袁世凯对张作霖说："东三省形势危险，全仗军威镇慑，赖以有今日之安宁。嗣后仍当振刷精神，为东三省人民谋幸福。本总统有厚望焉。"袁世凯让张作霖感到升官有望，前途无量。张作霖立即表态，坚决照办。张作霖这次被袁世凯召见，成了张作霖的一个政治资本。

张作霖没把张锡銮看在眼里，对张锡銮是表面逢迎，暗地排挤。张作霖虽然只是一个师长，但他手中握有兵权，且这一师的官兵只听他一个人指挥。再加上被袁世凯专门召见，因此，全省各界对张作霖都另眼相看。据记载：他家"成为全省政治中心，每日宾客如云，文武官员都有。无论与张有无关系的事情，都与他相商或征求他的意见，事先必使他与闻。如赵尔巽拟请王永江为奉天民政司，张有不悦之色，赵即不敢提出"①。奉天都督赵尔巽没调走之前，张作霖已经俨然是东三省的太上皇了。

1915年，张作霖曾两次赴京，"秘密接纳政府要人，试图运动继任奉天将军的职务"。这在当时的《盛京时报》都有报道，不是什么秘密。对这种报道，张作霖没有加以制止，他愿意有这种舆论。其目的是想给张锡銮造成一种压力，以便逼迫张锡銮自动要求调走。

在这种情况下，张锡銮感到处境尴尬，再加上年迈体衰，就向袁世凯提出辞呈。1915年8月，张锡銮被调走，任湖北将军。张作霖排挤张锡銮的目的达到了。但是，这个奉天将军的位置袁世凯没有给他，而是给了袁世凯的亲信段芝贵。张作霖还得等待。

---

① 周大文：《张作霖统一东三省的经过》，《吉林文史资料选辑》第4辑，吉林人民出版社1983年版，第69页。

三、演双簧驱逐芝贵

这个段芝贵是大有来头的。段芝贵，字香岩，安徽合肥人，1869 年生。北洋武备学堂出身，后留学日本。曾任袁世凯新建陆军讲武堂教官。1912 年任武卫军总司令。1913 年授陆军上将，任陆军第一军军长。1914 年授彰武上将军，署理湖北军务。他这次是和张锡銮对调。1915 年 8 月，授镇武上将军，节制奉天、吉林、黑龙江军务，兼奉天巡按使，又封为一等公。此时他才 46 岁，可以说是年富力强，阅历丰富，头衔繁多，翎顶辉煌。

最令人可畏的是，他有强大的后台。而且，他本身就是一个军人。段芝贵不仅是袁世凯的心腹，他和张作霖还有一段交情。原来，在张作霖受抚时，段芝贵的父亲曾出过力。从某种程度讲，段芝贵有恩于张作霖。可见，袁世凯的这个安排，是煞费苦心的。

段芝贵走马上任，随带卫队一团，但留在京畿滦东一带，只带少数人来奉。到奉天时，就下榻于张作霖第二十七师的司令部，以表示对张作霖的信任。张作霖深知段芝贵的来历，知道不能硬碰，必须韬光养晦，待机而起。因此，对段芝贵极尽逢迎之能事，甚至“不时搜购珍贵古玩，馈送段父，以买其欢心”。

在袁世凯称帝的关键活动中，张作霖更是进行了露骨的表演。他积极支持段芝贵。在奉天举行国民代表大会，投票表决国体问题时，张作霖带着大队人马，荷枪实弹，监视投票，结果全部投票赞成君主制。当段芝贵联合广东龙济光等 24 省将军，密呈袁世凯“速登大位”之时，张作霖也不甘人后，密电袁世凯劝进。又表态道：“如帝制不成，死不再生。”张作霖就是这样地以罕见肉麻的行动支持袁世凯恢复帝制。

1915 年 12 月 12 日，袁世凯甘冒天下之大不韪，自称皇帝，当即遭到全国的反对。12 月底，逃出北京的蔡锷在云南组织护国军，首先举起反袁的大旗。此后，各省相继宣布独立，起兵讨袁，一致要求取消帝制。在四面楚歌之时，袁世凯想到了向他表忠的张作霖，他要求张作霖出兵湖南，并许诺以后可以封公封侯。这是袁世凯最后的一根救命稻草。

张作霖看到袁世凯大势已去，便决心反袁。但是，他还是表示听袁调遣，以便骗取饷械。待饷械到手后，他突然变脸，来了一个 180 度的大转弯，提出了“奉人治奉”的口号，表示不能离开奉天。

这时，全国反对帝制的呼声异常强烈，袁世凯不得不于1916年3月23日宣布取消帝制。但他仍然窃据民国总统的宝座，借以发号施令，企图镇压反对派。

此时，第二十七师师长张作霖和第二十八师师长冯德麟相互勾结，导演了一场驱段的闹剧。冯德麟为张作霖出主意："段芝贵是清末官吏败类，秽史劣迹人所共知，今为东三省帝制祸首，仍然居奉天人士之上，我辈绝不甘心，应该驱逐他。"张作霖问用什么方法，冯德麟胸有成竹地说："这个不难。由我们二十八师演黑脸，和他作正面冲突。由二十七师演白脸，用吓字诀逼他畏罪逃走。这样演一幕不费一兵一卒的滑稽戏，岂不妙哉！"张作霖鼓掌赞成说："让各方面的人也知道奉天人是不好惹的！"①

张作霖深感此计正合吾意，两个人一拍即合，便开始行动。张作霖布置军队于某夜开枪，然后假意到段芝贵处报告，说冯德麟要率第二十八师部队进城，惩办帝制祸首段芝贵。张作霖表示自己无法制止。段芝贵听后，十分紧张。张作霖借机劝段芝贵避一避，段感到这是一个好办法。经电请中央批准，段芝贵便乘机攫取巨额官款和若干军火，乘一列专车逃往天津。

这一切，均在张作霖和冯德麟的掌握之中。但他们佯装不知，还特派第五十四旅孙烈臣旅长率一营兵护送。他们随后布置第二十八师汲金纯旅的一个团在沟帮子车站拦截了该列火车。团长邱恩荣上车，以奉天军民的名义，交电报两封，内称："卸任上将军段芝贵为帝制祸首，奉天人民正拟处以应得刑罚，竟敢手携省官款200万元之巨并军火大宗，闻风畏罪潜逃，沈阳人民无不发指痛恨，电请汲旅长派兵就近截留押赴沈阳，依法处理。"而且，士兵又拥到站台上，剑拔弩张，一触即发。

段芝贵把电报拿给孙旅长看，孙旅长看罢，大声不满地说："岂有此理，等我问问。"即下车到票房同邱团长谈话，借故久拖不回。段芝贵见孙旅长许久不回，惊慌失措。孙旅长上车后报告说："沈阳各界人情汹汹，一定要截留专车押回沈阳，经张代督（张作霖）婉商多时，才答应不扣专车，但官款和军火务须点清留下，并电请中央查办。"段芝贵无法，连忙点头认可，下令将所带的200万元官款和军火卸下，交由邱团长清点带回。

张作霖的目的已经达到，见好就收，段芝贵即被放行。仍由孙旅长率一

① 王克承：《张作霖驱逐段芝贵的密谋和经过》，《吉林文史资料选辑》第4辑，吉林人民出版社1983年版，第91页。

营兵护送到天津，段芝贵后避居租界。段芝贵就这样灰溜溜地逃出了奉天。

四、使手腕攫得奉督

段芝贵受此重创，还蒙在鼓里，一直以为是冯德麟和他作对。到京复命时，自然向袁世凯说了很多冯德麟的坏话。但对张作霖却印象颇佳，以为是张作霖救了他一命。因为当段芝贵离奉时，张作霖还假惺惺地到车站欢送，并送给了段氏父子大批礼物。这是张作霖的精明之处。段芝贵在离奉时，让张作霖暂代他的本兼各职。

段芝贵被驱逐了，已经不能再回来了。袁世凯思忖，如果再派一个外省的大员督奉，一定不会有好下场。因为这时，奉天保安会参议总长袁金铠等人已经草拟了《奉天保安会章程》，并且唆使省议会正、副议长等人大造舆论，宣传“奉人治奉”的口号，明白无误地反对中央派外省人治奉。

袁世凯被逼无奈，只得在奉省选人。在当时情况下，只有张作霖和冯德麟两人可以考虑。袁世凯征求了段芝贵的意见，段芝贵对冯德麟恨之入骨，对张作霖推崇备至。袁世凯也是这个看法。最后，袁世凯于1916年4月22日下令，命张作霖为奉天盛武将军督理奉天军务兼奉天巡按使。就这样，张作霖经过几年的权谋角斗，取悦袁世凯，排挤张锡銮，驱逐段芝贵，终于登上

1917年8月，冯国璋入京就任代理大总统

了奉天省督军的宝座。

张作霖达到了觊觎多年、梦寐以求的目的。从此，张作霖成为奉天省军政的最高统治者。

袁世凯在全国军民的一片声讨中，于1916年6月6日病死。按《临时约法》的规定，副总统黎元洪于6月7日就任大总统。黎元洪宣布恢复国会，进行地方官制改革，将军改为督军，巡按使改为省长。因此，张作霖于7月6日又改任奉天督军兼奉天省长。

关于冯国璋在这里交代一笔。10月30日，江苏督军冯国璋当选为副总统。11月8日，冯国璋在南京府邸宣布就任副总统。1917年7月6日，张勋复辟失败后，冯国璋在南京宣布就任代理大总统，同时免去李经羲的国务总理职，正式任命段祺瑞为国务总理。8月1日，冯国璋北上抵达北京。8月4日，冯国璋宣布在北京行使代理大总统职权。1918年10月去职。1919年12月8日病逝于北京。

奉天省是东三省位在第一的大省，奉天市是奉天督军和奉天省长的所在地。奉天市是东三省的政治、军事、经济的中心。张作霖占据这个位置，就为以后做东三省之王打下了坚实基础。现在的官职，是他以后担当东北王的关键一步。

五、施软硬打拉德麟

张作霖虽然当上了奉天督军，但是他还没有真正地全部掌握奉省的军政实权。其主要的障碍是来自他原来的老搭档冯德麟。张作霖对冯德麟采取了又打又拉的策略，终使冯德麟就范。张作霖和冯德麟的关系，在张作霖任奉天督军前，还是和谐的。

冯德麟，字阁忱，又名麟阁。1866年生（一说1868年）。奉天省海城人。17岁当胡子，流窜各地，渐有声名。1900年7月，沙俄以镇压义和团运动为名，出动10万大军，分七路入侵东北。烧杀抢掠，无恶不作。清政府无能，百姓自保，乡团兴起。1900年，冯德麟在辽阳组建大团，得到奉天的批准，成为合法化的一方势力。由于冯德麟坚持抗俄，保护百姓，渐得人心，来归者众。不久，冯的队伍扩大至数百人，各帮头目自称一百单八将。

他们引起沙俄侵略军的警觉，沙俄侵略军对冯德麟发动了一次突袭，将冯德麟抓获，放逐到库页岛。两年后，他侥幸逃回。日俄战争时，他自然倒向日本一边，帮助日本侵略军打击沙俄侵略军。日本胜利后，经日本少将福岛的保荐，东三省总督赵尔巽考虑到地方的安全，便招抚了冯部。由此，冯德麟渐升至巡防营左路统领（旅长），驻北镇。

当时，张作霖任巡防营前路兼中路统领，驻奉天。此时，他们就产生了些许猜忌，但矛盾不大。1912 年，巡防营改编为陆军。9 月 1 日，中央任命张作霖为第二十七师师长，陆军中将，驻奉天；任命冯德麟为第二十八师师长，陆军中将，仍驻北镇。他们两个人，虽然平起平坐，但由于驻地不同，且兵力差别很大。自恃前辈的冯德麟便甚感不快，由此裂痕渐深。但他们在驱段的问题上，利益却是一致的，因此，有了暂时的默契合作。

然而，他们的矛盾终于爆发了。1916 年 4 月 22 日，张作霖被任命为奉天将军兼奉天巡按使，冯德麟大为不满。因为冯德麟被任命为奉天军务帮办，这个官位是“职居张氏之下”的。张作霖是正职，冯德麟是副职。冯德麟当时 50 岁，而张作霖是 41 岁。冯德麟在张作霖面前，总是以绿林前辈自居。听到这个任命，冯极为愤怒，骂道：“他妈的！雨亭这小子！”思来想去，怎么也咽不下这口气，便拒绝接受这个任命。

智谋多端的张作霖知道，对这位自视甚高的前辈，不能来硬的，必须使软招。因为冯还有一个师的兵力，得罪不得。于是，他亲自登门拜会，低三下四地同冯德麟拉关系，请冯德麟就职。冯德麟摆出前辈的架势，提出了一个就职条件，军务帮办要在奉天单独成立一个公署，其编制同将军公署相同。这就是说，要同张作霖分庭抗礼。张作霖自然不能接受这个条件。

张作霖把这个难题推给了袁世凯，让袁世凯替他解决。袁世凯回电，不同意设军务帮办公署，但每月可以给 15 万元帮办办公费，以图收买冯德麟。但冯拒绝接受，带兵回到北镇驻地。袁世凯特派他们原来的老上级张锡銮来奉调解，冯德麟不给面子。张作霖只得又派第五十四旅旅长孙烈臣，携带大宗礼品和 30 万元巨款到北镇慰问冯军，进一步请冯到省城就职。

1916 年 5 月 20 日，冯德麟突率步、马、炮五个营声势煊赫地开进奉天，并在风雨坛设立了第二十八师驻奉办事处。张作霖当晚急忙为之设宴洗尘，冯德麟既不回拜，也不赴宴。张作霖无法，只得把宴席搬到冯德麟的办事处来，又召来歌伎陪酒，但冯德麟仍不满意。冯德麟提出让省财政厅给他拨款 50 万元购买飞机，并致电袁世凯，要求增加七个营的兵力，同时，在北镇设立奉天军务帮办公署。冯德麟只在奉天住了一天，就回北镇去了。

张作霖对这个无理取闹的老把兄，低三下四，委曲求全。他赶紧为冯在奉天修建二十八师办事处，又派军署秘书长杨宇霆到北镇去特请冯德麟回奉天省城。6月6日，冯德麟回到了省城。但冯提出了三个条件：一是帮办权力和将军完全平等；二是用人行政相互咨询；三是拨款20万元给二十八师购买飞机。对这些苛刻的要求，张作霖当然不能答应。

辫帅张勋

袁世凯死后，冯德麟进一步要挟，二十八师全体将士向段祺瑞内阁总辞职。段祺瑞曾派赵尔巽来奉解决问题，但也是无功而返。1917年3月，冯又回到北镇驻地，待机而动。在这期间，张作霖的部下五十三旅旅长汤玉麟又同冯德麟相勾结，企图倒张。张作霖在国务总理段祺瑞的支持下，罢免了汤玉麟的旅长职务，以张景惠代之。段祺瑞又声言要派两个师来帮助张作霖讨伐冯德麟，冯德麟感到处境不妙，就回到北镇，暂时沉默下来，伺机而起。

这时在北京上演了一出张勋复辟的丑剧。

张勋，原名和，字少轩，江西奉新人。1854年生。1913年，任江苏都督。1913年12月至1917年，任长江巡阅使，驻徐州。1916年7月，任安徽督军。1917年6月，趁黎元洪和段祺瑞的府院激争之时，率他的辫子兵定武军，从徐州出发，进京调停。

张勋是个极端反动的封建余孽，醉翁之意不在酒。进入北京后，迫使黎元洪辞职。他借机和康有为一起，于7月1日拥戴小皇帝溥仪登基，自任内阁议政大臣兼直隶总督、北洋大臣，清朝俨然复辟了。

在这期间，于6月中旬张勋电召冯德麟入京。冯德麟未加思考，以为事成之后，会当上奉天督军，就派先遣队200人疾驰入京，自己则于20日率卫队30人赴京。到京后，立即会晤张勋，表示完全支持张勋的复辟行动，并命令他的第二十八师火速进京“赞襄复辟，保卫皇室”。他急不可待地晋谒了溥仪，溥仪赏赐他“穿黄马褂，紫禁城内骑马，御前侍卫大臣头衔”。冯德麟十分得意。

但这场丑剧仅维持了12天。7月12日，天坛之战，辫子兵全军溃败。这场丑剧，就在全国的一片反对声中收场了。张勋逃进了荷兰大使馆。冯德麟事先感到事情不妙，于7月10日率队200人着便装乘火车回奉天。路过天津时被扣，被押回北京。14日，段祺瑞进入北京。8月15日，宣布冯德麟“因

张勋在天津的公馆

背叛共和，罪迹昭彰，剥夺一切官职和勋位，并交付法院依法严惩”。段祺瑞本来对冯德麟就没有好感，这时怎能轻饶了他。冯德麟的第二十八师师长、陆军中将等一切官职和勋位都被剥夺，成了不折不扣的阶下囚。

对待张勋复辟，张作霖是很谨慎的。对张作霖来说，无所谓共和与保皇，只看这件事情是否对己有利。他是个十足的机会主义者。他的政治嗅觉十分敏锐，很会观测风向。本来张勋和张作霖关系非同一般，是来寻求张作霖支持的，因为他们是儿女亲家。但张作霖没有轻举妄动，而是坐山观虎斗。段祺瑞在组织讨逆军之前，张作霖看到赞成复辟者极少时，就确定自己必须站在段祺瑞一边。他当机立断，马上发表宣言，反对复辟。在这个问题上，机敏的张作霖取得了主动。

冯德麟在北京被囚，急电张作霖求救。张作霖完全可以落井下石，起码不予过问，但张作霖没有这样做。他反而不念旧恶，积极营救。这是张作霖的非同寻常之处。张作霖之所以这样做，不仅是出于绿林义气，也是有意做给冯德麟的部下看的，以便争取冯的部下。

张作霖当即致电段祺瑞，请求释放冯。并且，又以二十七师、二十八师、二十九师各旅、团、营长的名义，电请段祺瑞释放冯。还以辽西16县士绅的名义，向段祺瑞请愿，希望从宽处理冯。段祺瑞在探知张作霖的真意后，于10月15日就释放了冯德麟，判决“参与复辟证据不足，因吸食鸦片罪罚金800元”。这是一个象征性的轻微处罚。此后，张作霖又电请段祺瑞发还冯德麟的勋章和勋位，段祺瑞照准。为笼络冯的部下，段祺瑞又授予冯德麟为总统府高等侍从武官。

事后不久，段祺瑞任命冯德麟为山陵守护大臣，冯德麟便回到奉天。山陵是指包括长白山和清入关以前三代之陵而言①。长白山是清朝的发迹地。三陵，一为永陵，在抚顺新宾，是顺治帝曾祖辈的墓地；二为福陵，在沈阳之东25里，是顺治帝之祖父努尔哈赤的墓地；三为昭陵，在沈阳之北，是顺治帝之父皇太极之墓地。

这个大臣的职位，冯德麟还比较满意。虽然这是一个有职无权的闲差，但因为毕竟是大臣，而且还管辖很多官地，不仅名声好听，还可以捞到许多钱。在全国一片声讨复辟祸首之时，张作霖竟然不避嫌猜，敢于为冯德麟请愿，冯德麟对此不能无动于衷。经此磨难，冯德麟再也不作他想，而是老实过他的晚年生活了。1926年8月11日病死。

冯德麟被捕后，张作霖就接收了二十八师，自兼师长。后把原二十八师的旅长汲金纯提升为师长。扫除了冯德麟这个障碍，张作霖便真正地掌握了奉天省的军政实权。在对冯德麟的问题上，张作霖的又打又拉的打拉策略起了重要作用。

六、用亲家兼并黑省

张作霖对只掌握奉天省的军政实权，是不满意的。他的政治野心很大。其近期目标是夺取东三省的统治大权，故首先把矛头对准了黑龙江省。当时的黑龙江将军是朱庆澜。朱庆澜，字子桥，浙江绍兴人。1875年生。曾任职奉天督练公所巡警总局，第十七镇镇统。1912年，任黑龙江督署参谋长。1914年，加陆军上将衔。同年改署巡阅使并升任黑龙江将军，是黑龙江的最高统治者。朱庆澜当年在奉天时，很看不起张作霖，两人由此结怨。朱庆澜也不会听张作霖指挥，张作霖便想挤走他。

---

① 李太芬：《冯德麟与山陵守护大臣》，《辽宁文史资料》第7辑，辽宁人民出版社1983年版，第73页。

但袁世凯很信任朱庆澜，挤走朱也并非易事。此时驻黑龙江的是陆军第一师，师长是许兰洲。许兰洲，字芝田，河北南宫人。1872 年生。湖南陆军学堂毕业。袁世凯在天津小站练兵时，因其会武术，曾任职袁世凯卫队，而受袁世凯信任。1908 年，任黑龙江巡防营第二路统领。1914 年，任黑龙江省陆军暂编第一师师长。

张作霖侦知许兰洲觊觎黑龙江督军的高位，便有意借许兰洲挤走朱庆澜。并答应事成后，保举许兰洲担任此职。许兰洲为了达到这个目的，就有意制造事端，以便从中取利。1916 年 3 月 17 日晚间，受许兰洲怂恿的黑龙江省省城齐齐哈尔的少数旗人到处散发传单，通知所有旗人到八旗工厂开会，讨论旗人生计问题。按规定，开会事先必须呈请警察局批准，而他们并没有请示。

警察看到满地传单，不明所以，警察局便派人到工厂周围警戒，以便了解情况再做处理。翌日清晨，旗人纷纷来到工厂门前，见到有警察戒备，以为警察干涉开会，便跑到许兰洲的师部躲藏起来。这就为许兰洲提供了反对朱庆澜的机会。

许兰洲一面假意出面调解，一面又鼓动旗人代表联名电告北京政府，攻击朱庆澜左右的八个人，揭发他们的种种罪行。这实质是在攻击朱庆澜。因齐齐哈尔的电报局被许兰洲军队控制，朱庆澜便派人到哈尔滨，电告袁世凯，称许兰洲阴谋挑动旗人闹事。“袁接电后，即电许兰洲不准乱来，言称如果朱庆澜发生意外，则以该师长是问。”①

许兰洲不敢违命，但双方相持一周有余。袁世凯无法，便调朱庆澜入京，1917 年，北京政府任命其为广东省省长。其遗缺暂由许兰洲护理。但袁世凯深知许兰洲不是担任边疆大吏的材料，便于 1916 年 6 月调毕桂芳任黑龙江将军兼巡阅使，7 月改称督军。毕桂芳，河北大兴人，1865 年生。北京同文馆毕业，后赴俄国留学，曾任俄国公使馆随员，是个俄国通。曾任总统府高等外交顾问。派他到黑龙江省，目的很明确，就是为了处理和俄国的外交关系。

许兰洲的目的没有达到，仍想让张作霖保举他。张作霖感到许兰洲并不可靠，便对他玩了两面手法，后来就弃许保鲍了。这个鲍，即是鲍贵卿。鲍贵卿，字霆九，奉天海城人。1914 年，任陆军第三混成旅旅长。1915 年，任陆军讲武堂堂长，后升任陆军中将。他是张作霖的儿女亲家。他们既是老乡，

---

① 赵兴德口述，沈一言整理：《张作霖吞并黑吉两省经过》，《辽宁文史资料精粹》，第 1 卷，辽宁人民出版社 1999 年版，第 116 页。

又是亲戚。于是，张作霖就保举了鲍贵卿。1917 年 7 月，北京政府任命鲍贵卿为黑龙江督军，暂行兼署省长，加陆军上将衔。

为了保持黑龙江省的稳定，北京政府把许兰洲的第一师调到奉天省，放在张作霖的眼皮底下。就这样，张作霖终于控制了黑龙江省。

七、任嫡系吞并吉省

控制了黑龙江省后，张作霖的下一个目标就是吉林省。当时吉林督军是孟恩远。孟恩远，字曙春，天津人，1859 年生。在天津小站入新建陆军。1907 年，任吉林巡防营翼长、记名提督，吉林督办剿防事宜。1912 年，任陆军第二十三师师长。1914 年，升任镇安左将军督理吉林军务。1916 年 7 月，改任吉林督军。张勋复辟时于 1917 年 7 月任命其为吉林巡抚。可以说，他是个老吉林。在吉林经营有年，根深蒂固。他当然不是张作霖的嫡系，张作霖想把他换掉。

本来张作霖以为赶走孟恩远是件容易的事，但不承想没那么简单。张作霖略施小计，向北京政府密告孟恩远在张勋复辟时曾接受巡抚任命，与复辟有染，担当巡抚不称职。1917 年 10 月 18 日，北京政府便下令调吉林督军孟恩远为诚威将军，派田中玉为吉林督军。将军在当时是个有名无实的空头衔。

任东三省巡阅使时的张作霖

段祺瑞对张作霖没有好感，但也不得不利用他。既然你张作霖有密报，我就乘机派一个自己人来调换孟恩远。但是孟恩远也有他的关系网。孟恩远的外甥高士傧是吉林督署的参谋长，又兼师长。女婿陆承武的父亲是直系幕后活动家陆建章。在这种情况下，孟恩远决定不交权。张作霖想武力解决。但在总统黎元洪联合直系军阀的干预下，张作霖没敢有所动作，此事也就暂时搁置了。

张作霖在 1918 年 9 月 7 日经徐世昌总统任命为东三省巡阅使。在此之前，冯国璋当总统时于 1918 年 6 月 20 日任命曹锟为川、粤、湘、赣四省经略使，而且给曹锟特意铸造了一颗银质狮钮大印，重达两斤多，比特任官的印还要大很多。这是在暗示曹锟要高于所有的督军，将来很有可能当上副总统，冯国璋和段祺瑞以此来笼络曹锟。

徐世昌是1918年9月4日当上总统的，仅仅过了三天，就任命张作霖为东三省巡阅使。这显示了徐世昌和段祺瑞对张作霖的拉拢。从此，北方就有了两个比督军大的官了，他们之间也有互相牵制的作用。这是内阁总理段祺瑞为了实现他的“武力统一”中国政策的一个策略。

东三省巡阅使比省督军高一级，形同前清的东三省总督，但比总督有更大的实权。这就使张作霖有权建议中央安排东三省的人选。1919年6月，张作霖认为驱逐孟恩远时机已经成熟了。于是，张作霖电请徐世昌将孟恩远他调，以黑龙江督军鲍贵卿继任，黑龙江督军由其嫡系孙烈臣担任。

张作霖的电请，得到徐世昌的批准。1919年7月6日，北京政府调孟恩远为惠威将军。此时的孟恩远已是60岁的老人，而且在吉林搜刮多年，已脑满肠肥。得此消息，本想一走了之，回天津做寓公。但又不太甘心，尤其是他的部下不满。他的部下有两个人反对最烈。一个是参谋长兼师长的高士傧，一个是旅长高凤城。这二高怂恿孟恩远要和张作霖开战，拒绝调走。孟恩远也就“一任彼等之拥戴，企图侥幸于万一”。

得到这个消息，张作霖立即派孙烈臣为吉林讨伐军总司令，调兵向吉林进发。大兵压境，孟恩远知道自己不是张作霖的对手。他不顾二高的反对，密电张作霖同意交出吉林督军大权，但要保证他的生命财产安全。张作霖当即回电，只要交出吉林督军大权，保证你安全回到天津。8月5日，鲍贵卿和孟恩远同到吉林市，交接了督军大印。就这样，孟恩远携带大批财产回到了天津，做寓公去了。二高也不敢反抗，放弃了部队，身着便装绕道海参崴乘船潜回天津①。

障碍扫除了。张作霖下令将鲍贵卿调到吉林任吉林督军。同时孙烈臣调署黑龙江督军，8月加陆军上将衔，兼署黑龙江省省长。孙烈臣一直是张作霖的部下，对张忠心耿耿，值得信任。因此，张作霖把黑龙江的军政大权交给了他。至此，张作霖终于攫取了东三省的领导权。

张作霖当上了东北王。

---

① 赵兴德口述，沈一言整理：《张作霖吞并黑吉两省经过》，《辽宁文史资料精粹》，第1卷，辽宁人民出版社1999年版，第117页。

第六章　巴结小日本　镇压众学生

一、献殷勤巴结日本

日本帝国主义一直垂涎中国。1894 年 7 月到 1895 年 3 月，日本发动了侵略中国的甲午战争，历时八个月。腐朽透顶的清王朝打不过日本，于 1895 年 4 月 17 日在日本的马关签订了屈辱的《马关条约》。其主要条款是中国把辽东半岛和台湾全岛及所有附属各岛屿都割让给日本，并赔偿日本军费 2 亿两白银。

割让辽东半岛，使沙俄很为震惊，因为这触及了沙俄在远东的利益。为此，沙俄勾结德国和法国，向日本提出放弃辽东半岛。日本感到，自己一国敌不过它们三国，就忍痛同意放弃辽东半岛，但中国必须交给日本 3000 万两白银。中国向日本交纳赎金，赎回本来属于中国自己的领土。这是一个强盗的逻辑。腐败无能的清政府只好答应日本的要求。

而沙俄自以为还辽有功，清政府也把沙俄看作救星，就同沙俄签订了《中俄密约》。根据这个密约第四款的规定，"中国允许俄国建筑一横亘吉黑两省而达海参崴之铁路，是即中东铁路"①。后来，俄国又建筑了从哈尔滨至旅大的铁路，称为南满支路。并借口防止德国占领胶州湾，强迫清政府于 1898 年 3 月 27 日签订了《旅大租地条约》，强行租借了旅顺和大连。就这样，俄国控制了东三省。

对此，日本并不甘心。于是，1904 年 2 月 10 日爆发了日俄战争。日俄战

---

① 王芸生：《六十年来中国和日本》，第 3 卷，生活·读书·新知三联书店 1980 年版，第 119 页。

争俄国失败。在美国的调停下，1904 年 9 月 5 日，日、俄两国于美国新罕布什尔州的朴茨茅斯签订了和约[①]。其第五条是把旅顺、大连的租借权转让给日本；第六条是把由长春（宽城子）至旅顺口之铁路及一切支路，并在该地方铁道内所附属之一切权利财产，均转让给日本。附约中还规定，两国在各自占有的铁道两侧可置守备兵，“每一公里不过 15 名之数”。长春至大连的铁路称南满铁路。日本按照俄国先例，把铁道两侧 30 里的土地，都划为“铁路附属地”，设有警察。该地内的所有矿山，都归日本所有。同时，铁路附属地内的行政、司法、工业、商业、教育、卫生等都归日本的南满铁路公司管理。这个区域完全成了日本的殖民地。

日本尚不满足。又于 1905 年 11 月 2 日任命外相小村寿太郎为全权大使来到北京，同清政府的全权代表庆亲王奕劻等谈判。1905 年 12 月 12 日签订了中日《会议东三省事宜正约》3 款，附约 12 款。附约规定，将奉天省内的凤凰城、辽阳、新民屯、铁岭、通江子等，吉林省内的长春、吉林省城、哈尔滨等，黑龙江省内的齐齐哈尔、海拉尔、满洲里等，共 16 个城镇开埠通商；中国军队“不得进踞日本驻兵界限 20 华里以内”；在营口、奉天（沈阳）、安东（丹东）划定日本租界；安东至奉天的铁路由日本经营和改建[②]。这个条约，日本又变本加厉地攫取了许多额外的利益。

以上条约签订后，东三省就被日、俄两国分割，以长春为界，北面称北满，南面称南满。北满是俄国的势力范围，南满是日本的势力范围。日本在长春至大连、安东至奉天的铁路驻扎军队，同时在奉天的日本租界也驻扎军队。尽管在奉天省城内也有英、法、美、俄等国的领事或商务代表，但他们势单力微，不能左右日本的实力。实际上，在东三省的南部，日本已经形成了控制整个东北的力量。

在这种情形下，很会分析形势的张作霖，就把注意力放在日本人的身上。张作霖是个看风使舵的投机分子。他深知，在日本人的势力圈内，只有取得日本人的支持，才能站稳脚跟，渐次发展。为此，他便不遗余力地讨好日本

① 步平等：《东北国际约章汇释（1689—1919 年）》，黑龙江人民出版社 1987 年版，第 276 页。

② 步平等：《东北国际约章汇释（1689—1919 年）》，黑龙江人民出版社 1987 年版，第 286 页。

人，以图取得日本人的好感，并进一步得到日本人的支持。

善观风向的张作霖首先把宝押在日本人身上。他使出浑身解数，千方百计地投靠巴结日本人。张作霖是1911年冬由边城洮南进入奉天省城的。1912年1月26日，张作霖就迫不及待地拜访了日本驻奉天总领事落合谦太郎。他自吹“目前东三省兵马实权在本人掌握之中”，以便引起日本人对他的重视。并讨好地说：“日本国如对本人有所指令，本人自必奋力效命。”

1月31日，张作霖又和日本驻奉天总领事馆书记生深泽说：“日本国在南满洲享有特权，乃属当然，毫不为过。”并叫深泽把他的谈话转达总领事，并进而转达日本政府。

2月5日，张作霖又和落合总领事说：“倘若日本对于本人及东三省人民尚有关切之情，则本人率众依归，并非难事。”当时的张作霖想的完全是如何扩张实力，为达此目的，不惜出卖民族利益。他的上述做法，完全是认贼作父的卖国举动。但是，由于他的职位较低，而且过于殷勤，不免引起日本当局的怀疑。日本外相指示落合总领事，只可同张作霖“保持联系，互通声气”，不可“过于深入”。

但是，张作霖的亲日态度给日本当局留下了深刻的印象。

袁世凯当上大总统后，多次派人到奉天拉拢张作霖。张作霖在靠近袁世凯的同时，还是不断地和日本明相往来，暗送秋波。

1912年9月11日，张作霖当上了师长，权力更大了。1912年12月11日，日本关东都督福岛安正来奉。张作霖认为这是一个表示亲近的好机会，便秘密拜访了他，希望得到他的援助。以后，张作霖又拜访了日本奉天满铁公所所长左藤，进一步表示对日本亲善之意。

1913年12月4日、27日，张作霖又两次拜访日本关东都督福岛安正，露骨地表示他“打算做都督”，“希望得到日本的具体援助”。

1915年10月，段芝贵派张作霖代表他到朝鲜汉城参加农产品博览会。其间，他乘机和日本驻朝鲜的寺内正毅总督会见，多方谄媚，对寺内极尽拉拢之能事，寺内正毅对张作霖也百般笼络。后来，寺内正毅当上了日本内阁总理大臣，权倾一国。这为他们之间的交易打开了方便之门。

巴结日本，希图取得日本的支持，这是张作霖扩张势力、称雄东北的一个基本策略。不过，此时双方还处于起始阶段。互相靠拢，但还没有实际行动。

二、遭谋刺险被炸死

1916 年 4 月 22 日，张作霖已经当上了奉天督军兼奉天巡按使，掌握了奉天省的军政大权，成了边疆大吏，有了相当地位，同以前小小的师长相比，已不可同日而语。因此，更加引起日本当权者的注意。然而，尽管张作霖一个劲地巴结日本人，但在日本统治集团的军政两界，对张作霖却存在截然不同的两种看法。

这些看法是和当时日本极力推行的“满蒙独立运动”紧密相关的。所谓“满蒙独立运动”，其实就是日本人推行的要把中国的领土割让给日本的运动。日本妄想把内蒙古东部和整个东北变成一个实体，成为一个独立的国家，建立满蒙王国，由日本托管。

一派认为，要达到这个目的，就必须依靠宗社党和内蒙古叛匪。而宗社党的头目就是清朝的肃亲王善耆。1912 年 1 月 25 日，清廷举行最后一次御前会议，决定清帝退位。宗社党坚决反对。他们为了保存实力，肃亲王善耆等一伙 60 余人在北京守备队队长日本顾问菊池武夫的协助下，于 2 月 5 日密潜

张氏帅府的大青楼

到旅顺，被日本人保护起来，待机而起。宗社党是一个以复辟清朝为宗旨的反对资产阶级革命的反动组织，其成员都是清朝的宗室贵族，遗老腐儒。他们积极投靠日本，企图东山再起。日本也正想利用他们，以达到自己的目的。这一派是日本参谋本部（二部）、日本关东都督和日本浪人川岛浪速等。他们认为，张作霖是实现“满蒙独立运动”的最大障碍，必须除掉。

另一派认为，实现满蒙独立，应该利用张作霖，张作霖是日本的最好帮手，应该鼓动张作霖独立，日本便可兵不血刃地占领东北。这一派是日本参谋本部次长田中义一、日本外务省和日本驻奉总领事等。两派互不联系，各自活动。

川岛浪速一派在策划第一次满蒙独立失败后，贼心不死，于1916年又策划了第二次“满蒙独立运动”。川岛浪速在前清时曾担任过民政部尚书善耆的警政顾问，他们是拜把兄弟，关系十分密切。川岛浪速以浪人的身份在华活动，这是当时日本干涉别国内政的一个普遍做法。

他们表面上是私人身份，不代表政府。但实质上，他们绝大多数都是日本侵略别国的间谍。这一派的日本统治集团，在计划、财政、人员、武器等方面，都做好了在东北举事的准备，但后来由于日本驻奉天总领事矢田七太郎等人认为“极为不妥”，他们认为，如果不能成功，便会有“暴露意外丑态之虞”。不如策动张作霖进行“满蒙独立”，较为稳妥。这个看法，得到了日本外相石井和军部参谋次长田中义一的支持。于是，大规模的武装暴动便没有举行，而是采取了策动张作霖独立的做法。

但是，川岛浪速一伙暴徒却策划了一个暗杀张作霖的阴谋。他们认为“擒贼先擒王”，企图杀死张作霖，然后趁乱夺取省城奉天，使东北成为宗社党的天下，日本便可乘机操纵之。1916年5月中旬，“（日本）土井少将（现役联队长）在沈阳满铁附属地内召集日方有关的军职人员，密商干掉张作霖”①。会议决定由伊达顺之助、三村丰预备少佐等组成“满蒙决死团”，刺探消息，磨刀练兵，执行刺杀任务。他们选择了一个张作霖必定出现的机会，那就是5月27日。

这一天，日皇之弟闲院宫载仁亲王从俄都返日经过奉天，“张作霖督军为

① 陶尚铭等：《张作霖和他的日本顾问》，《文史资料选辑》第51辑，文史资料出版社1981年版，第179页。

对闲院宫的经过表示尊敬”①，就到奉天车站去迎送。为表示敬意，张作霖还特率其部下二十七师五十三旅旅长汤玉麟等乘五辆豪华俄式马车，在骑兵卫队的护卫下，大张旗鼓地赶往车站。日本驻奉天总领事矢田也到车站迎送。

张作霖送走贵宾后，在归途中，于小西关附近突然遭到炸弹袭击。炸弹是从一层楼的窗口里投掷出来的。刺客是日本陆军少佐三村丰等人。但是，他们没有见过张作霖，看汤玉麟车马的煊赫气派，把汤玉麟误认为是张作霖了，炸弹就投向了汤玉麟。刹那间，小西门大街硝烟弥漫，乱作一团。但由于刺客惊慌失措，投弹不准，汤玉麟等人只受了轻伤，在后边护卫的卫队士兵被炸死了五六人。

坐在后边马车上的张作霖正路过小西边门外，突闻炸弹声，情知有变，就机智地跳下马车，蹿上马背，以极快的速度同卫兵互换上衣，在马队卫兵的护卫下，绕道从胡同穿过大西门驰回将军行署。但在途经奉天交涉署时，又遭到炸弹的袭击。张作霖在路经大西城门里的奉天图书馆时，突然从图书馆门洞里跑出来一个人，手拿炸弹向张作霖扔去。但张作霖是玩马的出身，骑技娴熟，马驰如飞，炸弹在张作霖的身后爆炸，气浪只炸掉了张作霖的帽子，人并没有受伤。可那个刺客却被炸弹的弹片击中要害，在大街上滚了几下，死了。

两次刺杀，没有伤张作霖一根毫毛，张作霖可谓命大。当然，这和他遇事不乱、沉着应对有关。

张作霖惊慌失措地跑回刚刚建成不久的将军行署，也就是后来的大帅府。门卫不知出了什么事，赶紧在门口架起了机关枪，卫队紧急集合，处于戒备状态。这时才发现那匹马通身是汗，后腿正淌着血，马肚子也受了伤，知道出大事了。督军署如临大敌，紧急出动，立刻封锁了浙江会馆、通天街等周围地区。

过了一会儿，汤玉麟骑快马赶到了将军行署，立刻问：“七爷回来没？受伤没有？”卫队长赶忙回答：“刚回来，没有受伤。”汤玉麟这才一块石头落了地，放下心来。径直进到府里，赶快去见张作霖。张作霖气愤地问道：“他妈拉巴子，谁干的？逮着没有？”汤玉麟急忙答道：“跑了一个，死了一个！”话

---

① ［日］原田熊雄：《满洲重大事件》，［日］河本大作等：《我杀死了张作霖》，吉林文史出版社1986年版，第81页。

刚说完，卫兵进来报告："日本铁道守备队队长和日本驻奉总领事来慰问。"其实，慰问是假，探听是真。

张作霖正在更换衣服，他一愣神，脱口而出："来得好快呀，让他们进来!"日本人进入客厅，皮笑肉不笑地说道："将军，您受惊了!"张作霖和他们虚与委蛇，表现得若无其事，好像什么事也没有发生似的，声音朗朗地说："小事一桩，小事一桩，不足挂齿，还有劳各位前来看望，真是不好意思。"说完便哈哈大笑，接着又收起了笑容，一字一句地说："哼，有人打我张作霖的主意，没那么容易!"日本人"见张神色自若，不禁暗自称奇"。

事后检验那个刺客的尸体，没有发现有价值的东西。虽然穿戴的是中国老百姓的服装，但他的脚型明显是常穿木屐的，可以确认是日本人，那就是日本浪人了。这一次炸张作霖，本来是日本人干的。但是，日本人却放风说是宗社党所为。其实，张作霖也知道是日本人干的，但由于没有受到致命的伤害，而且又在日本人的势力圈内，不得不忍气吞声，他也就不再追究，此事便不了了之了。张作霖为了尽快平息这起突发事件，故意在一个场合当众说道："算了吧，单从脚型判断凶手，证据不足，不足!"也就没有向日本人交涉，把这个事件敷衍过去了①。

多年以后，日本最后的元老西园寺公爵的秘书原田熊雄口述回忆录时道出了真实情况："这个凶手是日本人。""这个阴谋丢尽了日本的脸。"这位日本人倒是能够面对历史事实。其实，第一次爆炸后，矢田总领事立即跑到现场。他看到，爆炸现场血肉横飞，"真是惨不堪言"。矢田总领事"捡到没爆炸的炸弹，并带回给本乡房太郎上将看，本乡说：'这是日本特制的火药。'"当时日本人就明了是他们日本人干的。

这一事件，使得张作霖对日本人有了一定的警觉。他知道，当日本人的傀儡是很危险的。这是日本人第一次炸张作霖。12 年以后那次是第二次，也是最后一次。

三、得奥援拒日要求

日本在暗杀张作霖未遂后，又制造事端，企图攫取更大的权益。他们制

① 王世烈：《张作霖奉天遇险》，赵杰、张英智：《张氏帅府》，辽宁人民出版社 1993 年版，第 18 页。

造了一个郑家屯事件。郑家屯即辽源（今双辽），位于奉天省的西北部，属内蒙古东部的哲里木盟。这个地方，不是南满的铁道附属地。即使根据同日本的不平等条约，这里也是不准日本驻兵的。但是，由于其靠近内蒙古，地理位置十分重要。占据此地，便占据了通向内蒙古的咽喉要冲。因此，日本便强行派一支队南满日军驻扎在郑家屯，并公然设立日本巡警署。这就等于日本在奉天省的西北部插入了一把尖刀，这是张作霖所不能容忍的。张作霖屡命有关部门，让日军撤退，但日本不加理睬。以后便发生了郑家屯事件。

1916年8月13日，郑家屯的日侨吉田在街上买鱼，给价太低，卖鱼的小孩不想卖，吉田就动手痛打这个小孩。驻地奉军是第二十八师骑兵第二十八团，其士兵看不过去，就对吉田加以劝阻。吉田恼羞成怒，对士兵报以老拳，打不过，就跑到日军守备队告歪状。并由松尾中尉带领武装日兵20余人，奔至奉军驻地寻衅。门卫加以阻拦，日兵竟悍然开枪，奉军不得不开枪还击，结果发生枪战，双方各伤亡10余人。

枪战之后，日军守备队队长松尾中尉一面电求附近日军来援，一面向辽源当局提出中国驻军须一律撤出城外30里。后日军两个大队从铁岭拥至，将辽源镇守使署和中国军队营房全部占据。并张贴告示，无理地宣布自郑家屯至四平街沿线30里内，不准华人入内，否则开枪。当时四郑铁路还没有通车，日军就将此一线路划归了日本。这就是历史上的郑家屯事件。

日本制造郑家屯事件，其最初的目的是要救援以内蒙古马贼头领巴布札布为首的蒙古叛匪。同时，帮助大连的宗社党叛乱。日本的设想，是在郑家屯这个战略要地制造混乱，以便浑水摸鱼。

在郑家屯事件之前，于6月末，奉省西北部的蒙匪巴布札布、善耆的七子宪奎和日本军官纠集5000余名胡匪，打着“勤王复国军”的旗号，蜂拥南下。1916年7月26日，被吴俊升部击败。巴布札布龟缩到南满铁路附属地内的郭家店，伺机待起。郭家店在四平和长春之间的南满铁路线上，巴布札布叛匪得到了日军的保护。此时，大连的宗社党本部抽调800余人也组成“勤王军”，乘坐南满铁路火车奔赴郭家店，支援巴布札布败军。这就造成了叛匪南北会合的局面。8月30日，川岛浪速一行从大连赶到郭家店，对巴布札布表示慰问，对巴布札布及其部下给予犒赏，并鼓动他“将来时机成熟，再度举事，以效忠于清朝”。

张作霖对巴布札布叛匪的行踪是掌握的，对川岛浪速的所为也是了解的。

他一方面感到，巴布札布叛匪对他的东北王的地位是个严重威胁，不能掉以轻心，必须铲除；另一方面，也感到日本的势力强大，亦不能轻举妄动，要适可而止。因此，他在派重兵包围郭家店的情况下，又同川岛浪速进行了谈判。

川岛浪速提出让巴布札布安全撤退，并安排了撤退路线和具体方法。同时，又派一个中队的日军加以保护。本来张作霖想在巴布札布撤退时一举将其歼灭，但由于日本的干涉，张作霖也担心事态扩大，就对巴布札布的撤退采取了规避的态度。这样，巴布札布就安然地退走了。

1916 年 9 月，他们向热河方向逃窜。10 月 7 日，巴匪攻击热河西北的林西县，县知事李传勋告急。由于准备比较充分，县武装打退了巴匪的进攻，并俘虏了一些巴匪。李传勋电称："此次匪内日人甚多，现经拿获久泉登喜藏一名，经知事面认，曾经来林游历。逐加询问，供甚狡猾。察看情形，确系帮助巴匪。"可知，巴匪内还有一些日本的死硬分子。后来，巴布札布被热河前敌总司令兼林西镇守使米振标击毙。巴布札布叛匪也就树倒猢狲散了。

由于 1916 年 6 月 6 日袁世凯已死，黎元洪出任总统，段祺瑞担任国务总理。日本对华政策发生变化，决定对北京政府给予支持。日本当局便决定甩开宗社党这帮无用的老朽，于 8 月 19 日同宗社党达成协议，在两个月内解散宗社党，头目给予巨额遣散费。从此，宗社党便消失了①。

关于郑家屯事件，日本公使向中国提出了八条苛刻的要求。张作霖不能全部接受，他便以奉天省议会的名义向北京政府呈送咨文，坚决反对日本借郑家屯事件对中国提出无理要求。11 月 26 日，奉天召开了公民大会，抗议日本的侵略行径。

中、日两国政府经过反复交涉，张作霖断然拒绝了在东北派驻日本警察和向东北各部队派遣日本军事顾问的侵略要求。张作霖明确地指出："警察有关一国之主权，顾问有关军事之秘要"，"应请严重交涉，据理力争，以顺舆情"。后来北京政府在驻警的问题上有软弱的表示，张作霖当即表态："查警权之作用，属于内务行政之全体，国权所系，讵容觊觎。"如果答应他们的要

① 武育文：《日本浪人与宗社党的"满蒙独立"运动》，《中日关系史论丛》第 1 辑，辽宁人民出版社 1982 年版，第 215 页。

求，后患无穷，“亟应继续拒驳”①。

最后，于1917年1月22日结案，签订了一个不平等条约。其基本内容是：申斥第二十八师师长；处罚有责任的军官，应从严的从严；在中日杂居区域内，对日本军民以礼相待；奉天督军向日本领事、关东都督表示歉意；给日本商人吉本抚慰金500元。以上条件实行后，日军才从辽源撤出②。

但是日本在中国东北设立警察和聘请日本军事顾问等要求，均被驳回。这虽然是个不平等条约，但在关键的事项上还是顶住了日本的压力。当然，张作霖知道，要想实现他的更大的政治野心，还必须依靠日本。这是张作霖当时内心的想法。

四、压学生讨好日本

张作霖是想要投靠日本的。恰逢此时，日本的政情发生了重大变化。这个变化，有利于张作霖。1916年10月，大隈重信内阁倒台，寺内正毅上台组阁。

大隈重信任日本内阁总理大臣期间，对中国采取了露骨的侵略政策。1915年1月18日，他命日本驻华公使日置益向袁世凯递交了《二十一条》，逼迫中国签订这个丧权辱国的条约。中国人民坚决反对。5月7日，又向中国发出最后通牒。5月9日，袁世凯承认了这个条约。这一切激起了中国人民的极大愤慨，对日本帝国主义更加痛恨。

有鉴于此，新上台的内阁总理大臣寺内正毅，就变换了对华的侵略手法。他决定，对北京政府，运用大借款的方式，支持段祺瑞“武力统一”中国的政策，从经济上控制中国，进而达到从政治、军事上控制中国的目的。在东北，决定支持张作霖“统一东北”，以达到“满蒙独立”的目的，从而控制整个满蒙地区。

寺内正毅，1852年生，陆军元帅。日俄战争后，曾任南满洲铁道株式会社创立委员长，主持对中国东北的侵略活动。后任朝鲜总督，对朝鲜实行严

① 车维汉：《张作霖与郑家屯事件》，《近代史研究》，1992年第5期。

② 朱希炜：《辽源中日军冲突事件真相》，《文史资料选辑》第2辑，中华书局1960年版，第19页。

酷的统治。这个寺内，可以说是个中国通。

前文提到，张作霖在朝鲜时和他打得火热。此次寺内正毅上台，张作霖异常兴奋，认为有了一个欣赏自己的后台老板。为投其所好，张作霖向他的日本顾问菊池武夫说：“我对日本在满蒙有特殊地位一点十分了解，对日本开发满蒙一事……抱欢迎态度。”请菊池武夫“把以上各点向总理大臣转达”，以图取得寺内正毅的全力支持。

日本有一个关注对华政策的高级谋士，叫后藤新平。此人于1906年曾任南满洲铁道株式会社第一任总裁。1908年，历任日本递信大臣兼铁道院总裁、拓殖局总裁。他于1916年6月、9月曾两次到我国东北进行考察，为日本当局提供具体的侵华政策。

他回国后，撰写了一本《日支冲突之真相》。书中关于日本如何对待张作霖，他提出了自己的看法：“张作霖并无宦途履历，与中央政府亦无密切因缘，而在满洲，则有特殊之势力与地位。张离满洲则无地位，盖以满洲为其惟一之势力范围也。张氏心中惟有权势利欲，别无他种知识。彼认日本在满洲有绝大势力，反对日本，于彼不利，倾向日本，于彼有益。如果利用此特殊之地位，照其心中所认识者而行，则张氏将为满洲专制之王，而日本亦得利用张氏，在满洲为所欲为。”①

这是后藤新平在为日本当局进言献策。他通过对张作霖心理和处境的分析，指出日本必须全力支持张作霖，让他当上东北王，然后日本才能“在满洲为所欲为”。这就是后藤新平为日本打的如意算盘。

后藤新平回国后，先后担任内务大臣、外务大臣、东京市长等职，疯狂宣传支持张作霖的主张，极力鼓吹向中国扩张势力范围。他的想法和寺内正毅的看法不谋而合，因此成为日本对待张作霖的基本对策。那就是“日本援助张作霖是最为上策”。

以后，日本确实把宝押在张作霖身上，极力支持他。1917年，张作霖与冯德麟的矛盾激化，张作霖想解决这个问题。但考虑到冯德麟是个老牌亲日派，不敢轻易出手。后来张作霖派他的日籍顾问菊池武夫向日方咨探消息，日本外务大臣本野一郎回电：“帝国政府对张作霖的立场充分同情。”得到日

① 王芸生：《六十年来中国和日本》，第7卷，生活·读书·新知三联书店1980年版，第55页。

本的承诺，张作霖便采用软硬兼施的手腕，解决了这个难题。在夺取吉林省的大权时，张作霖又得到日本的支持。日本为了帮助张作霖打击孟恩远，制造了宽城子事件，使得吉军不战而退，束手待毙。这样，张作霖就把自己的势力扩展到了吉林省。总之，张作霖在统一东三省的过程中，得到了日本的全力支持。

作为回报，张作霖也在用各种方式答谢日本。聘请日本顾问，就是张作霖对日本表示亲善的一种方式。早在张锡銮任奉天都督时，在日本的压力下，不得不聘用日本顾问。在东北，第一次官方正式聘请的日本顾问是菊池武夫中佐和町野武马少佐。他们都是日本参谋本部选拔并派遣的。他们都是奸细，经常和“奉天特务机关”秘密联系，接受指示，提供情报。

他们作为顾问，同奉天都督签有正式契约。关于聘请菊池武夫为军事顾问的一份契约的开头部分是这样写的：“大中华民国镇安上将军张锡銮，兹与大日本帝国关东都督男爵福岛安正商议，聘订大日本帝国步兵中佐菊池武夫为镇安上将军之顾问，所有议定合同，开列于左。”下列六款，时间是 1914 年 9 月 8 日，签字者为张锡銮和福岛安正。

这两个顾问，在张作霖时代仍然耀武扬威，还是当顾问。“张作霖真的把町野当成亲信，每年必定派他去日本一次，联络朝野要人。”① 据统计，自 1913 年到 1931 年的 19 年间，张作霖父子先后聘用日本顾问 18 人。其中军事顾问 13 人，私人顾问 3 人，普通顾问和警察顾问各 1 人。

此外，张作霖还在东北镇压学生运动，以取悦于日本人。1919 年 5 月 4 日，伟大的五四运动爆发了。军阀张作霖严密封锁外界消息，严禁奉天学生罢课游行，宣布“对有妄动行迹者”，“予以枪杀”。并向北京政府通电：“请国家一面将青岛问题交涉经过宣布中外；一面对肇事之徒严加惩处，以遏乱萌，而全邦交。”这完全暴露了张作霖以革命学生为敌、以帝国主义为友的丑恶嘴脸。

由于张作霖的镇压措施，全国“独奉省当局严加取缔，并添派军警监视，各校学生行动不得自由”，“奉省的抗日运动终于熄灭”。对此，日本关东厅长官林权助表示感谢。这些只是张作霖亲日的部分表现。在张作霖主政的前期，

① 陶尚铭等：《张作霖和他的日本顾问》，《文史资料选辑》，第 51 辑，文史资料出版社 1981 年版，第 179 页。

他同日本也有矛盾，但相互勾结是主要的。当然，随着张作霖的羽翼逐渐丰满，势力逐渐强大，他同日本的矛盾也就逐渐激化了，以致一发不可收拾。这乃是后话。

第七章　调解直皖战　暗中助直系

一、劫军火皖系吃亏

段祺瑞是北洋军阀皖系的首领，又是北京政府的内阁总理，是袁世凯死后北洋派最有威望、最有实力的头目。张作霖为了实现自己更大的人生目标，对段祺瑞采取了阿谀奉承的做法。本来对张作霖这个马贼出身的人，段祺瑞是看不起的。但是，因为张作霖拥有军队和地盘，段祺瑞也不能小觑他。

1918 年 2 月 24 日，直系的冯玉祥在南进的过程中，突然于湖北的武穴发表了“促进南北和局”的通电。这个主和通电对段祺瑞的主战派是一个沉重打击。冯玉祥在武穴发表通电是经过深思熟虑的。武穴处于湖北和江西的交界线上，冯玉祥部在此驻足，对主战派两路军队的南进，造成了重大影响。这就打乱了段祺瑞的整个军事布局。段祺瑞手中没有军队，感到束手无策。在走投无路的情况下，只得求救于张作霖。

于是，段祺瑞派他的心腹爱将徐树铮以“接洽国防”的名义，到奉天调张作霖出兵。

张作霖表现积极。1918 年 2 月 25 日，奉军第二十七师第五十三旅进入山海关，开到河北滦州。这里还有一个有趣的插曲。奉天督军署参谋长杨宇霆，绰号“小诸葛”，带兵到达秦皇岛，他是别有所图。他不费吹灰之力，在秦皇岛港口一举截走了 2.7 万余支步枪。这些步枪是根据段祺瑞同日本的中日军械借款协定第一批运到中国的。不料想，这批枪械刚一上岸，就成了奉军的囊中之物。要想了解杨宇霆劫械的整个过程，先要了解徐树铮本人。

徐树铮何许人也？徐树铮在民国初年的政坛上是个举足轻重的人物。1880 年生，1925 年去世，活了 45 岁。字又铮，江苏萧县人（今属安徽）。绰号“小扇子”。13 岁中秀才。22 岁投段祺瑞，25 岁时段祺瑞将其送往日本留

徐树铮戎装像

学，入日本士官学校学习军事。两年后毕业回国，任段祺瑞第一军总参谋。曾创办《平报》。34 岁任北京政府陆军部次长。36 岁任北京政府国务院秘书长。37 岁仍任陆军部次长。他是北洋军阀皖系首领段祺瑞的一员干将，深得段祺瑞的器重。

其实，张作霖和徐树铮之间的交往大体可以分为三个阶段：第一阶段，彼此利用的蜜月期；第二阶段，互相仇视的争斗期；第三阶段，三次暗杀的未遂期。

第一阶段，彼此利用的蜜月期。这是 1918 年年初的事。当时，段祺瑞任北京政府国务总理，大力主张武力统一中国，内战连绵不断，人民处于水深火热之中。直系第十六混成旅旅长冯玉祥被迫率兵南征，于 2 月 14 日在湖北武穴（今广济）通电主和，要求南北罢兵休战。这给主战派当头一棒，打乱了段祺瑞的战略部署。段祺瑞手头无兵，感到束手无策。在走投无路的情况下，只得求救于张作霖。于是，段祺瑞特派干将徐树铮亲自出马，到奉天游说张作霖。

徐树铮知道，此行任务艰巨，劝诱老奸巨猾的张作霖出兵，并不容易。为此，胆大妄为的徐树铮准备了两份丰厚的见面礼。第一份礼是物质的，给武器；第二份礼是精神的，给官职。

2 月 20 日左右，徐树铮身着便装，只带少许便衣卫队，秘密到达奉天。到车站低调迎接的是张作霖的参谋长杨宇霆。徐树铮与杨宇霆是日本士官学校的上下级同学，徐树铮是杨宇霆的学兄。他们关系密切，无话不谈。

张作霖设宴款待这位风头正健的陆军部次长。席间，徐树铮阴阳怪气地说道："大帅，此次兄弟奉总理之命，前来搬请救兵，并不是空手而来。"张作霖直视着徐树铮圆圆的脸，探究地问道："此话怎讲？"此时，徐树铮从长袍的内层口袋里缓缓地掏出一个纸包，并慢慢地展开，将一张亮堂堂的证书拱手送到张作霖的面前，说道："不成敬意，请大帅过目！"张作霖仔细一看，原来是陆军部开具的提取武器的证明。武器数量多得惊人，居然有近 3 万件。

张作霖将信将疑，慢慢地打量这位"小扇子"，这能是真的吗？张作霖立即把证明转手递给了杨宇霆，杨宇霆事先已经知道了徐树铮送的这份厚礼。

接过证明，略一过目，就肯定地答道："大帅，又铮兄是我在日本留学的前辈，人极忠诚信义。此次献上这份厚礼，是他独自作出的决定，芝泉老（段祺瑞，字芝泉）并不知晓。"张作霖认真地掂量着杨宇霆话语的分量，他相信这是真的了。不觉一阵狂喜掠过心头，不禁哈哈大笑起来："哈哈哈，他妈拉巴子，将在外，君命有所不受呀！你小子真够朋友！来，再连干三杯！"有了武器，就有了军队；有了军队，就有了地盘；有了地盘，就有了权力。枪杆子是根本，张作霖明白枪杆子的分量。

"大帅，赴奉之前，总理一再叮嘱，只要大帅出兵，将来北京政府副总统一职，非大帅莫属！"徐树铮为了强化张作霖出兵入关的决心，开了这么一张空头支票。物质的，给了武器；精神的，给了高官。张作霖掂量掂量，也行了，何况他早就想派兵入关抢占地盘呢。张作霖随即假意谦虚地答道："芝泉老是我的老师，老师提携学生，学生不敢当呀！"于是，张作霖与徐树铮签订了秘密协议。张作霖决定调兵入关，支持皖系段祺瑞武力统一中国的主张。

现在第一要务是劫夺武器。张作霖同"小诸葛"杨宇霆慎重谋划，相中了两个人选。其一是张景惠。张景惠是张作霖的老班底，心腹爱将，足智多谋。其二是丁超。丁超1910年毕业于日本士官学校，武器专家，时任奉天军械厂厂长。

1918年2月23日，张作霖任命第五十三旅旅长张景惠为奉天南征军司令，丁超为副司令，率领步兵两个营、机枪队一个连，在参谋长杨宇霆的指挥下，以南征军先遣队的名义入关，先行进驻秦皇岛，准备在秦皇岛劫械。

一支奉军部队荷枪实弹突然到达秦皇岛，使先前抵达秦皇岛等待接运武器的政府军十分惊异，感到来者不善。但奉军诡称，在此候船等待乘船出发南征。政府军狐疑未定，十分戒备。

这批武器是段祺瑞和日本签订的秘密协议，从日本购买的，为的是建立段祺瑞的私人武装参战军。此时，段祺瑞已经派兵在此等候接运兵器。可是，奉军到达秦皇岛，立即占据码头、车站等要地，驻扎下来。杨宇霆亲率主要军官，秘密察看地形，制定了劫械的具体方案。

为了消除政府军的疑虑，杨宇霆等以联系友军为名，宴请政府军等待接运武器的官员。席间，杨宇霆等表现谦卑，猜拳行令，联络感情，拉关系，套近乎，奉承政府军，大骂南方军，表示同政府军完全站在一起。同时，又把南征的作战方案、编队序列和行军路线都似无意地全盘"泄露"给对方。这就麻痹了政府军。同时，杨宇霆又派下级军官带领士兵到政府军驻地附近饮酒、赌博，引诱政府军士兵加入，双方关系很快拉近。

2月25日，是日本载运军械的货船到达的日子。清晨，奉军早早到达码头。不料，政府军已先期到了。杨宇霆站在岸边，焦急地翘首远望，故意作出急盼接运他们的客船到达的模样。杨宇霆望着一望无垠的大海，想起范仲淹描写洞庭湖的语句，想着即将到手的猎物，情不自禁地吟道："春和景明，波澜不惊，上下天光，一碧万顷。"接着，语气一转，故意叹道："嗟夫！此船不到，几欲耽误余南征之大事也！"张景惠也故作气愤状，连拍大腿，骂骂咧咧："这帮兔崽子，真他妈耽误大爷的好事！"这些都是做给政府军看的。政府军见状，于是不疑。

此时，远方破浪而来几艘轮船，杨宇霆马上命令张景惠集合队伍，作准备登船状。等轮船靠岸，政府军告诉杨宇霆，这不是接运奉军的客船，而是载运武器的货船。

货船靠岸，杨宇霆上前同政府军笑呵呵地说道："老弟，一家人，你们人少，客船还没来，我们在这闲着也是闲着，帮你们搭把手，人多力量大，一会儿就卸完了。"政府军正愁缺少人手，巴不得奉军来帮忙。于是，就爽快地答应了。他们哪里知道奉军是醉翁之意不在酒呢。

军械从码头卸下来，直接运往车站，装上火车。奉军派出两个连，在车站警戒。其余全部投入卸货。几船军械，大半天就卸完了。政府军同日方办完了交接手续。政府军官员看着累得满头大汗的奉军，满含感激之情地向杨宇霆走来，欲表示诚挚的谢意。此时，杨宇霆立即厉声命令奉军将他们团团包围。政府军官员十分惊讶，完全蒙在鼓里，不知所措。杨宇霆皮笑肉不笑地说道："不用害怕，跟你们没有关系。"于是，拿出徐树铮开具的接收军械的证明给他们看，并说道："兄弟我对不住你们了！这批军火，陆军次长徐树铮已经转让给我们奉军了。我们只是来接收军火的，不会伤害你们。"说完，命令列车掉转方向，直奔奉天。

奉军秦皇岛劫械，立即成为轰动全国的头号新闻。奉军计劫得武器2.7万余支（挺、门），大发横财。在北京的段祺瑞吃惊不小，竟敢在太岁头上动土。但是，事已至此，无法挽回。只得于26日给张作霖发去一电，命其将军火如数送交北京。张作霖也会演戏，同一天，张作霖也发一电，声称他早已布置南征，只是缺少军火，无法成行。此次，"提去"军火，事先未予请示，因为公文来往费时，只得先斩后奏。

27日，张作霖又给段祺瑞一答电，称："所练军队，无论对内对外，均

段祺瑞像

属拥护中央。一旦编练成军，悉听政府驱策！”好不容易吞到肚里的东西，哪能再吐出来呢？段祺瑞对张作霖无法，只得不了了之①。

有了至关重要的武器，张作霖立即招兵买马，扩充军队。除原有的第二十七师、第二十八师外，又编成一个师七个旅，武装力量大大增强。

3月5日，奉军一部由天津开到廊坊，靠近北京。张作霖请北京政府在天坛一带指定营房，让奉军驻扎。张作霖的到来，使人们回想起了张勋的野蛮的辫子兵，由此给北京城造成了极大恐慌。张作霖发表通电，表示自己没有个人野心，“毫无私意，若有虚言，鬼神鉴察”。这才使北京市民稍稍安心。

3月12日，在距离天津50里的军粮城组成了关内奉军总司令部。张作霖自兼总司令，徐树铮以副总司令代行总司令职权。此时，段、张勾结才大白于天下。16日，徐树铮同杨宇霆到天津，召开北方各省督军代表会议，再次敦促大总统冯国璋让段祺瑞组阁。这是徐树铮和张作霖彼此利用的蜜月期。

3月23日，段祺瑞宣布组阁，段祺瑞从后台走到了前台，又在大力推行他的“武力统一”中国的政策。段祺瑞上台不久，奉军又在塘沽劫持军火。这是段祺瑞从日本购进的第三批军火，段祺瑞只能吞下这颗苦果。

张作霖是想利用徐树铮，借以扩张奉系的势力。但是，徐树铮却企图假借奉军的力量，达到扩展自己势力的目的。在北军南下不利的情况下，徐树铮决定在汉口设立一个奉军前敌总指挥部，把奉军的六个混成旅全部调到湖南战场上。并命令奉军的三个师长孙烈臣、汲金纯、吴俊升速到长沙，布置作战计划。

此举引起张作霖的警觉，他迅速调回三个奉军师长，并要调回摆在前线的奉军。虽然信誓旦旦，但张作霖不傻，不想让自己的部队当替死鬼，打头

① 陶菊隐：《北洋军阀统治时期史话》，第4册，生活·读书·新知三联书店1978年版，第94页。

阵。自此，张、徐之间产生了嫌隙。

7月28日，在天津召开了督军团会议，张作霖第一次参加。关于总统问题，张作霖赞成徐世昌担任大总统。这是很重要的一票。会后，张作霖有意留在天津，查一查徐树铮代行总司令期间的表现。这一查，查出了问题。从3月23日段祺瑞内阁复活时起，徐树铮一共代领奉军军费515万元，奉军实收只有180万元。其余绝大部分都用在编练段祺瑞的参战军和新国会的选举上了。这就是说，徐树铮在欺骗张作霖。徐树铮口蜜腹剑，心怀鬼胎。

大总统徐世昌

张作霖岂是好惹的。他当即下令撤掉了徐树铮的副总司令职务，并向段祺瑞告状。段祺瑞十分惊慌，除令徐树铮向张作霖道歉外，还答应在短期内归还徐树铮的欠款。后来欠款没有还清，张作霖不答应。只得从徐树铮编练成的参战军的五个混成旅中，拨给张作霖三个旅，此事才算罢休。

不过，从此徐树铮对张作霖怀恨在心，埋下了要杀掉张作霖的阴险的种子。前文提到，徐世昌在当上大总统的第四天，就任命张作霖为东三省巡阅使。这既是徐世昌对张作霖赞成自己当总统的回报，也是对这个具有深厚潜力的东北王的一个拉拢。这是徐世昌的一着妙棋。此一时期，张作霖还没有过多地过问关内事务，他的眼光基本是在东北。在关内经过两年的历练，张作霖具有了关于国家方面的相当的军政经验，他想入主中原了。

二、入北京调停直皖

当了东北王的张作霖并不满足，他的目标是登上总统的宝座。而眼下最要紧的是要寻找机会，挥师入关，问鼎中原。机会终于来了。这就是大总统徐世昌电邀他赴京，对直皖两系的火药味十足的矛盾进行调解。

1920年6月19日，张作霖来京，以调停人的身份出现，对双方进行调解。那么，为什么直、皖两系闹得不可开交，必须有中间人进行调解呢？这就要回顾一下它们之间矛盾的由来。

1916年6月6日，袁世凯在全国人民的唾骂声中病死。袁世凯系统的北洋军阀分裂为直系、皖系和奉系，直系首领是冯国璋，皖系首领是段祺瑞，奉系首领是张作霖。这三支军阀构成了北洋军阀集团的主要力量。它们之间为了争夺中国的最高领导权，在以后的十几年中，时而联合，时而争斗，使中国人民深受其害。它们都投靠英、美、日等帝国主义主子，以取得他们的支持。

袁世凯死后，皖系军阀的首领段祺瑞被日本看中。日本人认为，段祺瑞是一个可以代替袁世凯统治中国的傀儡。段祺瑞继承袁世凯的衣钵，也迷信“武力统一”中国的政策，并身体力行。日本人很欣赏他这一点，认为他能够继袁世凯之后掌握中国的政权。但看到段祺瑞的武力和财力都不足，为此，他们便不遗余力地支持段祺瑞，给他金钱，送他武器，帮他训练。

段祺瑞极力鼓吹中国参加第一次世界大战，终于北京政府在 1917 年 8 月 14 日对德、奥宣战。段祺瑞以参战为借口，利用向日本的借款，编练了一支参战军。参战军的总参议就是日本人坂西利八郎。在日本军官的帮助下，参战军迅速组建了三个师、四个混成旅，成了一支很有威慑力的武装力量。但这是段祺瑞的私人军队，是军阀武装。

段祺瑞为了进一步扩大他的实力，曾向日本秘密借款。因为这些借款都是日本人西原龟三从中斡旋联络的，所以叫“西原借款”。西原龟三是日本内阁总理大臣寺内正毅的私人代表。当时的大藏大臣是胜田主计。在寺内正毅内阁，“西原则并不担任任何名义，只是做一个幕后的秘书，代寺内、胜田两人筹划献计，无不采纳。他在大藏省内，可以随便命令指挥胜田的幕僚，也能随便指挥兴业等三银行的人员听从他的命令办事，真是一个神秘的人物”①。西原龟三就是这么一个握有实权的神秘人物。

为了掩人耳目，他所办理的借款都是经过日本的兴业、台湾、朝鲜三个特种银行进行的。1917 年、1918 年的“西原借款”有：交通银行两次借款；有线电报借款；吉会铁路借款；吉黑金矿借款；满蒙四路借款；山东铁路借款；参战借款等。据统计，共计八项借款，借款总额达 1.45 亿日元。借款的名目繁多，用以掩盖借款的真实目的。这些借款都是拿中国的土地、矿山、森林、铁路等资源作抵押。“西原借款”是日本寺内正毅内阁用经济手法变相侵略灭亡中国的险恶阴谋。

---

① 周叔康：《西原借款》，《文史资料选辑》，第 35 辑，文史资料出版社 1980 年版，第 12 页。

段祺瑞对日本的支持感恩戴德，投桃报李。1919 年 1 月，第一次世界大战结束，在“巴黎和会”上，段祺瑞指使参会代表，对收回被战败国德国占领的山东问题不予提出。这就是默认了日本在山东攫取的德国原来窃取的中国主权是合法的。段祺瑞的卖国行径遭到国人的强烈反对，声名狼藉。但他不顾这些，还是一味地作着“武力统一”中国的美梦。

第一次世界大战结束了，参战军已无存在的理由。段祺瑞为了保留这支他个人的军队，就把参战军先改名为国防军，后又改名为边防军，以欺骗舆论，并派他的心腹和门生徐树铮主管它。

大总统徐世昌虽然是北洋元老，但只是个文人，没有自己的军队，不得不听命于已经下台的内阁总理段祺瑞。经段祺瑞授意，徐世昌于 1919 年 6 月 24 日任命徐树铮为西北筹边使兼西北边防军总司令督办外蒙善后事宜。西北筹边使在官制上和职权上比东三省巡阅使还要大。他拥有军、民、财的独立权，练兵购械可先行后报，西北各省如内蒙古、新疆、甘肃、陕西的文武官吏均须受其节制。

本来徐世昌把他调往西北，是想调虎离山。没想到，徐树铮利用这个机会，秉承段祺瑞的旨意，大肆扩展自己的势力，居然成了西北王。徐树铮是个狂妄自大、心狠手辣的人，做起事来，不计后果。他曾诱杀直系元老将领陆建章，并收买直、奉系的将领，对奉系首领、东三省巡阅使张作霖和直系首领、四省经略使曹锟都极为轻视。除段祺瑞外，老子天下第一。前文提到，早在 1918 年，徐树铮在担任奉军副司令期间，就盗用张作霖的军费发展自己的武装，张作霖气愤地把他撤职。那时，张作霖就知道徐树铮不是个省油的灯。段祺瑞和徐树铮的种种做法，引起了直、奉两系军阀的不满。

直系军阀也是很有实力的。直系首领冯国璋死后，代之而起的是曹锟。曹锟有一个智勇双全的爱将吴佩孚。这个吴佩孚可不简单，是个秀才出身，写的一手好文章。关键的是，他很有大局意识，很会把握局势。在同皖系军阀的斗争中，他声名鹊起，渐为人知。从 1918 年 8 月起，他就连续发表“罢战主和”的通电，揭露段祺瑞亲日卖国的罪行，谴责段祺瑞“武力统一”中国的政策是“亡国之政策”。

吴佩孚的文武两手策略取得了成功，得到了国人的称赞。直系军阀在国内的地位有所提升。曹锟的地位提升了，吴佩孚的地位提升得更快。从某种程度上讲，吴佩孚实质上已经是直系军阀的首领。吴佩孚的“罢战主和”的主张，其实是扩充他们派系势力的一个漂亮的口号，但对段祺瑞的“武力统一”的政策却是个有力的冲击。

当然，皖系军阀还有许多做法都引起了直、奉两系军阀的反对。诸如，皖系军阀把持国会，安福俱乐部是皖系的一个政客组织，他们控制了国会，人称“安福国会”。又如，段祺瑞操纵内阁，逼迫内阁总理靳云鹏撤换河南督军赵倜，改派段祺瑞的内亲吴光新继任，以图阻止吴佩孚撤兵北上等。如此，直、皖两系的矛盾愈演愈烈。

此时，直、奉之间也在秘密接触，暗中往来。1920 年 3 月，张作霖在奉天假借办寿的名义，4 月 9 日曹锟在保定假借追悼直军阵亡将士名义，先后召集八省代表联盟会议，组成反皖联盟。这八省都督是：直督曹锟、苏督李纯、赣督陈光远、鄂督王占元、奉督张作霖、吉督鲍贵卿、黑督孙烈臣、豫督赵倜。他们打出“清君侧”的旗号，表示反对的是徐树铮，而不是段祺瑞。段祺瑞当然不会上当。1920 年 5 月，吴佩孚撤兵北上，6 月进驻豫、直等军事重地。6 月 10 日，奉军也借口“拱卫京师”，将驻扎在独流镇的四个营开往廊坊。6 月 15 日，吴佩孚偕同直军的三个混成旅旅长到保定。6 月 17 日，徐树铮闻讯，也由库仑急忙回京，调动皖军积极备战。

直、皖两系，剑拔弩张。京津地区，战云密布，大有一触即发之势。就是在这种情况下，大总统徐世昌才电召张作霖入京，来调停直皖之争的。

三、借尿遁逃脱虎口

张作霖本来是站在直系一边的，现在却要亮出公正的面孔，假意进行调停，其结果是可想而知的。但是，张作霖是很会作戏的。6 月 19 日，张作霖春风满面地出现在北京东车站。北京的达官贵人纷纷到车站迎接，盛况空前。徐树铮为了表示亲近，特意到北京以东的廊坊车站去欢迎。安福系的骨干交通总长曾毓隽大献殷勤，给奉天会馆大兴土木，粉饰一新，准备作大帅行馆。

但张作霖对皖系的政客安福系没有好感，不给面子，不在奉天行馆住，而是下榻于北京奉军司令部。到京后，张作霖便先访徐世昌，次访靳云鹏，后访段祺瑞。他表示此来是向双方说点公道话，以期互相让步，维持和平。徐世昌出主意，让张作霖到保定去征求曹锟的意见，张作霖记下了。20 日，徐树铮来访张作霖，张作霖对徐树铮印象恶劣，托故不见，徐树铮很是忌恨。

22 日，张作霖到保定拜访曹锟。曹锟盛宴款待，互通衷曲。后来召开了直系督军代表会议，吴佩孚参加了。吴佩孚在会上屡屡发言，言必动情。张作霖和曹锟闻之，“均为动容”。会议通过调停政局五条：解散安福会；靳云鹏复职；撤换北方议和总代表王揖唐；罢免安福系三总长；撤销边防军，改编后改归陆军部直辖。这五条显然都是直指皖系军政要害的，尤其是第五条，更是针对段、徐的命根子军队的。

冯国璋像

会议请张作霖把这五项条件带回北京。23 日，段祺瑞宴请张作霖。推杯换盏，觥筹交错，段祺瑞表示自己毫无政治野心，不想当副总统。暗示张作霖可以当副总统。张作霖很清醒，谈话渐入主题。张作霖提出保定方面的五条，段祺瑞说解除徐树铮的兵权，很难。其他的，可以商量。但谈话没有结果。以后见解互有交叉，但段祺瑞没有松口。

29 日，徐世昌请段祺瑞、张作霖两个人到公府会谈。对保定方面的五条适当地进行了修改，老奸巨猾的段祺瑞没有表示反对。30 日，皖系重要人物会议讨论修改后的五条办法，徐树铮坚持不能越过一个底线。那就是只能将西北边防军改归边防督办直辖，徐树铮仍留任西北筹边使。皖系在顽固地坚守这一最后的阵地。

这个态度，传到了保定，引起直系将领的极大愤慨。7 月 1 日，立即发布《直军将士告边防军、西北边防军将士书》，内称：“此次直军撤防，原为扫除祸国殃民之安福系及倡乱卖国之徐树铮，对于先进泰斗，同气友军，毫无恶感及敌对行为。”这个通电是很讲策略的。他们把矛头对准安福系和徐树铮，而摘除了“先进泰斗”段祺瑞和西北广大将士，以缩小打击面。

冯国璋（左）与段祺瑞

几经折冲，舆论成熟，徐世昌感到可以下手了。于是，大总统徐世昌在 7 月 4 日发布命令，调徐树铮为威远将军，开去西北筹边使，令其留京供职。西北筹边使着李垣暂行护理；

西北边防军总司令一职裁撤，所部归陆军部接收。原边疆大吏撤职，给一个有名无实的将军闲差，这是在民国时期处理地方军阀的一个通常做法。这显然是直系的一大胜利，他们可以弹冠相庆了。段祺瑞深感受到了愚弄，十分恼怒。5日，段祺瑞以边防督办的名义，命令边防军紧急动员，以作最后挣扎。至此，徐树铮成了无职无权的空头将军。这令徐树铮对调停人张作霖杀机顿起。他在阴谋策划暗杀对手张作霖。

徐树铮是个心狠手辣、不计后果的狂人。他于1818年6月16日在天津奉军司令部（天津河北中州会馆）将陆建章枪杀于后花园中。陆建章时任总统府高等顾问、陆军上将，是北洋派中的元老。他的儿子陆承武夫妇又是徐树铮夫妇留日期间的同学。陆建章又是冯玉祥的舅舅。徐树铮不顾这些关系，竟敢擅自杀害重臣，说明徐树铮无法无天。徐树铮当时的身份是奉军南征军副总司令，一时兴起，居然枪杀了陆建章。对此，张作霖非常不满，认为败坏了奉军的形象。暗杀是徐树铮解决政争的一个手段。

现在，徐树铮又在谋算暗杀张作霖了。徐树铮一共三次实施暗杀张作霖。

第一次暗杀。徐世昌撤掉段祺瑞的心腹徐树铮，激怒了段祺瑞。段祺瑞下令对直系进行反击。此时，徐树铮在内心谋划着杀掉张作霖。1920年7月5日，徐树铮借故拜访了张作霖。他装出毫无芥蒂的样子，同张作霖海阔天空地神聊起来，貌似诚恳地说道："大帅对我有知遇之恩，给了我许多改正不良习惯的教诲。现在想来，仍如醍醐灌顶，深感振聋发聩，又铮没齿不忘。"徐树铮给张作霖灌了许多迷魂汤，然后语气极其恳切地以段祺瑞的名义，邀请张作霖到段祺瑞的驻地团河开会，指导皖系下一步行动。张作霖受徐树铮的甜言蜜语的蛊惑，不知是计，欣然应允。

徐树铮像

7月7日，张作霖偕少许侍卫前往团河。在与段祺瑞、徐树铮的交往中，以张作霖的警觉，总感到有些什么地方不对。虽然，段祺瑞仍如往常一般热情，徐树铮比往常还要热情。在宴会上，张作霖从觥筹交错中嗅到了一股冷冷的杀气。过去，张作霖曾经设计擒杀过匪首杜立三。此时，他分明感到了当年埋伏擒杀杜立三的气氛。为此，张作霖没有惊慌，而是神色自若，谈笑风生。他酒量惊人，此时故意大量饮酒，以麻痹敌人，然后佯装酒醉，伏在酒桌上装睡。

此时，徐树铮示意段祺瑞一起退出宴席。徐树铮对段祺瑞狠狠地说道：“现在立即将张作霖扣下杀掉！”① 段祺瑞大惊，沉吟答道：“不妥！奉军大量集结在京津地带，扣杀雨亭，要闹大乱子！”阴谋已经完全明朗化了。张作霖当机立断，装作欲呕吐状，赶忙让侍卫搀扶他如厕。在如厕的过程中，张作霖借机告知侍卫，他要逃走，让侍卫掩护。据日人园田一龟写道：“不愧是张作霖，看出段祺瑞的神色异常，直感到将有大难临头，不能久留，遂借口出恭而偷偷溜走。”

就这样，在段祺瑞犹豫之间，张作霖逃出了魔掌。徐树铮得知张作霖逃走，顿足长叹：“大事去矣！”

第二次暗杀。徐树铮贼心不死，一计未成，又生一计。他设计乘张作霖由京回奉之际，在必经之地廊坊埋伏精兵劫杀。不料，此计被皖系的另一员干将靳云鹏探知。靳云鹏和徐树铮是死对头，又是张作霖的儿女亲家。于是，靳云鹏将此情报秘密报告给了张作霖。张作霖不敢掉以轻心，表面散布回奉的具体日程。暗地另择时日，身着便服，偕带少数精锐侍卫，乘坐货车，从北京安然抵达天津，又从天津转车到达奉天。刚一下火车，慨然叹道：“我又回来了！”②

第三次暗杀。徐树铮两次杀张作霖未遂，仍不死心，又特派暗杀团去奉天暗杀。暗杀团以姚步瀛为首，共 13 人，携带巨款 12 万元，潜伏奉天，制造混乱，妄图在乱中寻机刺杀张作霖。但暗杀团刚一露头，就被逮捕。

徐树铮三次暗杀张作霖不成，后来却被冯玉祥暗杀了。仅仅过了五年，于 1925 年 12 月 29 日在河北廊坊，就是徐树铮当年想要劫杀张作霖的地方，在冯玉祥的命令下，将徐树铮从专车上逮捕，当即枪杀于车站外。然后，将陆建章的儿子陆承武用汽车接到廊坊，让他宣布，为报杀父之仇，由他亲手开枪，将徐树铮杀死。

张作霖逃脱虎口后，回到了军粮城的奉军总司令部，立即宣布“局外中立”。但他对段祺瑞、徐树铮皖系的恶感更深了，因而参加了助直讨皖的战争。

---

① ［日］园田一龟：《怪杰张作霖》，辽宁大学历史系内部参考资料，第 114 页。

② 荆有岩：《第一次直奉战争的回忆》，《辽宁文史资料选辑》，第 4 辑，辽宁人民出版社 1964 年版，第 26 页。

四、助直军大败皖军

皖系军阀段祺瑞已被逼到极点，他决心对直系兴师问罪。7月8日，段祺瑞由团河回到北京，在将军府召开皖系高层会议，决定起兵讨伐直系曹锟、吴佩孚。会后，段祺瑞向总统徐世昌递交一份措辞严厉的呈文，在历数两人的种种罪行后，要求“上大总统迅发明令，褫夺曹锟、吴佩孚、曹锳等三人官职，交祺瑞拿办”。这在当时被认为是一篇奇文。它哪里是呈文，分明是命令。无兵无权的徐世昌面对咄咄逼人的段，还想讨价还价。但段祺瑞不给面子，“乃以重兵围公府，强迫总统依允”①。

无奈之下，徐世昌才盖印下令：“吴佩孚着褫夺陆军中将及所得勋位勋章，交陆军部依法惩办，第三师由陆军部接收。曹锟督率无方，着褫职留任。”这一回合，段祺瑞靠军力取得了暂时的胜利，“段派人人称快”。9日，段祺瑞积极调兵。边防军第三师开赴廊坊，边防军第一师与陆军第九师、第十三师、第十五师都开向长辛店、卢沟桥、高碑店一带。在团河设立定国军总司令部，段祺瑞自任总司令，徐树铮为参谋长。但终因仓促上马，筹备未周。

1917年任直隶督军时期的曹锟

直系方面，军心愤激，一意主战。曹锟于9日上午到天津举行誓师大会，派吴佩孚为前敌总司令。吴佩孚宣言，“将亲率三军，直向神京，驱老段，诛小徐。故所部名讨贼军”。保定为大本营，高碑店为司令部。摩拳擦掌，着力备战。吴佩孚很重视舆论的力量。他每每在战前和战中，都要利用电报这种快捷的传播方式，狠打电报战。这一次，他又尽展风采。

他连续发表了几份通电，申明主张，痛斥段祺瑞、徐树铮，以争取舆论的支持。诸如：《吴佩孚出师讨贼通电》《吴佩孚宣布段徐罪状通电》《直军致边防军西北军书》

① 张一麐：《直皖秘史》，《北洋军阀》资料丛刊，第3册，上海人民出版社1988年版，第59页。

《直军将士再忠告段军书》等，都是响亮的讨贼檄文。如在申明讨贼的理由时，他写道："自古中国，严中外之防。罪莫大于卖国，丑莫重于媚外。穷凶极恶，汉奸为极。段祺瑞再秉国政，认贼作父。始则盗卖国权，大借日款，以残同胞；继则假托参战，广练日军，以资敌国；终则导异国之人，用异国之钱，运异国之械，膏吾民之血，绝神黄之裔。实敌国之忠臣，民国之汉奸也。"又表态："佩孚等束发受书，尝闻大义。治军以还，以身许国，誓不与张邦昌、石敬瑭、刘豫、吴三桂之徒，共戴一天。贼生则我死，贼死则我生。"还发誓："今日之战，为讨贼救国而战，为中国民族而战。"①

他所揭露的段祺瑞卖国求荣的丑行，是很能打动人心的。当时，吴佩孚的军阀本质还掩盖得比较深，人们还没有看透他。直系在舆论和军事的准备上，都要好于皖系。这为它们战胜皖系奠定了坚实的基础。

直系还得到了奉系的支持。张作霖在 7 月 9 日从军粮城回到了奉天。他也用电报这种手段宣传自己的主张，为奉军入关参战找理由，作掩护。张作霖先后发表了几个通电，冠冕堂皇，欺世盗名。这些通电有：《张作霖派兵入关通电》《张作霖劝段祺瑞勿袒护徐树铮电》《张作霖等共举义师通电》《张作霖揭破段派阴谋通电》等。张作霖阐述率军入关的原因："作霖为戴我元首，卫我商民，保管我路线，援救我军旅，实逼处此，坐视不能，义愤填膺，忍无可忍。是用派兵入关，扶危定乱。"似乎他的率军入关，完全是为了人民。这是欺世盗名。

10 日，张作霖又进一步阐明奉军入关是为了"清君侧"："作霖反复焦思，忍无可忍。如有敢于倒行逆施，居心祸国，即视为公敌，誓将亲率师旅，铲除此祸国之障碍，以解吾民之倒悬。然后请罪于大总统、我督办之前，以谢天下。"这里的"公敌"是指徐树铮，"督办"是指段祺瑞。张作霖知道打击了段祺瑞的心腹爱将，就是打击了段祺瑞。他以"清君侧"的策略，狠狠地打击直系。

12 日，张作霖又发一通电称："奉省侦获由北京派来姚步瀛等 13 名，亲笔供认曾云霈等指派，并有定国军第三军委任，给予大洋 12 万元，来东省招募匪徒，在山里或中东路线一带扰乱东省，使奉军内顾不暇，牵制奉省兵力。"既然你皖系派奸细到我东三省捣乱，我就有理由出兵打你。此电文最后

---

① 张一麐：《直皖秘史》，《北洋军阀》资料丛刊，第 3 册，上海人民出版社 1988 年版，第 74 页。

说："作霖此次出师，为民国诛除奸党，为元首恢复自由，拯近畿数百万人民于水深火热。倘国难不解，党恶不除，誓不旋还乡里也。"张作霖发誓要打败皖系军阀。其目的是未来称霸中原，君临全国。但现在却是拣好听的说。

张作霖一面发表通电告之全国，一面派出大军进关参战。段祺瑞起初以为张作霖不过是说说罢了，没料到他真的出兵，而且到达京津一带。奉军由张作霖率领，第二十七师师长张作相带兵先期入关，其后奉军陆续西进，以军粮城为中心，集结于天津、北仓附近，有7万余人，给皖军造成很大压力。

7月10日，段祺瑞下达总攻击令。11日，直、皖两军前线发生小冲突。14日，直皖双方正式开战。从14日开战到19日停战，首尾加起来一共六天，真正打仗只有三天。直皖战争，雷声大，雨点小。战争结局，是直胜皖败。

直军胜利的原因，主要是吴佩孚的军队军纪严整，英勇善战。而且，17日吴佩孚又绕道偷袭了松林店的皖系边防军前敌总司令部，俘获了总司令曲同丰与总司令部的全体高级将领。群龙无首，这一路的边防军和第十五师就顷刻瓦解了。该师第二十九旅旅长张国溶、第三十旅旅长齐宝善率领部分士兵投降。

18日，在保定曹锟府第光园，举行了曲同丰等将领向曹锟投降的献刀典礼。曲同丰解下军刀，双手捧献曹锟，说道："鄙人今天愿意向贵经略使投降，特将军刀献上，宣誓绝不再与贵军为敌。"曹锟接刀后，又将军刀发还，说道："本使今天愿意接受贵司令投降。贵司令作战勇敢，本使深为敬佩。特将军刀发还，仍请佩带。本使当按照优待俘虏条例予贵司令以最优待遇。"曹锟将这个受降过程专门发了一个通电，通告前敌各军，起到了瓦解皖军的重大作用。当天，曲同丰也发出通电，劝告边防军"共起讨贼"。曲同丰是段祺瑞的两个爱将之一，另一个就是徐树铮。曲同丰的投降对皖系的打击是致命的。皖系将领看到段祺瑞的心腹爱将曲同丰都束手就擒，甘愿降敌，于是也都无心恋战，不想卖命了。西路军很快就全线崩溃了。

东路战场，由于奉军协助直军作战，直军战斗力大大加强。在廊坊担任指挥的皖系统帅徐树铮，畏敌如虎，丢下军队，不战逃回北京。东路边防军失去指挥，队伍大乱，只好投降。19日，参战督办段祺瑞看到大势已去，建议停战，通电辞职。大总统徐世昌照准，笑对左右说："早知今日，悔不当初。"段祺瑞此时痛苦地承认了四条：惩办徐树铮；解散边防军；解散安福部；解散新国会。直皖战争就这样结束了。

第八章　直奉起争端　奉军退出关

一、争地盘直奉反目

直奉的合作不可能是真诚的，它们同床异梦，貌合神离。直皖战后，直奉的矛盾便显现出来。直皖厮杀之后，总统徐世昌很是兴奋了一阵子。他心想，打倒了段祺瑞这个太上皇，他可以安稳地做个有职有权的总统了。但是，实践证明，这是他一厢情愿的梦想。事实是，前门驱走了一只虎，后门又进来了两条狼。关于如何善后的问题，徐世昌以为应该由他来处理。但是如果得不到直奉的许可，那是寸步难行的。如惩办祸首一项，徐世昌就想大事化小，小事化了，对皖系军阀和安福系政客一概不究。张作霖对此比较赞同，因为张作霖同皖系分子没有不共戴天的仇恨。

但是，直系军阀却不答应。吴佩孚非常激烈，主张查抄祸首财产，肃清安福系分子，将段祺瑞幽禁于汤山。最后，于 7 月 29 日北京政府提出了一个惩办祸首的名单，计有：徐树铮、曾毓隽、段芝贵、丁士源、朱深、王郅隆、梁鸿志、姚震、李思浩、姚国祯等。这个通缉名单，居然没有段祺瑞。段祺瑞是卖国集团的头目，竟然漏网，引起了全国人民的不满，纷纷通电加以谴责，但无济于事。8 月 4 日，徐世昌下令解散安福俱乐部。民国时期，对战争祸首的惩办，基本都是惩而不办，所发的通缉令也是官样文章，作个样子罢了。这次也是如此，以后就没有下文了。

直奉的裂痕，在直皖战争结尾时，就表现出来了。奉军借口武装调停，把军队开到北京南苑的皖军驻地，乘机收缴军械。它们接收了北京东直门里徐树铮部的库房；汤玉麟在西苑接收了邹作华所带的炮兵；还接收了蒋斌的无线电队一队、范浦江的步兵一营。奉军获得不少战利品，但张作霖还不满足。南苑缴械时，邹芬部缴获空军探照灯两只，后落入直军之手。张作霖向直方追索，直系很是不满。曹锟不屑地说："张雨亭真是地道的胡子，得那些东西还不够，连这两个灯还要。"① 吴佩孚更是气愤。直系认为奉系在战争中没有出力，是在抢夺胜利果实。分赃不均，导致直奉的分裂。

直奉的矛盾主要表现在争夺地盘上。它们都想把自己的力量插进长江流域，而又都把安徽视为盘中美味。安徽督军倪嗣冲在皖系军阀中是个顽固分子，此时病入膏肓，在北戴河养病未归。安徽督军一职，就成了直奉两派争夺的焦点。张作霖竭力保举他的儿女亲家张勋为安徽督军。

原来张勋失势后，张作霖想在长江流域插上一脚，便想到了张勋，认为张勋无论如何还是有影响的。就把自己的四女张怀卿许配给了张勋的儿子张梦朝，跟张勋结成了儿女亲家。张勋是臭名昭著的复辟派，安徽人民极力反对。张作霖无法，又把他的另一个亲家鲍贵卿抬了出来，保举鲍贵卿任安徽督军。原来张作霖为了牢牢地掌握东北的军政大权，把自己的大女儿张冠英许配给了鲍贵卿的儿子鲍毓才，结成了亲戚。

但直系军阀对张作霖的保举，一律坚决反对。后来徐世昌用别的利益换取了张作霖放弃这个要求。但由此，直奉之间的矛盾却愈演愈烈了。

直奉争夺的另一个地盘是江苏省。江苏督军是李纯，与湖北督军王占元和江西督军陈光远，共称苏、鄂、赣长江三督。而李纯是长江三督的首领，俨然是长江流域之盟主。直皖战后，北京政府在1920年9月把李纯提升为长江巡阅使。但李纯不以为意，感到是个空头衔，没有实权。10月，把李纯提为苏皖赣巡阅使，地位在督军之上，有了实权。10月10日，又晋升为英威上将军②。

此时的李纯，和曹锟、张作霖可谓并驾齐驱的三套马车，地位显赫，人皆仰视。曹锟原来是川粤湘赣四省巡阅使，但鞭长莫及，控制不了这四省。直皖战后，曹锟借机改任直鲁豫巡阅使，一举取得了直、鲁、豫三省的大权，这是直系的一个胜利。天有不测风云，李纯在得到上将军任命的第二天便开枪自杀，这是精神病所致。

李纯死后，苏督一职空缺，引起了直奉两派的激烈争夺。张作霖立即推荐张勋为江苏督军兼苏皖赣巡阅使。张作霖担心江苏人民反对，就又提出自

① 荆有岩：《第一次直奉战争的回忆》，《辽宁文史资料选辑》，第4辑，辽宁人民出版社1964年版，第26页。

② 贾逸君：《民国名人传》，岳麓书社1993年版，第218页。

己可以担任江苏督军，而把奉天督军让给张勋。直系的曹锟则马上推荐王士珍继任苏皖赣巡阅使，齐燮元继任江苏督军。曹锟知道，要想顶住张勋的任命，只有抬出北洋派元老王士珍。王士珍是袁世凯小站练兵时的要员，曾任内阁总理兼陆军总长，资历甚深。此时，王已是60岁的老人了。徐世昌左右权衡，感到任命王士珍有利于两派的平衡。就动员王士珍担任了苏皖赣巡阅使，条件是不必走马上任。而江苏督军就任命给了齐燮元，因为齐燮元原来就在江苏。

这个任命是12月3日发表的。这一回合，直系占了便宜。直奉两派之争，使徐世昌这个总统不好当。于是，徐世昌命内阁总理靳云鹏动议召开四巨头会，以解决当前燃眉之急的有关问题。

二、聚天津四巨头会

四巨头会是在天津召开的。四巨头除靳云鹏外，还有三个，即张作霖、曹锟和王占元。东三省巡阅使张作霖不以占领东三省为其最后的目标，他有更大的野心。曹锟为直鲁豫巡阅使，再加上直系在长江流域的辖区，俨然占有了半壁河山。因此，徐世昌过去只受段祺瑞一个人管，现在变成两个人管了。而这两位又常常意见不一致，为了自己集团的利益争吵不休，徐世昌这个“小媳妇”总统很难当。

这时又加进来一个湖北督军王占元。此时，王占元已被提升为两湖巡阅使，仍兼湖北督军。他继李纯之后，成为长江三督的领袖，也称得上是个大军阀了。他的地盘紧靠西南，因此同西南军阀的关系很是密切，他们打得火热。西南

天津王占元宅

军阀也需要和平自保，便宣布“自治”。因此，王占元便乘机同重庆镇守使兼川军总司令刘湘签订了《川鄂联防条约》，又同湖南督军兼湘军总司令赵恒惕签订了《湘鄂联防条约》，和平共处，互不侵犯。两湖地区就成为一个缓冲地带。而王占元同西南军阀的善邻关系，反而成为他向北京政府讨价还价的一个资本。北京政府幻想统一全国，就不得不重视王占元。因此，两湖巡阅使王占元也被邀请参加天津会议。

张作霖于1921年4月15日由奉天起程赴津。一行有总参谋长许兰洲、顾问日人町野舞马中校以及其他幕僚，同时带领卫队、机关枪队一个连，步兵一个营。一行人于16日清晨到达天津新站，下榻于河北街恒记德军衣庄。与张作霖事先约好的曹锟随后于16日午后6时到达天津，入住曹家花园。

当晚曹锟拜会了张作霖，举行了第一次会见。张作霖和叶恭绰、王乃斌、张景惠、曹锟、曹锐等共进晚餐，并就内阁等问题交换了意见。他们主张在天津开会，内阁总理靳云鹏只得听他们的，也于18日到天津。张作霖一见到曹锟，就故作亲切地握着曹锟的手，话里有话地问道：“三哥，你看亲戚亲呢，还是部下亲?”把曹锟搞得一头雾水，一时语塞。张作霖的意思，亲戚是指他自己。因为张作霖的第四子张学思和曹锟的第六女曹士英定了亲，那时定亲就是亲家。部下是指曹锟的干将吴佩孚。接着，张作霖就显得极为关切地给曹锟出主意，让他注意吴佩孚，说吴佩孚有很大的个人野心，很难驾驭。张作霖表面关心，实则挑拨。张作霖是作戏的能手，他对曹锟表示忠心，指天誓日地说：“我绝对拥护你，如有异言，他日必死于炮火之下。”① 当然，曹锟也不是那么好骗的，他和张作霖虚与委蛇。

因河南战事耽误行程的王占元，于4月25日晨终于到达天津，进入前奥租界新邸。25日，在曹家花园，靳云鹏、张作霖、曹锟和王占元四巨头会开始，议论了讨伐南方的问题。以后的会议在曹家花园和恒记德军衣庄轮流举行。这一次不是过去召开的督军团会议，而是比督军高一级的巡阅使会议，引人瞩目，“天下耳目尽皆集中天津”。其实，正式会议只开了两天。27日，通过谴责孙中山的电报，指斥广东选举总统，破坏统一。在电报上署名的有张作霖、曹锟、王占元三巡阅使和各省军民长官32人。28日，讨论财政问题，这是会议的焦点。列席会议的曹锟的弟弟、直隶省长曹锐首先发难，指

① 陶菊隐：《北洋军阀统治时期史话》，第6册，生活·读书·新知三联书店1978年版，第28页。

责内阁在分配军费上不公。他提出，直军欠饷平均半年以上，而奉军欠饷不过两个月。但最近一个时期内，奉军借口援助库仑难民，先后领到军费200万元和开拔费100万元，而直军才领到50万元。

内阁总理靳云鹏诉苦道："四哥，你不懂得当家人的苦处，到处扣留国税，却张口向中央要饷。你来当当家何如?"曹锐听了这话，心中火起，依仗他哥哥是曹锟，拿起茶杯就向靳云鹏的头上摔去，并骂道："你不配当家就得滚蛋!"靳云鹏受此羞辱，也勃然大怒，骂道："谁再当总理，谁就是王八蛋。"张作霖看到这个样子，知道不会有好的结局，便也叫道："糟了，糟了!快快替我预备专车，让我回去!"①

靳云鹏要辞职，会议一度陷于停顿。29日，张作霖、王占元摆下了和事酒，曹锟、靳云鹏出席，但是曹锐仍然负气不肯来。当天，曹锟、张作霖和王占元三巨头，发出了一个拥护内阁的联名通电，靳云鹏的面子得以挽回，也得到了三巨头的支持，打消了辞职的念头。

接下来的几天，这四巨头每天觥筹交错，搓麻将，叫堂差，寻欢作乐，不一而足。他们经常向北京政府哭穷要饷，但是赌起博来，筹码很大，输赢动辄数十万元。靳云鹏是固定的输家，因为他要讨好另外三大巨头。好在这笔钱不用他自己掏腰包，可以堂而皇之地在总理交际费项下报销。此外，靳云鹏还叫财政部拨出30万元，供大帅随员们吃喝嫖赌之用。

5月1日，在恒记德军衣庄再次召开四巨头会，协商阁员问题和财政问题。5月2日，三巡阅使和各总长举行最后一次会议，就各项问题作了大致的决定。天津会议结束后，5月5日靳云鹏返京，向徐世昌汇报天津会议的有关情况。同时，三巡阅使联名向全国发表通电，拥护靳云鹏内阁。会议就这样在争吵声中结束。

5月6日，受徐世昌之邀，张作霖、曹锟、王占元分别乘专车到北京。徐世昌在居仁堂摆下盛宴欢迎他们。他们分别向徐世昌作了汇报。但他们感到心中无数，就滞留北京不归。直到24日、25日徐世昌在大总统府怀仁堂连续召开两次会议，给他们吃了定心丸，他们才开始各自返回。

5月25日午后，徐世昌在北京总统府怀仁堂召开蒙古善后会议。与会者有张作霖、曹锟、王占元三位巡阅使，及靳云鹏总理以下各阁员，还有在京

---

① 陶菊隐：《北洋军阀统治时期史话》，第6册，生活·读书·新知三联书店1978年版，第30页。

的其他蒙古王公等40余人。就内蒙防乱、外蒙平乱等问题，进行协商。关于当前急务是征蒙问题，正式决定全部责任委之张作霖。征蒙全局的用兵和指定指挥官全由张作霖负责。最后，徐世昌总统说道："政府决定讨伐蒙古，其目的在于讨伐土匪，安定民心，结五族共和之果，以保全领土完整。今特命令张作霖出师，急速戡乱。"

张作霖慷慨陈词："外蒙乃中国之领土，今终为异族所占领，使中国国民蒙受奇耻大辱。保全国土，军人有责，征蒙问题已再无讨论之必要，作霖既已从元首受命讨伐，不日即将率关东健儿，为收复外蒙而驰骋于漠北原野。如能从异族手中夺回蒙古，作霖虽死于万里塞外，区区之身亦不足惜。"① 张作霖的这个坚决的表态，得到了大家的赞同。

5月30日，徐世昌发布大总统令，正式任命张作霖兼任蒙疆经略使："兹特派东三省巡阅使张作霖兼任蒙疆经略使，对凡有一切剿抚计划，皆赋予全权以便权宜行事。热河、绥远、察哈尔各特区之防务最为紧要，皆与外蒙军事，息息相通，必须呼应灵敏，方可收指臂之效。各该特区都统，均应归该经略使指挥节制，以便职权统一为要。"

6月5日，张作霖正式就任蒙疆经略使。7月5日，北京将蒙疆经略使印绶送到奉天。7月6日，发表了事先制定好的经略使署官制，任命了各级官员。

自此，张作霖不仅控制了东三省，而且进一步染指于热河、绥远、察哈尔三特区，成为事实上的满蒙王。

曹锟于28日、王占元于30日、张作霖于31日才返回各自的驻地。此次会议，从4月16日直到他们各自归任，开了40余天。三个大军阀都比较满意。

这次政治分赃，各派都得到了一定好处。

直系的第二十三师师长王承斌当上了河南督军，第二十八师师长阎相文当上了陕西督军。

张作霖兼任蒙疆经略使，新得到了三个特区。这三个特区和东三省毗邻，整个北方连成一片，都成为张作霖的统治范围。张作霖捞到了很大的实惠。张作霖多年的夙愿，就是把满蒙连在一起，归他统治。这是张作霖的大满蒙主义，现在终于实现了，他进了一步，由东北王成了满蒙王。张作霖欣喜若狂。当时，察哈尔都统是奉系将领张景惠，自家人。绥远都统马福祥虽然不

① ［日］园田一龟：《怪杰张作霖》，辽宁大学历史系内部参考资料，第207页。

是奉系，但奉系邹芬旅驻防桃林县，对马福祥部是个威胁，马福祥只得听从调遣。只差一个热河，热河都统是北洋元老姜桂题，一时不好对其采取行动，只得等待时机。

王占元也得到一定利益，长江流域他仍然为领袖。直奉两派获得暂时妥协。

但平静没有多久，就又起纷争。王占元在天津开会期间，湖北兵变发生了20余次，湖北人民掀起了驱王自治运动。6月3日，王占元回到武昌驻地。第二天，湖北宜昌就发生大规模兵变，变兵烧杀抢掠，无恶不作。6月7日，武昌也发生兵变，变兵居然是他的直属部队。王占元的统治岌岌可危。湘军打着“援鄂”的旗号，企图占领湖北。王占元深知，他的军队打不过湘军。王占元不得不向吴佩孚求援，这正中吴佩孚的下怀，吴佩孚派第二十五师师长萧耀南为援鄂总司令，进军湖北。但前锋到达汉口，就驻足不前。一直到王占元打败，宣布辞职，吴军也没有前进一步。鹬蚌相争，吴佩孚是在坐收渔人之利。8月9日，北京政府任命吴佩孚为两湖巡阅使，萧耀南为湖北督军。直系的吴佩孚轻而易举地控制了长江流域。

对北京政府的这项任命，张作霖十分恼火。他历来瞧不起小小的师长吴佩孚，可现在居然和他平起平坐了。而且，直系又占领了长江流域。张作霖立即以辞去蒙疆经略使来要挟北京政府。北京政府只得把原来的热河都统姜桂题调到中央，任有职无权的陆军检阅使。10月1日，任命奉军第二十八师师长汲金纯为热河都统。热河真正成为张作霖的地盘，张作霖才出了这口气。

直到这时，张作霖才名副其实地成了满蒙王。但是直奉之间的矛盾也逐渐公开化了。

三、兴风波倒靳扶梁

倒靳，就是推翻靳云鹏内阁；扶梁，就是扶持梁士诒组阁。靳云鹏，字翼青，山东济宁人。1877年生。1895年袁世凯小站练兵时入伍。后逐渐升迁，1912年任陆军第五师师长。1913年署理山东都督。1917年冯国璋总统任其为侍从武官长。1918年10月10日，徐世昌就任总统职位后，就立即想组成自己满意的内阁。然而，那时的内阁完全由段祺瑞的党羽安福系操纵，徐世昌想赶走安福系的政客。为此，他同直、奉两系的大军阀曹锟、张作霖联合起来，极力扶持靳云鹏组阁。

陆军总长靳云鹏本来是段祺瑞手下的两大干将之一，另一位就是参战处参谋长徐树铮。但这两位是针尖对麦芒，形同水火。徐树铮是安福系的后台老板，同徐世昌矛盾很大。而靳云鹏不属于安福系，同徐树铮又仇恨甚深。敌人的敌人就是朋友，为此，徐世昌看好靳云鹏。靳云鹏和张作霖是儿女亲家，以奉系作为强大的靠山。靳云鹏和曹锟还是拜把兄弟。靳又和直系的王占元、吴佩孚都是山东同乡。由于具有这些政治资本，靳云鹏在和徐树铮的竞争中自然占了上风。因此，1919 年 9 月 24 日，北京政府任命陆军总长靳云鹏兼代国务总理。10 月 31 日，众议院通过了靳云鹏提名的内阁。后来，由于段祺瑞和徐树铮的反对，又对阁员名单进行了微调，安排了安福系的李思浩为财政总长，这个提名才于 12 月 3 日在参议院会上通过。

当上国务总理的靳云鹏，很想有所作为，实现他和平统一中国的梦想。但是，军阀割据，各自为政，他很快就陷入一筹莫展的境地。段祺瑞和他的安福系一直在设障拆台，企图倒阁。由于外交问题、学潮问题、财政问题等无法解决，同时直皖战争就要爆发，1920 年 5 月 9 日，靳云鹏决定辞职，并致电曹锟、张作霖不要挽留他。5 月 14 日北京政府只得派海军总长暂代内阁总理。7 月 14—19 日，直皖战争打了六天就结束了。

战后，第一要务是组阁问题。徐世昌想用自己的老朋友周树模组阁。曹锟看中了直系元老王士珍。张作霖念念不忘的仍然是他儿女亲家的靳云鹏。靳云鹏认为时机已到，该他出山了，便于 7 月 23 日亲到奉天，同张作霖商讨善后问题，取得张作霖的支持。26 日，张作霖和靳云鹏同到天津，并电邀曹锟来天津开会。曹锟马不停蹄地于 28 日从保定到达天津。此时，各地军阀的代表也到会了。在这个会议上，就决定了让靳云鹏复职组阁。

8 月 4 日，曹锟、张作霖率领他们的僚属和卫士分作两批由天津到北京来。对这两位大人物，总统徐世昌不敢怠慢，在东车站铺上黄土，戒备森严，以帝王之礼隆重地迎接他们。欢迎人员一律发给入站券，以防意外。从车站到他们的临时馆舍，沿途派兵列队把守，闲杂人等不得靠近。商店、民居均须悬挂国旗以表欢迎。从中不难看出，徐世昌对这两个大军阀的恐惧。

曹锟、张作霖到京后，于 1920 年 8 月 11 日组成靳云鹏内阁。内阁组成如下：外交总长颜惠庆、内务总长张志潭、财务总长周自齐、海军总长萨镇冰、司法总长董康、教育总长范源濂、农商总长王乃斌、交通总长叶恭绰、陆军总长靳云鹏自兼。这个内阁名单是直、奉两系相互妥协的产物。但这个靳云鹏内阁逐渐倒向张作霖一边，这使曹锟、吴佩孚十分不满。

张作霖在北京志得意满，口出狂言。面对一群外国记者，炫耀他现有兵力30万人。有一个记者惊讶地问道："你的兵力比美国全国的兵力还要多出10万人！"吴佩孚看到张作霖在北京耀武扬威的神气，很是厌恶。他16日到北京，17日就离开北京，先到郑州，召集直系将领开会，决定选择洛阳为练兵基地，埋头练兵，扩大直军的实力，准备同奉军一搏。曹锟和张作霖不急于离开北京，意图坐地分赃。这可急坏了总统徐世昌，没办法，只得满足他们的要求。在要求基本得到满足后，曹锟和张作霖于9月4日离开北京到天津去，并在天津结成了儿女亲家。但是，好景不长，他们之间的矛盾很快便暴露出来了。

随着时间的推移，曹锟、张作霖和徐世昌对靳云鹏内阁却都不满意了。直系认为，靳云鹏偏向奉系，在财政和权力的分配上，因为靳云鹏和张作霖是儿女亲家，靳云鹏有意向奉系倾斜。这也是实情。因此，曹锟对这个内阁渐生厌情，意欲改组。本来靳云鹏是亲奉疏直的，奉系对靳云鹏应该好些。但靳云鹏在一些问题的处理上，难免不考虑直系的一些要求，或者说，也要顾及直奉双方的实力均衡，这也使张作霖不满。使张作霖最不满意的是，靳云鹏竟然任命吴佩孚为两湖巡阅使。把张作霖最看不起的小师长一下子提到和张某人平起平坐的位置上，张作霖实在咽不下这口气。同时，总统徐世昌和总理靳云鹏之间矛盾也是非常尖锐，几不能共事。徐世昌和旧交通系分子关系密切，渊源很深。旧交通系亟想把靳云鹏赶下台，他们利用掌握中国财政金融的特殊有利地位，掀起了一次倒阁风波。

那时，北京政府遇到了前所未有的财政危机。本来，自1921年初起，在全国就涌起一股"穷"的浪潮。军费积欠达八九个月之久，各省军阀纷纷电催军饷。由于不能按时发饷，兵变时有发生，变兵烧杀抢掠。各省军阀因催款无着，便公然截留地方上的国税，甚至扣留京汉路款、滥发省库券、擅办地方公债券等。这种情况愈演愈烈。北京政府把希望寄托在向外国银行的借款上。但是，向四国银行团的借款却付之东流，北京政府的希望破灭了。1921年冬季，北京政府到了山穷水尽的地步。闹穷的风潮业已波及了中央政府雇员，并进一步扩大。11月14日，教育部部员举行"同盟罢工"，其他各部部员也因欠薪而"怠工"，日常政务几乎不能进行。更有甚者，参谋部自动请求解散。许多部的长官也要求辞职。陆军总长蔡成勋、海军总长李鼎新、司法总长董康等，面对部员索薪，无计可施，只得要求辞职。各省军阀一面截留税款，招兵买马；一面却用十万火急、百万火急的电报向北京政府催饷，暗含杀机。更为严重的是，日本人在华盛顿会议时期散布五国共管中国财政的谣言，借以破坏中国国内银行的信用。因此，自 11 月 16 日起，北京、天津、汉口等处的中央银行和交通银行发生了挤兑风潮。

靳内阁在财政上遇到如此严重的危机，国内银行团不仅坐视不救，而且落井下石。国内银行团掌握在旧交通系的手中，他们巴不得靳内阁因此倒台。这给旧交通系倒阁提供了一个难得的契机。他们知道，倒阁必须取得大军阀的支持，因此旧交通系的中坚分子叶恭绰秘密潜到沈阳。他向张作霖献策，如果想要控制北京政府，首先要控制中央财政，而第一步就是要收买交通银行的股票。张作霖认为，此计甚妙。他们私下商定，奉系用投资的方式控制交通银行。张作霖提出东三省公款 400 万元借与交通银行，按月利息一分二厘，定期半年收回。密计商定后，张作霖于 12 月 12 日赶赴天津。当天，靳云鹏也到了天津。他们两个人联名邀请曹锟来天津开会，商讨亟待解决的重大问题。但曹锟听信吴佩孚的劝告，不要过问北京政府的事，要沉下心来好好练兵，就托病没有到天津去。

无奈，张作霖和靳云鹏于 14 日到了北京。张作霖表面上宣称军人不干政，不过问内阁问题。但是，张作霖在会见徐世昌时，却声言靳内阁必须改组。这话正说到了徐世昌的心里。靳云鹏早就知道，徐世昌和曹锟不满意他，还把希望寄托在亲家张作霖的身上。现在，靳云鹏才知道，亲家张作霖也是反对他的。在四面楚歌的情况下，靳云鹏只得辞职了。于是，在 12 月 17 日，靳云鹏内阁总辞职，靳云鹏回到了天津。第二天，徐世昌批准了靳云鹏辞职，派外交总长颜惠庆代理内阁总理。

但这不是张作霖的目的，张作霖是想要扶持梁士诒组阁。为此，徐世昌和张作霖再三邀请曹锟到北京来，商讨下届内阁问题。曹锟于 19 日到了北京。张作霖拍着胸脯对曹说，他没有个人野心，只是关心中央的财政问题，要和曹锟一起解决这个棘手的财政问题。接着，他就提出了让梁士诒担任内阁总理，由梁组阁。并竭力拉曹锟和他一起推荐梁士诒。曹锟和吴佩孚都不满意梁士诒。吴佩孚让曹锟尽快离开北京，不要碍于情面受张作霖的利用。梁士诒也深知，不打通曹锟这个关节，他这个总理是当不上的。作为交换条件，梁士诒表态，他上台后会尽快解决直军的欠饷问题。这个话传到吴佩孚那里，吴佩孚信以为真，就不情愿地说："好，姑且让他干一下。"[①] 就这样，

① 陶菊隐：《北洋军阀统治时期史话》，第 6 册，生活·读书·新知三联书店 1978 年版，第 78 页。

梁士诒于12月24日当上了内阁总理，25日就职。其阁员如下：外交总长颜惠庆、内务总长高凌霨、财政总长张弧、陆军总长鲍贵卿、海军总长李鼎新、司法总长王宠惠、教育总长黄炎培、农商总长齐耀珊、交通总长叶恭绰。这个内阁从表面上看，是直系和奉系、英美派和亲日派相互妥协的产物，是个混合内阁。但是，国务总理梁士诒是以奉系军阀为后台的，因此，这个内阁其实质是一个亲日的内阁。梁士诒上台后，曹锟于12月31日回到保定，张作霖于1922年1月2日也离开了北京。张作霖以为这个内阁可以站住脚了。殊不知，有一个更大的倒梁风潮在等待着他。这是张作霖始料不及的。

四、踏险地梁君组阁

梁士诒组阁，出乎人们的意料。梁士诒，字翼夫，号燕孙，1869年生，广东三水人。21岁中举人，25岁登进士。1904年，随唐绍仪赴印度，议定中英藏条约。1907年，任铁路总局局长。1912年3月，任袁世凯总统府秘书长；5月，兼任交通银行总经理。1913年5月，署财政部次长兼代理部务。1914年，任税务处督办。1915年，为袁世凯复辟帝制，奔走呼号。1916年7月，被列为复辟祸首，遭到北京政府通缉，避走香港。1918年2月，被特赦；6月，任交通银行董事长，国内公债局总理；9月，任安福国会参议院院长。从他的履历不难看出，梁士诒在袁世凯复辟帝制时是一个引人注目的人物。梁士诒有着交通系、安福系的深厚背景，也有一定的外交经验。同时，他是一个掌握中国金融财政的关键人物。在全国财政金融危机的情况下，让梁士诒组阁，是有让他设法渡过难关的意思。当然，张作霖此时已与皖系、安福系相互勾结，所以，有着交通系、安福系背景的梁士诒就被张作霖推举为内阁总理。

国务总理梁士诒

梁士诒想当总理，但对当总理的难处却估计不足。他以为，以他的经验、资历和人望，财政问题可以迅速得到解决。但是，在现实面前，他碰了个硬钉子。他虽然使出浑身解数，也筹不到应急款项。因此，他在上台前承诺的给直军拨付的300万元欠饷就没有落实。曹锟和吴佩孚感到是上当受骗了，对梁士诒恨之入骨。张作霖为了拉拢皖系、安福系，建议大赦安福系战犯。梁士诒不敢全部接受，但是于1922年元旦下令，先赦免段芝贵、张树元、曲同丰、陈文运、刘询、魏宗瀚等六人，这些人都是吴佩孚的宿敌，吴佩孚对此十分愤怒。

1月5日，梁士诒公然任命新交通系首领曹汝霖为实业专使。这个曹汝霖是一个著名的卖国贼。并且，内定另一个卖国贼陆宗舆为北京市政督办。这两个卖国贼都是亲日派。梁士诒对他们委以重任，是想通过他们向日本借款。梁士诒准备以北京市政公所财产及建筑物作抵押，向日本借款1000万日元，以解燃眉之急。

梁士诒上台短短几天，就完全暴露了他的亲日面孔。他背靠亲日派的大军阀张作霖，颐指气使，有恃无恐。“安福战犯的特赦和卖国贼的上台，说明北京政府完全控制在亲日军阀的手里，这是西方帝国主义和他的工具吴佩孚所不能容忍的。”

其实，直奉矛盾的激化，有外因，也有内因；有远因，也有近因。梁士诒组阁是直奉战争的内因，而其外因就是帝国主义在中国的利益之争。英美帝国主义在中国要想找一个代理人，它们相中了吴佩孚，认为吴佩孚是一个理想的人选，称他为“新中国的大英雄”，比张作霖强。它们对吴佩孚的支持不遗余力，给枪给钱，直至派顾问组织和训练飞机队。

直皖战争，直胜皖败。日本原来支持的皖系军阀段祺瑞失势，日本帝国主义遭到严重打击，在中国就必须重新物色一个新的代理人。它们相中了奉系军阀张作霖，认为把张作霖作为自己新的侵华工具是最合适不过了。日本有人认为：“但至少今天的形势最具有统一的可能性的是张作霖。正如传说的那样，张作霖如果和广东的孙文一派合作，南北相呼应，打倒吴佩孚，中国的统一大业大概不是十分困难的。”[①] 日本内阁首相原敬在他的日记里写道：“张是想依靠日本伸张势力，而我们在东三省的发展必须要好好地对待张，我们双方的利益是不谋而合的。”日本看好张作霖，是想通过支持他，得到在华的最大利益。

张作霖一直极力强调亲日外交的必要。早在直皖战后的1920年11月，张作霖就派国务院参议于冲汉赴日去搞亲善活动，12月回到奉天。于冲汉曾

① ［日］园田一龟：《怪杰张作霖》，辽宁大学历史系内部参考资料，第226页。

游学日本，精通日语。这次是以张作霖私人代表的身份赴日的。在日期间，于冲汉会见了原田首相、上原参谋长、田中陆相、内田外相等日本政界要人，并同他们进行了多次会谈。

关于于冲汉此次赴日，张作霖在1921年9月30日于奉天接见日本记者时说道："最近赴日的国务院参议于冲汉的主要任务是为了收到中日友好的成果，相互坦率地交换意见，以求取日本政府的谅解。于冲汉之赴日表面上虽系作为北京政府的代表，但实际是代表我而赴日的。使命的大部分是与东三省有关，使之与日本政府交涉，其内容不便说明。"据说，于冲汉在日本的活动有一些是秘密进行的。总之，张作霖把自己绑在日本的战车上，希图取得日本的大力支持，以实现统一中国的美梦。然而，日本人也深知，"吝啬的张作霖一切都从利弊得失出发，有伸缩性的亲日论这是当然的"。

在张作霖扶植梁士诒内阁期间，美国正在召开华盛顿会议。为了平衡列强在远东的利益冲突，由美国出面，于1921年11月11日在华盛顿召开了会议，史称华盛顿会议。在会上，要讨论中国的山东问题。山东问题，是从德国侵占胶州湾开始的。1898年3月6日，清政府在德国军舰的胁迫下，签订了中德《胶澳租界条约》，将胶州湾及附属地区租借给德国，并允许德国建筑胶济铁路。胶济铁路在1904年竣工营业。德国在山东经营10余年，获得很大的利益。

1914年8月，第一次世界大战爆发，中国宣布中立，曾经考虑收回山东的德租界。但蛮横的日本提出警告，反对中国同德国直接商谈。8月23日，日本宣布对德宣战。9月3日，日军2万多人侵入山东，横穿山东半岛，向德军进攻。10月6日，攻占胶济铁路全线。11月7日，占领青岛。德军投降后，日本仍借口欧战没有结束，拒不撤兵。此后，日本机关算尽，进一步胁迫北京政府，想要永久占领山东的德国租界。

1917年8月，中国对德宣战。但是，第一次世界大战后，作为胜利国的中国，并没有分享到胜利的果实。1919年2月18日，巴黎和会召开。中国派代表出席。但是，会议的最高机构是由英、法、美、意、日各派两位代表的10人组成。在这个会议上，日本公然提出强占山东的无理要求，得到其他列强的支持。并按日本的要求，将德国在山东的特权转让给日本的条款写入和约。但是，中国代表没有在这个屈辱的对德和约上签字。巴黎和会本来应该把被德国占领的山东归还给中国，但是由于日本的蛮横，加上列强的偏袒，中国的这个目的没有达到。

1920年1月20日，日本公使小幡向中国提出直接交涉山东问题。这是日本要的一个花招，意在通过直接交涉，迫使北京政府就范。在国人的一片反对声浪中，这个无理要求遭到北京政府的拒绝。1921年8月，英、美、日等国协商，决定在11月11日召开华盛顿会议。

日本再一次提出直接交涉，想在开会前抢先解决山东问题。在中国人民的强烈反对下，北京政府又一次加以拒绝。10月6日，中国派施肇基、顾维钧、王宠惠、伍朝枢为全权代表参加华盛顿会议。参加会议的还有国民外交代表余日章、蒋梦麐。11月11日，会议正式开幕，山东问题作为一个悬而未决的问题提交大会。大会提出，中日双方在会外会谈，美英派员居间调停。

12月1日，中日双方正式就山东问题举行谈判。这是一个马拉松式的谈判，共进行了36次。日本代表坚持中国政府应向日本借款赎回胶济铁路，而借款附有聘用日本人管理铁路的苛刻条件。这实际上等于没有收回。中国代表主张国内备款，收回自办。

五、起争端直奉一战

在谈判期间，于12月28日日本公使小幡借口庆贺梁士诒新内阁成立，与梁士诒进行了秘密谈判。小幡以提供借款为诱饵，企图让梁士诒接受中、日两国改在北京举行秘密直接交涉。其目的是，欲让中国同意向日本借款赎回胶济铁路，并将该路改为中日合办，聘用日本人为车务长及会计长等。梁士诒完全同意这些条件，并电令华盛顿中国代表团照此进行。

30日，梁士诒在国务会议上提出了中日直接交涉问题，因为问题敏感，无人附和，并未讨论。但此消息已外泄，成为人人关注的焦点。吴佩孚本来对梁内阁就有一肚子怨恨，但找不到攻击的借口。这回抓到了把柄，便乘机用电报的形式，发动了对梁内阁的电报战。梁士诒内阁成立，亟盼各省军阀来电祝贺。那时的惯例，新内阁上台，各省军阀都是要发贺电的。如果没有各地军阀致电祝贺，这个新内阁就很难维持。梁士诒很希望吴佩孚来一个祝贺电，以壮声势。

1922年1月5日，也就是新内阁刚刚成立13天，吴佩孚给梁士诒发了一个通电。梁士诒原以为是一个致贺电，可是一看，傻眼了，原来是一份谴责电。内称：

梁士诒投机而起，窃窃阁揆。日代表忽变态度，顿翻前议。一面由东京训令驻华日使，向外交部要求借日本款，用人由日推荐。外部电知华会代表，复电称：请俟与英美接洽后再答。当此一发千钧之际，梁士诒不问利害，不顾舆情，不经外部，径自面复。竟允日使要求，借日款赎路，并训令驻美各代表遵照。是该路仍归日人经营，更益之以数千万债权。举历任内阁所不忍为不敢为者，梁士诒乃悍然为之；举曩昔经年累月人民之所呼号、代表之所争持者，咸视为儿戏。牺牲国脉，断送路权，何厚于外人？何仇于祖国？纵梁士诒勾援结党，卖国媚外，甘为李完用、张邦昌而弗恤。我全国父老兄弟亦断不忍坐视宗邦沦入异族。祛害除奸，义无反顾，惟有群策群力，亟起直追，迅电华会代表，坚持原案。

这是一篇讨伐梁士诒的檄文。同时，也暗刺了梁士诒的后台老板张作霖，说他们“勾援结党，卖国媚外”。自此，梁士诒的卖国行径大白于天下。国人极为愤怒，纷纷对梁进行斥责。

这个慷慨激昂的讨梁通电，使梁士诒十分震惊。他不便直接回答，便想了一个倒添日期的方法，在6日发了一个微电。微是5日的代称，意思是5日发的电报，电文内容不是针对吴佩孚的通电的，好像根本没有看到吴的电报。梁士诒解释了关于筹款筑路的问题，声明政府毫无成见，希望大家发表意见。梁士诒做贼心虚，这个电报旨在掩盖与日本公使秘密谈判的内幕。吴佩孚的通电，得到了各省直系军阀的响应。苏督齐燮元、鄂督萧耀南、陕督冯玉祥、鲁督田中玉、赣督陈光远等都连发通电，支持吴佩孚。

梁士诒在舆论的攻击下，7日发表通电，解释赎路既无现款，只有采取“国内外合筹债款”之一法，所谓外债不限于日本一国。又发表对外宣言，声明新内阁对于山东问题完全赞成华盛顿会议中国代表团的主张。但是，梁士诒的声明已经没有人相信了。舆论一边倒，完全被吴佩孚控制了。吴佩孚不依不饶，接连发表了一系列通电。庚（8日）、佳（9日）、蒸（10日）、真（11日）、文（12日）各电，如连珠炮似的射向梁士诒。其中蒸电转述国民外交代表余日章、蒋梦麐的电文：“今晨梁士诒电告专使，接受日本借款赎路与中日共管之要求，北京政府更可借此多得日本之借款。北京交涉之耗，已皇皇登载各国报纸。日本公言北京已接受其要求，吾人之苦心努力将全归泡影。”这是一枚揭老底的重磅炮弹，使梁士诒原形毕露，无地自容。

但攻梁不是吴佩孚的目的。项庄舞剑，意在沛公。吴佩孚在电文里慷慨陈词："凡属食毛践土者，皆应与祖国誓同生死，与元恶不共戴天。如有以梁士诒借日款及共管铁路为是者，则其人既甘为梁氏之谋主，即属全国之公敌，凡我国人，当共弃之。佩孚为民请命，敢效前驱。"吴佩孚在这里所说的"谋主"和"公敌"，明眼人不难看出，指的就是梁士诒的后台老板张作霖。吴佩孚的12日文电表示与梁内阁断绝关系："燕啄皇孙，汉祚将尽。斯人不去，国不得安。倘再恋栈贻羞，可谓颜之孔厚。请问今日之国民，孰认卖国之内阁！"燕孙是梁士诒的号。"燕啄皇孙，汉祚将尽"，电文巧妙地运用了骆宾王《讨武则天檄》里的话。原文是把赵飞燕比喻为武则天，赵飞燕差一点把汉朝毁掉。武则天和赵飞燕一样，也差一点把唐朝毁掉。你梁士诒和武则天差不多，也要把中国毁掉。你梁士诒恋栈不走，脸皮太厚，赶快下台吧！

在这种情况下，张作霖不能保持沉默，也致电中央，表明态度，电称："某上次到京，随曹使之后，促成内阁；诚以华会关头，内阁一日不成，国本一日不固，故勉为赞襄。乃以胶济问题，梁内阁甫经宣布进行，微日通电，亦不过陈述进行实况，而吴使竟不加谅解，肆意讥弹。歌日通电，其措辞是否失当，姑不具论，毋亦因爱国热忱迫而至此，亦未可知。惟若不问是非，辄加攻击，试问当局者将何所措手？国事何望？应请主持正论，宣布国人，俾当事者得以从容展布，克竟全功。"在这里，张作霖明目张胆地庇护梁阁，毫不掩饰地指斥吴电。吴佩孚和张作霖的矛盾，已经完全公开化了，充满了火药味。但张作霖的反击显得理屈词穷，苍白无力。

吴佩孚不管这些，继续发电。同时，又在报纸上发表文章，揭露梁士诒。今天一篇《驱鳄鱼文》，明天一篇《讨武则天檄》，把个梁士诒骂得狗血喷头，几无藏身之地。与此同时，又有一些省的督军通电支持吴佩孚。只是直系首领曹锟躲在保定的光园，没有表态，静观其变。

吴佩孚叫骂不停，梁士诒却采用了太极拳的软功。逆来顺受，韬光养晦。在回电中，反而称赞吴佩孚是"吾国之一奇男子"。又反复为自己剖白，说他从来没有主张过向日本借款赎路，从来没有同意过山东问题由华盛顿移到北京来交涉。但这些表白，没有任何效果。吴佩孚不买账，去电坚请他七日内下台，"下野以明坦白"，不要"笑骂由他笑骂，好官我自为之"。

为了不给梁士诒以喘息之机，直系军阀采取了集体行动。19日，除曹锟外，以吴佩孚为首的六省军阀苏督齐燮元、赣督陈光远、鄂督萧耀南、鲁督田中玉、豫督赵倜、陕督冯玉祥等联名，电请总统徐世昌立刻罢免梁士诒。

对直系在新闻媒体上攻击梁内阁，奉系只有招架之功，没有还手之力。张作霖显得束手无策，拿了难题目做不出好文章来。20日，吴佩孚授意鄂督萧耀南召开高级军官紧急会议，部署驱梁及率部北上。由于张作霖态度不够强硬，徐世昌只得向梁士诒示意，让他见机下台。20日，梁士诒不肯辞职，不得已，请假到天津去避风。25日，徐世昌又一次任命外交总长颜惠庆暂代内阁总理。梁士诒在国务总理任上，只有28天。

吴佩孚反对梁内阁的卖国政策，不管他出于何种动机，这一行动的本身却是符合历史潮流的，从而赢得了人心。因此，1月8日上海工人举行了大规模的示威游行。北京也有外交联合会等40余个团体，联合通电宣布梁士诒十大罪状。梁士诒上台后，全国掀起了反对山东问题直接交涉、反对借日款赎路、反对起用卖国贼、反对9000万元借款的汹涌浪潮。这就迫使北京政府不敢在屈辱的条约上签字。当然，直奉两系的争斗，是军阀之间的争斗，都是为了争夺地盘和权力，本质上没有区别，没有正义和非正义之分。

这一电报战回合，直胜奉败。直系猛攻梁内阁，是向奉系蓄意挑战的表现。双方都在磨刀霍霍，“战机乃愈迫愈近矣！”

亲奉内阁总理梁士诒被逐，使张作霖大丢面子，十分恼怒。但直到这时，张作霖对吴佩孚的挑战行为都采取了容忍的做法，不轻易反击。张作霖审时度势，感到直系军力雄厚，奉系一支独对，甚觉势孤力单。为此，张作霖千方百计地拼凑反直联盟。他设想，北伐军首先发动，皖系起而响应，然后他所联合的安徽督军张文生、河南督军赵倜、陕西省长刘镇华等也都在直系的心脏地区及周围地带动作起来，从四面八方打击直系，使直系陷于重围，奉系只要举手之劳，就可以取得决定性的胜利。当然，这是张作霖的如意算盘。经过张作霖的努力，此时张作霖、孙中山、段祺瑞的反直三角联盟已经形成。但是，孙中山的北伐军受制于心怀叵测的陈炯明，不能出发。这个联盟还不能起到作用。张作霖只能捺住火性，等待时机。

直系方面，曹锟和他的弟弟、直隶省长曹锐，都不想把事态扩大。曹锟一再约束吴佩孚切勿感情用事，以免造成严重后果。曹锟派直军第二十三师师长、奉天人王承斌三次到奉天表示善意。张作霖也派察哈尔都统张景惠到保定回访。曹锟进一步建议，撤退北京及直隶境内的奉军，以免直奉两军由于防地逼近，发生意外冲突。张作霖接受了这个建议，派张景惠负责撤退关内的奉军。这一协议使直奉两军的紧张局面有所缓和。

但是，好景不长。2、3月间，段祺瑞突然从北京逃走，孙中山表示可以出兵北伐。因此，张作霖对直系的态度日益强硬起来。他以换防的名义，调动大批奉军入关。吴佩孚接到这个情报，也在京汉线上扣留车辆，调动军队，准备应战。于是，曹氏兄弟十分恐慌，想息事宁人。

曹锐于 3 月 8 日以祝寿为由再到沈阳。张作霖对待他仍然像过去一样，亲密无间，有说有笑。可是，一谈到军政问题，张作霖就“顾左右而言他”，不给曹锐谈正事的机会。没有办法，他只有找到孙烈臣打听消息。孙烈臣调侃地问道：“咱们大帅想请教四爷，究竟部下亲呢，还是亲戚亲?”部下是指吴佩孚，亲戚是指曹锟的儿女亲家张作霖。曹锐指天誓日地表示，他们兄弟绝不会做出对亲戚不利的事来。话说到这个份上，张作霖便乘机提出三个条件：一是吴佩孚专任两湖巡阅使，不得兼任直鲁豫巡阅副使；二是直军退出京汉线北段；三是梁士诒销假复职，复职后让他自动下台。张作霖深知，这三个条件吴佩孚是不能接受的。只要你吴佩孚不接受，我张作霖就以“反抗元首”和“军人干政”的罪名予以讨伐。

曹锐返回保定后，向曹锟作了汇报。曹锟虽然感到这是张作霖的最后通牒，但他还是想拖一拖，不敢下决心同张作霖决裂。吴佩孚则想方设法，安抚自己的后方。当时的西方国家大多支持直系。美国公使休士曾当面劝告张作霖应根据华盛顿会议的精神，大举裁减奉军；英国公使艾斯顿建议不得在京奉路运兵；天津领事团根据《辛丑条约》，不许天津驻兵，并抗议奉军占领塘沽车站的行为；北京外交团并曾警告奉直双方不得断绝京汉、京奉、津浦各路的交通。这些建议和警告，都是为了限制奉军的。因为他们知道，奉军的后台是日本。

4 月 3 日，是吴佩孚 49 岁生日。借祝寿为名，吴佩孚邀集全国直系 11 个省的大小军阀 500 余人齐集洛阳，商讨对奉作战事宜。这个会议几乎变成了直系对奉系作战的誓师会。与会者发出“拒奉愿归吴佩孚指挥”和“对奉坚持到底”的呼声。这大大地坚定了吴佩孚对奉开战的决心。曹锐也托名祝寿，看到吴佩孚咄咄逼人的架势，知道战事很难避免。想拉吴佩孚去保定，让曹锟加以劝阻。但吴佩孚坚决不去。会后，吴佩孚加紧调兵遣将：命所部第三师由宜昌北调；王承斌第二十三师调往保定；张福来第二十四师调往郑州；萧耀南第二十五师由湖北北上；冯玉祥第十一师赴洛阳应援。直系各部扣留了京汉线上的车辆，将部队迅速部署在长辛店、保定、石家庄、郑州一带，还强行截取了京汉路收入款项 328 万元充作军费。

奉系也在加紧备战。从 4 月 10 日起，奉军络绎不绝地开进关内。张作霖以军粮城为大本营，将部队部署在马厂、静海一直到德州一带。奉军改名为镇威军，张作霖自任总司令，孙烈臣为副总司令。孙烈臣留奉天代张作霖坐镇。杨宇霆为参谋长，王树常为参谋处长。总部设有军需、军医、副官、谍报、密电、交通、文书、运粮等处。前线指挥部设在天津河北中州会馆。奉军准备兵分两路：一路沿津浦线抵徐州，同张文生的新安武军会合，进攻河南；另一路进抵京汉线长辛店附近。奉军派出的兵力计有3个师，10个混成旅，3个骑兵旅，共约12万人。张作霖此时还施放烟幕："直奉本属一家，北洋团体万无破裂之理。"并下了一道手令，严禁天津奉军损害曹家的一草一木。

曹氏兄弟对奉军的进逼，采取了节节退让的做法。直隶省长公署设在天津，曹锐在奉军进入天津之前，慌忙把公署的文件撤走。派警察厅厅长杨以德代理省长，所有驻津直军全部撤回保定，避免正面接触。奉军在开进德州之前，驻德州的曹锟第七弟、直军第二十六师师长曹锳就弃职出走。曹锟派张国溶代理师长，并将该师撤回正定。曹锟还下令津浦路沿线直军不得抵抗奉军，所有营房和德州兵工厂一律交给奉军。并把自己的家眷送到汉口，表示愿意下台。

直皖战后，直系内部在对待奉系的问题上，分为两派。曹氏兄弟认为，直系刚刚战胜皖系，不宜和奉系闹翻；而自视甚高的吴佩孚压根就看不起胡匪出身的张作霖，主张对奉系予以迎头痛击。是战是和，直系内部举棋不定，因而出现了两种截然不同的行动。

箭在弦上，一触即发。但在开战之前，双方又展开新一轮的电报战。4月19日，张作霖发出通电，建议召开和平统一会议。电称："统一无期，则国家永无宁日，障碍不去，则统一终属无期。是以简率师徒，入关屯驻，期以武力为统一之后盾。"这是在说明奉军入关的理由，可谓冠冕堂皇。随后直指吴佩孚："凡有害民病国，结党营私，乱政干纪，剽劫国帑者，均视为和平统一障碍物，愿即执殳前驱，与众共弃。"最后建议："至于统一进行，如何公开会议，如何确定制度，当由全国耆年硕德、政治名流共同讨论，非作霖所敢妄参末议。"第二天，张作霖又电请徐世昌主持召开全国统一会议，如果有人敢于反对，他就动用武力。这个电报其实就是对吴佩孚的挑战书。

吴佩孚也在19日发出通电，反唇相讥："年来中央政局纯由奉张把持，佩孚向不干涉，即曹使亦从无绝对之主张。此次梁氏恃有奉张保镖，不惜祸国媚外，而为之保镖者犹不许人民之呼吁，必庇护此祸国殃民之蟊贼，至不惜以兵威相胁迫。推其用心，直以国家为私产，人民为猪仔。诸君代表三千万直人请命，佩孚窃愿代表全国四万万人请愿也。”吴佩孚也假托人民的名义反攻张作霖，好像他们的所作所为都是为了人民似的。直到此时，曹锟才感到对奉军的妥协退让是没有任何用处的。因此，下定决心同张作霖开战。为了向吴佩孚表明态度，曹锟向秘书口授一个电报，打给吴佩孚：“你就是我，我就是你。亲戚虽亲，不如自己亲。你要怎么办，我就怎么办。”秘书打算改作文言发出，曹锟说：“不必了，就用我的话打给他吧！”①

得到曹锟的支持，吴佩孚的决心更大了。21 日，直系军阀吴佩孚、齐燮元、陈光远、田中玉、赵倜、萧耀南、冯玉祥、刘镇华联名通电，痛斥张作霖“借口谋统一而先破坏统一，托词去障碍而自为障碍”，表示了他们应战的态度。当然，其中的田中玉、赵倜、刘镇华是被吴佩孚硬拉进来的。23 日，张作霖通电，反驳曹锟所称奉军入关“既无中央明令，又不知会地方长官”的说法，说奉军入关是得到徐世昌和曹氏兄弟同意的。25 日，吴佩孚与直系将领联名发表《张作霖十大罪状》的通电，声称“作霖不死，大盗不止。佩孚等既负剿匪之责，应尽锄奸之义”。当天，吴佩孚就到前线督战去了。

吴佩孚早就应该到前线去，为什么迟迟未动呢？因为吴佩孚知道河南督军赵倜同张作霖暗中勾结，他担心赵倜在后方反叛。直到得知冯玉祥率领第十一师、陕军第一师及北洋军第四混成旅各部已开出潼关，先头部队到达洛阳时，他才离开洛阳，亲赴前线。他留下手令，派冯玉祥为援直陕军总司令并代行直鲁豫巡阅副使的职权，后方各军归其节制。冯军的迅速到达，使赵倜的宏威军不敢轻举妄动，吴佩孚可以全力以赴地对付前方军事。这对决定奉直战争的胜负起了重大作用。

奉军分为西、东两路军。西路军以张景惠为总司令，司令部设在长辛店。分为三个梯队，第一梯队司令张景惠兼，第二梯队司令邹芬，第三梯队司令郑殿升。东路军以张作相为总司令，司令部设在落垡。分为三个梯队，另外附以骑兵集团。第一梯队司令张作相兼，第二梯队司令张学良，第三梯队司令李景林。骑兵集团司令许兰洲，参谋长常荫槐。第二梯队所辖部队有张学良的暂编奉军第三混成旅、郭松龄的暂编奉军第八混成旅、蔡平本的暂编奉军第四混成旅。奉军全部约 12 万人。

针对奉军的部署，直军也相应地作了兵力安排。直军总司令部驻涿州，

---

① 陶菊隐：《北洋军阀统治时期史话》，第 6 册，生活·读书·新知三联书店 1978 年版，第 105 页。

由吴佩孚直接指挥。王承斌为西路总司令，驻固安。配属王承斌的第二十三师，张福来的第二十四师，冯玉祥的李鸣钟第十五混成旅，张克瑶的第一混成旅，吴佩孚的第三师一部。他们设防在琉璃河、固安一带。东路总司令为张国溶，驻马厂。配属张国溶的第二十六师，董政国的第十三混成旅，彭寿莘的第十四混成旅，孙岳的第十六混成旅等。他们针对奉军的防线，在固安、牛头镇，在田家口、胜芳，在大城、子牙河等地，都作了严密的部署。直军全部约10万人。从兵力和装备看，奉军优于直军。但是，奉军管理松弛，缺乏训练，素质很差。打起仗来，不堪一击。

任奉军东路军第二梯队司令时的张学良

战事是在4月28日夜开始的，首先进攻的是直军。29日，双方投入大批兵力进行阵地战。从4月29日到5月3日，直奉双方都捏造事实，吹嘘自己的胜利。张作霖以战胜者自居，每天都要发表告捷电报。直军随意编造发表号外说，北京政府已将张作霖免职，派张锡銮为东三省巡阅使，冯德麟为奉天督军。

当时战线拉得很长，共分三路。马厂一带为东路，长辛店一带为西路，固安一带为中路。西路战事最烈，东路战事次之，中路稍缓。奉军西路总司令张景惠对直军作战缺乏信心。1922年春，张作霖召集部下将领，商议对直作战问题。内部意见不一致。张景惠、张作相均不主战。张景惠认为奉军力量不能掌握北京全局，不如捧曹为首，自居实力地位。杨宇霆、张学良主战最力。张作霖最后决定和直系一决雌雄。但张景惠还是奔走于沈阳和保定之间，弥缝两方恶感。张景惠回京后，和战不定，犹豫不决。1922年4月中旬，东路各梯队已到达指定地点，张景惠才开始作战争部署。战斗就要打响，他才把司令部移到长辛店。总之，在军事行动上，他比吴佩孚晚了一步。张景惠在29日上午才乘车出京，到前线指挥。① 主帅如此怠惰，奉军怎能不败。

① 荆有岩：《第一次直奉战争的回忆》，《辽宁文史资料选辑》，第4辑，辽宁人民出版社1964年版，第30页。

29日，直军向奉军右翼迂回，在良乡、长辛店间的南岗洼发生激战。琉璃河直军趁势猛扑，奉军陷于困境，不得已后退。张景惠率卫队60人督战，才得以恢复阵地。当时奉军的预备队及炮兵，多数还没有参战，一时呈现混乱状态。此时，张景惠第一师的张乐山旅及朱益清的骑兵团迎击直军，一鼓作气，迫使直军后退。

30日，梁朝栋旅战斗不力，邹芬第十六师驰援。邹芬师由蒙古刚刚调回，马上开赴前线，疲于奔命，士兵怨声四起。时逢邹芬受有微伤，由前线运回，顿时军心大为动摇，不战自退。缪承良看到军队不听指挥，畏惧自杀。更有甚者，其中一部哗变，掉转炮口，向奉军第一师阵地发炮狂轰。奉军不能支持，乃退守卢沟桥。直军于30日占领长辛店。第十六师的一部哗变是有原因的。因为第十六师原系已故直系首领冯国璋的旧部，原师长王廷祯被奉系赶走，改派邹芬继任。奉系把该师摆在前线，充当先锋，攻打自己原来的弟兄。他们当然不会听从指挥，或倒戈相向，或不战自退。这是奉军失算的一招。第十六师的前线倒戈，是奉军失败的一个重要因素。

奉军的郑殿升旅和牛永福旅在丰台至南苑一带激战。战斗正在紧张进行之际，直军的张锡元旅和李鸣钟旅星夜赶来支援。张旅加入西路正面出击。李旅则由京西北大灰厂、三家店、门头沟绕到奉军侧背。本来奉军认为直军已无力作战，现在突然直军从正面出击，而且后背又发现伏兵，张景惠以为中了直军的诡计，于是下令全线撤退。5月3日，吴佩孚得知奉军撤退的消息，便命张锡元旅迅速追击，当日追到黄村。而固安中路之敌，已被直军解决。①

5月4日，张作霖赶到落垡，企图挽回颓势。由于西线牵动了东线，奉军斗志完全丧失。张作霖看到大势已难挽回，便匆匆赶回天津，下了总退却令。第二天即仓皇逃往滦州。这样，张锡元旅追至廊坊，没有遇到敌人，随后进入天津。5月5日，张旅开到奉军总司令部军粮城，遇到从东路溃退下来的奉军。张九卿的一师和李桂柱等两旅，一枪未放，就缴械投降了。后来，王承斌又率直军追到榆关，但直军没有出关之志，战争也就结束了。张景惠留京待罪，并电劝曹锟适可而止，“勿为已甚”。北京政府也没有问他的罪，不久还授为安威将军。

---

① 孟星魁等：《第一次直奉战争直军得胜的真相》，《吉林文史资料选辑》，第4辑，吉林人民出版社1983年版，第171页。

5月5日，总统徐世昌下令："奉军即日撤出关外，直军退回原防，均听候中央命令解决。"老于世故的徐世昌当然不敢得罪实力未减的东北王张作霖，但他还得对战胜者曹锟、吴佩孚有个交代。柿子专挑软的捏。不得不下一道命令，指叶恭绰、梁士诒、张弧三人为战争祸首，而加以通缉。这之前，4月8日，徐世昌已经任命周自齐署理内阁总理。周自齐和梁士诒是几十年的老朋友。在发出通缉令之前，周自齐便打电话给梁士诒，让他尽快离开天津。并且解释他本人处境困难，不得不副署这道命令。在通缉令发布之前，5月7日，得到消息的梁士诒、叶恭绰已逃往日本。

第一次直奉战争冷战了一年多，热战只进行了六天就结束了。张作霖除丢失关外地盘外，其军事实力并没有受到根本损失。吴佩孚早年在东北作过军事间谍，知道东北是日本帝国主义的势力范围，不能轻易允许别人染指。同时，孙中山的北伐军已经改道江西北伐，吴佩孚必须南顾，也就没有精力把对奉战争进行下去了。

第九章　大帅拒诏命　自任总司令

一、拒任命俊升识趣

直系获胜后，吴佩孚不可一世。他一再催促北京政府严惩张作霖。不得已，徐世昌于5月10日下令裁撤东三省巡阅使，张作霖免去本兼各职，听候查办。11日，又下令裁撤蒙疆经略使，这就剥夺了张作霖的一切军政大权。徐世昌并根据直系的意见，任命黑龙江督军吴俊升为奉天督军、冯德麟为黑龙江督军、袁金铠为奉天省长、史纪常为黑龙江省长。“直系借此离间作霖旧部，而迫其下野。究之计不得逞。”① 冯德麟等人心知肚明，这是直系的离间计。他们于5月15日发出通电，表明心迹：“北庭乱命，免去张巡阅使本兼各职，并调任德麟等署理督军等语……德麟等对此乱命，拒不承认，合电奉闻。”冯德麟等是很识趣的。

吴俊升戎装骑马照

其实，张作霖的实力地位不是北京政府可以轻易动摇的。他们的命令并没有生效，但也产生了一些风波。有一本书《辽海小记》，其中关于北京政府命令颁布后，对吴俊升及其幕僚反应的描写很是生动。听到徐世昌的任命，吴俊升的幕僚兴奋异常。“小

① 金玉黻：《张作霖别传》，《吉林文史资料选辑》，第4辑，吉林人民出版社1983年版，第241页。

河沿之吴公馆中，吴督幕僚，食指频动，人思一脔，几乎弹冠相庆矣。”无形中，奉天小河沿的吴俊升公馆，成了东三省的政治中心，车水马龙，人声鼎沸。吴俊升的幕僚有的忘乎所以，等待着分一杯羹了。

但是，吴俊升并没有被这个喜讯冲昏头脑，他知道进退行止。他马上召来督军署于秘书长，口授一封通电，文曰：“徐大总统钧鉴：俊升才具粗劣，一向追随雨帅，黑疆之寄，已感陨越是惧，况其他乎？”明确表示拒绝担任奉天督军一职。

但是，于秘书长感到文电意犹未尽，没有结尾，似乎文气不足，想改一改，又怕吴大舌头怪罪下来，就去找参谋长应善一商量。应善一一看电报，没加思索，就擅自在文电的末尾加上了“惟政府之命是从”这句话，这就完全违背了吴俊升电文的原意。

这个通电最后没有让吴俊升看，就公开在《盛京时报》上全文刊登了。吴俊升看到报纸后，十分愤怒，马上把于秘书长叫来大骂道：“你这个王八羔子，谁叫你添上‘惟政府之命是从’这句话？这样，你不是把我和张大帅的交情给弄糟了吗？”说完，抓住于秘书长的衣领子，连踢带打，当时就把他赶了出去。

这个于秘书长是有些冤枉的。因为当时主张吴俊升接受奉天督军任命的大有人在，其中最积极的就是吴俊升的参谋长应善一。应善一曾当过总统冯国璋的侍卫，与直系有私下勾结。如果吴俊升坐上奉天督军的宝座，水涨船高，他也会成为东三省一人之下万人之上的头面人物。同时，曹锟、吴佩孚等直系把持北京政府，对他也是大有好处的。为此，应善一便暗中与直系通款，希图攫取高位。但是，他的这些秘密活动，早就被张作霖留守在奉天巡阅使署、奉天督军署和奉天省长公署的心腹一一掌握了。

看到这封电报，他们非常气愤，决定把应善一杀掉。第二天，应善一从吴公馆南面右侧甘露门出来，被人对面打了三枪，当即身死。刺客就是奉天督军署的副官高金山。高金山是张作霖的随身副官，跟随张作霖多年，对张作霖忠心耿耿。

事发后，留守的奉天省长王永江担心事态闹大，不好收场，便故意给吴俊升挂电话问：“应参谋长是谁打死的？《盛京时报》上刊登的电报是怎么回事？我得缉拿凶手。”吴俊升机智地回答：“电报后尾的那一句听说是应善一这个糊涂鬼给加上去的，我已经把秘书长打了一顿，又把他赶走了。至于应善一，真是坏人有恶报，今天上半晌他就叫人打死了，活该！”至于应善一是谁打死的，吴俊升心里明镜一般，但他抱着息事宁人的态度，对王永江轻描淡写地说道："唔！应善一是个窑皮，他逛窑子得罪了人。我想是地痞流氓把他打死的，千万别管这类鸡毛蒜皮的闲事。"此案便不了了之了。

这是张作霖对觊觎他权位的人的一个警告，杀鸡儆猴。吴俊升粗中有细，深知此事非同小可。吴俊升严令家人，不准外出，闭门谢客，不事张扬。

应善一被打死，奉天的谣言蜂起。吴俊升左思右想，为了让张作霖对他不产生一点误会，便决意只身到山海关亲谒张作霖，以释嫌猜。临行前，他把此行只告诉了王永江，嘱咐他负责奉天省的秩序。他摒去卫队，只带一名副官处长陈振之及两个卫士，以示坦然，挂专车一辆，匆匆西下。

到山海关时，张作霖正在收容部队，整理残军。忽报吴俊升乘专车前来见他，《辽海小记》中写道："专车到站时，张恰在旅邸门前散步，见吴到来，即转身回室（向例张见吴，必款接欢迎，足恭有加）。吴趋入谒，张板起面孔说：'你怎这时才来，我正等你，好办交代。不该玩忽国家命令，赶快回奉就职，以安人心。咱是老朋友，你干不比别人干强吗！我交代完，你叫我住在哪里，我就住在哪里。'吴说：'唔！大帅，咱不提这个。我在江省，有熟地多少垧，生荒多少方，够我过几辈子了。钱呢，日本正金银行、朝鲜银行、东三省官银号，我还存有多少万款子，我的财产不比你少。再说，他们北京政府尽闹把戏，咱们斗不过。北京对付广东，还不是这一套。今天撤掉陆荣廷，明天撤掉陈炳琨，结果大家谁都干不成。唔！大帅！你的肩膀比我宽，什么都能担当得起。教我在黑龙江剿匪放马，垦荒种地我会。把我搁在奉天，外国交涉，各省代表，文的武的，我一样也应付不来。我一天也干不了。我这时才来，我把家都安置好了。你住大连，我跟你住大连。你到哪里，我到哪里。'张听完，笑了说：'他们怎不来？'吴说：'大帅生气，谁敢来！打电报叫他们，他们就来了。大家捧柴火焰高。咱们还是干哪！'"

张作霖听着高兴，前嫌尽释，笑容满面，亲切地问道："大哥，你看下一步该怎么办呢？"吴俊升看到张作霖又叫他大哥了，知道误会解除了，就兴致勃勃地说道："唔！别听什么大总统、曹三、吴秀才他们那群兔崽子的话，咱们还是干咱们的。要叫我说，到了奉天再说。什么命令，去他妈的！"

一席话，说得张作霖通体舒泰。大舌头吴俊升总能把握住关键时刻，不失时机地表示自己的忠心。他对张作霖是真心服膺的。人们往往认为吴俊升不擅言辞，其实他的思维是相当绵密，说话是相当到位的。从中不难看出，张作霖的威风一点也没有减少。即使是在直奉一战后，他的东北王的地位也是很牢固的。

二、宣自治大帅独立

奉军在京汉、津浦两线撤退时，天津的帝国主义驻军对奉直双方军队发出警告，准许他们利用铁道及河流运兵，但奉军不得下车。同时，天津周围20里内不得驻军的条约不得违反。5月7日，败退下来的奉军在滦州集结时，英国公使艾思顿声明，不得损害开滦煤矿和英国侨民的生命财产。如发生问题，惟张作霖是问。又强调京奉路必须通车，必要时拟派英军保护通车。从中不难看出，英国对直军的偏袒，对奉军的压制。

5月7日，得胜将军吴佩孚志得意满地视察奉军的总司令部所在地军粮城，然后回到天津。不少中外人士前来一睹大名鼎鼎的秀才将军的风采。吴佩孚得意扬扬，高谈阔论。这时战事还没有完全结束，曾经做过东三省总督的赵尔巽劝他适可而止，见好就收。他瞟了这位老前辈一眼，讥讽地调侃道："以前提拔张作霖的就是你！胡匪扰乱国家，你应该负有责任，今天还来替他说话！"把个老迈的赵尔巽说得无地自容。这时的吴佩孚是自视甚高的，哪里能听得进不同意见？

却说，老练的张作霖一看形势不好，便在军粮城及时地下达了总退却令，并急电前线的张学良回部开会。此时，张学良正同郭松龄率队猛冲猛打，已经深入敌阵。得到张作霖的命令，张学良就匆匆赶回，把部队交给郭松龄指挥。5月5日，张氏父子率部仓皇奔赴滦州，建立临时指挥部。5月6日，李景林不敌，率残部放弃了杨柳青，急忙撤退。因有铁路帮助，撤退比较顺利，而张作相部则是溃不成军。

郭松龄率领的第二梯队，因孤军深入，有被切断后路的危险，撤退很困难。郭松龄部撤退的先头部队到了马头镇，要渡永定河。军队刚刚渡过一半，直军王怀庆的第十三师即追至左侧，情况相当危急。郭松龄镇定沉着，从容应对。一面派兵迎击，一面挥军抢渡。用了一夜的时间，全军强行渡过永定河，脱离了险境。张作霖父子在滦州收容各路溃兵，亟盼郭松龄第二梯队的消息。焦躁难耐，忧心如焚。正当此时，郭松龄率队风尘仆仆地归来。张作霖父子喜出望外，精神大振。因为郭松龄部是张作霖的精锐部队，此队没有受到重创，张作霖就可以很快地东山再起。

当时，张学良立即回到军中。张作霖命以郭松龄部为第一路、李景林部为第二路，左右相顾，两路联合，在山海关重整旗鼓，准备迎敌。此时的形势对奉军极其不利，直军是乘胜追击，希图一鼓作气，打到关外。张作霖又把张学良调离前线，把三个混成旅的指挥权全部交给了郭松龄。郭松龄使出浑身解数，指挥刚刚打了败仗的奉军，同彭寿莘的直军展开了殊死战斗，终于阻止了直军的猛攻。[①] 山海关成了直军前进的最终地点。但是，直到此时，战争还没有最后结束。

张作霖知道，这时应该议和了。他派张学良出面，找张学良在奉天基督教青年会的美国朋友帮忙。张学良找到这个组织的两名美国牧师普赖德和杨古，让他们请英美驻奉天领事出面，向直军方面斡旋停战和谈事宜。不料，被两国领事以不干涉中国内战为由，加以拒绝。这是英美支持吴佩孚的一个明显的表现。

无法，普赖德和杨古只得以私人的身份亲赴山海关前线，找到彭寿莘斡旋。双方在6月9日于直军前线司令部所在地秦皇岛接洽，约定于6月11日再进行具体商谈媾和事宜。

但是，前线的直奉双方一直在冲突。11—15日，激战未息，两方死伤均有3000余人，奉军战死三名团长。一直没有死心的彭寿莘久战不胜，感到山海关是攻不下了，才走到谈判桌旁。

6月16日午夜12时，在秦皇岛车站上，张学良在杨古牧师和开滦矿务局英籍局长的陪同下，会见了直军代表王承斌，决定双方停战。

第二天，17日，在秦皇岛英舰克尔留号上再进行第二次和谈。由孙烈臣、张学良代表奉军，王承斌、彭寿莘代表直军，在英舰上签订和约八条，附约二款。并由中央派王占元、宋小濂赴榆关监视双方撤兵，王、宋于6月24日电告北京政府，双方部队已如约撤完。[②]

直奉一战，奉系打败了。奉军死伤3万余人，被俘4万余人，军费损失3000余万元。当然，张作霖的元气并没有受到损伤。

在5月10日，北京政府宣布罢免张作霖本兼各职后，于5月12日张作霖在滦州宣布独立，东三省自治，改称奉军总司令。并对外发表宣言："对于友

① 司马桑敦：《张老帅与张少帅》，《张作霖传记资料》，第5辑，台湾天一出版社，第28页。

② 张梓生：《直奉战争纪事》，《北洋军阀》资料丛刊，第4册，上海人民出版社1988年版，第40页。

邦人民生命财产力加保护，所有前清及民国时期所订各项条约一概承认。此后如有交涉事件，请径行照会滦州本总司令行辕。自本月一日起，所有北京订立关于东三省、蒙古、热河、察哈尔之条约，未得本总司令允许者，概不承认。”口气强硬，表现了军阀的本质。

奉军战败后，日本外相内田发表了对东三省局势的宣言，声称严守中立。其实，这是一枚烟幕弹。日本是积极支持张作霖的，日本当时甚至出现了张作霖后援会。日本严防英美势力侵入东三省。5 月 20 日，东三省议会宣布“联省自治”，表明对张作霖的支持。

5 月 26 日，张作霖、孙烈臣、吴俊升联名宣布：“自五月一日起，东三省和西南及长江同志各省一致行动，拥护法律，扶植自治，促进统一。”军阀如果强调统一，那是它强大的时候；军阀一旦高唱自治，那就是它失势的时候了。

1922 年 5 月 30 日，张作霖返回奉天。6 月上旬，奉天省议会与吉黑两省的代表会议，推举张作霖为东三省保安总司令，孙烈臣、吴俊升为副总司令，并正式宣布东三省“联省自治”。张作霖继续霸占东北。

7 月间，张作霖将巡阅使署和督军署合并，组成保安总司令部，军政大权集于一身。各省省长也以虚伪的“民选”形式，确定下来。任命王永江为奉天省长，魁升为吉林省长，史纪常为黑龙江省长。至此，张作霖在东三省的“联省自治”就完成了。东三省脱离中央，完全成了张作霖军阀割据的一统天下。

直奉一战，奉军之所以失败，有国内和国际两个方面的原因。从国内看，在军事上，奉军的军事素质很差，管理松弛，训练缺乏，军纪败坏。只有郭松龄旅、张学良旅和李景林旅能打仗，其他各部纯粹是一群乌合之众。在政治上，奉军被认为是日本支持的军队。在直奉的电报战上，吴佩孚把奉军骂得狗血喷头，使奉军没有取得人们的同情。

从国际看，华盛顿会议刚结束，日本在会上受到英美的孤立，也不敢太明目张胆地支持奉军。而吴佩孚却得到英美的大力支持。这也是奉军失败的一个重要原因。

三、剿叛匪宗昌立功

吴佩孚对张作霖恨之入骨，欲置张作霖于死地。除前方攻打外，又在张作霖的后方放了一把火。直奉两军在榆关对峙时，5 月 26 日，吉林省绥芬河山林游击队司令卢永贵宣布独立。这是吴佩孚派人深入到吉林省策反的结果。他们收买了卢永贵，鼓动他独立。接着，北京政府又宣布奉督张作霖、吉督孙烈臣和江督吴俊升为叛逆。进而，推举前吉林军师长高士傧为奉、吉、黑三省讨逆军总司令。遥与远在关内的吴佩孚相呼应，里应外合，欲使张作霖有家难回。

高士傧是前吉林督军孟恩远的外甥，而孟恩远就是被张作霖逼走天津的。当时，吉林军师长高士傧也被撤职查办。这一箭之仇尚未得报，现在时机来了。原来，吴佩孚打败张作霖后到达天津时，孟恩远前去找他，希望恢复吉林督军的权位。吴佩孚乘机挑拨说，要想当督军必须自己打天下，现成的督军是弄不到手的。孟恩远受到鼓动，便找到他的外甥高士傧，商量怎么办。高士傧跃跃欲试，自告奋勇到绥芬河策动卢永贵起事。通过孟恩远的介绍，吴佩孚任命高士傧当上了这个讨逆军总司令，让他回到吉林放火，以便把张作霖的后方搅得烟雾腾腾。这是吴佩孚从堡垒内部攻击敌人的一个策略。

高士傧接受任命，踌躇满志，遂乘船到达海参崴。经海参崴到绥芬河，同卢永贵接头，于是卢永贵宣布独立。这支游击队只有 2000 人左右。他们由绥芬河乘火车西进，和护路军警互通声气，又吸收了穆棱一带的两股胡匪，一时声势甚壮。一路之上，他们将中东路五站及一面坡的驻军包围缴械，准备一鼓作气乘火车冲到哈尔滨。但当 27 日经过海林时，听说宁古塔驻军一团人，担心这支部队截断他们的后路。因此从一面坡回到海林，下车占领海林为根据地。他们拟先解决这支部队，再行西驶。

张作霖听到这个消息，着实吃惊不小。他想来想去，只有一个人可以完成剿灭这股叛匪的重任，那就是狗肉将军张宗昌。张作霖是有恩于张宗昌的。

这位张宗昌是有点来历的。他是山东掖县人，生于 1882 年，家里一贫如洗。原名张田，后改名张宗昌，字效坤。小时候，读过一年私塾。虽然吃得不好，他却长得人高马大，虎背熊腰。年轻时，曾在县衙门里当过捕快。

18 岁时，他独自一人去闯了关东。挖过煤、淘过金、修过路，还当过镖手。他无所事事，整天同三教九流厮混在一起。他在关东的林莽中，练就了一身娴熟的马术和一手高超的枪法。他这个人还受武侠小说影响很深，讲江湖义气，挥金如土。因此，他在关东的山东掖县、黄县同乡中享有很高的声望。后来，他又流浪到俄国的海参崴，给一家华商公会当保安小头目，同俄国军警频繁接触，学了一些半吊子俄语。这些经历以后都成为他的无形资本。

1912年，他受到南方革命军的鼓动，率领部分人到达上海，糊里糊涂地参加了革命。张宗昌被任命为上海光复军骑兵团团长，驻防闸北地区。孙中山发动二次革命时，张宗昌曾站在革命一方同北军作战，但受伤后，即叛变投靠了直系首领冯国璋。冯国璋很是器重张宗昌，让他自行招兵，先成立了一个师，后缩编为一个旅。冯国璋为了培植个人势力，在南京举办了江苏军官教育团，任命张宗昌为监理。后来，在袁世凯的密谋下，张宗昌派人暗杀了著名革命党人陈其美。张宗昌没有任何信仰，他的信条是有奶便是娘。袁世凯给了他5万元，他就把革命党人暗杀了。

张宗昌半身像

做教育团的监理，他不感兴趣，要求去带兵，冯国璋将他调为江苏第六混成旅旅长。后来，升为暂编陆军第一师师长，并兼第二路军总司令。1919年，冯国璋死后，曹锟和吴佩孚看不上这个来路不正的张宗昌，张宗昌开始走下坡路。他被江西督军陈光远排挤，兵败江西。无法，他只身来到北京，想投靠曹锟、吴佩孚。但人家不把他当回事，连一个空头衔也不给他。这时，他想起了在曹锟的光园见到的张学良。张学良曾邀请他去奉天，他在走投无路时来到了奉天。

出乎意料，张作霖对这个粗犷豪放的张宗昌很是欢迎。但由于他没有什么战功，也只安排他作了一个宪兵营长，归宪兵司令陈兴亚统领。这是为了安排他的随行人员。张宗昌从一个师长降为一个营长，不大满意，然而，也只好忍时待机。张作霖将他安排住在奉天大北关榆树胡同。他带来的亲信旧部200人散住在周围。张作霖经常让部下陪张宗昌吃喝嫖赌，养以待用。张宗昌是个大赌徒，赌博时下注很大。一天，他把带来的10万元钱全输光了。

张作霖听说了这件事。于是，第二天，叫来昨天的赢家，到张作霖处打牌。大帅叫打牌，诸赢家受宠若惊。知道张作霖玩牌下注大，就带来很多钱。但打牌时，张作霖故意让张宗昌赢，让别人输。大家输到20万元，张作霖才停止牌局。张宗昌看在眼里，对此深为感动，也至为感激。张作霖知道大家输得冤枉，后来对他们说："效坤乃是一条好汉，当代豪杰，是远道来作客的。你们将他所带的一吃而光，让他扫兴，置我的面子于何地？我不亮牌，就是要把你们的不义之财收回来。"这么一说，大家觉得有理。张作霖是个有心人，当人处境不利时，他常能给以援手。他深谙养兵千日、用兵一时的道理。这是张作霖的一大长处。

眼下，张作霖就要动用张宗昌了。张作霖思忖，自己的本兼各职已经被罢免，派出的人得是能听从自己指挥的。而且，必须是同高士傧、卢永贵毫无瓜葛的人，以免临阵反叛。张作霖相中了张宗昌，他命令张宗昌到山海关外的天泰栈来。

张宗昌见到张作霖，举手敬礼后，垂手伺立，恭敬地问道："大帅叫我有什么吩咐？"

张作霖微笑着说："效坤，我现在已是败军之将不说，连我的差事也被徐世昌下令通通取消了，你知道吗？"

张宗昌气愤地答道："报告大帅，我不知道。别听他们那一套。北京政府那群狗娘养的，还不是东风硬随东风，西风硬随西风。吴佩孚叫他们卧倒，他们就不敢蹲着。大帅别灰心，咱们该怎么干，就怎么干。君子报仇三年不晚！看有一天大帅胜利，咱们怎么收拾他们。"

张作霖面对眼前恭敬站立的高大山东汉子，生出无限感慨："锦上添花世上有，雪中送炭人间无。人与人之间，还不是墙倒众人推啊！"

张宗昌立即表态道："报告大帅！我张宗昌斗大的字也识不上一麻包，可是，我还懂得有恩报恩、有仇报仇的道理。虽然目前大帅走了背运，可是我张宗昌绝对效忠大帅到底。你老人家说吧，叫我跳火坑上刀山，只要大帅有命令，我张宗昌眉毛皱一下，也不是咱娘养的。"

张作霖听了张宗昌这番感人肺腑的表白，也深深地被打动了。他听出了张宗昌的心音。经过了人生的大跌宕，张作霖深有感触，他觉得自己没有看错人。他决定把这个关系全局的大事交给张宗昌去办。于是，他向张宗昌下达了命令，叫他到吉林去剿除叛匪。

张宗昌高兴地接受了这个命令，带着几名随员赶回奉天。张作霖又发给他 200 多支别烈弹。这是一种打铅丸子的枪。经过短暂筹备，张宗昌率领他的一营宪兵，乘火车匆匆赶赴哈尔滨。其实，派张宗昌带这么少的兵去剿匪，纯粹是一招险棋，带有赌博的性质。

张宗昌北上攻打高士傧的消息，传到高士傧处。高士傧决心据守吉林省五站一带，以逸待劳，准备打他个措手不及。等到张宗昌率队开到五站与高士傧部对峙时，本来张宗昌处于劣势，但刚一交锋，出乎意料，形势突然发生逆转，张宗昌迅速获得了胜利。原来，卢永贵的红胡子队的中下级头目中有许多过去都是张宗昌的患难同乡，不是掖县就是黄县人。他们当年和张宗昌在北满修筑中东铁路时一起当过工人，是在一个锅里搅过食吃的。听说对方是当年讲义气的张长腿带队，卢永贵的很多部下都投到张宗昌这边来了。这是卢永贵始料不及的。卢永贵只得败退到高士傧处。高士傧在张宗昌的猛攻下，独木难支，招架不住，节节败退。6 月 3 日，高士傧逃到中俄边界的珲春，他的部属乌营长倒戈，逮捕了高士傧和卢永贵。随后，他们两个人成了张宗昌的俘虏。过了两天，张作霖下令，在珲春就地枪决了高士傧和卢永贵。

此次大捷，挖掉了身后的一块毒疮，消除了后方的一个隐患。张宗昌深受张作霖赞许，对张宗昌高看一眼。张作霖任命张宗昌为吉林省边防军第三旅旅长，并兼绥宁镇守使及中东铁路护路副司令。绥宁指绥芬河与东宁。同时，他还可以便宜行事，收编了高士傧和卢永贵的败兵，以及地方红胡子。一时，他的兵额大大超过编制。旅下辖三个团，团长一个是跟随他多年的暗杀陈其美的程国瑞，一个是北洋陆军大学毕业的许琨，一个是褚玉璞。

第三旅军饷，由奉天省拨发。但奉天币折合银元八角，而吉林币折合奉天币只有六角。这样两次打折，军队欠亏太大。张宗昌为了解决这个困难，就在他的防区内种植鸦片烟，以解燃眉之急。土军阀是什么坏事都敢干的。

张宗昌时来运转，还白拣了一支外国武装。1922 年冬季，帝俄军队纷纷逃入中国境内。仅到五站的白卫军就有 1 万多人，枪马甚多。张宗昌在海参崴待过，会说几句俄语。白卫军把他引为知己，请他收容，愿把军队交给他。他欣然接受。共计得到步枪 8000 多支，机关枪 50 多挺，大炮 17 门。不费吹灰之力，唾手而得大量武器，真是天助也！白卫军的最高首领还派米诺夫作他的顾问，指挥这支白俄军的司令是涅洽叶夫。张宗昌将一部分有技术的士兵组成工兵队，后来在铁路线上行驶的铁甲车炮兵，就是由这部分人组成的。[1] 据说，中国军队有铁甲车炮兵，是从这时开始的。

张宗昌有了枪炮，有了洋兵，有了顾问，实力大增，就极力整编训练。

---

① 王翰鸣：《张宗昌兴败纪略》，《文史资料选辑》，第 41 辑，文史资料出版社 1980 年版，第 212 页。

这些成为他以后发迹的重要资本。从此，张作霖对他刮目相看，委以重任。张宗昌逐步升为奉军的大将之一。

张作霖对张宗昌的使用，充分地表现了张作霖的用人观。

后方的问题解决了，张作霖考虑的是直奉之战失败的教训，他想的是整军经武，以备再战。

第十章　奉系重改造　焕发新面貌

一、设机构整军经武

1922 年 7 月 16 日，东三省保安司令部正式成立。这标志着东三省同中央完全脱离关系，正式独立。张作霖任总司令，孙烈臣、吴俊升任副总司令，杨宇霆任总参议。成立秘书、副官、军务、军需、军医、军法稽查等处，分管相关事宜。张作霖请书法家在他的纸扇上书写了"毋忘吴耻"四个大字，借以时时提醒自己，以报前仇。张作霖这类人，意志顽强，轻不言输。为了尽雪前耻，经总结教训，张作霖采取了一些重大的改革举措。

首先，改组领导机构。张作霖设立了一个最高的整军经武的领导机构，名为东三省陆军整理处。该机构于 1922 年 7 月 24 日成立。委任孙烈臣为统监，张作相、姜登选为副监，张学良为参谋长。1925 年，东三省陆军整理处改为东三省陆军训练处，人员相应作了更动。由张作霖任统监，姜登选、韩麟春、李景林、张学良为副监。这次改动是为了加强张作霖父子的权力。陆军整理处下设两个处和若干科。两个处：一个是军学处，处长为陈瑛；另一个是工务处，处长为张宣。

任东三省陆军整理处参谋长时的张学良

据曾任东北军高级将领的何柱国回忆："第一个重要机构是陆军整理处。这是整军经武的最高执行机构，凡属部队整编以及人事的部署和升迁等都由这里决定。除了最高决策由统帅部直接掌握之外，一切日常有关整军经武的重大事情，都要通过这里。”① 他又写道：“因此由张作霖自兼统监，下设副监多人，新旧两派都有，但实际负责的是副监姜登选、韩麟春和参谋长张学良。”这段回忆有点误差，但是可以看出新派实际掌握了改革的实权。姜登选、韩麟春和张学良都是新派人物，尤其张学良更是新派的首脑。由于新派掌握了改革的实权，推进奉军的近代化就奠定了坚实的基础。

其次，严肃整顿陆军。奉军存在新旧两派。何柱国写道：“我要谈谈奉军新旧两派的消长。旧派的主要人物就是人们熟知的张景惠、吴俊升、孙烈臣、张作相和汤玉麟等跟张作霖一起打天下的众好汉。新派人物是杨宇霆起的头。杨是东北法库人，日本士官八期毕业，为人精明干练，勇于负责，从 1918 年继张作相为统帅部的总参议，始终得到张作霖的特殊信任。就是由杨宇霆先后吸引了韩麟春、姜登选、郭松龄、戢翼翘、臧式毅、于国翰、熙洽、王树常、于珍、邢士廉等成了新派的骨干。后来张学良又以少帅的身份列入新派的首脑，并由张学良和郭松龄分任新军主力三、八旅旅长。从此新派逐步抬头，逐步壮大，终于成为以后整个东北军的主体。”这个看法是很有道理的。

张作霖原来依靠的完全是旧派。是什么原因促使张作霖开始决心重用新派呢？这主要是直奉一战的教训。

何柱国分析：“然而新派之所以能压倒旧派，也并不是偶然的。其中至少有两件事值得一提。1922 年的直奉战争，奉军旧派的军队在长辛店作战，新派的三、八旅在杨柳青以西作战，结果长辛店方面的旧派军队溃不成军，而杨柳青以西的三、八旅则虽败而未溃，这是一件。另一件是王升文团在山海关的浴血奋战。原来奉军在长辛店和杨柳青战败以后，直军以破竹之势直追到山海关，满以为一举可以捣毁奉张的老巢，不想到了山海关石门寨一线，突然遇到三、八旅中王升文团的猛烈抗击。王部战斗力之强，远远超出曹吴意料之外。结果王升文团长阵亡，全团官兵也损失甚重，但毕竟阻止了直军的攻势，稳住了整个奉军的阵脚，迫使曹吴不能不有所顾忌而接受了和议。”

接着他又写道：“这两件事不但博得了张作霖的特殊赏识，并鼓舞了新派的信心，而且也使旧派相形见绌，不得不在军事上有所让步。因此以后的整军经武，事权大部掌握在新派手中，并且逐步深入到旧派军队，使旧派军队也起了变化。”这个分析是很中肯的。张作霖在实践中看到了新派的潜力，因

① 何柱国：《孙、段、张联合推倒曹、吴的经过》，《文史资料选辑》，第 51 辑，文史资料出版社 1981 年版，第 5 页。

此他决心重用新派。张作霖的头脑是随着时间的推移而发展变化的。

整顿陆军的指导思想是依靠新派力量，裁汰为非作歹的胡匪及行伍出身的官佐。这已经成为张作霖的整军指导方针了。借着总结直奉战争各部的表现，严厉地惩处了违反军纪的军官。根据不同情况，分别加以惩处。

在战争中，临阵退缩、贻误战机、焚劫掳掠者，一律枪决。枪决的有第六混成旅旅长鲍德山，第二十七师第一百零六团团长阎玉成，第十混成旅第一团团长许益三。枪毙了一个旅长和两个团长，震动很大。

对指挥不力、能力不佳、犯有小过者，给予撤职处分。这有奉省军队中的第二十八师师长汲金纯，第二混成旅旅长郑殿升，第九混成旅旅长牛永福，第十混成旅第二团团长朱砚长，独立骑兵第一团团长朱益清；吉省军队中的第二混成旅旅长张九卿，第三混成旅旅长成明，第五混成旅旅长李庆禄，第六混成旅旅长高凤城，第七混成旅旅长李桂林；黑省军队中的第一混成旅旅长英顺，第二混成旅旅长张明九，第三混成旅旅长巴英额，第四混成旅旅长张海鹏，骑兵第一旅旅长马瑞禄，骑兵第二旅旅长张魁武，炮兵独立团团长吉兴等①。这些受到处分的军官遍布东三省，计有1个师长、13个旅长和3个团长。对他们的处分，也同样产生很大反响。

当然，经过整顿，受到处分以后表现好的，又有重新得到任用的。如李桂林、李明九、巴英额等又当上了旅长。而吉兴反而由原来的团长被提升为旅长。

同时，对如冯德麟、张景惠、邹芬等重量级的旧派人物则调为保安司令部顾问，使其有职无权，养尊处优。

对官佐的整顿如此，对士兵的整顿也如此。他们本着“兵在精而不在多”的精神，大量裁汰兵员。把老、弱、病、残、劣的士兵，都给资遣散还乡。立有战功的老弱士兵，照顾改充辎重兵或后勤兵。总计东三省的奉军共裁减6.9万人。奉军总数大大减少了，但战斗力却提高了。

从以上举措不难看出，此次整顿力度很强，动作很大。虽然个别人有怨言，但总体上，整顿还是通行无阻的。其根本原因是有老帅张作霖的坚强支持。这个强有力的后盾，保证了陆军整顿的顺利进行。这也说明张作霖对于新的形势，还是能够主动适应的。

惩处裁汰的同时，奉军又大量引进新式军事人才。他们求贤若渴，广揽

---

① 郝秉让：《奉系军事》，辽海出版社2000年版，第36页。

人才。不仅在东三省招揽各种新式军事人才，还派人到关内的重镇京、津、沪、宁、汉等地去广招各类新式军事人才。举凡航空、航海、炮术、军需、军医、兵工等人才，他们都给予高待遇、高礼遇，悉数请来，为我所用。他们很重视文凭，对日本陆军士官学校、北洋武备学堂、保定军官学校、北京陆军大学以及各地军官学校的毕业生，都极力延揽。其中，日本陆军士官学校和北洋武备学堂的毕业生，更是受到特别的重用。

奉军还规定各部队采取考试的方法提拔军官，废除原来的推荐制。推荐制的人为因素很大，不利于军官素质的提高。同时，对军官的培养，也有一套科学的做法。“全军各师旅的参谋长和各团掌管教育的中校团附，全数由军校学生出身的人充任。其中保定军校各期毕业生为数最多，来自关内的各国陆军留学生和陆大出身的人次之；并且，以后遇有团营长出缺，一般皆由各部队的参谋长、团附以及讲武堂的教官和队长调充。”

军校毕业生认为到奉军来有前途。“当时北洋军阀一般都喜欢行伍出身的人带兵，学生出身的人只能用作参谋之类的幕僚，独有奉军与此不同，很多学生出身的人都直接带了兵。”何柱国正是看到了这一点，才投奔到奉军来的。

经过统一整编的奉军，统称东三省陆军，共有 3 个师、27 个混成旅和 5 个骑兵旅。每旅设 3 团，每团设 3 营，每营设 3 连，每连足额 150 人。整编后的奉军有 17 万人，比直奉一战前减少很多。但军队的素质有很大提高，士气也非常旺盛，朝气蓬勃，面貌一新。

再次，建东北讲武堂。东北讲武堂最早创办于 1906 年，即光绪三十二年。那时是奉天将军赵尔巽为造就陆军初级军官而设立的。原名为奉天讲武堂，训练期为一年，只办一期。1907 年，徐世昌任东三省总督兼管三省将军事务时，将讲武堂扩大，改为东三省讲武堂，地点在小东边门外老龙口烧锅东侧。每学期定为六个月。1910 年，革命军兴起，该堂即停办。1912 年，巡防营改为陆军师，为整顿军队，又继续开办，办至第三期停办。曾在陆军第二十七师任旅长、团长的孙烈臣、汤玉麟、张作相等，都先后是该堂的毕业生。至 1915 年中日交涉起，复行停办。这是讲武堂的前身。但这两期讲武堂是短训班性质，而且都是采用旧式的军训方法，因此，影响不大。

真正有全国影响的东北讲武堂是指张作霖于 1918 年任东三省巡阅使后，为了整顿东北军队，在 1919 年 3 月所成立的东三省陆军讲武堂。这个讲武堂是奉军自办的培养陆军军官的学校。张作霖认识到，军队战斗力的提高，有赖于军事学校，有赖于军事教育。因此，他对独立开办军校极为重视。解放前，中国有四大军官学校，即保定陆军军官学校、东北讲武堂、黄埔军官学校和云南讲武堂。东北讲武堂是其中之一。至1931年九一八事变，在13年中共训练了11期学员，学生8900余名。东北军上自最高统帅张学良，下至连排长，绝大多数都是从东北讲武堂毕业的。

现在着重说一说直奉一战后张作霖狠抓讲武堂训练的情况。这时适逢讲武堂的第四期。第四期是1922年10月召集的。因为直奉之战，奉军战败。为此，张作霖听从有益的意见，对讲武堂加强了管理，进行了改革。在组织体制、主要领导和学员招生等方面，均有了较大改变。堂长仍由张作霖自兼。在堂长下增设一名监督，由张学良兼任。并由中日两个陆军大学毕业的福建人萧其煊以教育长的名义代张学良负责。将原来的九个区队改为三个中队，下辖十个分队。取消总队长一职，增设步、骑、炮、工、辎各科，由资深的中队长兼任术科教官。学习时间明确规定一年。

鉴于前三期学员全部是从部队抽调的在职团以下行伍出身的军官，文化程度较低，学习困难。在第四期学员的招生上进行了较大的改革，张学良接受郭松龄的建议，在社会上招考了一部分中学生。同时，还从东三省陆军军士教导队第一期学员中考选具有中学文化程度的学兵110余名，连同从部队调训的在职行伍出身的军官335名。这样，学员的素质有了较大提高。规定凡由社会上招收的中学生和由教导队考选的学生，毕业后须先到部队当三个月见习教官，然后才能任少尉军官。①

关于在军士教导队招生的情况，当年亲自参加报考的教导队军士张国威有一段形象真实的回忆："总值官杨焕彩宣布说，本队附魏益三命令，接旅部（指二、六旅司令部）电话说郭旅长的指示，现在东三省陆军讲武堂第四期要开学了，由教导队学兵中有初中毕业或有同等学力者，可报名应考第四期讲武堂为学员。有考试的学兵，可即日由各连报名。学兵们听到这个命令，真是从心眼里高兴。大家都说，讲武堂是培养陆军军官的学府，我们能考上，毕业后不就是陆军军官了吗！当时各连报考的学兵计有数百人。经郭旅长自己出题、自己批阅试卷，录取者只有50多名。郭旅长又亲自点名后，进入讲武堂第四期受训。"② 张国威就是经过这个考试而进入讲武堂的，毕业后当上

---

① 郑殿起：《东北讲武堂》，《辽宁文史资料精粹》，第1卷，辽宁人民出版社1999年版，第449页。

② 张国威：《郭松龄热心部队整训》，《辽宁文史资料》，第16辑，辽宁人民出版社1986年版，第144页。

了陆军军官。这个规定对军官军事素质的提高，起到了很大的作用。

第四期干部的质量也比前三期好。各中队长和部分教官是聘请在保定陆军学校任教多年的军官，如杨正治、戴联玺、何柱国、毛福成等，他们都是日本陆军士官学校毕业的，有丰富的教学经验。因此，第四期毕业生的质量要好于往届。由于狠抓了军官的培养和训练，使部队的军事素质有了较大的提高。在第五期举办的中间，爆发了第二次直奉战争。这一次战争，奉军官兵的战斗力大大增强。这就从一个重要方面印证了东北讲武堂的举办是成功的。

最后，树立奉军典范。为了提高奉军整体素质，张作霖很重视在奉军中树立典范。这个典范，就是由张学良和郭松龄带领的部队。郭松龄曾任东北讲武堂教官，深受当时在讲武堂当学生的张学良的爱戴和尊重。1920 年，张学良毕业后，即调郭松龄担任卫队旅参谋长兼团长。1921 年奉军扩编，张学良任奉军第三旅旅长，郭松龄任第八旅旅长。三、八旅的日常管理和训练，张学良放手由郭松龄统一负责，实际上郭松龄就统辖了两个旅。三、八旅在郭松龄的苦心训练下，成了两支劲旅。① 在直奉第一次战争中，由于三、八旅的顽强作战，阻止了直军的追击。他们的顽强作风和抗击能力，给全军树立了榜样。但在杨柳青和山海关两个战役中，三、八旅损失很重。战后，东三省陆军统一军制，张作霖出于对长子张学良的信任和厚望，把三、八旅整编为二、六旅，仍由张学良和郭松龄分任旅长。挑选精兵强将，调配新式枪械，充实两旅，使这两个旅成为奉军的模范旅。两旅的训练和管理，张学良仍然完全交给郭松龄负责。张学良对郭松龄言听计从，尊崇备至。这两个旅后来在直奉第二次战争中，确实表现突出，战功卓著。而他们本身的榜样作用也是非常突出的。

张作霖的整军经武除上面谈及的几点外，还有建立和扩大兵工厂，以及建立空军和海军等。

二、抓基础扩建兵厂

为了适应大规模战争的需要，张作霖处心积虑地扩建兵工厂。1919 年春，

① 刘海波：《忆郭松龄之整军训练》，《辽宁文史资料》，第 16 辑，辽宁人民出版社 1986 年版，第 137 页。

张作霖偕参谋长乔焕章、实业厅长谈保隍亲自实地踏勘。决定奉天东塔以东800余亩归航空处及飞机场占有；东塔以东约1800余亩为兵工厂基址。在该处建立了东三省兵工厂。

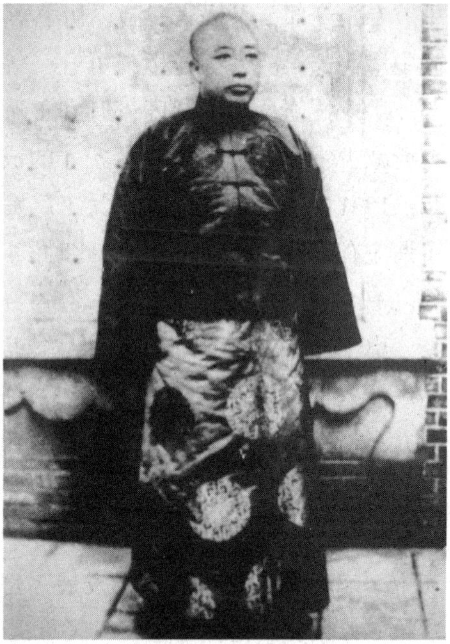
1928年的杨宇霆

兵工厂的建设，大体分为两个时期：1919年8月至1924年，为初建期；1924年后为扩建期。1919年秋，派原奉天省军械厂厂长陶治平负责建厂筹备工作。陶治平于1921年首先建成了无烟药厂、枪弹厂和枪厂等三个工厂。因此，陶治平被委为兵工厂总办。1923年，陶治平去职，由韩麟春继任。1924年，韩麟春转任他职，遗缺由督军署总参议杨宇霆兼任，改称督办。从此，兵工厂进入了大规模发展时期。1929年，杨宇霆被杀，由臧式毅接任。不久，臧式毅调任辽宁省主席。1931年，九一八事变，兵工厂被日军占领。

1923年，增设了炮弹厂。1924年后，杨宇霆又大力扩建了炮厂、火具厂、铸造厂、制酸厂、木工所，达到了建厂的最高峰。计有8厂、4处，以及统计委员会、兵工学校、兵工医院等17个单位。到九一八事变前，全厂职员由100余人增加到1000余人；工人由300人增加到2万人，最多时达到2.5万人。

对兵工厂的扩建，张作霖给予大力支持。杨宇霆由于兼任督军署总参议，有很大的决策权。兵工厂想怎么办，就怎么办。花钱多少，在所不计。

建厂初期，人才匮乏。张作霖命令大胆聘请外籍技术专家。聘请的外国专家有日本人、德国人、奥地利人、俄国人和瑞典人等，他们都得到了重用，担任顾问、技师或技士等职。他们主要负责安装各种机器、设计制造配件和工具模板，以及对技术人员的培训指导等，起了很大作用。

张作霖对所用的人十分信任。有一次，他直接约见药厂负责人叶禾及枪弹厂负责人吴伯琴。他们两个人不知何事，结果是当面鼓励他们好好干，并当场开给他们两个人各5万元的支票。张作霖用人就是这样，不惜花钱。

此外，为了培养自己的兵工人才，设立了兵工学校。学员分为初中、高中、专门三部，采取三三制。初中毕业后，派到厂里任三等技手，服务三年。高中毕业，派厂为练习生，可升一等技手。专门部毕业等于大学毕业，任一等技手或技士。这个制度，有利于调动学员的积极性。以后，虽然外籍专家有所减少，但由于中国技术人才的成长，兵工厂未受任何影响，反而有所进步。1931 年九一八事变前，兵工厂发展很快，全厂装备大小机器约计在万台，可谓应有尽有，品种齐全。① 此时该厂已经成为全国规模最大的综合性的兵工厂之一。

由于投入巨大、经营得法，军工生产制造能力有了很大提高。枪弹厂的生产能力，大致分为三个时期：第一期 1920 年 4 月至 1923 年 12 月，六五、七九步枪弹由日产 1 万发，扩充到 10 万发；第二期 1924 年日产 15 万发；第三期 1925 年至 1931 年九一八事变止，日产 30 万发。第二期年产 300 万发，比第一期增长 15 倍。第三期年产 9000 万发，多时达到 1 亿发，比第一期增长 30 倍。其他各厂也都有较大发展。每年生产的大炮 150 门、炮弹 20 余万发、步枪 6 万余支、枪弹 1 亿发，轻重机枪 1000 挺。

东三省兵工厂的扩建和发展，为张作霖进入关内、问鼎中原打下了军事物质基础。当然，这是大军阀不顾人民死活，采取穷兵黩武政策的体现。

三、购武器帅府试炮

第一次直奉战争奉军失败后，张作霖在扩建兵工厂的同时，对迫击炮情有独钟。他下令从俄国购进了一批迫击炮，就是通常所说的六〇炮。这种炮小巧玲珑，操作简便，运输容易，几个人抬起来就走。它具有曲射和直射两种性能。这种迫击炮极适合近距离的攻坚战，既可以直接轰击掩体，杀伤目标；也可以跨越掩蔽物，攻击其后边的目标。

但因为刚刚购进，对这种迫击炮的性能和威力，都不了解。张作霖决定试放一下。试放地点选择了帅府影壁墙南边的荷花池，以此为发射地，往南对着相距不足百米的城墙上打。在荷花池附近，放置了 10 多门迫击炮，调好了高度，计算了距离。每门炮前都站着五名炮兵，分管装弹、运弹、发射。演习场周围站满了人。

---

① 沈振荣：《东三省兵工厂》，《辽宁文史资料精粹》，第 1 卷，辽宁人民出版社 1999 年版，第 523 页。

张作霖在炮兵旅齐旅长的陪同下来到现场。参加观看的有奉天督军署的军政要员，如杨宇霆、吴俊升、张作相、郭松龄、王永江、张宗昌、李景林、张学良，以及各师、旅长，足有200多人。大帅府里的夫人、少奶奶、小姐、少爷、用人和督军署的军官，都来看热闹。

张作霖在帅府大青楼老虎厅内的标本旁

齐旅长看看各个方面已经准备就绪，就径直来到张作霖面前请示演习是否可以开始。张作霖不假思索地说："准备好了，就开始吧！"齐旅长刚要下令，只见少奶奶于凤至跑到张学良身边，焦急地问道："汉卿，这演习的事，南门边的老百姓和店铺知道吗？"张学良一听，遭了，怎么把这事忘了呢！他赶紧叫住齐旅长，然后快步走到张作霖跟前，说明了情况。

张作霖反问道："这些小炮有那么大响动吗？"张学良说："不过还是通知一下好，以免吓着老百姓，造成混乱。"张作霖感到言之有理，就点头道："那就快去通知一下吧！"过了一会儿，差官通知完了，这边下令开始演习。

话音刚落，这10多门迫击炮同时开火，山摇地动，震耳欲聋。刹那间，尘土飞扬，烟雾蒸腾，人们哗然。城墙上，碎砖横飞，浓烟四起。这一下可乱了套了。大、小南门一带的老百姓和店铺、商号，虽然知道演习迫击炮，可没有想到有这么大的动静。而街上的行人不知道发生了什么事，都没命地乱跑，撞倒了摊床，踩坏了商品。

卫队把情况报告给张作霖，张作霖赶忙下令停止："不成，不成！不要演习了，快停止，快停止！"张作霖回到帅府上房，对张学良说："真没想到这小小的迫击炮有这么大的劲，让老百姓受惊了。快下去看看伤人没有，损失、毁坏的东西，咱们如数赔偿。"① 后来，果真都如数作了赔偿。

---

① 王世烈：《两次演习迫击炮》，赵杰、张英智：《张氏帅府》，辽宁人民出版社1993年版，第29页。

经过这次演习，张作霖才知道迫击炮的威力，因此，他下令建立奉天迫击炮厂。说办就办。1922 年，张作霖重金聘请英国人沙敦主持建立了奉天迫击炮厂。该厂生产迫击炮、迫击炮弹及其附属品。1922 年开始生产迫击炮和迫击炮弹，比上海和汉阳兵工厂早一两年，造出的炮是英国斯托克斯式的。它构造简单，操作容易，运作方便，适合在各种地形上作战。

1922 年生产的称为 11 年式，1924 年生产的称为 13 年式，1926 年生产的称为 16 年式。性能良好，射程远，威力大。每门炮还随带炮车 1 辆，弹药车 1 辆，每辆弹药车可载 10 发炮弹。炮车和弹药车使用方便，节省人力。① 在正常情况下，每月可制造迫击炮 80 门，炮弹 4 万发。

由于迫击炮的大量生产，使奉军的军事实力大大增强，在以后的战争中发挥了巨大的威力。当然，迫击炮厂的建立，投入的都是民脂民膏。在沙敦任厂长时期，每年的经费预算约为 78 万元。在他的后任李宜春厂长时期，每年的经费达到 130 万元。

四、下决心创建空军

为了提高奉军立体作战的能力，张作霖把目光投向了空军。他深知，在现代战争中，陆军没有空军的支持，是很难取胜的。尤其是在第一次世界大战中，空军在战斗中低空对地扫射和投弹轰炸，所起到的歼灭敌人和涣散军心的巨大作用，给张作霖留下了深刻印象。第一次直奉战争，由于直军有几架飞机压迫西线张景惠部，低飞抛弹，狂轰乱炸，使奉军西线顷刻土崩瓦解。这给奉军造成了极大的心理伤害。这个惨痛教训，使张作霖下定决心，要建立一支独立的空军。

中国开始建立空军是在 1912 年前后。北洋军阀段祺瑞和徐树铮，在留法回国的航空员姚锡九的建议下，向英国购买了一批飞机。1917 年使用这批飞机参加了讨伐张勋复辟军的战斗，空袭过复辟军占领的北京，轰炸过紫禁城。1920 年，直皖战后，因为奉系派兵支持了直系，张作霖分得战败了的皖系段祺瑞的一批飞机。这是张作霖梦寐以求的。这批飞机有旅客运输机四架，侦察教练机四架。同时，跟来航空人员姚锡九和王立序等专家。后来，张学良又从大沽造船厂等地调来技工赵鸿起等 22 人。有了这些，就为建立东北航空

① 郝秉让：《奉系军事》，辽海出版社 2000 年版，第 158 页。

1927 年，法国航空学校毕业的飞行员、部分教练及地勤合影

军提供了有利的前提。

1921 年 1 月，张作霖下令设置东三省航空处，并派其参谋长乔赓云为处长，赵延绪、章斌为正副主任。此外，还委派了副官、军需官、军医官、书记官、工厂管理员、技工、班长等若干干部，分别掌握航空处各项事务。在沈阳东塔农业实验场旷地修建飞机场，又建厂房，盖仓库，造宿舍，筑办公室。以章斌、庄以临等为飞行骨干，以孔家桂、赵鸿起等为机械师，组建航空队。这样，就有了东北航空军的雏形。

1922 年，奉军在第一次直奉战争中失利。据认为，“此次战败原因之一是直系的空军占了优势”。[①] 在西线，直军利用其航空优势，派飞机在长辛店投掷重磅炸弹，奉军招架不住。奉军前敌总指挥张景惠首先退却，引起奉军全线崩溃。这次惨败，对张作霖是刻骨铭心的。张作霖更加深刻地认识到建立自己的空军的必要性。这一次，中国最早使用飞机作战，奉军失败的情景是张作霖永生难忘的。

① 蒋达：《旧中国航空界见闻》，《天津文史资料选辑》，第 27 辑，天津人民出版社 1982 年版，第 18 页。

为此，1923年9月，张作霖任命张学良为东三省航空处总办，以加快东北航空军的建设步伐。值得一提的是，张学良在1923年间学习了航空驾驶，很快就掌握了这项技术。他很喜爱飞行，航空员都很钦佩他。①

在第二次直奉战争中，奉军取得了胜利，东北空军在战斗中发挥了作用。张作霖感到东北空军要加以整编，扩充实力。为此，张学良进行了机构改革。于1925年将东三省航空处改组为东北航空处，设立总务、机械两个处，分掌事务和机务。以高纪毅为总务处长，周培炳为机械处长。同年3月，附设航空学校，由张学良兼任校长。教官有北京南苑航空学校毕业的赵延绪、王立序等，还有法国退役飞行员博赖等10余人。至此，东北的航空军包括多架飞机、正规机场、维修工厂、机械设备、航空人员、地勤人员、机械人员，以及训练机构等，初具规模。

对航空员的培养，张作霖煞费苦心。第一批自己培养的航空员，基本不合格。第二批从陆军中选送到法国留学的12名航空员，也不理想。接受这两次教训，第三次选派留学的航空员就非常严格了。1925年，张学良在东北军官训练班的1000余名学员中，亲自挑选了28名学员。他们的特点是品德好，年龄小，体格壮。一般是20岁左右，最小的仅17岁。这次送往法国留学的共35名。除28名学飞行的航空员外，还有学习其他学科的。

28名航空员到法国后，分作两部分。一部分进入了对身体条件要求更加严格的巴黎的毛兰纳航空学校，共18名；另一部分进入法国西南克鲁德亚的高龙特航空学校，共10名。毛兰纳航空学校的教授方法是最优秀的，使用的教练机也是最新式的。教练机是毛兰纳工厂自己制造的。学习的科目有：机械、驾驶、实习、法文等。高龙特航空学校的学习科目有：机械、战斗、轰炸、无线电联系等。学习时间都是八个月。毕业后，两部分学员都获得了国际航行驾驶证，具有初级驾驶人员资格。1926年秋，两部分学员都转入法国南部的依斯特陆军航空学校训练，学习驾驶和战斗。结业后又转道里昂的法国正规航空军三十五团，参加实际战斗见习。实习的项目有：轰炸、投弹、瞄准、扫射、空中战斗、无线电联系等。还参观了欧战的遗迹。1927年初，结束全部训练项目，起程回国。②

① 徐则林：《东北空军的诞生和发展》，《辽宁文史资料》，第6辑，辽宁人民出版社1981年版，第42页。

② 孙继先口述，罗正难整理：《东北航空军建立始末》，《辽宁文史资料选辑》，第2辑，辽宁人民出版社1963年版，第58页。

这批留学生受到张学良的高度重视。在学习期间，就把他们的军衔由准尉提升为中尉。回国后，很快提为少校或中校。对他们在阶级、工资、生活各个方面都给予满足。他们对奉军的航空事业上也确实起到了不小的作用。

东北空军飞机的来源有三条途径。一是从军阀手中缴获的。1921 年缴获段祺瑞的 8 架，1926 年缴获吴佩孚的 2 架，1927 年缴获冯玉祥的 3 架，1928 年从飞豹队山东带回 10 架。计有 23 架。二是从西方国家购买的。张学良接受西方资本主义的先进事物很快，他不惜花费巨资从这些国家购买新式飞机。1925 年从法国购买 10 余架，每架 10 万元。1929 年从法国又购买 26 架。同年，又从日本花 120 万元购买 4 架。1930 年又从捷克购买 40 架。到 1931 年九一八事变，前后共购买 80 余架。三是接受西方国家赠予的。1929 年美国赠送 1 架。同年，法国赠送 1 架。综合以上三个来源，东北空军约有飞机 100 余架。据估计，在东北空军全盛时期，飞机累计约有“250 至 300 架”。这在当时的中国是首屈一指的。

东北空军的组织机构有一个变化的过程。1925 年，东北航空处已经拥有 60 多名飞行员，50 多架飞机。遂正式建立飞龙、飞虎、飞鹏、飞鹰、飞豹等五个航空兵队。张学良自兼飞鹏队长。飞豹队成立不久，即调山东归张宗昌指挥。1925 年秋，成立东北空军司令部，由张学良兼司令，冯英为参谋长。中间又经过几度变迁，曾改为东北空军大队。1930 年，又把大队改为东北空军司令部，张学良任司令。这是一支拥有现代技术装备和具有坚强战斗力量的空军劲旅。东北空军在张作霖问鼎中原的战争中参加大小战斗数百次，充分发挥了作用。

五、选人才建设海军

张作霖决心建立东北海军是有原因的。1922 年 4 月，第一次直奉战争爆发时，吴佩孚乘温树德海军少将的旗舰“海圻”号，巡视秦皇岛、葫芦岛一带，并策应山海关的直系陆军，在葫芦岛发炮 100 余发，对奉军造成威胁。5 月，奉军失败。在奉军退出山海关时，遭到依附直系的“海筹”“海容”等军舰从秦皇岛海面大炮的轰击，部队损失较大。甚至白天不敢行动，夜车不敢开灯。张作霖的座驾也险被击中。张作霖深感没有海军不能控制海面的痛苦，遂决心建立东北海军。

东北海军的创始人是沈鸿烈。沈鸿烈，字成章，湖北天门人，1882 年生。

“海圻号”军舰全体官兵合影

1906年，入日本海军学校学习，加入中国同盟会。1911年，毕业回国。武昌起义爆发，沈鸿烈奉命为海军宣慰使，策动长江上下游海军反正。1912年，任南京临时政府海军部军机处参谋。次年，任北京政府参谋本部上校科长，主管海防。1916年，被派赴欧洲观战团海军武官。1918年，回国后任陆军大学海军教官。1920年，任吉黑江防司令公署中校参谋。1922年，张作霖任命他为镇威上将军公署航警处少将处长。

其实，在清朝末年，他在湖北新军充当文书，由两湖总督张之洞派赴日本留学。当时中国海军大权掌握在闽系手中，舰上服役的也全是福建人。非闽系的赴日本留学的海军军官就不能在舰上服役，只能在北京海军部候补。以后也只是任参谋等文职人员，没有更好的出路。沈鸿烈不甘寂寞，他谋到吉黑江防司令公署中校参谋的差事，是难得的机遇。

适逢奉军战败退回关外，张作霖自称东三省保安司令，宣布东三省独立，决心加强海防。沈鸿烈便提出了加强海防的具体建议，受到张作霖的赏识，竟被采纳。沈鸿烈把家眷接来东北，在法库买地落户，表示决心跟随张作霖。再加上他的丰富的海军阅历和深湛的海军知识，因而受到张作霖的信任。张作霖便任命其为东三省保安总司令部八大处之一的航警处少将处长。沈鸿烈原来只是中校参谋，破格提升为少将处长，这在海军军官中还是空前的。后来东三省保安总司令部改为镇威上将军公署。

此后，沈鸿烈便利用职权，大力招揽人才，把他昔日不得志的同学尽量吸收到东北来，如凌霄、方念祖、谢刚哲等20余位往日的同学都是先后投奔他来到东北的。有了这些海军人才，沈鸿烈便沉下心来，创建东北海军。

首先，建立东三省航警学校。该校最初叫葫芦岛航警学校，校址设在奉天省锦西葫芦岛炮台山右侧的八号洋楼。后来改名为东北航警学校、东北海军学校等。当时的校长是海军上校凌霄，教育长是海军中校方念祖，佐理官是海军中校陈华森，学监是海军少校戴修鉴。以下设有兵学教官，分任航海、船艺、枪炮、鱼雷、轮机、气象、海洋，以及海战术、炮战术等科；另有大学数学、物理、化学等专业教官。

学校初设军官班和学兵班两种。学生队有队长、班长，学兵队也有队长。在1921年冬，先招考海军学兵队、水兵队和轮机兵队，各200名。1923年春，在沈阳招考航海将校学生班。报名学历限定中学毕业或有同等学力者。报名者不多，约有500人，录取40人。又为浙江督军卢永祥代培7名。

这一期入学共为47名。1923年4月1日正式开学，1926年9月毕业。真正训练出来的在海防舰队服役的只有27名。这是东北海军学校培养的第一期海军军官。第二期招考38名，毕业的只有33名。两期毕业在海防舰队服役的只有60名。但是，这就逐步形成了中国海军的东北系，同以正统自居的闽系海军形成北南对峙的格局。东北海军在中国海军中占有了重要的一席之地。学兵班共办了6期，培养了海军士兵1090名。这所海军学校的创办为东北海军的建立和发展，作了必要的人才准备。这也是张作霖命令沈鸿烈创办该校的初衷。

其次，筹建东北海军舰队。当时东北自己没有军舰，向外国购买也不容易，只得着手改造商船。向烟台政纪轮船公司购买2500吨级的商船一艘，改造后命名为“镇海”军舰；向日本购买2500吨级的废商船一艘，改造后命名为“威海”军舰。又征召中央海军烟台海军学校的8年制毕业生来东北海军服役，共招来30余人。他们都上了军舰，解决了舰队基层军官不足的难题。1923年，“镇海”军舰正式成军，第一任舰长为海军上校凌霄，副舰长为海军少校盛建勋，轮机长为海军少校张振舣。

第二次直奉战争，奉军获胜。沈鸿烈向张作霖所作的“海防无虞”的保证，得以实现。从此，张作霖对东北海军的建设更加支持。不久，“威海”军舰也继续成军。又将在塘沽接收的1000吨级的俄国破冰船命名为“定海”军舰。还购入了300吨级的日本旧鱼雷艇，命名为“飞鹏”军舰。至此，东北海军舰队就以“镇海”“威海”“定海”“飞鹏”四舰组成。凌霄任代将舰队长。代将是东北海军军衔，介于上校和少将之间。方念祖任“镇海”舰长，宋式善任“威海”舰长，冯涛任“定海”舰长，谢渭清任“飞鹏”舰长。沈鸿烈升任中将司令。第二次直奉战争后，东北海军拥有江防、海防两支舰队，以及一所海军学校。但东北海军的实力还很弱，没有一艘真正的军舰。

再次，巧妙接收渤海舰队。东北海军成立后，面对的劲敌就是渤海舰队。渤海舰队拥有三艘巡洋舰、两艘炮舰、一艘鱼雷艇，是一支实力雄厚的正式舰队。东北海军根本不能望其项背。和平地接收渤海舰队，是沈鸿烈面临的一大难题。但是，直奉二战后，直系失败，归直系管辖的渤海舰队陷入困境。连饷银都发不出来，欠饷达三个月之久。军令废弛，军官聚赌，士兵放假，军舰失修。舰底的蚌壳附着物厚达一尺多，舰速大大降低。官兵士气消沉，感到前途无望。这给接收渤海舰队提供了难得的机遇。

该舰队中的大型巡洋舰“海圻”号，必须修理，否则就废弃了。当时，北方除旅顺口外，没有可以停放“海圻”军舰的大型船坞。无法，只得于1927年到旅顺口来修理。恰巧同时在该船坞修理的还有东北舰队的“镇海”军舰。两舰隔坞相望，新旧对比鲜明。“镇海”军舰，生机勃勃；“海圻”军舰，死气沉沉。因此，“海圻”军舰的官兵人心思动，都在向往归附东北海军舰队。

在这种情况下，他们在军舰修好，刚出旅顺口之际，就通电全国归附东北海军舰队，全舰官兵欢呼雀跃。在上校舰长袁方乔、协长张衍学和航海大副曹蓝亭的率领下，“海圻”军舰奉命驶向长山列岛，并以此为根据地，长期驻泊。张作霖异常兴奋，下令悉数补发官兵三个月的薪饷，袁方乔升为代将舰队长。要说明的是，该舰绝大部分官兵都是山东人。他们一直受到闽系海军的排挤，同东北海军反而很亲密。这也是他们归附东北海军的心理基础。

“海圻”军舰当时是中国最大的巡洋舰。它是1894年的甲午战争后四年，从英国购买的。辛亥革命前，曾代表中国海军，远渡重洋，赴英国伦敦庆贺英皇加冕典礼。之后，又应华侨的要求访问了美洲，辛亥革命后才回国。“海圻”被称为“海上王”，其航行速度和武器装备，都是世界一流的。因此，“海圻”军舰归附东北海军，东北海军如虎添翼，壮大了东北海军的实力，鼓舞了东北海军的士气。据说，南京政府的海军部部长陈绍宽曾问到他的部下：“如果东北海军南下，你们作何打算？”部下畏葸地答道：“最好不遇见。”可见，此时的东北海军已经具有很大的威慑力量，驻泊港湾，即可先声夺人。

“海圻”军舰的归附，只是一条军舰的问题，要害是必须尽快接收整个渤海舰队。“海圻”军舰的归附，为接收整个渤海舰队排除了最大的障碍。第二次直奉战争，直军陆战失败了。奉系的势力已经延伸至直、鲁、苏、豫、皖五省。但属于直系的渤海舰队问题还没有解决，这是当务之急。渤海舰队龟缩在青岛海湾，不主动投降。

沈鸿烈采取了强行改编渤海舰队的计策。他策略地拥戴山东督军张宗昌为东北海军总司令，自居海军副司令，下辖两个舰队：第一舰队由原来的东北海防舰队及“海圻”“江利”两舰组成，舰队长为袁方乔少将，驻泊长山岛；第二舰队由渤海舰队组成，舰队长为凌霄少将，驻泊青岛。依据命令，凌霄只带一两个幕僚就到渤海舰队的“肇和”军舰升起少将旗接任。但夜间凌霄就被该舰军官软禁，限制自由。同时，渤海舰队的“海琛”军舰，也在没有命令的情况下，私自夜间行动，到青岛海湾后海集中，并禁止东北舰队的“镇海”军舰驶离码头。海面戒严，前后海不通，一时形势十分紧张。

沈鸿烈忙中不乱，急中生智，速去济南向张宗昌求救。拥有海军总司令头衔的山东督军张宗昌急赴青岛。在沈鸿烈的策划下，把东北葫芦岛航警学校的海军学生和学兵假扮成陆军，暂充张宗昌的卫队。张宗昌在沈鸿烈的陪同下，率领卫队，登上“肇和”军舰，立即集合官兵讲话。当全舰官兵集合到甲板上时，张宗昌的卫队就迅速地占领了该舰的枪炮位和火药库等要害部位。张宗昌粗中有细，他知道处理突发事件，必须迅速果断，不给对方以任何喘息之机。因此，大字不识几个的张宗昌讲话直截了当。他严厉地问：“我是总司令，你们服从我不？”官兵不知所以地齐声回答：“服从。”张宗昌立刻直接下令：“既然服从，我命令你们马上集合到岸上去听候改编。”就这样，三下五除二，不费一枪一弹，渤海舰队就被和平地接收了。

原来的渤海舰队司令温树德被调任军事部海军署长。张宗昌委任部将毕庶澄为舰队司令。后来，毕庶澄转任上海护军使，他打算把舰队带到南方去，不料消息泄露，为免除后患，张宗昌就把他枪毙了。又任命扬州人吴志馨海军少将为舰队司令。1928 年，张宗昌以吴志馨与北伐军秘密勾结为由，将吴志馨扣押在济南，4 月张宗昌从济南撤退时，把吴志馨也枪毙了。就这样，沈鸿烈依靠山东督军张宗昌的强大后盾，巧妙地接收了渤海舰队。

最后，东北海军的全盛时期。接收渤海舰队后，东北海军进入了全盛时期。沈鸿烈任海军中将司令，直辖江防舰队。海防拥有两支舰队：第一舰队辖有“海圻”“海琛”“镇海”“威海”“同安”等军舰，以海军少将凌霄为舰队长，驻泊青岛；第二舰队辖有“永翔”“楚豫”“江利”“定海”等军舰，以海军少将袁方乔为舰队长，驻泊长山岛。陆上机关有海军学校、陆战队、造船所、海军航空队、海军医院等。这样，东北海军就与福建海军形成了南北对峙的局面。①

1927年6月，张作霖命令设立东北海军总司令部，张作霖兼总司令，沈鸿烈任海军上将副总司令，代行总司令职。

东北海军的全盛时期，拥有大小舰只21艘，约有3.22万吨，舰队官兵约3300人。当时全国海军舰只只有4.2万吨，官兵约有5400人。东北海军在全国海军中是占有绝对优势的。东北海军在第二次直奉战争中，起到了牵制敌人的重要作用。

张作霖重视东北海军的建设，不进行直接干预，放手让沈鸿烈去干，收到意想不到的效果。这是张作霖用人策略的一个成功之处。

六、投巨资筹建大学

张作霖本人文化不高，他自认为是一个缺憾。他知道，要想成就一番事业，没有人才不行，而人才来自于教育。因此，他很重视教育。在教育上，他不惜投入大量资金，建设校舍，网罗人才，聘请名师。

原东北大学秘书长、代校长宁恩承写道："张作霖出身行伍，在绿林生活四年，认识字不多，属于粗人。然而他深知教育的重要。他以为国家的兴衰决定于人民的智力。"②

张作霖曾说道："凡国家若想富强，哪有不注重教育与实业，会能成功的呢？我们现在这几天正讨论设立东北大学问题。并且，也计划派送留洋的学生。现在救急的法子，就是凡本省自费出洋的，都由省政府酌量予以救济，不使他们失学。"③ 这段谈话是在1921年12月5日，在第一次直奉战争之前。

在东北建立综合性大学，最早提出的是奉天省议会。1916年10月，议员郑英澜提出《整顿学务以储人才建议案》，其中有一条建议，即"故拟联合吉、黑二省，并设东三省高师及大学"。这是建立东北大学的最初动议。后来，在1919年12月议员李树滋再次提出创办大学的建议，他提议"每省均设一处大学"。此后，奉天省代省长王永江多次建议张作霖"兴办大学教育，

---

① 张凤仁：《东北海军的建立与壮大》，《辽宁文史资料选辑》，第3辑，辽宁人民出版社1963年版，第90页。

② 宁恩承：《百年回首》，东北大学出版社1999年版，第28页。

③ 吴相湘：《孟禄博士与张作霖、阎锡山的谈话》，台湾《传记文学》，第34卷，第2期，第52页。

培养专门人才”。教育厅长谢荫昌也积极建议创办东北大学，他认为：“东西洋文明各国，所以号称文明，主要在于学术发达。他们农有农学，工有工学，商有商学。”

原东北大学校门

对于这些创办东北大学的主张，张作霖欣然采纳。并准备开始启动，就在这时，第一次直奉战争爆发了。东北大学的创办事宜只得暂时搁置。

第一次直奉战争失败后，张作霖在整军经武的同时，便狠抓东北大学的创办。张作霖知道，一个国家的强弱同这个国家大学的多少有直接关系，大学多的国家必然是强国。于是，决心创办东北大学。张作霖命令奉天省长王永江主持其事。1922 年 8 月，在省长公署成立大学筹备委员会，聘请教育界名流李树滋、范先炬、佟兆元、林成秀、关海清、谢荫昌、王镜寰、恩格、吴家象、汪兆璠、王之吉为筹备委员。12 月 2 日，省长公署发布委任令，令莫贵恒筹备理工科，汪兆璠筹备文法科，吴家象筹备干事科。东北大学筹建工作开始走上正轨。

1923 年 1 月 5 日，省长公署批准，以沈阳高等师范学校改建理工科，以公立文学专门学校改建文法科。拟定《东北大学组织大纲》，规定设立六科，即文科、理科、工科、农科、商科、法科。每科又设若干系。后来这些学科发展为学院，即文学院、法学院、理学院、工学院、教育学院，以及后来成立的农学院等。东北大学的经费来源基本是奉天省，占九成，另一成出自黑龙江省。

1923 年 4 月 26 日，东北大学正式成立，以此日为建校纪念日。

为了解决校舍问题，王永江绞尽脑汁。他看中了沈阳昭陵东南的一块 500 亩地，拨款买下，但其中有 300 亩是清皇室的陵地，不得随意动用。王永江特地去函，请醇亲王相助，得到同意，才开始动工。1923 年 5 月开工，1925 年竣工，理工两科迁入新校舍。当时，东北大学是南北分校，有诸多不便。张学良动议，将北陵南侧的空地扩建为新校舍。

在建校过程中，最困难的是资金不足。王永江多方筹措。除奉天省长公

东北大学第一任校长王永江

署拨款外，张学良个人慷慨解囊，出资奉洋150万元，以解燃眉之急。购地款除外，东北大学基建费用即达奉洋600万元。省财政向东北大学的投资巨大，每年人均为奉洋800元。仅1929年度，就投入经费133万元。经费的投入在全国58所大学中占第四位。功夫不负有心人。1929年，一所规模可观、设备齐全、建筑新颖的现代化的高等学府便建成了。

1923年，首任校长由奉天省长王永江兼任。1927年3月7日，王永江辞去奉天省长一职，东北大学校长职务自然解除，由奉天省长刘尚清兼任。刘尚清派冯广民为总务长，主持日常校务工作。1928年，张学良主政东北，兼任校长，以刘凤竹为副校长，具体承办校务。1930年，改副校长为秘书长，由宁恩承任秘书长，代行校长职务。1931年九一八事变以后，由王卓然接任。

东北大学非常重视师资的质量。一所大学质量的优劣，关键在师资。这是东北大学历届校长的共识。因此，他们把视野扩大到全国，不惜重金聘请一流学者到校任教。教师的待遇是很高的，在全国首屈一指。以教授为例，预科教授月薪最高为260元现大洋，最低为150元现大洋；本科教授月薪最高为300元现大洋，最低为180元现大洋。后来教授的月薪提高到360元现大洋。著名学者月薪更高，文法专家章士钊的月薪高达800元现大洋。[①] 当时，南开大学教授的月薪是240元，北京大学、清华大学教授的月薪是300元，还常常欠薪。此外，校方还专门为教授修建了宿舍区，所建皆为新式高等洋房。

由于对教师重金聘请、大礼相邀，因此许多国内著名学者和社会名流都曾到东北大学任教。如曾任外交总长的罗文干、文字学家黄侃、著名学者梁漱溟、文法学家章士钊、建筑学家梁思成、著名学者林徽因、俄文学者曹靖华、清华校长刘仙洲等。

① 郭建平：《奉系教育》，辽海出版社2000年版，第199页。

东北大学在管理上汲取了国内外先进的方法。对学生采用了具有约束力的学分制，这是当时大学管理学生的好办法。优胜劣汰，要求严格。同时，还建立了一套奖励制度，鼓励学生努力向学。其中公费留学制，很有激励作用。该制度规定，凡应届毕业生考试第一名者即公派英、美、德留学。

1929年7月1日，举行第一届毕业典礼，盛况空前。首届毕业生中，就有八位第一名被派往国外留学。这对后学者很具刺激性。东北大学为东北各个方面输送了许多高层次人才。20世纪30年代是东北大学的鼎盛时期。学生3000人，教授300人，经费每年160万元。校园大于沈阳旧城，巍然壮观。

1931年九一八事变，日军侵占东北，东北大学流亡关内，走向衰落。现在东北大学又恢复了，张学良曾任名誉校长。

张作霖重视教育，积极支持兴办东北大学，为东北培养了多方面的高级人才。这对他巩固在东北的统治地位，帮助很大。张学良时期，对东北大学更为关注，出谋、出力、出资，使东北大学一度成为中国大学之最。由于张作霖一心一意地整军经武，并专心致志地培养人才，只经过短短的两年时间，奉军面貌就有了很大改观，成为一支令人生畏的劲旅。

七、用能人整理财政

张作霖对东三省的财政问题，十分关注。张作霖以前的东三省各届掌权者，虽然也整理财政，但收效各有不同。1905年，赵尔巽继增祺之后，任盛京将军，着意整理财政。开始设立财政局，铸造银元，创办东三省官银号，发行纸币。因其措施得当，为人清廉，在任两年，使奉天省的财政大有改观。

1907年4月，赵尔巽调入中央，徐世昌任奉天省总督之时，省金库储藏现金达600余万两。徐世昌当政以后，滥设官厅，增添冗员，贪污中饱，贿赂公行，将库存积蓄挥霍一空。1909年4月，锡良任东三省总督。他采取了节约经费、裁汰冗员等措施，但入不敷出，年欠360余万两。锡良乏术，辞职而去。1911年6月，赵尔巽任清朝最后一任东三省总督，省库空空如也。以后奉天省都督张锡銮、段芝贵对财政亏空，也毫无办法。

1916年4月22日，袁世凯任命张作霖为奉天将军兼巡阅使，张作霖掌握了奉天省的军政实权。6月，袁世凯死后，北京政府命令各省军政首脑改变称呼。张作霖遂改称奉天督军兼省长。当时奉天省的财政金融面临崩溃的边缘。除欠外债1000余万元外，每年尚亏累200余万元。起初，张作霖任用王树翰

张作霖在帅府办公室

为财政厅长。但他也回天乏术，亏欠继续增加，任职一年后即去职。

1917年5月22日，张作霖任命当时的省警察厅长王永江为财政厅长。第二年，又让王永江兼任东三省官银号督办。这才使奉天省的财政金融走上正轨。当时，张作霖曾对王永江不解地问道："东北这么大，为什么穷得没钱花？你去接财政厅长，看看毛病在哪？"王永江犹豫地答道："我接财政厅长可以，只要巡阅使信任我，二三年内，便可自给自足，外债亦可还清。但怕有人说闲话。"张作霖果断地说："你只管干，我什么也不听。"给王永江吃了一颗定心丸。其实，王永江要的就是这句话。

王永江长期在基层，了解官吏贪污腐败的内幕，也懂得应该如何加以治理。这次得到尚方宝剑，他便大动干戈了。

首先，撤换贪官污吏。在调查研究的基础上，对县知事和税捐局长逐一考察，凡是贪官污吏的，都一律加以撤换。情节严重者，还绳之以法。杀一儆百，人人自危。这就严厉地打击了贪官污吏的嚣张气焰，为整顿税收打下了一个坚实的基础。

其次，推行几项政策。大体是：关闭亏损的官营企业；开垦荒地，奖励移民；收回省内矿山的开采权，变为官营；官有企业，经营不善者，尽快卖给民营。这几项措施的实行，做到了开源节流。

最后，大力整顿税收。调整税收人员，厘定税收项目，清丈土地面积，定出税收额度，确立赏罚章程。定职定责，赏罚分明，调动了各级税收人员的积极性。各地的实际税收定额，是以各税捐局辖区的耕地面积和生产状况来制定的。对贪污偷漏者，按章严惩。因此，清丈土地人员不敢徇私舞弊，工作认真负责。被清丈的民户，牵涉实际利益，过去瞒报的地亩数，这次被查出，都满腹牢骚。王永江，字岷源。人们谐音骂他为"万民怨"。清丈局局长曾有翼，字子敬。人们也谐音骂他"整之净"①。王永江顶住压力，坚决推

① 冯月庵等：《王永江》，《辽宁文史资料》，第25辑，辽宁人民出版社1988年版，第31页。

行他的政策。

由于措施得力，经三年多的努力，终获成效。1920 年末，除还清 4000 万元外债，省库尚存 1100 万元的结余金。本来张作霖应该利用丰盈的财源，做些利国利民的好事。但这时，他的政治野心极度膨胀，欲问鼎中原。于是，在 1922 年 4 月爆发了第一次直奉战争。奉系战败，退回关内。

对于王永江整顿奉天省财政，史学家金毓绂评论道："永江不然，其理财上法刘宴，先之以剔除中饱，涓滴归公；决定税收比额，严督责之法，有犯必惩，不避权势。一时榷税之吏，皆股栗听命，税收倍于树翰时，作霖为之大乐，而侈心亦因之日增。不数年，听杨雨霆之计，日以扩展军备开疆辟土为事。永江谏之不肯听。"① 这个记叙是准确的，评价是中肯的。

虽然张作霖在政治上失掉了热河、察哈尔两个特区，但在经济上却没有任何损失。因为东北宣布独立，截留了东三省的盐税收入和奉榆铁路的运费收入。这样，奉天省的收入反而有很大的增长。1923 年，奉天省的税收总额高达 3000 余万元，扣除支出，当年的盈余约有 820 万元。② 王永江的意见是，利用这些充沛的资金，兴办实业、教育、交通、城建、屯垦等大事，闭关自守，保境安民，以固根本，而图发展。张作霖听不进这些有益的建言，图谋全国的野心再度膨胀，于 1924 年又挑起第二次直奉战争。以后的财政状况就每况愈下了。

---

① 金毓绂：《王永江别传》，《吉林文史资料选辑》，第 4 辑，吉林人民出版社 1983 年版，第 251 页。

② 陈裕光：《王永江整顿奉省财政之前前后后》，《吉林文史资料选辑》，第 4 辑，吉林人民出版社 1983 年版，第 116 页。

第十一章　直奉起二战　奉系又入关

一、当总统曹锟贿选

在第一次直奉战争直系取得胜利后，吴佩孚声名鹊起，几成袁世凯、段祺瑞之后，中国最有影响的第三人。随着军事实力的增长，吴佩孚的政治野心也逐渐暴露。曹锟和吴佩孚等直系军阀梦想攫取全国最高领导权。为此，吴佩孚走了几步棋。

吴佩孚的第一步棋是主张召开“国民大会”。1920 年 8 月 1 日，他通电全国主张召开国民大会，企图利用这种所谓“国民大会”的办法，恢复北京政府所解散的国会。赶走皖系支持的总统徐世昌，由他们直系来执政。但这一步棋没有走通。因为日本帝国主义的强烈干预，也因为张作霖等北方军阀的坚决反对，还因为直系军阀内部意见的相互龃龉，使得这一计划流产。

吴佩孚的第二步棋是祭起“武力统一”的旧旗。本来他曾经极力反对段祺瑞“武力统一”的口号，但是为了抵制西南军阀“联省自治”的论调，他现在反而捡起了被他践踏过的“武力统一”这个口号。

曹锟贿选时给每位议员大洋 5000 元的支票

“联省自治”的口号，其来有自。1920 年 7 月，谭延闿首先通电在湖南实行"自治"。梁启超紧随其后，前进一步，提出"联省自治"的口号。其意是说，各省有权自定宪法，有权根据自定的宪法组成本省政府，治理本省。自治各省派出代表，组成联省会议，制定联省宪法。这样，中国就变成了美国、瑞士那样的联邦制国家。这是帮闲文人梁启超站在各省军阀立场上发表的见解。但却坚决地抵制了吴佩孚的"武力统一"的口号，吴佩孚的"武力统一"的迷梦不得实现。此计不成，吴佩孚又走了下一步棋。

大总统曹锟

吴佩孚的第三步棋是极力提倡"法统重光"。第一次直奉战争，直系虽然取胜了，但直系权力所及也只有十几个省，大体是直、豫、鄂、苏、皖、赣、闽等七省控制较严，而鲁、晋、陕、甘、湘、热、察、绥等八省也可操纵。其余地区直系还没有控制。国民党、皖系、奉系、西南军阀和"联省自治"派等，都反对吴佩孚的"国民大会"和"武力统一"。为此，吴佩孚接受一些政客的建议，提出了"法统重光"的口号。其内容是，重新召集民国6年的旧国会，请出原来的总统黎元洪，让他再登原位。当然，黎元洪也只是一个过渡的傀儡总统。

这是个一箭双雕的计策。既然"法统重光"，广东孙中山的护法军政府就没有存在的理由了，孙中山自然必须退位；既然"法统重光"，黎元洪就得复位，徐世昌就得自动退位了。吴佩孚很欣赏这个谋略，便坚决推行之。

1922年5月10日，吴佩孚从天津来到保定，立即召开会议讨论未来局势。旧国会议长吴景濂、王家襄都参加了会议。这个保定会议是贯彻吴佩孚"法统重光"主张的会议。但会议一开始，参加者不知道吴佩孚葫芦里卖的是什么药。曹锟左右的依附者，以为现在是直系的天下，一切由他们说了算，谁敢反抗？便赤裸裸地提出，赶走总统徐世昌，把曹锟黄袍加身，直接拥戴为总统。但这个说法遭到吴佩孚的反对。他便提出了"法统重光"的口号，说明这样做的理由和好处。与会者终于明白了吴佩孚欺蒙人民、曲线扶曹的真正用意，感到这确实是一石二鸟之妙策，再加上吴佩孚当时的地位，便一致同意了他的主张。保定会议是直系高层统一思想、统一行动的重要会议。

5月14日，吴佩孚密电北方直系军阀，名义上是征求意见，实际是向他们灌输“法统重光”的主张，以便自上而下和自下而上地相互唱和，造成“法统重光”的主张是来自于民意的假象。这是当时军阀贯彻自己主张的通常做法。当天，苏、鲁、鄂等三省军阀就密电表示坚决拥护吴佩孚的主张。而这一主张的公开提出，吴佩孚则相中了孙传芳。

1922年5月19日，吴佩孚唆使直系色彩稍差的孙传芳等人联衔通电，首先提出恢复旧国会，请黎元洪总统复职，并补选副总统。电文称：“南北统一之分裂，既以法律问题为厉阶，统一之归宿，当以恢复法统为捷径。应请黎黄陂（元洪）复位，召开六年旧国会，速制宪典，共选副座。非常政府（指南方孙中山政府），原由护法而兴，法统既复，异帜可消，倘有扰乱之徒，应在共弃之列。”[①] 这个电文直指孙中山，并连带徐世昌。“法统既复，异帜可消”，这个“异帜”，首先指的就是孙中山的非常政府，其次指的就是现任总统徐世昌的北京政府。

这个通电的发表，犹如爆响一颗炸雷。他们以代表民意为幌子，矛头直指徐世昌和孙中山。梁启超通电表示赞同；政学系、宪政研究会及国民党益友会等旧国会议员欣然同意。舆论界一时形成促进召开旧国会的浪潮。

5月27日，吴佩孚致徐世昌一封密电。电文的主旨是把直系当前的想法和做法，向徐世昌作一个通报，先下下毛毛雨，以使徐世昌到时自动退位。电文说，他们的主张已经得到十几个省的复电支持，一旦各省区复电到齐，即当转呈中央。这是告诉徐世昌提前做好退位的准备，勿谓言之不预也。

5月28日，曹锟、吴佩孚在天津光园召开紧急会议。会议决定电请黎元洪复职，以谋统一。同日，孙传芳秉承吴佩孚的意旨，发表通电公开请求南方的非常大总统孙中山和北方大总统徐世昌同时退位。

6月1日，以吴景濂、王家襄为首的旧国会议员203名，熙熙攘攘，齐集天津开会。他们有曹锟、吴佩孚等直系军阀作后盾，有恃无恐，对徐世昌兴起一片讨伐声。发表宣言，指斥徐世昌是“伪总统”。

6月2日，徐世昌感到再也赖不下去了，只得发布“本大总统现因衰病”，悻悻然地宣告辞职，由北京回到了天津的私邸，隐居起来。

孙中山也处于被动地位。他曾发表宣言，对吴佩孚恢复法统的做法，表示赞成。但同时指出，吴佩孚在袁世凯时代，曾攻过四川；在段祺瑞时代，

① 上海《民国日报》，1922年5月19日。

曾攻过湖南。从历史上看，吴佩孚也是个不可靠的军阀。在他的诚意未被证实之前，北伐计划不能停止。换言之，非常政府不能取消。这是孙中山看透了吴佩孚的军阀本质以后，采取的聪明做法。

在一片喝彩声中，只有浙江督军卢永祥发出一个异样的声音。他公然通电反对"法统重光"的口号，认为"二三武人之议论，固不能变更法律；二三议员之通电，更不足代表国会"。他的通电使曹锟、吴佩孚不快。这就为他们之间后来的战争埋下了伏线。

6月11日，黎元洪从天津到北京上任，就职大总统。然而，他没有一兵一卒，只是个光杆司令。军政大权自然掌握在直系曹锟、吴佩孚的手中。黎元洪只是曹锟当上总统前的一个过渡总统。

在黎元洪当了一年总统后，曹锟便导演了一出驱黎闹剧。1923年6月8日，曹锟部下雇佣流氓，组成"公民团"，在天安门举行大会，要求黎元洪"即日退位，以让贤路"。9日，曹锟命令其所部军官到黎宅索饷。10日，军警罢岗，市民请愿，摇旗呐喊，散发传单，把东厂胡同的黎宅围住。6月13日，黎元洪被迫离开北京，直赴天津。但在天津车站被直隶省长王承斌扣留，勒令他交出总统大印。14日，黎元洪电告家人交出总统大印，并通电辞职。他才得以回到家中。

驱黎的目的是让曹锟当上总统。但为了欺骗舆论，他们对议员进行了贿买活动。因人而异，每张票给5000元到1万元不等，收买了500余人。舆论界哗然，大骂这些议员为"猪仔"议员，而这些议员则"笑骂由君，收款在我"。用这种卑劣的手段，10月10日曹锟终于当上了总统。

二、反直系三角同盟

为了反对直系军阀"武力统一"中国，粤皖奉三派联合起来，组成同盟，史称"三角同盟"。实际上是孙中山、段祺瑞和张作霖合作反对直系军阀曹锟、吴佩孚的三角同盟。这个同盟起步较早。

中国现代革命的先行者孙中山为什么要同军阀张作霖和段祺瑞合作呢？据老同盟会会员宁武回忆，早在1919年秋，35岁的孙中山就电召宁武赴上海，向他交代革命任务。孙中山说："在国际上要联俄，学列宁的革命方法；在国内，五四运动正蓬勃发展，中国新青年起来了。这是中国革命的新血液、新生力量。我们要把握时机，取得政权，擒贼擒王。一方面必须打倒北洋直

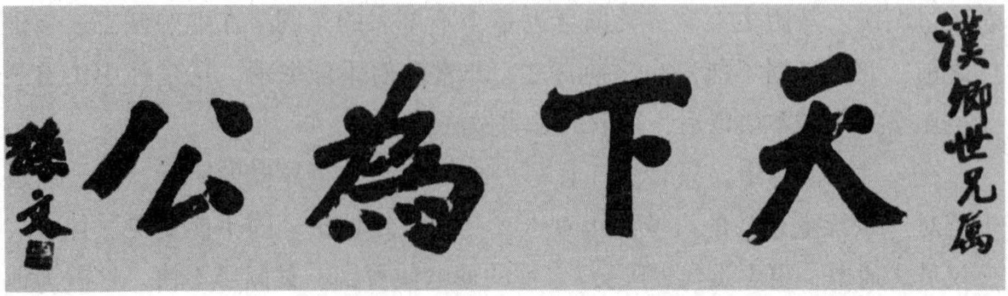

孙中山赠送张学良的墨宝“天下为公”

系军阀。因此，我打算即回广东，重组政府，亲率大军北伐。另一方面我们要分化北方军阀，利用直系与皖系的利害冲突，联络段祺瑞，特别是关外实力派张作霖，三方合作，声讨曹、吴。”

在这里，孙中山明确地阐述了同段祺瑞和张作霖合作的目的。那就是利用敌人的矛盾，分化瓦解，集中兵力，首先打倒最强大的直系军阀，然后再说其他。宁武认为这是孙中山的“一种策略”。孙中山向宁武交代任务：“你是东北人，派你回去做张作霖的工作。”可见，早在1919年秋，孙中山就已经开始实施同段祺瑞和张作霖合作的计划了。

同张作霖接近，必须有晋见之由。他们听说张作霖想要建设葫芦岛海港，就准备打华侨投资这张牌。1920年夏，张作霖正在天津参加巡阅使会议。宁武带着华侨资本家的信函急赴天津。几经周折，通过张景惠的介绍，宁武先后同张作霖晤谈了两次。

第一次晤谈，宁武提到孙中山已经同段祺瑞相约合作，共同对付曹、吴。张作霖直率地说：“这件事我也知道。我是带兵的，老粗，不懂政治。不过，我很不明白：孙中山是开国元勋，著书立说，革命党怎么能跟这路人（指段）合到一块？”宁武笼统地回答道：“不论什么人，只要肯革命，孙先生是都可以合作的。”这次晤谈给聪明的张作霖一个暗示，面前的这个年轻人可能另有使命。

因此，在宁武离津的前一天，张作霖又接见了他。据宁武猜测，可能张作霖同他的幕僚已经“计议过了”。张作霖“仅含糊地表示，他已经考虑过了，可以试试看”。不久，奉军总司令部秘书长宋文林来转达张作霖的话，派他的少将副官张亚东带问候信，同宁武一起去见孙中山。宁武很高兴。孙中山高兴地接见了张亚东。先讲了些革命的道理，然后指出，“雨亭（张作霖的别号）在东北治理得很好。不过，外有日本帝制，处境是很艰难的；如果国家统一了，建立革命的中央政府，地方的事就好办了”。这次是孙中山和张作霖的初次联系，带有投石问路的试探性质。中山先生自不便多谈，也没有什么具体表示，只写了封简单的回信，交张亚东返奉复命。宁武回到天津，等待回音。

孙中山像

1920年秋，张作霖来北京，派宋文林到天津，邀宁武去北京会谈。见面地点是张作霖在北京的宅邸顺承王府。张作霖见面的头一句话说：“孙先生看得起我，我很高兴！”流露出对开国元勋孙中山先生的景仰之情。这次见面，张作霖兴致勃勃，不遮不掩，谈性甚浓。话匣子一打开，无话不谈，就对宁武很亲近地说：“你离家乡多年了吧，应该回去看看我张某人把家乡弄得怎样。有个你的同县，这小子一向跟我过不去，也是个革命党。我不记前仇，你也可以叫他回来。”宁武好奇地问是谁。张作霖笑呵呵地说：“同你一个姓——宁武。”这里必须交代一下，宁武在辛亥革命后已经化名为宁孟言。宁武很机警，他马上说是我的本家，人早已死了。在这个喜怒无常的军阀面前，宁武不想暴露自己的真实姓名。

他们的谈话还没有进入正题，就有人报告曹锟来访，宁武只得回避。后来听说，曹锟是来兴师问罪的。他一进门就大喊道：“雨亭老弟，咱们兄弟不错嘛，为什么要和孙文勾结打三哥啊？”张作霖一惊，不知哪里出现了漏洞。但他机敏地极力否认，指天誓日地劝说曹锟不要听信外人的胡说八道。曹锟是有备而来的，马上拿出奉系杨庶堪、宋大章邮寄给宁武的两封信，信里牵涉到秘书长宋文林。物证确凿，使张作霖十分尴尬。但张作霖随机应变，看到信里只涉及宋文林，就把责任一股脑儿地都推到宋文林的身上。随即当着曹锟的面，给张景惠打电话，把他臭骂一顿，命令立即扣押宋文林。

演完这出戏后，把曹锟恭送出去。张作霖马上通知宋文林和宁武去见他。宁武听说曹锟来访的用意之后，见到张作霖，就立即说明我们往来的信件都是由日本邮局寄发的，从来没有出过岔子。并告诉张作霖，我们知道北京宪兵司令秦华和他们有关系，常派人监视革命党，他和日本人也有勾结。可能信是从日本邮局偷出来的。张作霖听了大怒："他妈的，做我的司令，跟别人干活，我要办这个小子。"最后，很认真地叮嘱他们，往后行事要严密点，免得惹出麻烦。又告诉宁武，北京这里有些不方便，让他去奉天再谈。他也马上要回奉天去了。宁武分析："从张作霖的态度看来，曹锟这一闹一迫，虽把秘密揭穿了，倒帮了个忙，起了促成的作用。不然，还不知要费多少时日、口舌，才能正式提出合作问题呢！"从这一事件可以看出，张作霖确实是想同孙中山合作的。

1921 年 2 月，宁武来到沈阳。先见了杨宇霆和张学良，然后去见张作霖。这一次，张作霖明确表示："现在国家成了个烂羊头。孙先生是开国元勋，谋国有办法，我想派人去向他请教一切。你可打电报先联络一下。"张作霖决定派旅长李少白同宁武一起南下晋见孙中山，并带去一本密电码。在桂林大本营，孙中山接见了李少白。通过晤谈，孙中山感到和张作霖合作可能性很大。让他们给张作霖带回一封信，在信中提出了联合讨直的问题。但是，在他们归奉途中，看到报纸报道说，张作霖密派代表到桂林，拥护孙中山为大总统的消息，感到十分吃惊。知道大事不好，这是有人造谣。果然，他们回到奉天后，张作霖见到李少白，破口大骂道："谁派你他妈的代表，我只叫你去送信，你胆敢说我拥护孙文做大总统！"李少白被骂得蒙头转向，不敢辩白。

第二天，经宁武冷静的分析剖白，指出这是安福系造的谣，目的是破坏粤奉合作。张作霖才恍然大悟，险些中了敌人的奸计。同时，宁武又转达了孙中山的一点意见："革命党是不怕失败的，因此这回讨伐直系由我们先发动，奉天只要扯扯后腿就可以了。因为我们失败了，还可以再干。不要把雨公一生事业给毁了。"听了孙中山的一席感人肺腑的话，张作霖很是感动，态度立刻转变过来，毫不迟疑地决定："我也派兵出关。"并要宁武密报孙中山。

身着便装的张作霖

1921 年 4 月，国会非常会议集会于广州，选举孙中山为大总统。孙中山想尽快北伐，但前途多难，进展不顺，后陈炯明在广州叛变，孙中山脱险至沪。1922 年 4 月，爆发了直奉第一次战争。奉军孤军作战，在北京的奉军张景惠的两个师不堪一击，很快缴械投降。孙中山没能助战。但张作霖并没有埋怨孙中山，他很理解孙中山的处境："那边有个陈小子。这边有个张杂种，坏了事。胜败乃兵家常事，算不了什么。不过孙先生是文人，带兵是为难的。我不求他别的，只要他对国家大计多想办法，这帮家伙让我来用武力收拾他们！"①

孙中山脱险到达上海后，张作霖找到宁武，很仗义地说："宁孟言，我要在患难中交朋友。我不写信，信也难写，你就代表我去探望孙先生，请他到东北来住。"宁武到上海晋见了孙中山，转达了张作霖的邀请。孙中山婉言谢绝了。但提出，可否向张作霖商借一笔款子。张作霖听后，毫不犹豫地说："患难中交朋友。好！我送孙先生 10 万元作他的生活费用。回粤平乱问题，请他派代表来详细面商，你去发电报。"此后，孙中山曾派汪精卫、叶恭绰、宁武、程潜、孙科等到奉天同张作霖商谈合作事宜。张作霖也派姜登选、韩麟春、杨大实等同孙中山见面会谈。人员来往，电函去回，十分密切。

1922 年 8 月 3 日，东三省保安司令部参谋长杨宇霆致函国民党人张继称："去今两载，彼此函电宗旨相同。"从以上当事人宁武的回忆，可知粤奉的交往最早可追溯到 1920 年夏季。

奉系与南方联系的中心人物是姜登选。姜登选，字超六，河北冀县人，1881 年生。早岁留学日本。日本陆军士官学校五期工兵科毕业。1912 年，任保定陆军军官学校教官。1913 年，朱庆澜任黑龙江将军时，他任参谋长。后来，朱庆澜任广东省长，他也同去。还跟朱庆澜一起到过四川和云南。因此，姜登选结交广泛，人缘甚好，特别是他同广东很熟。自然，奉系同孙中山的联系就落在了他的肩上。②

当时，奉系张作霖除通过宁武这条线和孙中山联系外，还派姜登选同广东联系。姜登选曾两次派人去见谭延闿，谭延闿派人回访。然后，再以张作霖的名义，派韩麟春去广州正式拜会孙中山。孙中山先后两次派汪精卫到奉天拜见张作霖父子，商议讨吴大计。后来又派伍朝枢来奉天考察，进一步促成粤奉合作的实现。

---

① 宁武：《孙中山与张作霖联合反直纪要》，《文史资料选辑》，第 41 辑，文史资料出版社 1980 年版，第 120 页。

② 何柱国：《孙、段、张联合推倒曹、吴的经过》，《文史资料选辑》，第 51 辑，文史资料出版社 1981 年版，第 7 页。

汪精卫可以认为是孙中山的首席代表，他到奉天两次。汪精卫，名兆铭，号精卫，浙江山阴（今绍兴）人，1883 年生。1905 年，加入中国同盟会，以后追随孙中山筹建革命组织。1910 年，谋炸摄政王载沣，事泄被捕，判终身监禁。1911 年，辛亥革命后被释出狱，继续从事革命活动。他到过日本、南洋和欧洲，是个闯荡世界的人物。

在辛亥革命前后，汪精卫的大名是显赫的。对他的到来，张作霖异常兴奋。随同他来的还有路孝忱，时任广东非常大总统府参军。张作霖说，汪精卫他是久仰了。他想隆重地招待他们一下，表示重视孙中山的代表，做给日本人看看。张作霖和张学良父子亲自接待，并命杨宇霆、韩麟春、姜登选等人具体安排。奉方做了精心准备，以高规格的大型宴会欢迎汪精卫等人。

欢迎宴会是在帅府大厅举行的。高朋满座，贵客如云，场面宏大，盛况空前。张作霖身着大礼服，精神焕发地出现在宴会上。这一切，都给见过世面的汪精卫留下了深刻印象。他看出了张作霖对孙中山的景仰之情，也体会到张作霖同孙中山合作的意愿是真诚的。

在奉期间，汪精卫同奉系张氏父子及杨宇霆、韩麟春、姜登选等人，多次会晤。汪精卫提出了两个方案。

第一个是军事方案，提出由南方革命政府下令讨伐曹、吴，从南方出兵北伐，用以牵制长江以南的曹、吴军队。而奉军由东北进军关内，直捣北京。这样南北夹击，打倒曹、吴。奉系完全同意南北夹击之议，但强调分头进行，意思是各自发动，彼此不必有统属关系。这一点取得了共识。

第二个是政治方案，提出打垮曹、吴后，如何召开国民会议，解决国家的统一和建设的问题。这个问题奉系方面根本没有考虑过，因此，张作霖父子只能含糊回答以后再说。这一问题是一个未解决的悬案。

在此期间，奉粤之间的联系是紧密的，函电往来频繁。仅在台湾出版的《国父全集》中发现的孙中山致张氏父子的函电，就达 11 封之多。凡是孙中山致张氏父子的信函，都是孙中山亲自撰写的。我们看到的一封影印件，信封的正面上书“面致　张总司令雨亭启　孙缄”，正文用纸为大本营公用笺。文字是标准的孙中山楷行体书，布局讲究，行笔严谨，一丝不苟，雍容典雅。漏写的两个字也用小字谨慎地添在行侧。现将《致张作霖告讨贼军情并派叶恭绰前来面洽函》，抄录于下。这是孙中山派叶恭绰赴张作霖处，通报军情，感谢资助的面交信函。写于 1923 年 11 月 25 日，是在第二次直奉战争之前。全文如下：

雨亭总司令大鉴：

自去年陈炯明听吴佩孚唆使叛乱于后方，致我北伐之师中道挫折，因而致奉天师旅亦不克扫荡燕云，擒斩国贼，良用为撼。失败而后，只身到沪，犹奋我赤手空拳与吴贼决斗。一年以来，屡蒙我公资助，得以收拾余烬，又闽回师；又得滇军赴义，川民逐吴，遂将国贼在西南之势力，陆续扑灭，而广州根本之地，得以复还，此皆公之大力所玉成也。惟自得广州之后，残破之余，元气一时难复，而财政之困，日以迫人，以致不能速于扫荡，竟使叛逆尚得负隅东江，为患至今。而吴佩孚、齐燮元近日济以大帮饷弹，逆贼乃得倾巢来犯，旬日以来，石龙不守，广州危机。本月十八、十九两日，我军为背城之战，幸将士用命，将敌人主力完全击破，广州得转危为安，从此广东内部平定可期，而北伐计划亦可从此施行矣。故特派叶誉虎前来领教一切，并详报各情，到时幸赐接洽为盼。并候大安。

孙 文

民国十二年十一月二十五日①

从以上信函可以看出几点：

其一，孙中山急需张作霖的资助。尤其是在北伐途中，突遇陈炯明叛乱，如果没有张作霖的大力资助，孙中山的后果不堪设想。

其二，张作霖对孙中山的资助是有力的。张作霖对孙中山在资金和武器上都给予了援助。曾一次给孙中山资助50万元，以后又资助几十万元。孙中山说的“此皆公之大力所玉成也”，不是客套话。

其三，他们之间的关系是密切的。张作霖非常景仰、非常佩服孙中山，认为是开国元勋。张作霖可能有个英雄情结，对真正的英雄他是服膺的。孙中山有难，张作霖是能够拔刀相助的。事实也证明了这一点。当然，张作霖为了打倒直系曹、吴，也需要和孙中山合作。

至于段祺瑞和张作霖的合作，也是有缘由的。张作霖所带之兵原属袁世

① 《国父致张作霖及有关函电选录》，《张作霖传记资料》，第1辑，台湾天一出版社，第68页。

凯之三十六镇中的第二十七镇。虽然不是小站出身的北洋正统，但也属北洋一系。因此，段祺瑞和张作霖本来就是老关系。此外，他们都是亲日派。在对日关系上，他们早就是好搭档。1920 年直皖战争后，奉系主张对皖系从宽处理，而且暗中同皖系建立了联系。所以，“皖派虽倒，而段氏本人仍能安居在北京府学胡同不动”。这是因为有张作霖这个保护伞。第一次直奉战争前，段祺瑞由京赴津。战后，他们之间的信使不绝于途，无时无刻不在计议如何反对曹、吴。据亲历者回忆，张作霖给段祺瑞以很多资助，用来分化瓦解直系部队。

当时，属于皖系的军阀浙江督军卢永祥处于直系军阀的包围之中，他自然愿意同孙中山和张作霖合作，共同对付直系军阀。1924 年 9 月 1 日，卢永祥派其子卢筱嘉赴奉天谒见张作霖，请张作霖接济款械，借给飞机，张作霖全都答应了。此时，召开了孙中山之子孙科、张作霖之子张学良和卢永祥之子卢筱嘉三人会议，人称“三公子”会议。这就进一步加强了三角同盟关系。

孙科在他的《八十自述》一书里写到，他奉孙中山之命自上海乘船经大连至沈阳，拜访张作霖，是在 1924 年 9 月，第二次直奉战争之前。大概就是在这个时候，“三公子”会议召开。孙科回忆他对张作霖的印象：“张作霖个子不高，人也清秀，毫无绿林出身的样子。他当时每天都派车子来接我去他的办公室，共进早餐。早餐也总是那些小米、高粱等熬成的稀饭，很简单的。吃过以后，他的秘书长就带着一大堆公文进来。他听取秘书长的报告后，也马上用口头指示。秘书则一旁记录。因此，每天一百多宗公文，不到一个钟头都可处理完毕。显然他是一个很聪明的人，在他的住所花园里有个拱门，门上刻了‘慎行’两个字。时许世英亦衔段祺瑞命南下迎中山先生北上。是年十二月四日，中山先生抵天津，晤见张作霖——据汪精卫报告：张作霖见中山先生后告汪：‘我从前以为孙先生是个难说话的人，今日才知道他是一个温厚君子。’”张作霖给孙科留下了既俭朴又聪明的印象。

粤皖奉三派尽管各自的主张不同，但是他们在反对直系军阀这一点上却是一致的，因此他们结成了三角同盟。

三、谋双赢张冯密联

张作霖除成功地建立了反直的三角同盟外，还把目光投向了直系的内部。他想在直系内部找到一个合伙人，安上一颗定时炸弹，以备不时之需。他相中了冯玉祥。

冯玉祥，字焕章，安徽巢县人，1882 年生。1897 年入伍。1913 年任陆军第七师步兵十四旅旅长。1921 年任第十一师师长，8 月署陕西督军。1922 年 5 月任河南督军，10 月调任陆军检阅使。1923 年 5 月兼任西北边防督办，11 月授将军府扬武上将军。

直系在第一次直奉战争取胜后，虽然地广兵众，但内部也分帮划派，矛盾重重，逐渐分化为津、保、洛三派。津、保二派联合起来，拥曹抑吴，对付洛派。以后，津、保二派又因内阁总理之争，也发生龃龉。

吴佩孚自打败张作霖后，志得意满，骄恣狂妄，不可一世。同时，对他认为不服管的部下，多方刁难。他对冯玉祥就是如此。

冯玉祥出身在贫苦之家，“早年家里奇穷”。自入伍后，要求自己很严，想干一番事业。靠着勤奋努力，逐渐当上了陕西督军。第一次直奉战争时，他痛恨“媚日祸国”的张作霖，主动请缨，率兵步出潼关，参加了直系对奉系的战争。由于牵制了河南督军赵倜的反叛，立下战功。不得已，曹、吴任命他为河南督军，驻开封。冯玉祥对北洋军阀的贪婪腐败，十分痛恨。而且，他也是一个领袖欲极强且抱负远大的人。为此，遭到直系曹、吴的歧视和猜忌。吴佩孚处处与他为难，但冯玉祥并不肯俯首帖耳。

冯玉祥像

在第一次直奉战争时，河南督军赵倜乘直系后方空虚之机，命其弟赵杰率军从正面攻打郑州，而从背后包抄的则是赵倜的军务帮办鲍德全。这个鲍德全本来和曹、吴有旧，是不应该背弃直系的。但他也和赵倜一起反直，并造成冯军的很大伤亡。郑州战役后，赵倜只身逃往上海，得以不死。

可是，鲍德全仗着和曹、吴的老关系，不仅没有逃走，“反倒做了维持省城的负责者”。冯玉祥气愤地写道：“当我率领部队追击赵部残余，进到开封车站的时候，城内一班一班的文武官员都来相见，最后，这位为虎作伥的鲍德全竟也大模大样地跑来接迎。我心里想，你帮同赵倜，依附奉贼，我们多少将士牺牲在你手里，你也能到这里来见我吗？我能接受你这无耻之徒的投诚吗？立刻命令手枪队长李向寅把他逮捕，拉到空地上枪决了。”①吴佩孚本来知道冯玉祥和鲍德全嫌隙很深，却没有撤鲍德全的职，一是因为他们是老关系；二是为了用鲍德全牵制冯玉祥。不料，冯玉祥一到开封就把他杀了。后来，吴佩孚来电诘问，冯玉祥答复从未与鲍德全见面，可能已被乱军打死。吴佩孚极为不满。此其一。

冯玉祥还未到任时，吴佩孚就给他开了一纸名单，上列的全是与自己有关系的故旧私亲，推荐他们到督军署担任要职。仅留秘书长一职由冯玉祥安排。冯玉祥对左右说：“这样办，还要我这个督军干什么！”于是，将吴佩孚推荐的人选悉数拒绝。此其二。

吴佩孚来电，让冯玉祥在河南筹措80万元款项，又说以后每月经常从河南划拨给中央20万元。对于这个强横的命令，冯玉祥毫不犹豫地加以拒绝。马上复电说，他无此搜刮压榨的本领，不能遵办。你如一定要办，那就请你来当河南督军好了。吴佩孚接到这个电报，对他恨入骨髓。此其三。

此外，冯玉祥起初欲帮助吴佩孚，曾诚恳地提出了20项条陈，详细地陈述了省刑薄税爱民爱国的建议。不料，吴佩孚感觉冯玉祥没有恭维他，“不但没有接纳，反而引起他的很大反感”。此其四。

由于冯玉祥在筹款的问题上，触了吴佩孚的逆鳞。更由于吴佩孚长驻洛阳，开封近在咫尺，他对冯玉祥不放心，卧榻之侧岂容他人鼾睡？因此，吴佩孚就把冯玉祥任命为有职无权的陆军检阅使，调往北京南苑驻扎。1922年10月31日颁布任命令。三天之内，冯玉祥就率队调动完毕。冯玉祥在河南督军的位置上只待了半年，就丢了地盘，这都是因为他不买吴佩孚的账。

陆军检阅使署设在北京南苑航空署旧址。冯军开拔前，吴佩孚答应每月仍由河南拨助20万元，作为他们的饷银。但当队伍调动完毕后，吴佩孚早就把他的话抛到九霄云外了。冯玉祥知道：“吴佩孚此次将我调职，其用意即要置我们于绝境，使我们即不饿死，亦必瓦解。”但是，冯玉祥绝不屈服。他利用这段时间，聘请教授讲课，加强部队训练，提升官兵素质，把他的部队训练成斗志旺盛、纪律严明、能攻善守的一支劲旅。这就使吴佩孚和冯玉祥的矛盾愈发尖锐。此其五。

---

① 冯玉祥：《我的生活》，解放军文艺出版社2002年版，第301页。

以上五点都是冯玉祥对吴佩孚怨恨的理由。

有鉴于此，奉系张作霖就密切注意着冯玉祥的动向，伺机而行。1923 年春，张作霖曾派其司令部参谋处科长傅兴沛秘密入京，进行活动。傅兴沛是冯玉祥的参谋长刘骥在陆军大学的同学，素有来往。刘骥深受冯玉祥的信任。他到京后，先至刘骥的私邸与其晤面，托其向冯玉祥转达来意。刘骥十分谨慎，答应于翌晨向冯玉祥报告，并约定："如明天上午给你来电话，你可即来南苑进见；如无电话，你就急速返回奉天吧！"第二天上午，傅兴沛接到电话，即驰赴南苑与冯会面，代表张作霖深致问候之意。冯玉祥没有多说什么，嘱咐道："我都知道了。北京耳目众多，你立即回奉天吧！"他就于当晚离京回奉。这是张作霖与冯玉祥之间的第一次秘密联系。

而以后进行实际联系的是张作霖的亲信副官马炳南。马炳南在北京看守张作霖的府邸顺承王府。闲暇时间，他常与冯玉祥的交际处长张树声相往还。他们原来是老战友。冯玉祥在二十镇任步兵连长时，张树声任骑兵连长，马炳南任团书记官，他们早就相识。而且，冯玉祥和马炳南又都是基督徒，关系更进一步。在闲谈中，张树声向马炳南透露，"冯的处境极为苦闷，颇有与奉军联系之意"。这无疑是一个重要情报，马炳南感到必须密告张作霖。适逢直军后来强行没收了顺承王府，马炳南立即赶回奉天，把他与张树声密谈的情况密报给了张氏父子。张作霖很高兴，立即派马炳南返回北京，与冯玉祥暗中联系。

怎样才能和冯玉祥见上面呢？恰逢冯玉祥和李德全结婚，举办婚礼。于是，马炳南就以公开的身份，代表张学良前去祝贺。因为冯玉祥是基督教徒，为了表示亲近，马炳南特邀前北京基督教青年会干事、北京市公益联合会总干事刘锡廉一同前往。

在典礼后，由张树声带领马炳南单独进见了冯玉祥。马炳南借机把张氏父子愿与冯玉祥合作的口信，说了出来。冯玉祥听后，亲切地笑着说："你在两大之间（意指他与张作霖而言），要好好负责。"[①] 这是冯玉祥的一次公开表态，表明愿与张作霖合作。从那以后，通过马炳南、郭瀛洲的往还，曾由奉军秘密接济冯军一些军事上的补给。并经安福系要人贾德耀之手，以 200 万元日币赠冯。以后，双方的联系始终未断。

---

① 马炳南：《二次直奉战前张作霖与冯玉祥的拉拢》，《文史资料选辑》，第 4 辑，中华书局 1960 年版，第 55 页。

在此期间，孙中山也在做冯玉祥的工作。其实，早在1920年，冯玉祥驻扎在汉口时，孙中山就曾派他的秘书徐谦持孙中山的亲笔信到汉口看望他，表示希望“加强合作，一致从事革命工作”。对孙中山的知遇之恩，冯玉祥感激不尽。

1923年，孙、张、段三角同盟形成，孙中山曾派人将联合张作霖、段祺瑞的情况，告知冯玉祥，并催促冯早日发动倒直行动。这年12月，冯玉祥的教友马伯援拟有广东之行，冯即委托马伯援代表他，向孙中山致意，并说道：“目前直系兵力数倍于我，如冒险盲动，必遭失败。待时机到来，我一定有所举动，请将此意转达中山先生。”原来，冯玉祥在滦州起义时，就同南方的革命力量发生关系，以后又结识了许多国民党人士。耳濡目染，对孙中山领导的国民革命逐渐加深了认识，并心向往之。特别是他读了孙中山的建国大纲之后，思想更发生了变化。

共产党员李大钊在这个时候也有意识地接近冯玉祥。其实，他们早在辛亥革命和滦州起义时就彼此相知。辛亥革命后，李大钊和冯玉祥经白毓昆老师的介绍，一同加入了同盟会。1912年1月，以白毓昆为首，王金铭、冯玉祥、李大钊等在北方发动了反清的滦州起义。起义虽然失败了，但那时冯玉祥和李大钊就结下了革命友谊。

此时，李大钊在北京大学任教授，是著名学者。他为了争取冯玉祥革命，亲自到南苑去见冯玉祥。他们原来就是战友，见面格外亲热。冯玉祥对李大钊的才学品德非常敬慕，尊为上宾。李大钊向冯介绍了苏联十月革命的情况，赞扬了列宁废除沙俄同中国签订的不平等条约的举措。并分析了中国革命的形势，总结了中国革命失败的经验教训。李大钊欣然地说：“孙先生在南方，冯检阅使在北方，如能同心协力效法苏俄，刷新政治，中国就有前途。”冯玉祥兴奋地说：“教授一席谈，胜读十年书。”

可见，冯玉祥同张作霖的合作，除内因起关键作用外，外力的推动也是不可忽视的。

1924年秋，曹、吴密谋出兵东北，张作霖派马炳南赴京探听冯玉祥的动向。马炳南复到南苑，见了张树声。张树声告以实情：吴佩孚拟派冯玉祥率部出古北口，经承德、东蒙绕击奉军后路，并以黑龙江省主席许冯。但冯玉祥现已决心接受张绍曾的“全军为上策”的秘密建议，不拟与奉军作战云云，并嘱马炳南见冯面谈。

必须交代一下，张绍曾时任北京政府的国务总理兼陆军总长，是冯玉祥的老上级。辛亥革命时，张绍曾为二十镇统制，冯玉祥任该镇八十标第三营营长，曾一同酝酿革命，参加讨伐复辟之役。张绍曾为冯赞划甚多。因此，冯玉祥称，张绍曾对他“有极好的印象”。如此，张绍曾才给冯玉祥出谋划策。

话又说回来，马炳南立即求见冯玉祥，冯玉祥派参谋长刘骥代见。不料，刘骥竟称冯部行动，一切听命中央。马炳南愕然，不知所以，急迫间，匆促答以中央乱命，何必听从。辞出后，即把会见情形告诉张树声。张树声说，刘骥说的不是真心话，让他放心。张树声并密告他：冯部一师三旅已奉命日内移防，分驻高丽营、怀柔、密云、石匣镇、古北口，并转达冯意，请奉军万勿入关，嘱马立即回沈阳报告，于两星期内回信，在此期限内冯当按兵不动。这是在第二次直奉战争开始时，冯玉祥和张作霖的秘密合作。

马炳南负有重命，不敢耽搁。他急赴天津搭轮转大连回沈阳向张作霖报告，并遵张作霖命，报告杨宇霆。杨宇霆当即书信两封，一致张绍曾，一致靳云鹏。还有张作霖致冯玉祥信函一封。并告马炳南急速进京，面投三信。马炳南到京时，已逾期三日，冯军先头部队已开往承德，冯玉祥本人也进驻古北口。

马炳南在面投张绍曾和靳云鹏二信后，急赴古北口，将张作霖的信面交冯玉祥。张作霖信的大意是，只要达到和平，奉军可以不入关内。冯玉祥阅后，很为满意。当即用一张东昌旧毛头纸，书写了一个很大的“成”字，下署“玉祥”二字。并约定如两军相遇，均向天空鸣枪；冯军缠红布白日光臂章，奉军缠黑布白日光臂章，以便识别。至此，冯张协议完全成功。后来，冯玉祥回师北京，发动政变。冯的“成”字复信，辗转送致张作霖的手中时已在北京政变之后了。

二次直奉之战，张作霖与冯玉祥取得双赢的结果。

四、布重兵直奉二战

在二次直奉之战前，作为序曲，爆发了江浙战争。江浙战争，表面上是江苏督军齐燮元和浙江督军卢永祥之间的战争。其实，是直系军阀和奉系军阀之间的战争，也是直系军阀的后台英美和奉系军阀的后台日法之间的角斗。

江浙战争的爆发是由于两个焦点问题。

一是争夺上海的控制权。上海本来属于江苏地盘，但长期以来，一直被卢永祥控制。1915 年，卢永祥任陆军第十师师长兼淞沪巡阅副使。1917 年，升为淞沪巡阅使。1920 年 7 月，兼任浙江督军；12 月，去淞沪巡阅使职。虽然卢永祥不再兼任上海的官职，但由于经营有年，实际上仍然控制着上海。上海是富庶之地，齐燮元早已垂涎三尺。江浙之战，不可避免。

二是对卢永祥扩军的恐惧。1924 年，卢永祥接纳了闽军臧致平和杨化昭部，他们由赣入浙。而这两支部队，是被直系军阀从闽地赶出来的。卢永祥将接纳的这批部队，改编为浙江边防军四个师一个混成旅，拥有 1 万余人。卢永祥的大力扩军，引起他周围四个省的极大不安。于是，苏、皖、赣、闽四省联合起来，制订了图浙的计划。

由于以上两个原因，1924 年 9 月 3 日，江浙战争爆发。江浙问题关系到反直三角同盟的命运，因此，张作霖不能袖手旁观。他在战争爆发的第二天，就发表致曹锟通电，痛斥直系，声援浙卢。电文谓："今年天灾流行，饥民遍野，弟尝进言讨浙之不可，足下亦有力主和平之回答；然墨迹未干，战令已发，同时又进兵奉天，扣留山海关列车，杜绝交通，是果何意者？足下近年为吴佩孚之傀儡，致招民怨……因此，将由飞机以问足下之起居，枕戈以待最后之回答。"宣布"谨率三军，扫除民贼，去全国和平之障碍"。并派人到杭州向卢永祥表示自己一定派兵入关，又给卢永祥汇去 300 万元作为军饷。

9 月 4 日，孙中山在大本营召开筹备北伐会议，决定北伐。迁大本营于韶关，亲督各军，命各军分路入江西、湖南。任命谭延闿为北伐军总司令，宣布"援浙即以存粤"。于次日发布《讨伐曹吴对粤宣言》，下令讨伐曹、吴。

牵一发而动全身。江浙问题，已经引起全国的关注。至 10 月 13 日，由于众寡悬殊，卢永祥战败，逃亡日本。后辗转来到奉天。

张作霖非常关注日本对直奉二战的态度。于是，向军事顾问本庄繁探询日本政府的意向：一是直军打到东三省时，是否予张援助；二是张希望以亲日派之手统一中国，日对此有何想法；三是张腹背受到直军和俄国的压迫，日本有何想法。日本政府答复，对直奉战争"采取不干涉的方针，严持公正态度"。但驻奉天总领事船津则要求"发相当强硬的警告"，并主张引导张作霖援助段祺瑞出山。

战争爆发的第二天，即 9 月 4 日的晚间，在张作霖大帅府召开旅长以上紧急会议，决定出兵讨伐曹、吴，① 组成镇威军。9 月 13 日，京奉线停开普

① 傅兴沛：《第二次直奉战争纪实》，《文史资料选辑》，第 4 辑，中华书局 1960 年版，第 34 页。

通列车。15 日，奉军分别向山海关和热河方向移动。

第二次直奉战争时的张学良

双方的总兵力有差距。奉军的总兵力，约有 25 万人。直军的总兵力，有 30 余万人，还不算其他的援军。从总兵力上看，直军占有绝对优势。但经过两年的整军经武，奉军官兵的斗志旺盛。

奉军张作霖自任镇威军总司令，把三省军队编成六个军。

第一军军长姜登选，副军长韩麟春。

第二军军长李景林，副军长张宗昌。进军朝阳、凌源之线，出冷口。配属空军一个队。

第三军军长张学良，副军长郭松龄。组成第一、第三联军司令部，攻击山海关正面，至九门口迤北之线。配属空军两个队。

张学良（左）与韩麟春在第二次直奉战争中

第四军军长张作相，副军长汲金纯。驻兴城、绥中一带为后备队。

第五军军长吴俊升，副军长阚朝玺。进军赤峰，出承德。

第六军军长许兰洲，副军长吴光新。出建平、平泉之线，威胁直军侧背。

奉军的战略部署，计划周密，配备得当，主题鲜明，暗含杀机。而且，在政治和策略上，张作霖也做好了先期准备。孙、段、张的三角同盟最大限度地孤立了直系，牵制了直系的兵力。同时，张作霖和冯玉祥的暗中秘密联合，在关键时刻起到了乾坤颠倒的重大作用。这都是吴佩孚所始料不及的。

9月10日，曹锟以百万火急的电报，召吴佩孚来京。9月17日，总统曹锟任命直军吴佩孚为讨逆军总司令，王承斌为副司令兼直鲁后方筹备总司令。

下分为三路军。第一军，以彭寿莘为总司令，陈兵于山海关正面，作主攻部署；第二军以王怀庆为总司令，出朝阳；第三军以冯玉祥为总司令，出赤峰，绕击奉军后背。张福来为援军总司令。除彭寿莘部原驻扎在滦州、榆关一带外，其余各军同时出发。吴佩孚除了在前线布置了陆军三军，在后路布置了陆军10支部队外，还任命杜锡珪为海军总司令、温树德为副司令，向辽东海湾活动。空军组成四队：第一队驻北戴河，第二队驻滦县，第三队驻朝阳，第四队驻航空处。合计飞机70余架。这一部署就是著名的吴佩孚“四照堂点将”。四照堂是中南海国务院办公室，因四面都是玻璃窗而得名。

四照堂点将时，吴佩孚显得随心所欲，心不在焉。他穿着随便，“胸口敞着，纽扣也不扣，嘴里吸着一根纸烟。他坐到座上，即盘腿在椅子上坐下，斜身靠住条桌，那种坐法，宛似一位懒散的乡下大姑娘”。这就是冯玉祥笔下的直军总司令吴佩孚在严肃的点将会议上的形象。他面对60余名衣冠严整的高级将领，表现得像一个落魄的算命先生。也许他认为只有这样，才能表示出他对奉军的蔑视？也许他故意装出这种轻敌的样子，来遮掩他的恐惧心理？不得而知。

不过，曹、吴直系内部矛盾重重，已显分崩离析之相。外部三面受敌，处处捉襟见肘。从战略上看，曹、吴已经陷入不能自拔的困境。吴佩孚原来的战略部署是，笼络浙卢，稳定长江，少数防粤，全力对奉。现在张作霖抓住时机，突然发难，间不容发，他只得强打精神，勉强应战。吴佩孚似乎已经觉察到前景不妙，因此，只能用“一个月取胜”的狂话来麻醉自己并蒙蔽下级官兵了。

吴佩孚像

两方动用兵力：奉军计有4个师及13个旅，不足15万人；直军计有11个师1个团、11个旅，约有20万人。这次战争的规模是空前的，是包括陆海空在内的立体战。双方的总兵力在55万人以上，实际投入的也有35万人。

在战争过程中，从全局看，

战斗并不激烈。实际只有山海关方面和冷口、界岭口方面两路有激烈的战斗，其他方面均未发生战斗。战斗一打响，奉军在两路都采取主动攻势。直军开始采用攻势，后改守势，再后则溃退，终至一蹶不振。直军的失败，固然是因为奉军的勇猛善战，但关键是冯玉祥的临阵倒戈班师回京，发动了北京政变。这使吴佩孚遭到了毁灭性的打击，以致直军一败涂地。

战斗首先在热河打响。奉军第二军李景林、张宗昌部，兵分两路进热河。1924 年 9 月 13 日，在热河朝阳寺一带开始接触。热河地方守军，一触即溃。奉军势如破竹，10 天即攻占朝阳。9 月末，第二军的先头部队抵达冷口附近，奉军对直军大包围的态势已成。

山海关方面的主力战斗，起初奉军动手较晚，让直军彭寿莘部占了先机。彭寿莘凭借有利地形，居高临下，可攻可守。9 月 28 日夜，山海关方面的两军开始接触。经两天的激战，奉军夺取了九门口的东口。占领这个据点，对奉军全局的胜利具有重大意义。到 10 月中旬末，战斗一直激烈进行，奉军第一军突进九门口，占领荒山口。郭松龄部猛攻山海关正面，但遭遇直军的顽强抵抗，一时形成胶着的对峙局面。

10 月 22 日前后的一个晚间，奉军第一联军的首脑会议上，郭松龄主张突袭九门口。第一军军长姜登选以第一军在九门口已经取得很大战果，不同意把山海关正面部队调出转移到这方面。两人争执不下，竟至发生口角。口角中，涉及战斗中人事调换问题。原来，二旅的炮兵陈琛团配属于第一军，在九门口作战。营长阎宗周素与陈琛不睦，战斗间陈琛向姜登选军长报告，说阎宗周作战不力，遂被撤职。阎宗周向郭松龄告状，郭松龄大怒，以陈琛为郭部，亦亲写命令撤陈琛团长职，恢复阎宗周营长职。这就种下了郭松龄、姜登选之间嫌隙的种子。

前嫌未释，会上郭松龄、姜登选互不相让，以致引起奉军内部派系之争，言语间有所表露。姜登选、韩麟春属于日本士官系，与张作霖的总参议杨宇霆接近；郭松龄为陆大系，在将领中也有一些同学。陈琛乃士官出身，郭松龄怀疑其与姜登选、韩麟春暗合；阎宗周为保定军官学校出身，他的话，郭松龄能听得进去。因此，会议上，郭松龄不听张学良的劝阻，竟然拂袖而去。姜登选向张学良说："茂宸此举，有犯军法。"

郭松龄意气用事，极不冷静。当晚，郭松龄率数骑到宋九龄旅部，气急败坏地下令宋旅后撤，阵地由高维岳旅接收。接着，郭松龄等率数骑向后方而去。宋旅当即撤退，高旅迅速接防。早晨 8 时许，张学良闻讯急驰而来，令部队停止移动，并问郭松龄的去向。宋九龄指示方向，并说已去20余里，张学良急忙追去。郭松龄离开约10余里，停在一棵大树下，随从极力劝解。张学良追至，两人见面痛哭，经张学良劝说，郭松龄回到宋九龄旅部。张学良责怪郭松龄说："你搞的什么事，我应当打你嘴巴。你若不是我哥哥，一定狠狠打你一顿。"① 郭松龄沉默无语。郭松龄和张学良是拜把子兄弟。这件事发生在夜间，幸亏直军没有察觉，否则后果不堪设想。这就是有名的张学良"月下追韩信"。

张学良走后，郭松龄决定亲率宋旅三个步兵团、一个山炮营，突袭九门口。部队取急行军速度，夜间行军，白天休息。27日夜，宋旅到达九门口。穿过山间峡谷，于次日晨4时发起猛烈攻击。九门口直系守军不敌，全线崩溃。29日拂晓，占领九门口内重镇石门寨。午后5时，宋九龄占领北戴河，郭松龄占领秦皇岛。夜间，郭松龄留一个团于秦皇岛，自赴北戴河。命令三个旅继续向前推进，扫荡直军。

吴佩孚于10月10日驰往山海关。12日，吴佩孚抵达榆关亲自督战，并调集大批援军，加入战线。却连败数阵，锐气尽挫。13日，吴佩孚想从海上绕到奉军背后袭击，遂乘海圻舰，率楚豫、永翔两舰开往葫芦岛，以图寻找登陆突破口，袭击奉军后路。但中途遭奉军飞机袭击，被迫返回秦皇岛。地面部队告急，吴佩孚乃决定登陆指挥。

然而，在吴佩孚的背后正在酝酿着一个天翻地覆的大阴谋。曹、吴还完全蒙在鼓里，虽略有察觉，但没有料到冯玉祥会出此奇招。

五、出奇谋冯军倒戈

如前所述，冯玉祥对曹、吴早已不满，同孙中山和张作霖暗中联系，伺机而动。现在机会来了，千载难逢，冯玉祥不想错过。为此，他观察形势，周密部署，谨慎行事。

冯玉祥处事深谋远虑，粗中有细。他对外联络孙中山和张作霖，对内又形成了一个冯、胡、孙三角同盟。

冯玉祥和孙岳早有渊源关系。孙岳，字禹行，河北高阳人，1878年生。

① 荆有岩：《第二次直奉战九门口战斗的回忆》，《辽宁文史资料选辑》，第3辑，辽宁人民出版社1963年版，第47页。

保定武备学堂毕业。1911 年，任第十九师师长。1912 年，任陆军中将。1913 年，参加讨袁之役。1917 年，任直隶军官教育团团长。1920 年，任陆军第十五混成旅旅长，后兼大名镇守使。

1924 年第二次直奉战争时的冯玉祥

他和冯玉祥的关系，从滦州起义前订交始，多年来往来无间。不但私人交谊深厚，在革命主张上亦志同道合。孙岳早年参加同盟会，辛亥革命时任第三镇中校参谋。因他与冯玉祥等密谋滦州起义，被时任第三镇少校参谋的吴佩孚告发，被第三镇统制曹锟撤职。孙即南下，曾任第十九师师长。不久，被袁世凯免职。黄兴任讨袁总司令时，以孙岳为北伐军第一路总司令。其后，孙岳曾一度去陕西，与陕西国民党人胡景翼结交。曹锟为直隶督军时，委任孙岳为军官教育团团长。直皖战起，兼任直隶省义勇军总司令。

战事结束，因受吴佩孚压抑，仅给第十五混成旅旅长兼大名镇守使之职。孙岳对吴佩孚早已不满，现和冯玉祥一拍即合，便再次走到了一起。遂有了他们之间的“草亭秘议”。①

1924 年 9 月的一天，孙岳亲至南苑为冯氏新建的昭忠祠的落成前往致祭。他们在墓地之间的一个草亭里，坐下议论国事。互相之间，敞开心扉，倾诉了对吴佩孚排斥异己的不满，表达了联合起来反对吴佩孚的决心，也商定了联合胡景翼的具体办法。最后决定，由孙岳联系胡景翼。这就是“草亭秘议”。

胡景翼，字笠僧，陕西富平人，1892 年生。早年参加中国同盟会。胡景翼曾任冯玉祥部下陕军第一师师长。第一次直奉战争时，随冯玉祥参战。冯玉祥调任陆军检阅使，胡部移驻彰德一带。此时，冯、胡仍然时相往来。胡

① 鹿钟麟等：《冯玉祥北京政变》，《文史资料选辑》，第 4 辑，中华书局 1960 年版，第 5 页。

景翼本来和冯玉祥早就相知，彼此互有好感。待孙岳向胡景翼密谈起联合一事，当即得到胡景翼的赞同。这一次，胡景翼特派岳维峻去见冯玉祥，冯玉祥在北京旃檀寺兵营会见他。岳维峻表示：“现在笠僧特意派我来接洽一切，只有一句话：就是绝对听您的，毫无半点含糊。”

这样，冯、胡、孙的三角同盟就形成了。

现在时机来了。冯玉祥向曹锟建议：“十三师（王怀庆师）开赴前方，北京防务空虚，最好把孙禹行（孙岳）的第十五混成旅调来拱卫首都。”曹锟同意了冯玉祥的建议，立即调孙岳到京，任北京警备副司令之职。孙岳悄悄地对冯说：“你特意把我搬来，是不是要我给你们开城门？”冯玉祥则报之以会心的一笑。北京城防的内应布置妥当了。

冯玉祥为第三军总司令，本该尽快出兵，先发制人。可是，他却采取了拖延的做法。

9 月 17 日，冯玉祥得到总司令的任命。18 日，他派张之江旅作为先头部队出发去热河，以掩人耳目。然后，他把部队分为数个梯队，次第开拔，先为宋哲元旅，次为刘郁芬旅，次为李鸣钟旅，最后为鹿钟麟旅，直到 24 日才开拔完毕。另以步兵一营留守北京城内的旃檀寺，派亲信蒋鸿遇为留守司令兼兵站总监，办理后方一切事务。此前，曾由河南招募新兵万人，分编为三个补充旅，以孙良诚、张维玺、蒋鸿遇分任旅长，借口在后方训练，并未开拔。

布置完毕，9 月 24 日冯玉祥开始向怀柔出发。开拔各部，每日行军路程只有二三十里，动作迟缓。当日到达怀柔，在此暂设第三军司令部。28 日，磨蹭到密云。29 日，他电召留守司令蒋鸿遇到密云密议班师回京事宜。10 月 1 日，才到古北口。如果急行军，从北京到古北口三天即可到达，可是他们却走了七天。到达古北口后，冯玉祥以筹措给养为名，停顿下来。他一方面督饬各县加紧修筑公路，另一方面令鹿钟麟每日朝着北京的方向练习行军。这一切，都是为了顺利班师回京作准备。

胡景翼被任为援军第二路司令后，吴佩孚令其支援开赴热河的王怀庆部。胡景翼经同冯玉祥密商，胡部决定暂缓开拔，以待冯部的行动变化。与此同时，冯玉祥又和段祺瑞取得联系，段祺瑞表示同意合作。和奉系的交往，已经完全达成共识。

吴佩孚虽然对冯玉祥的秘密活动毫无所闻，但对冯玉祥还是存有戒心。为了监视冯玉祥的行动，他加派副总司令王承斌监督冯玉祥。但王承斌并不和吴佩孚一条心，冯玉祥把自己的秘密计划都告诉了王承斌。王承斌表示绝不会把这个秘密报告吴佩孚，但表示自己保持中立。

10 月 11 日，冯玉祥由古北口进驻滦平。冯玉祥和参谋长刘骥、熊斌，以及段祺瑞的代表贾德耀等，与奉军协议停战。进攻热河的李景林向张作霖电请指示。张作霖因与冯玉祥已有秘密停战协定，令李景林改取守势，勿再进攻。奉军将进攻赤峰的部队，大部抽调到山海关方面，加重了山海关方面直军的压力。从而，奉军撼动了直军战线的全局。

直到此时，坐镇北京的吴佩孚感到事态严重，才迫不及待地赶赴前线。留守司令蒋鸿遇把北京的情报随时向冯玉祥电报，待冯玉祥听到吴佩孚亲上前线，知道班师的时机成熟了。

于是，10 月 19 日，冯玉祥在滦平召集张之江、鹿钟麟、李鸣钟、刘郁芬、刘骥、邓宝珊及胡景翼之代表会议，宣布班师回京计划，高级将领一致拥护。冯即发布命令：命鹿钟麟率部自密云县秘密兼程回京，会同孙良诚、张维玺两旅，驰抵北苑，再与蒋鸿遇旅会合入城，分任警戒；命李鸣钟旅自古北口趋长辛店截断京汉、京奉交通；电停兵于喜峰口之胡景翼部南旋占领滦州、军粮城一带，截断直军之联络，并防吴佩孚率兵西向；通知孙岳秘密监视曹锟的卫队及吴佩孚的留守部队；命承德之张之江、宋哲元等旅克期返京，并派员联络热河都统米振标取一致行动。①

10 月 22 日，冯军第二十二师全部抵达北苑，旅长鹿钟麟与蒋鸿遇、孙良诚、张维玺等旅长会商，即于当晚 8 时由北苑出发，12 时鹿旅抵达安定门。事前已与孙岳议妥，孙岳即令守兵打开城门。次日 1 时，即占领车站、电报、电话等交通通信机构。

10 月 23 日，冯军遍布北京内城各城门及东西四牌楼交通要道。入城士兵均袖缠白布臂章，上书“不扰民，真爱民，誓死报国”10 个字。总统府卫队和曹士杰旅均被解除武装。并由冯玉祥、胡景翼、孙岳等联名发出主和通电。

10 月 24 日，冯玉祥派薛笃弼谒曹锟，向他提出三个条件：一、下令停战；二、免去吴佩孚本兼各职；三、请他自动退位。曹锟都照办了，并任命吴佩孚督办青海垦务事宜。

10 月 25 日，冯玉祥等决定组织国民军，公推冯玉祥为国民军总司令兼第一军军长；胡景翼、孙岳为副司令，分别兼第二、第三军军长。并决定请孙

① 《中华民国资料丛稿·大事记》，第 10 辑，中华书局 1986 年版，第 182 页。

1917年任直隶督军时期的曹锟

中山北上主持大计，电请段祺瑞入京。曹锟贿选政府不容继续存在，由黄郛组织摄政内阁，行使大总统职权。

吴佩孚听到冯玉祥班师回京的消息，仍故作镇静，但直军战斗力锐减。他在秦皇岛通电讨伐冯玉祥，自称奉曹锟密令，剪除凶顽，不使法统和政府任一二人颠覆。并在滦县通电否认曹锟之停战令，声称该令“显系伪造”。他急率所部1万余人，回救北京。但遭到冯军的截击，很快全军覆没。11月3日，吴佩孚见大势已去，遂眼含痛苦的泪水，率残部5000余人，由塘沽登上华甲运输舰，浮海南下去了。

第二次直奉战争，奉军取得了胜利。从1924年9月13日交锋，到11月3日吴佩孚南逃，一共打了50余天。旧的矛盾解决了，新的矛盾又出现了。

六、有准备奉系大胜

第二次直奉战争，奉军大胜。这场战争，是不折不扣的军阀之战，没有是非可言。国家遭殃，生灵涂炭。军阀战争，他们都一贯高喊为国为民，其实都是欺骗人民的假话。在这次战争中，倒是冯玉祥做了一件值得称道的好事。

这件事可以在历史上留下一笔，就是冯玉祥下令废除了溥仪小朝廷。清朝倒台，但在北京居然还保留着一个不死不活的清帝小朝廷。冯玉祥认为，这个小朝廷是罪恶的渊薮，是中外野心家时刻企图利用的祸根。为此，他商得摄政内阁的同意，派鹿钟麟去执行。

鹿钟麟带了几个卫士进宫，平静地问溥仪道：“你到底愿意做平民，还是愿意做皇帝？若愿做平民，我们有对待平民的办法；若是愿意做皇帝，我们也有对待皇帝的手段！”

溥仪慌忙地答道：“我自然应该做平民，无奈许多人跟着吃我，他们迫着我在这里，要不然，我早走了。”

不管他是真话假话，鹿钟麟趁势回答：“既是如此，就请你立刻迁出宫去，从此做一个良善平民。”

当天，溥仪就带着他的嫔妃和需用的东西迁出宫去了。在强大的军事压力下，溥仪被迫接受了这个他难以接受的现实。冯玉祥采取和平手段，解决了这个难题，剔除了这颗毒瘤。对此，冯玉祥自我评价道：“我此次班师回京，可说未办一事，只有驱逐溥仪，才真是对得住国家对得住人民，可告天下后世而无愧。”① 这个评价符合历史事实。

直奉二战，直败奉胜，原因种种。包括政治的、财政的、军事的、外交的，等等。

在政治上，二次直奉战前，直系控制的北京政府就已经遭到全国人民的反对。吴佩孚在直奉一战前，慷慨激昂地高举反对日本帝国主义的义旗，声嘶力竭地讨伐着段祺瑞的北洋政府。吴佩孚俨然成为了正义的化身。他的种种激进表现，蒙蔽了善良的人民。他赶走了张勋复辟的辫子兵，提出了“罢战主和”的政治主张，支持了五四学生的爱国运动。他公开提出“文官不要贪污卖国，武官不要争夺地盘”的响亮口号，又公开宣布今生今世“不做督军，不住租界，不结外人，不借外债”的自律信条，还公开通电要求罢免国贼曹、陆、章，惩办后台段祺瑞、徐世昌。

在五四运动中，吴佩孚的表现十分激进。他用通电这种先进的舆论手段，频繁地表达他的政治见解和进步主张。这一时期，他发表的通电最多，内容最广。他“左一个通电，右一个通电”，可谓“无日无时无吴之通电”。他的行动完全控制了舆论界。对于他在这一时期的表现，史学界评价不一。我认为，评价历史人物，还是要坚持主观动机和客观效果相结合的原则。在主观动机和客观效果相矛盾时，还是要尊重客观效果。五四运动时，吴佩孚的激进表现还是应该予以肯定的。尽管他以后发生了质的蜕变。

直皖战争和直奉一战之后，吴佩孚已代曹锟为直鲁豫巡阅使，他目空一切，骄横狂妄。他的反人民反革命的面目暴露无遗。1922 年 2 月 7 日，在汉口，他下令血腥镇压了京汉铁路总同盟罢工。死 37 人，伤 200 余人，开除 1000 余人，造成二七惨案。中国共产党中央指出：“这次汉口的惨杀，不仅是军阀惨杀工人的意义，乃是军阀惨杀自由的人民的先锋军的意义。”号召全国人民起来“打倒一切压迫工人的军阀”。

曹锟和吴佩孚联手篡夺全国最高领导权。通过贿买议员，1923 年 10 月

① 冯玉祥：《我的生活》，解放军文艺出版社 2002 年版，第 338 页。

10日，曹锟终于坐上了总统的宝座，达到了他梦寐以求的目的。但由此，曹锟也名誉扫地，声望一落千丈。上海举行“双十节讨曹游行大会”，散发“下半旗，讨曹锟，诛猪仔，惩政客，打倒万恶军阀”的传单。可见，直系军阀已经成为众矢之的了。各省的直系军阀敲骨吸髓，民不聊生，遭到人民的强烈反对。在二次直奉战前，全国人民反对直系军阀的呼声，日益高亢，成为政治交响曲的主旋律。

在财政上，直系军阀也陷入绝境。吴佩孚于9月13日黄昏，乘专车由洛阳出发。列车30余节，宛若游龙，从者云集。午夜抵郑州，也许是要表现出自己的儒将风度，也许是为部下此行壮胆，他在列车上，当着上车请示机宜的靳云鹗的面，展纸泼墨，挥毫画竹。靳云鹗时任陆军第十四师师长，是曾任国务总理的靳云鹏的胞弟，当时随吴佩孚讨奉。吴佩孚是很喜欢画竹的。但是，此次画竹，颇不顺利。大概因心中有事，屡画屡败，皆不满意。最后，勉强成幅，送给了靳云鹗。列车在此耽搁了四个小时。16日破晓，才慢慢腾腾地迟至北京。吴佩孚所有这些表现，都在向世人显示，他没有把张作霖当作平等的对手。这也许是攻心为上的战略吧！

在北京等待他的是由曹锟新改组的内阁。这个内阁对直奉二战，毫无精神上和物质上的准备。最主要的是财政部一文不名，财政部部长王克敏束手无策。曹锟昏聩无能，只知道把吴佩孚调到北京，对军费和军械一概不予过问。巧妇难为无米之炊。军队需要开拔的费用，官兵需要正常的军饷。吴佩孚当务之急是筹备战争军费，这使吴佩孚一筹莫展，焦头烂额。王克敏筹款无着，气得吴佩孚要枪毙他。可见，军费让吴佩孚十分难堪。

为解燃眉之急，吴佩孚只得命部下百般筹措，细大不捐。先后着手进行的有8笔：以外交部哈记存款25万元作押，息借25万元；借用中日实业公司存余官款12万元；追讨山东盐商海防经费本银25万两，另算息钱；责令承办东省官引43县之3公司报效100万元，由盐运使柴勤唐办理；责成河东盐商代筹25万元，随课带缴；责令长芦盐商认筹150万元，均由盐运使张廷谔（即张直卿）办理；没收卢永祥在烟台所办济通银号2万余元，由张镇守使查抄，就近拨付关际堂经办之民船雇用费；向阎锡山乞助，仅拨到三门桥款5万元。这8笔款项，都带有强迫性质，类乎劫夺。最后，小数办到了，大数落空了。总之，仍然没有筹到应需款项。

吴佩孚到京20余日，日日为军费着急。前方战事吃紧，又传来九门口失守的坏消息，令吴佩孚更为焦灼。当时直军财政组主任参议是谢宗陶。他追问谢宗陶："今事已急，款无从出，奈何？"谢宗陶反问了一句："为之主者不出力，为之宾者有何力也？"吴佩孚追问有无非常办法，能于一二日内立刻拿到巨款。谢宗陶无奈出了个下策："请财神耳！"吴佩孚问财神指谁，怎么个请法，谢宗陶直言答道："由曹锟出名约北洋宿将，如张敬尧、陈光远辈，以及李纯、王占元之后人筵宴，即席勒请各借助军饷若干万元，事后由财部筹还。"这真是个馊主意。吴佩孚认为曹锟不会同意，不成。追问还有别的高招没有，谢宗陶被逼无奈，出了一个更馊的主意："召中交两行负责者至本部，勒取尚未发行之中交币钞各 200 万元，加印军字，作军用券行使，或者勒借各 100 万元，亦事后由财部筹偿。"这是向中央银行和交通银行强借巨款的损招。吴佩孚认为这个办法可行，让谢宗陶去办。谢宗陶怕吴佩孚事后推卸责任，特意写了一个请示，得到吴佩孚的手书批准，然后去办。

谢宗陶于 10 月 9 日，电约张公权、钱新之两位总理来部议事。两位不知何事，不敢不到。谢宗陶说，中交两行代理国库，并独擅钞权，值兹国难当头，协助饷项义不容辞。首先讲了一篇大道理，然后再接触实际问题。开始商议借用新发行的钞票，两行长支吾不肯；继之商以息借款项，又都说库无现金，严词拒绝。谢宗陶眼看事成僵局，就故意露出了无赖嘴脸，严厉地威胁道："两君有款可去，无款即留，愿三思之。"说罢，拂袖径出，喝令二护兵守门，严禁其外出。实际是把二人软禁了。

到了中午，谢宗陶进屋询问他们想好了没有，二人仍然不答应。张公权特别气愤，当面对谢宗陶喊道："尔能枪杀我否？"谢宗陶却以市侩的口吻说道："急矣？所求者钱，非命也！"说完，就退了出来。天到黄昏，谢宗陶忐忑不安，不知能否从他们手里弄出钱来。硬着头皮，进得屋去，探问究竟。钱新之知道打破僵局，只能妥协，便附耳对谢宗陶说道："经与公权熟商，两行愿各借 50 万元，共 100 万元。"谢宗陶却故意强调非 200 万元不可，再三商量，又各增加 10 万元，共得 120 万元。谢宗陶原来担心不好收场，现在目的基本达到，乐不可支。又对二人致歉道："司令部初非绑票，不过强借而已，千乞原谅。"① 其实，这种强借和绑票又有什么不同。谢宗陶把借款情况报告给吴佩孚，吴佩孚大喜。第二天，两行共送来 40 万元。有了这笔钱，吴佩孚才得以开拔。这个强行借款的经过，是当事人强借者谢宗陶亲自写的回

① 谢宗陶：《第二次直奉战争随军见闻》，《文史资料选辑》，第 41 辑，文史资料出版社 1980 年版，第 148 页。

忆录里谈到的，是真实无误的。从这件事上，可以看出直军在财政上困窘到何种地步。

和直军财政上的捉襟见肘相反，奉军则财大气粗、粮饷丰盈。两者相较，直军已经露出败相了。

在军事上，直军的武器量少质差，和奉军无法相比。虽然英美给了吴佩孚不少援助，“给吴成立了飞机队，又卖给曹锟 3 万支枪，250 挺新式机关枪”。但直军的武器多系汉阳兵工厂制造，质量差，数量少。直系各军不仅枪炮深感不足，尤其子弹更形缺乏，除向汉阳、巩县两兵工厂尽量调拨外，又向山西督军阎锡山索要子弹 60 万发。其飞机队的飞机，也仅为航空学校的实习飞机，不具备空战和轰炸能力。各师的装备极不平等，稍好些的是二十三师，枪支较多，但手榴弹也不够用。冯玉祥师的枪支就更少。在重武器上，直军的炮兵也不如奉军。“奉军的迫击炮极多，用高弧线的瞄准法，成三角形而直入直军战壕”。奉军的飞机均为新式，机枪、大炮也是从俄德两国购买的。

在军队的管理上，直军漏洞百出。即以军饷发放为例，可见一斑。当时曹锟的四弟曹锳为军需总监，即后勤部长。李彦青为军需副监，兼兵站总监。这两个人，朋比为奸，贪婪成性。平时发放军饷，李彦青都要克扣。直军共 25 个师，每师扣 2 万元，每月扣 50 万元，两人私分。平时在曹锟前没甚面子的，不行贿送礼的，则不发饷。发饷随其喜怒，有的一元不发。冯玉祥的部队就经常不发饷，最后被逼上梁山。有的只发几成，聊以塞责。

有时设下陷阱，令你上套受骗，有苦说不出。有一次胡景翼去领饷，李彦青假意亲切地说：“你先将收条开下，我随后给你送去。”胡景翼信以为真，当即开了收条。但等了几天，不见军饷送来，就亲自去问。李彦青假惺惺地说：“待我为你查一查。”李彦青装模作样地查了查后说：“这钱你已领去了，这不是有你的收条吗？”胡景翼大怒，两人争吵起来，惊动了昏庸的曹锟，问是怎么回事。曹锟偏袒李彦青，也认为胡不对，责问胡道：“他没给你钱，你怎么开收条给他？”胡景翼无言以对，哑巴吃黄连——有苦说不出，恨恨地骂道：“我得了手，一定要枪毙李彦青。”因此，冯玉祥、胡景翼和孙岳的反吴三角同盟的形成，不是偶然的。被克扣的军饷，再经军官层层剥皮，到士兵手中就所剩无几了。由此，士兵士气低落，都牢骚满腹地说：“到了前线，给他发两枪，就算对得起他。”

在外交上，直系虽然得到英美的支持，但当时的直军已经病入膏肓，是扶不起来的阿斗。为了得到西方帝国主义的支持，内阁总理颜惠庆邀请各国公使在国务院召开茶话会。吴佩孚出席，说明此次讨奉，纯系以扫除割据，谋求全国统一为宗旨。日本公使芳泽当即表示，日本对于交战双方抱不偏不倚的态度。这引起吴佩孚的不满，吴佩孚说："奉张为叛逆，中央明令挞伐，彼方实无对等之可言。"日本外务省虽然对外声称不干涉中国内政，但日本军部却暗中支持张作霖。在二次直奉战争中，奉军前线一时缺乏弹药，张学良同日本联系，日本提供枪弹 4000 万发，炮弹 10 万发。对攻打直军阵地起了很大作用。张作霖还聘请了一个由 10 人组成的日本军事顾问团，亲临前线，帮助制订作战计划。日本也经常把探得的情报及时通报给奉军。

吴佩孚把外交争取的重点，放在日本上。吴佩孚此时认为应予注意及者厥惟近邻日本，对之特下一番功夫。吴在 10 余年前曾识日本人冈野者，延充直鲁豫巡阅使署顾问，常居洛阳，此番一同来都，因广为介绍日本人来见，其中引进有小谷氏。在表面上一时与此方似亦有接近之趋势，而其为脚踏两只船则毫无疑义。虽然，吴佩孚在对日外交上做了一些工作，但收效不大。日本的军部一直是支持张作霖的。

在政治、财政、军事和外交上，直系的战前准备和战中调动，和奉军相比，不免相形见绌。直军的失败，可以说是注定了的。果然，第二次直奉战争结束了，奉系大获全胜。奉系张作霖在战前的纵横捭阖，以及在战中的灵活调动，都在关键时刻起到了意想不到的作用。

但是，这场战争是军阀之间的战争，无正义与否可言。他们都是打着为国为民的旗号，干着为害国家人民的勾当。他们的目的都是争夺殷实地盘，扩大势力范围，进而用武力统一全国。小军阀做一省的小皇帝，大军阀做数省的大皇帝，再大的军阀则要做全国的最大的皇帝。这就是他们之间战争的真正目的。

第十二章　奉系占苏皖　不久便北逃

一、争私利张冯交恶

二次直奉战后，张作霖和冯玉祥的秘密联合实际上宣告终结。当时的各种矛盾像一团乱麻，纠缠在一起。孙中山、段祺瑞、张作霖的三角同盟是在打倒曹、吴这个共同目标的基础上联合起来的。在打倒曹、吴之后，已经没有合作的基础，三角同盟自然解体。而张作霖和冯玉祥的秘密合作，其目的也是为了推翻曹、吴。现在目的已达到，合作自然也就终止了。

不仅合作终止，而且新的矛盾产生了。他们都在抢占先机，接收败军，扩充地盘。这是军阀的本性使然。1924 年 10 月 23 日，冯玉祥刚占据北京，就任命鹿钟麟为国民军警备司令。冯玉祥利用占据北京，可以控制摄政内阁的优势，首先让曹锟下令，山海关一带直军着督理直隶军务王承斌、帮办直隶军务彭寿莘接管。而王承斌和彭寿莘都是冯玉祥倒戈军队的一部分。冯玉祥又派孙岳的国民三军前往保定，解决了曹士杰的十六混成旅。派国民一军、二军的一部，阻击吴佩孚的主力于京奉线。派蒋鸿遇等旅往杨村方向移动，与吴佩孚的残军激战，吴部数旅不支，被俘虏数千人，获枪无数。派孙连仲旅进驻丰台，以为策应。从总的布局看，冯玉祥是想把直隶和北京牢牢地控制在自己的手中。

但是，张作霖在打倒曹、吴后，早把同冯玉祥过去定下的奉军绝不入关的诺言抛到九霄云外去了。张作霖对直隶也是垂涎三尺，绝对不许冯玉祥染指。据当时任奉军上校参谋的何柱国回忆："南下的事情搁浅之后，紧接着就是段、张、冯争夺直隶的地盘，先是冯与协同冯倒戈的原直隶督军王承斌分别在天津附近收编吴部残军，意欲保持这一地盘。这是我们奉军所绝对不能容许的。"10 月 22 日，奉军张宗昌率马步军 2 万人由冷口突入进攻滦州。同日，李景林派马步军 1.5 万人由界岭口进攻昌黎。28 日，张宗昌占据滦州。昌黎的直军不敌李景林军，退至滦州，被张宗昌军打败后收编。张宗昌部和李景林部都大举向天津推进。山海关战事结束后，奉军主力极大部分集结在津榆一线，成立了津榆驻军司令部，张学良任总司令，郭松龄任副总司令，实际由郭松龄负责。直隶的东部实际已被奉军控制。

张作霖入关的时机成熟了，准备入关。入关赴津前，杨宇霆和姜登选向他提起如何应付段、冯之事，他很有把握地说："你们放心，我会耍这一套。比不得军事非通过你们不可，耍这一套我比你们高明，你们可再不用管了。"①11 月 8 日，张作霖声势煊赫地入关。共开车五列：一为前卫队；二为步兵队；三为总司令部；四为张之官车及外宾车；五为军需车。鲍贵卿、卢永祥、钟世铭、汤玉麟及驻奉日、英、德三国领事团等随行，张张扬扬，浩浩荡荡，大张旗鼓地进入关内。10 日，张作霖以战胜者的姿态到达天津。

前一天晚间，冯玉祥从北京抵达天津。10 日下午，段、张、冯在段宅开会，这是天津会议的碰头会。在会议进行期间，当晚，奉军李景林部突然解除了天津以北之北仓冯玉祥部的武装。被解除的是国民军第三、第四两个混成旅的武装，奉军称这是他们在滦州以西与直军战斗之结果，直军败军的武器应为奉军所有。这使冯玉祥非常震惊。

11 月 11 日，段祺瑞、冯玉祥、张学良、卢永祥等在天津日租界非正式协商善后，未达成一致意见。当晚，奉军李景林部把直隶督理王承斌新编的第二十三师缴械，王承斌被迫躲入天津租界，通电辞职。同日，李景林又把孙积孚的第二十师缴械。至此，奉军李景林、吴光新共补军队四个混成旅，较抵津之初增加一倍半，达 7 万人，分布在天津及津浦、京奉两线。张作霖有意造成的这些事件，是在用实力逼迫冯玉祥让开直隶省，乃至津浦线。不给冯玉祥出海口，把他逼往荒凉的西北。对此，冯玉祥在实力不如奉军的弱势情况下，只得忍耐待时。

李景林为了掌握直隶大权，运用了政治手腕。李景林是直隶省枣强人。11 月 12 日，在李景林的授意下，直隶省议会及各公团，以直人治直为标榜，推举李景林为直隶保安司令并继承王承斌任省长职。到此，直隶地盘完全归奉系所有。当天上午，张作霖、冯玉祥分别拜访段祺瑞，表示愿意服从指挥。

① 何柱国：《孙、段、张联合推倒曹、吴的经过》，《文史资料选辑》，第 51 辑，文史资料出版社 1981 年版，第 25 页。

1924 年，张作霖、冯玉祥邀请段祺瑞出山，在天津段宅合影（左起梁红志、冯玉祥、张作霖、段祺瑞、卢永祥、杨宇霆、张树元，后立者吴光新）

下午，段祺瑞在私宅设宴款待奉军将领，张作霖借故未到。段祺瑞表示，京奉、津浦两线完全归奉军驻守。这是段祺瑞在向奉军示好。他甚至有意让李景林代替鹿钟麟任京畿警备司令，但没有成功。

关于这次天津会议，冯玉祥在他的回忆录《我的生活》里有一些记载，可供参考。他是应段祺瑞之邀赴津的。段祺瑞曾拍发数电，邀请他赴津。他知道这次赴津是要“讨论政治机构改进的问题”。他本来希望等孙中山到达天津之后，他再赴津。可是，仅过了一天，段祺瑞即特派一位陆军部的军需司长去京，邀请他去。他想，如果坚持不去，必生猜疑而生误会，就决定去了。

他写道：“与段先生见面，他表示得非常诚恳。事先他已在离他的住处不远的地方替我预备了一处寓所。此时就请我到那边去住。一日，请李景林、张学良、杨宇霆、张宗昌、梁鸿志等大家吃饭，饭闭先照一相，边散坐着商议时局的整顿。这伙家伙，在曹、吴未倒，大敌当前的时候，谁都表示得光明磊落，但这时时过境迁，当时的诺言也就抛到九霄云外，全不承认，又重新钩心斗角，只从个人私利着眼了。他们都怀着鬼胎，在言谈之间，对于真诚欢迎中山先生北上的国民军，常常流露出歧视之情。其中，吴光新坐在席上，老是把头低着，一言不发，过了好一会儿，忽然抬起头来贸然说道：‘孙岳是个共产党！我们大家都要小心他。’我知道这般小子的居心，在他们的心意，凡是诚意欢迎中山先生北上来主持国政的人，都当加上一个共产党的头衔。我就滑稽地说：‘你把孙二哥看得太高了，他每天要吸二两大烟呢，有这样的共产党吗？’这话说完，大家便你一句我一句地随便谈笑起来，每人都戴着一副假面具，听不见半句真话。大家这样胡扯了一顿，便算结束了一场会议。”①

这里提到的吴光新，是段祺瑞的妻弟。日本陆军士官学校炮兵科毕业。1914 年，任陆军第二十师师长。1917 年，任长江上游总司令部司令。此时，任奉军第六军副军长。段祺瑞任临时执政时，他任北京政府陆军总长，陆军训练总监。

吴光新突然说孙岳是共产党，这是对冯玉祥的一个挑衅。在北京政变时，冯玉祥、胡景翼、孙岳是紧密的三角同盟，没有孙岳顺利地打开北京城门，政变是否能够成功，殊难预料。对此，筵席上的诸位是心知肚明的。但吴光新在没有任何证据的情况下，偏要给孙岳扣上共产党的帽子，就是要使冯玉祥难堪。但冯玉祥在实力不如人家的情况下，也只得忍气吞声地巧妙辩白。本来，这次宴会也邀请了张作霖。但张作霖却没有出席，可以看出，此时的张作霖不是彼时的张作霖了。

冯玉祥对奉军的言而无信，咄咄逼人，非常不满。不仅在天津会议上奉军表现如此，在会下奉军更是不讲信义，居然把冯军的部队缴了械，甚至逼迫冯玉祥的副总司令王承斌辞职。冯玉祥气愤地写道：“在天津，最令人气愤的一件事，便是王承斌的被迫出走。首都革命的计划，王本可算是一个预谋者，如今张作霖竟违背不进兵关内的诺言，把王用武力驱走，岂非是十足的马贼行为！”奉军的种种表现，使冯玉祥大失所望。他在天津待了几天，北京传说他被刺或被扣，他为了消释这些揣测，便回北京去了。

其实，张作霖的部下在此次会议中间，也确实在酝酿刺杀冯玉祥。有一次，奉军将领李景林、张宗昌等拟乘冯玉祥赴宴之机，中途设伏，暗中刺杀。此事被张作霖的副官长杨毓珣得知，向冯玉祥告密，冯玉祥有了戒备，才没有遇害。主要是张作霖不同意他们的做法，暗杀的事也就被压了下去。

---

① 冯玉祥：《我的生活》，解放军文艺出版社 2002 年版，第 341 页。

天津会议解决了两个问题。

其一，两派军阀共同推举出了一个国家首脑。11月15日，张作霖、卢永祥、冯玉祥、胡景翼、孙岳通电推戴段祺瑞为中华民国临时执政，到北京主持政务。为什么拥段为临时执政呢？因为段祺瑞是一个各方面都可以接受的人物。北洋军阀元老有所谓一龙、一虎、一狗，龙是王士珍，虎是段祺瑞，狗是冯国璋。当时，冯国璋已死，王士珍做了名流，只剩下了段祺瑞。此时的北洋军阀控制着北京政府，它分为三大派：奉系是一派，冯军是一派，长江流域是一派。

奉系的张氏父子和奉军的一般高级将领，对段祺瑞都很尊重。他们对拥段持积极态度。张作霖原来是袁世凯所属三十六镇的第二十七镇，虽然不是小站练兵出身的北洋正统，但也属于北洋体系。因此，段祺瑞和张作霖属于北洋军阀的老关系。不但如此，段祺瑞是亲日派，张作霖也是亲日派，在对日的关系上，他们也是利益一致的。同时，在1928年秦皇岛奉军的截械，事先也是段祺瑞的大将徐树铮向他的日本士官留学的同学杨宇霆密报消息才得以成功。事后平分了军械，从此段祺瑞和张作霖成了亲密的伙伴。1920年，直皖战争，张作霖虽然参加了倒段之战，和曹、吴共同瓜分了段派的家底。但段祺瑞暗中是欢迎的，因为如果张作霖不参与，曹、吴将要独占段祺瑞的家底，并且独霸北京政府。这对段祺瑞的东山再起是不利的。在第一次直奉战争后，张作霖和段祺瑞的联系更加紧密。他们中间的主要联系人就是段祺瑞的妻弟吴光新。因此，张作霖拥护段祺瑞是“铁定不移”的。

冯玉祥读过三民主义小册子，对孙中山非常景仰，最先提出孙中山北上主持国家大计。但是，冯玉祥与孙中山的联合，也有增强自己力量的含义。因为冯玉祥同张作霖和段祺瑞相周旋，深感实力不足。有孙中山这一条线牵着，他也可以增加一些砝码。但是，在天津会议上，他已经陷入了张作霖和段祺瑞的包围之中。这个包围，是实力上的，也是舆论上的。他深感势单力孤，有恨难泄。在会上，他没有大胆地提出自己对孙中山的态度，知道处境险恶，自身难保，只好唯唯诺诺，装出好像对提出段祺瑞任临时执政全无成见的样子。这是他迫不得已的。他随机应变，把原来主张孙中山北上改为联张拥段。

而长江流域的直系实力派是拥护段祺瑞的。他们原来的领袖曹、吴倒台，必须另找靠山。毕竟都是北洋一系，他们愿意北洋元老段祺瑞出山。“段以北洋元老的资格，对于北洋军阀，无论哪一个，虽然都吸不住，却都罩得下”。11 月 10 日，长江流域的直系实力派齐燮元、萧耀南、孙传芳、刘镇华、杜锡珪、周荫人、蔡成勋、马联甲、李济臣、李炳之自南京联名通电，拥护段祺瑞出山以维大局。这一天，正是天津会议第一次召开。12 日，江苏督军齐燮元在南京召集苏、浙、皖、赣、鄂、豫、陕、闽、川、湘 10 省同盟会议。议决：保境安民；不承认摄阁；一致拥段。

因此，拥段上台，就成为北洋军阀当时三大派的共识。顺理成章，水到渠成，段祺瑞就重新登台了。段祺瑞面对咄咄逼人的张作霖和冯玉祥，玩弄着他的平衡术。对长江流域的直系军阀实力派，他寄予希望。他把他们当作对付张作霖和冯玉祥的一个重要砝码。

其二，两派军阀重新瓜分了地盘。段祺瑞为了在张作霖和冯玉祥之间搞好平衡，在分配地盘上，真是费尽心机。经反复折冲，最后决定：“自津浦沿线一带以至长江下游地区，主要为张作霖的范围，所以任命李景林为直隶督办，张宗昌为苏、皖、鲁三省剿匪总司令。而以京绥线及京汉线方面给予冯玉祥，所以任命孙岳为豫、陕、甘三省剿匪总司令，胡景翼为河南督办军务善后事宜，张之江为察哈尔都统，李鸣钟为绥远都统，并特任冯玉祥为西北屯垦督办。”这一瓜分，张作霖占有了富庶之地。冯玉祥原来基本没有地盘，现在有了自己的地盘，但仅是荒僻之野。这个瓜分结果，显然有利于张作霖，不利于冯玉祥。可是，基于张作霖的强大实力地位，冯玉祥也只能承认这个现实。

1924 年 11 月 24 日，中华民国临时执政府在北京成立。段祺瑞就任“临时总执政”。临时执政的权力很大：临时执政总揽军民政务，统帅海陆军；临时执政对外代表中华民国；临时政府设置国务员赞襄临时执政处理国务；临时执政命国务员分长外交、内务、财政、陆军、海军、司法、教育、农商、交通各部；临时执政召集国务员开国务会议。

名为临时执政，其实兼有总统和总理的双重权力。

当天，冯玉祥做出惊人之举，通电宣布解除兵柄，决心下野，所有部下军队如何处置，完全听命于国家。这是冯玉祥的一个以退为进的政治手腕。

这一天，张作霖偕卢永祥、鲍贵卿等入京。张作霖保持着高度的警惕，他先派李景林到京妥为布置。李景林安排奉军第一军进驻丰台，第二军进驻马厂，津浦线自天津至德州驻军约有 6 万人。这就保证了奉军在北京万无一失。事后证明，张作霖这一军事部署，不是杞人忧天。如果没有这个安排，他们张氏父子可能就一命呜呼了。

大约就在这一天，冯玉祥的部下准备刺杀张氏父子。

事情是这样的。张学良是于11月22日随同段祺瑞、冯玉祥等一同自天津先到北京的。现在，张氏父子都在北京，踌躇满志。

当时，胡景翼正在河南彰德同地方军阀李倬章（济臣）打得激烈，胡景翼一再电催冯玉祥调兵支援。冯玉祥拟调胡部岳维峻、邓宝珊去，可他们都不肯去。冯玉祥说："笠僧（胡景翼）请兵甚急，你们两位为什么不去应援？"他们回答道："我们不去！那方面的事小，我们此时有更大的责任！"冯玉祥不解地问："什么更大的事？"他们慷慨激昂地说："处置张作霖父子是件大事！今天晚间我们就预备暴动，把他父子俩捉住枪决，以快人心，再戡祸乱！日本人已替我们探听清楚，他们这回入京，带的兵不多。只要总司令允许，我们马上就去动手。"冯玉祥听了大为吃惊，当即和他们说："这事无论如何不能实行！就算你们能把他俩捕获，京外奉军必然激起异动，演成混乱之局，那时不等两方分出胜负，日本就会乘机进占东三省。日本人帮忙，绝不会怀好意的。"冯玉祥虽然这样说了，他们仍然固执地坚持原来的主张。并说，奉军多为乌合之众，若收拾了张氏父子，则奉军将领之识大体者必然愿随我们走。冯玉祥坚决不答应，双方僵持很久，直到深夜3点多钟，才慢慢说服了他们。次日，就接洽车辆，把他们派到河南去了。

这次刺杀阴谋没有得逞，其主要原因是张作霖事先在京外作了充分的军事布置，以便应付突发事件，说明他对冯玉祥保持着高度的警惕。同时，冯玉祥也不同意他们采取这种刺杀的方式来消灭政敌。

后来，见到了张作霖，冯玉祥说道，他精神不好，要上山休养。张作霖假装很动感情，跳起来说道："你可不能走！我若让你走了，我就是混账王八蛋！"这是张作霖惯用的口是心非的手段，冯玉祥自然完全知道。他向部下说明上山休养的衷曲，得到谅解，就到北京西郊天台山去了。

与此同时，冯玉祥邀请的孙中山先生正在向北京进发。

二、谋统一中山北上

1924年10月25日，冯玉祥等电请孙中山北上主持大计。在孙中山、段祺瑞未到之前，由黄郛组织摄政内阁，行使大总统职权。10月27日，孙中山分别电复冯玉祥、段祺瑞，答应立即北上。给冯玉祥的复电称：“义旗聿举，大憝肃清，诸兄功在国家，同深庆幸。建设大计，亟应决定，拟即日北上，与诸兄晤商。”给段祺瑞的复电谓：“公老成谋国，定有远谋，文拟即日北上，晤商一切。”从这两封电报中，可以看出，此时的孙中山还没有认识到皖奉军阀的本质，对于第二次直奉战后的北方形势过于乐观。因此，11月8日他对日本记者说道：“余与张、段间之意见，现已大致相同，余当与段、张提携，解决国是。”孙中山自己认为，他和段、张之间的主张，“现已大致相同”，其实是南辕北辙，相去甚远。

孙中山之所以应邀北上，其主要目的是谋求国家的和平统一。这是孙中山一生追求的崇高目标。他认为此时“是13年以来一个最难得的机会”，他决定抓住不放。因此，毅然决然地“单骑到北京，就是以诚恳的意思，去同全国人民谋和平统一”。

11月1日，冯玉祥、段祺瑞、张作霖等再次电请孙中山早日入京。4日，孙中山分别复电冯玉祥、张作霖等，数日后即轻装北上。同日，冯玉祥特派代表马伯援赴粤迎接孙中山。

11月10日，孙中山发表《北上宣言》，重申反对帝国主义和反对封建军阀的政治立场，提出对外废除不平等条约、对内召开国民会议的政治主张。认为实现国民革命的关键在于人民掌握武器，提出“第一步使武力与国民相结合，第二步使武力为国民之武力”；认为国民革命“不仅在推倒军阀，尤在推倒军阀所赖以生存之帝国主义”。因此，要“取消一切不平等之条约及特权”；要“召集国民会议，以谋中国之统一与建设”。必须说明的是，召开“国民会议”的口号，是中国共产党在1923年6月提出的。孙中山接受了这个政治口号。他在北上的途中，不断地宣传他在《北上宣言》里的政治主张。11月25日，他在日本神户出席东京、大阪、神户各埠国民党人联合举行的欢迎会，并发表演说。表示希望中国早日实现和平统一，“不过要以后真是和平统一，还是要军阀绝种；要军阀绝种，便要打破串通军阀来作恶的帝国主义；要打破帝国主义，必须废除中外一切不平等的条约。我这次到北京去的任务，就是要废除中外不平等的条约。”①

① 《中华民国史资料丛稿·大事记》，第10辑，中华书局1986年版，第213页。

这一切，都说明孙中山的北上，是具有坚定而鲜明的反对帝国主义反对封建军阀的政治立场的。

而与此相反，段祺瑞、张作霖等军阀欢迎孙中山北上，是在作表面文章，是在欺骗舆论。他们一方面做出欢迎孙中山北上的虚假姿态；另一方面却在紧锣密鼓地召开段祺瑞、张作霖、冯玉祥等北方军阀的最高级会议，准备在孙中山到京之前，把全国军政最高权力首先抓到手里，把孙中山排斥在国家政权之外。

因此，在孙中山于 11 月 10 日发表《北上宣言》的同时，段祺瑞、张作霖、冯玉祥就已经在天津召开了天津会议。在会上，段祺瑞假惺惺地表示，非俟中山北上不商建国大政。他对联军统帅及国民军元帅均不便就职，非受全国拥戴不受任何名义。明眼人不难看出，这只是封建军阀惯用的欺骗人民的伎俩而已。

果然，11 月 15 日，张作霖、卢永祥、冯玉祥、胡景翼、孙岳通电推戴段祺瑞为临时执政，略称："国是未定，中枢无主，合肥段公，耆勋硕望，国人拥戴，业经一致认同。""当此改革绝续之交，非暂定一总揽权责之名称，不足以支变局，拟即推合肥为中华民国临时执政，即日出山，以济艰危而资统率。"

11 月 19 日，新疆、江苏、陕西、山西四督理和热察绥三都统等，均复电拥段为临时执政。同日，齐燮元、萧耀南、孙传芳、刘镇华、杜锡珪、周荫人、蔡成勋、王普、李炳之再次联名电请段祺瑞早日出山，解决国是。这是西北地区和长江流域的封疆大吏再次公开表态，催促段祺瑞尽快出山。

11 月 21 日，这位声称"非俟中山北上不商建国大政"的段祺瑞通电，准备于 24 日就任临时执政，组织临时政府，在一个月内召集各省代表善后会议，再由善后会议产生国民会议，解决一切根本问题。这个善后会议，是段祺瑞等军阀的一个发明，用它来抵制孙中山提出的国民会议。22 日，段祺瑞入京。23 日，黄郛摄阁通电总辞职。

24 日，段祺瑞就任中华民国临时执政。就职宣言称："誓当巩固共和，导扬民志，内谋更新，外崇国信。"他提出了"外崇国信"的卖国媚外的对外政治主张，以与孙中山的废除一切不平等条约的对外政治主张相对抗。

至此，段祺瑞亮出了他的两张底牌，对外是讨好帝国主义的"外崇国信"，对内是讨好封建军阀的"善后会议"。这是与孙中山的反对帝国主义反对封建军阀的政治主张，完全背道而驰的。在孙中山还没有到达北京之前，段祺瑞等军阀已经在舆论上和策略上做好了抵制孙中山的准备。他们企图造成既成事实，以强权政治逼迫孙中山就范。

孙中山对此是有精神准备的。他在北上的途中，不断地重申他的政治主张，就是向北方的军阀们表明自己的政治态度。其实，早在1922年4月，孙中山在广州接见苏俄代表达林时就透露："我一打败吴佩孚，就该轮到张作霖了。"而奉系军阀也只是把孙中山"当做一个可以远交的朋友而已"。孙中山和张作霖都是心中有数，心照不宣的。因此，等待他们的会见情形就可想而知了。

11月13日，孙中山偕宋庆龄乘永丰舰北上。途经香港、上海、神户，于12月4日抵达天津，欢迎的各界团体有100多个，群众1万余人。段祺瑞派许世英代表到天津欢迎，冯玉祥派熊斌代表到天津欢迎。

孙中山到天津，住在张园。向欢迎的各界发表了一个书面谈话，因病由汪精卫代为宣读。表明在天津休息几天，即赴京。到北京的目的，无权位观念，完全为促进国民会议的召开，并促使各国取消对中国的不平等条约。孙中山在北上的途中，已经了解到段祺瑞政府的政治主张和所作所为。这时又听到许世英向他报告段政府"尊重条约，外崇国信"一类的卖国主张，大为气愤，很严正地对许说道："我在外面要废除不平等条约，你们想升官发财，怕外国人，又何必欢迎我！"但是，出于礼貌，孙中山还是向段祺瑞发出一电，表示谢意。段祺瑞也复电致以问候。

当时张作霖正在天津，如何处理和张作霖会面的问题，摆在孙中山的面前。孙中山出于大局考虑，采纳了随行人员的建议，决定亲自访晤张作霖。事先孙中山命汪精卫给张作霖写了一封信，与之约定了往访的时间。李烈钧曾向孙中山进言："当年刘邦会见项羽于鸿门，有张良、樊哙等随行，代为出谋献计，得以平安无事。现在总理往访张雨亭，当然也要带一些人员同去，不知选派哪些人去适当？"[①] 孙中山经过一番考虑，决定派邵元冲、孙科、李烈钧、汪精卫等随行。

4日下午，孙中山去会晤张作霖。张作霖住在河北曹家花园，他得悉孙中

---

① 鹿钟麟：《孙中山先生北上纪实》，《孙中山三次在广东建立政权》，中国文史出版社1986年版，第283页。

山要来拜访，立即传谕部属，严加警戒。孙中山一行到了张作霖行辕门口，张作霖没有亲自出来迎接，派张学良把孙中山一行接了进去。张作霖这样做，本来是想摆摆威风，但却显出了没有见过世面的小家子气。到了会客厅，张作霖也没有立即出来见面，等候许久，他才出来。张作霖意气傲然地自己坐在上座，显示出惟我独尊、盛气凌人的气势。孙中山哪里受到过这般慢待？看到张作霖的一系列表演，心中自然不快。宾主之间，默无一言，一时陷入僵局。

经过一番静寂和沉闷，还是孙中山首先打破僵局，开口说道："我来到天津，承派军警前往迎接，对于这种盛意，非常可感，所以今天特来访晤，表示申谢。"接着又说："这次直奉之战，赖贵军的力量，击败了吴佩孚，推翻了曹、吴的统治，实可为奉军贺喜。"张作霖听罢，才开口说道："自家人打自家人，有什么大惊小怪的，更谈不上什么可喜可贺了。"张作霖说这番话时，眉宇间流露出不欢喜的样子。张作霖的答话，使孙中山一行人十分难堪。

李烈钧忍无可忍，便离座站起来说道："事情虽然这样讲，要不是把国家的障碍像吴佩孚这流人铲除，虽想求国家进步和人民的幸福，这是没有希望的。今天孙总理对雨亭之贺，实有可贺的价值，也惟有雨亭能当此一贺啊！"张作霖听到这一番解释，才露出笑容。这时孙中山又徐徐地说："协和（李烈钧）的话说得对，回想自从民国以来，当面得到我的贺词的也惟有雨亭一人而已。"谈至此，满座欢笑，才扭转过来方才的局面。

就在这时，张作霖很神气地举起了茶杯，请大家喝茶。孙中山明白这是端茶送客，就起身与张作霖握手作别。短暂的会晤就结束了。

从这次会晤可以看出，张作霖对孙中山的北上是非常恐惧的。他表现得色厉内荏。面对孙中山一行国民党人，他不知道如何应对。因为孙中山是一位思想家，也是一位演说家。他的一行人，都是学贯中西的卓越人才。因此，张作霖只有摆摆架子的能力了。说不上几句话，他只好端茶送客，以免露怯。

12 月 5 日，张作霖到张园回访孙中山。张作霖一行，二十几辆汽车，卫士足有 100 余人，威风凛凛，戒备森严。孙中山正在静卧休息，孙科等走出来，婉拒客人。张作霖一面昂然而入，一面回答着说："今天我来向孙先生说话，孙先生可以睡在床上，不必开口回答。"

于是，张作霖便关起门来，和孙中山密谈。"他劝孙中山不要反对外国人，因为外国人都不是好惹的；而各国公使非常反对联俄联共政策，希望放弃这个政策”。张作霖还表示愿意代孙中山疏通同外国人的感情，拍胸脯说道：“这件事包在我张作霖一个人的身上，一定可以成功。”孙中山听了这番表白，真是哭笑不得。因为他们之间的思想差距太大了，这是一个不可逾越的鸿沟。张作霖还试图通过汪精卫动员孙中山妥协，他对汪精卫说：“北京各国公使都不赞成孙先生的，大概因为孙先生联俄吧。你可否请孙先生抛弃他联俄的主张，在我张作霖的身上，包管叫各国公使都和孙先生要好的。”

他在与孙中山会谈时，曾公然宣称：“我是捧人的，我今天能捧姓段的，就可捧姓孙的。惟我只反对共产，如实行共产，则虽流血所不辞！”张作霖表明了他坚决反对共产党的立场。据孙中山的大本营副官马湘回忆，张作霖曾很诚恳地表示，决心追随孙中山，愿做孙中山的一个卫士队长。当然，我们现在不能把张作霖的表态当真。其实，孙中山当时也不会当真的。孙中山不为奉系军阀张作霖的威胁利诱所动，继续实行联俄、联共、扶助农工的三大政策。

12 月 18 日，孙中山在病榻上接见段祺瑞的代表叶恭绰、许世英时，怒斥段祺瑞的所谓“外崇国信”的卖国主张：“我在外面要废除那些不平等条约，你们在北京，偏偏要尊重那些不平等条约，这是什么道理呢？你们要升官发财，怕那些外国人，要尊重他们，为什么还来欢迎我呢？”是日，肝病加剧。

12 月 31 日，孙中山扶病由津入京，受到北京各界群众 10 万人的热烈欢迎。

1925 年 3 月 12 日，孙中山逝世于北京。

三、占地盘南下宣抚

张作霖入关以后，时刻不忘扩大自己的地盘。他瞩目的方向是东南地区，因为这个地区商业发达，交通便利，他垂涎已久。但必须遇有适当的机会，才能下手。这个机会终于来了。

这里必须交代一笔，1924 年 12 月 10 日，应张作霖之请，段祺瑞下令裁撤各省巡阅使，改各省督军为督办，东三省军务仍由镇威上将军张作霖节制。

直隶这个地盘，奉军第二军军长李景林一直想控为己有。直隶是他的原籍。1924 年 9 月，在第二次直奉战争中，任李景林为奉军第二军军长，并兼第二路司令。战后，11 月任直隶保安司令，执行省长职务。按说，到了这个地步，直隶这个地盘应该属李景林了。

但是，老于世故的段祺瑞却有自己的打算。他想把这个地盘给他最信任的皖系部下卢永祥。段祺瑞的理由是，第二次直奉战争是浙江督军卢永祥首先发难的。而且，卢永祥由于在与以江苏督军齐燮元为首的四省联军的战斗中失败，弄得无家可归，只得栖息于张作霖的麾下。

卢永祥，字子嘉，山东济阳人，1867 年生。北洋武备学堂毕业。1909 年，任北洋第三镇第五协协统。1912 年，任陆军第二十师师长。1919 年，任淞沪护军使兼第十师师长，后加陆军上将衔。1919 年 7 月，北京政府任为浙江督军。1924 年 9 月 3 日，江浙战争爆发。卢永祥通电成立浙沪联军，在上海龙华设立联军司令部，就任浙沪联军总司令。第一军总司令为何丰林，第二军总司令为陈乐山，第三军总司令为张载阳。直系的苏皖赣闽四省军队联合进攻浙沪联军。9 月 4 日，张作霖通电讨伐曹吴。9 月 7 日，曹锟根据齐燮元、吴佩孚等电请，对卢永祥下讨伐令。9 月 9 日，段祺瑞发出通电，声援卢永祥、张作霖，谴责曹锟，略谓："令四省攻浙，排除异己，连累无辜。"10 月 13 日，卢永祥战败，通电下野，偕何丰林登日本兵舰去日本。10 月 25 日，冯玉祥发动北京政变成功后，立即电告卢永祥从速回国。29 日，卢永祥偕何丰林由日本到达沈阳。张作霖请卢永祥恢复浙沪联军总司令头衔。这为卢永祥南下恢复原地盘埋下了伏笔。

显然，卢永祥是段祺瑞的坚定而忠实的嫡系。段祺瑞利用其手中的大权，不经协商，于 12 月突然发表卢永祥和杨以德分任直隶的督办和省长，主动地给他找了一个好地盘。这其实是段祺瑞在京畿重地有意识地安插自己皖系的部下。张作霖措手不及，事情一时陷入僵局。

但张作霖深谋远虑，经缜密思考，提出了一个冠冕堂皇的解决问题的方案。张作霖以解决长江各省问题为名，在天津召开了一个会议。参加者为奉军将领、卢永祥及段祺瑞的代表吴光新。

会上，张作霖慷慨激昂，仗义执言，为皖系军阀卢永祥鸣不平。张作霖主动提出把苏皖两省地盘划归段派，由卢永祥掌控。张作霖保证派奉军护送卢永祥南下，经费由张作霖承担。张作霖信誓旦旦，要做到为朋友两肋插刀，毫无自己的私利可言。皖系军阀被张作霖深入角色的表演所迷惑，也至为感动。几经折冲，这个方案得到了段祺瑞和卢永祥的认可。这样，直隶督办就由奉系的李景林接替了。按照这个方案，除先数日已任命王揖唐为安徽督办外，江苏督办齐燮元被免职，任命卢永祥为苏皖宣抚使，随后又令其兼江苏督办。把卢永祥安排完毕，奉军也就有理由组织南下宣抚军了。

褚玉璞（左）、张宗昌（中）和张学良（右）合影

12月10日，南京传闻奉军将要大举南下，江苏督军齐燮元调兵遣将，布置防务，居民逃难离城者甚多。12月11日，段祺瑞下令罢免江苏督军齐燮元职。特派卢永祥为苏皖宣抚使。

12月12日，张作霖、卢永祥、张学良、张宗昌、杨宇霆、李景林、吴光新等在天津曹园会商对江苏用兵计划，决定由卢永祥率兵南下，张宗昌担任先锋。①

奉军组成了南下宣抚军总司令部，姜登选任总司令，韩麟春任副总司令。军队有张宗昌所部10万人和津榆驻军的一个旅。1924年冬，张宗昌把津浦线的货车改装成铁甲车，沿津浦线浩浩荡荡南下。

一路上，只有徐州驻有陈调元的一个师。而陈调元和张宗昌原来就很有交情。在很早以前，冯国璋任江苏都督时，陈调元是南京宪兵司令。那时张宗昌和陈调元之间就颇为投契，吃喝嫖赌，花天酒地，来往不断。张宗昌出手大方，爱交朋友。嫖娼赌博，都是张宗昌出资。张宗昌还花钱给陈调元买了一个上海名妓花四宝，做姨太太。听到张宗昌要南下打齐燮元，于是陈调元就借口奉军大兵压境，难以抵御，把部队调开，让出大路。这样，张宗昌不费一枪一弹，就占领了徐州。徐州得手，南京门户洞开。张宗昌军顺利到达长江边，准备分路渡江。

① 《中华民国史资料丛稿·大事记》，第10辑，中华书局1986年版，第228页。

张学良（右）和韩麟春合影

原来奉军第八师在师长蔡平本的率领下，由芦台出发跟进，在南进的火车上度过的除夕。第二天，越过长江到南京下关。原江苏督军齐燮元欲同奉军一战，但其官兵毫无斗志，不服调遣，不战自降。这时张宗昌部已向上海进军，其先头部队抵达苏州。第八师的先头部队，已达常州。张宗昌部前锋迅速到达上海，与孙传芳军对峙于上海以西地区，似有一触即发之势。但是，吴光新代表段祺瑞主持议和成功，张宗昌与孙传芳在上海签订和约，各自收兵。张宗昌顺利占领上海，第八师先头部队到达苏州。蔡平本师长命令部队进驻常州，以策应上海。

张宗昌占领了上海这个富庶之地，没有放松警惕，把部队主力控制在龙华。任命他的部下毕庶成为海军司令，掌握长江下游和东海海面。另派亲信王琦掌管财政，包括捐税等项在内。同时，他又与上海的黑社会头子黄金荣、杜月笙等广交朋友。因此，他的随身卫士可以携带武器进出外国租界。他则住在英租界三马路会中旅馆，过着花天酒地的生活。①

张宗昌这次奉军南下，其名义是护送卢永祥到江苏、安徽就职，名正言顺，也自然得到临时执政段祺瑞的坚决支持。因此，南下的奉军一路顺风，几乎没有遇到抵抗。自此，军事行动告一段落。

奉军南下，醉翁之意不在酒，别有所图。图的就是卢永祥的地盘。卢永祥及何丰林踌躇满志，准备收拾残部，东山再起。但是，在江浙战争中，卢永祥的部队几乎丧失殆尽。这次回南，召集余部，十分艰难。经费无着，军

① 赫慕侠：《军旅札记》，赵杰：《辽宁文史资料精粹》，第1卷，辽宁人民出版社1999年版，第203页。

械不济，张作霖也早把他的许诺抛到九霄云外去了。

而在军阀割据的时代，枪杆子决定一切。有枪杆子就有军队，没枪杆子就没有军队。有军队就有地盘，没有军队就没有地盘。有多大的军队，就有多大的地盘。一旦军队丧失，地盘也必然丧失。这是一个颠扑不破的规律，没有任何例外。现在，卢永祥无枪无兵，只是个徒有虚名的宣抚使和督办。他想拥有地盘是不可能的。因此，困难重重，前途险恶，卢永祥的苏皖宣抚使和江苏督办当不下去了。安徽督办王揖唐更是捉襟见肘，难以为继。因为安徽内部的小军阀很多，关系错综复杂，内部争斗不断，王揖唐穷于应付。奉军也是靠不住的。他们可以共患难，但不能共富贵。跟人家奉军要饭吃，要看人家的脸色，总不是长久之计。受气的小媳妇当不下去了。结果卢永祥和王揖唐只待了不过几个月，就把江苏和安徽两省地盘拱手让给了奉系军阀。张作霖南下宣抚的目的不费吹灰之力就达到了。这是张作霖的神机妙算。

对此，段祺瑞心中大为不满。他恍然大悟，原来自己是上了张作霖的大当。他本来寄希望于卢永祥，使自己可以直接掌握一支军队，好有一点发言权。但现在都化作了一团泡影。由于没有任何实力，他也只有忍气吞声，不得不接受这个令他失望的冷酷的现实。

张宗昌在上海，张作霖是不放心的。他担心张宗昌在这个花花世界里挥霍无度，而且这里有外国租界。张宗昌一个粗人，怕他应对不了外交纠纷。同时，最主要的是张作霖也怕张宗昌坐大，形成尾大不掉之势。因此，以鲁人治鲁的名义，把张宗昌调回山东，任山东督办。张宗昌虽然心里不满，但因为羽翼未丰，不敢造次，只得服从调遣。

在奉军内部，也有地盘之争。直奉二战时，李景林的攻击方向是热河，占领后应该由他来接管，张作霖并没有让他进入长城。这是预定的作战计划。但由于他是直隶人，直隶又是京畿重地，便一心一意要夺取直隶地盘。因此，他的部队占领凌源后，即南下猛扑喜峰口，由此直趋天津，很快就给自己造成了占有直隶的有利形势，结果如愿以偿。12 月 11 日，段祺瑞任命李景林暂行署理直隶督办。同日，任命阚朝玺署理热河都统。

张宗昌也是最先到达天津的，但他自知直隶地盘争不过李景林，就积极南下，成了南下的急先锋。张作霖后来把山东地盘划给了他。

张作霖原来设想让姜登选去接江苏，郭松龄去接安徽。南下宣抚军由津榆驻军拨来一个旅，郭松龄派他的第二旅旅长刘伟带领这个旅坐镇蚌埠，就是他的伏笔。不料，半路杀出个程咬金，杨宇霆自荐要到江苏。不要则罢，要就要包括上海在内的富庶的江苏。杨宇霆想尝一尝在一省范围内，当个唯我独尊的土皇帝的滋味。张作霖很信任他，自然同意他的要求。这样，就把姜登选挤到安徽，任安徽督办去了。而郭松龄的位置就落空了。据有人分析，郭松龄后来的倒戈和这次地盘的分配有关。起码使郭松龄感到张作霖赏罚不明，待人不公。当然，郭松龄的倒戈还有更深层次的原因。这在后面会谈到。

至此，奉系军阀张作霖就控制了东三省，以及直隶、山东、江苏、安徽四省和热河特区。势力所及，北到黑龙江，南至长江，拥有全国差不多三分之一的繁盛地区。奉军的兴盛至此达到最高峰。好大喜功的张作霖的军阀事业也达到了他的顶点。

奉军官兵的素质很差，在其统治的地区作恶多端，激起民愤，遭致反抗。最后，不得不退出他们所占领的部分地区。这是后话。

四、遭败绩退出苏皖

杨宇霆当上了江苏督办，姜登选当上了安徽督办，都得到了一个不错的地盘。但是，他们上任不到两个月，就被孙传芳赶了出去。这是他们始料不及的。

杨宇霆，原名玉亭，号凌阁，后改邻葛，取以诸葛亮为邻之意。因而，在政界中有小诸葛之称。奉天法库人，1885 年生。清末秀才。1911 年，日本士官学校毕业。1916 年，任张作霖为师长的奉军第二十七师参谋处长，开始在政治、军事和外交等方面为张作霖出谋划策，得到张作霖的赏识。杨宇霆辅佐张作霖后，力主向关内发展。他同北京政府陆军次长徐树铮是日本士官学校的同学。利用这个关系，他在秦皇岛劫夺了北京政府从日本订购的军械，编成七个混成旅，壮大了奉军。1920 年 12 月，张作霖任命其为东三省巡阅使署总参议，并兼东三省兵工厂督办。第一次直奉战争失败后，他建议张作霖整军经武，取得显著成效。第二次直奉战争，他任讨直军参谋长，对战争的胜利起到了很大作用。他是张作霖最信赖的智囊。

杨宇霆富于谋略，头脑机敏，心中有数，为人机巧。和许多有能力的人一样，他也恃才傲物，盛气凌人，骄恣狂妄，自视甚高。杨宇霆任为江苏督办，奉军内部高级将领也有认为不合适的。姜登选就多次说过："江南的情形是很复杂的，邻葛手腕不够灵活，而气焰太高，应付不了江南的局面。江南的局面让我去应付，比邻葛要好得多。”这话说得有理，事实证明杨宇霆确实是不合格的。

辽宁省法库县杨宇霆故居

这次到江苏走马上任，杨宇霆孤身前往，没带一兵一卒，以示勇敢沉毅。他上任抵达江苏边境光明车站时，江苏军务帮办陈调元、苏军第十师师长郑俊彦到此迎接。杨宇霆下车后，对他们二人态度冷淡，不理不睬，也不请他们到车上稍坐，就自己径直步出车站，使二人十分难堪。

杨宇霆到南京就职的情形，据当时的江苏军务帮办陈调元后来回忆：“杨宇霆到南京就职时，我们江苏的绅商和我过江到车站欢迎。杨宇霆对我们毫不寒暄，却盛气凌人地对我们说，江苏弄得太糟，军不像军，政不像政，全不如奉天。他本人不想来，雨亭硬让他来。”又接着愤愤地说：“别人称雨亭还可，他配吗？到督署门口，他的车子径直而入，我们却只准在门外下车。我小名也是帮办，这种态度叫人何以忍受！所以我才派人与各方联系共同驱杨。”看起来，驱杨的决心是江苏军阀在杨宇霆到南京的那一刻就定下来了。

杨宇霆就职后，各师长须重新委任。陈调元、白宝山、马玉仁、郑俊彦等均来谢委，杨宇霆居高临下，出言傲慢，模仿张作霖的口吻说：“你们好好地干吧！”师长们感到蒙受了羞辱，出门后气愤地骂道：“什么东西！”平时他也经常用高高在上的口吻训斥部下：“你们的军队质量太差，需要好好整顿！”这些师长不揭杨宇霆的底，担心自己的前程，因此都对杨宇霆以去之为快。

进驻上海的奉军充当帝国主义的打手，激起上海人民的仇恨。1925 年春天，奉军第二十师师长邢士廉接替张允明负责上海防务。不久，上海发生了五卅惨案。1925 年 5 月 30 日，上海各校学生 2000 多人在上海公共租界主要街道散发传单，发表演讲，抗议日本资本家枪杀中国工人顾正红的暴行，声援工人的罢工斗争。租界当局出动大批英国武装巡警，逮捕了 100 多名学生。

孙传芳像

这时，近万名群众游行示威，高呼“打倒帝国主义”的口号，要求释放被捕学生。英国巡捕竟然开枪，打死10多人，打伤数十人，逮捕40余人。这就是震惊中外的五卅惨案。惨案发生后，在中共中央的领导下，上海人民举行了罢工、罢市、罢课的“三罢”斗争。这引起了帝国主义的仇恨，英日帝国主义调动大批军队对上海的工人进行了更加残酷的镇压。这就是历史上所称的“沪案”。这场由英日帝国主义屠杀上海工人、学生而引起的反帝风暴，迅速席卷全国。

6月13日，奉军以“沪案”发生、外人干涉为借口，派兵进入上海市区，并任命邢士廉为上海戒严司令。姜登选部相继开到上海，同时丁喜春师随驻南京，奉军的两个旅也向上海方向进发。进驻上海的奉军和帝国主义相配合，强行封闭上海工商学联合会等组织，充当帝国主义的打手。奉军卖国媚外的丑行，激起上海人民的无比愤慨。

浙江督办孙传芳深知奉军“图苏乃图浙之先声”，为了稳住杨宇霆，特派人对杨提出结盟之请。不料，杨宇霆竟傲慢无理地回答：“他干他的浙江，我干我的江苏，结盟何为？”使孙传芳为他自己的处境担忧，迫使他铤而走险。

奉军到江南后，军纪败坏，敲诈勒索，贩毒走私，奸淫妇女。奉军所到之处，怨声载道，民怨沸腾。不久，在南京、上海爆发了反对奉军暴行的大游行。但杨宇霆不顾人民的呼声，不严加管束自己的部队，仍然我行我素。1925年下半年，反对奉系军阀的声浪终于在全国形成了。

受到奉系军阀威胁的长江流域的直系军阀暗中联合，利用人民群众强烈的反奉呼声，积极策划反奉。浙江督办孙传芳紧邻江苏和安徽，所受奉军压力最大，因此反奉也最用力。

孙传芳积极准备反奉战争的消息，有人密报给张作霖。张作霖不以为然地说：“他妈的！三五年内我不打人，绝没有人敢打我！”表现得十分狂妄。

但是，孙传芳已经制订了一个“联冯结岳”的战略计划。1925年4月，他密派幕僚杨文恺到张家口去会见冯玉祥。杨文恺将孙传芳事先准备好的同冯玉祥结拜为兄弟的一份兰谱，递交给冯玉祥，表示要同他结为金兰之好。

以冯玉祥年44岁为兄，孙传芳年41岁为弟，结为异姓兄弟，形成孙冯联盟。冯玉祥答应如孙对奉军发动攻势，他一定做出预备作战的姿态，以牵制奉军。杨文恺完成使命之后，偕同冯玉祥的代表段其澍返回杭州复命，孙传芳非常高兴。5月，杨文恺和段其澍同往开封，会见了河南督办岳维峻。岳维峻应允如孙攻打奉军，他的国民军第二军就以攻打山东相策应。

这样，孙传芳就完成了对奉“浙孙击其头，豫岳拦其腰，西北攻其尾”的军事部署。他又和长江流域的直系军阀广泛联系，得到了他们的支持。10月7日，他邀请皖赣苏闽浙五省代表到杭州开会，商议共同讨奉计划。五省代表推举孙传芳为五省联军总司令，周荫人为副司令。会议的主旨是“拥段反奉”。会后，孙传芳封锁消息，令各部向位于苏浙边境的太湖秘密集结。

10月10日这一天是双十节，孙传芳以“太湖秋操”为名，命令全军发动，由太湖出击，分兵进击上海和南京。他以联军总司令的名义，将所部编为五路大军。这五路大军由五个师组成，听候孙传芳统一部署，统一行动，同一时间向各自目标发起总攻。其第四师由松江进攻上海，意在驱逐邢士廉旅。杨宇霆闻讯，自忖邢部一个旅无论如何也抵挡不住孙部五个师的进攻，不如保存实力为好，就立即命令邢士廉旅撤离上海，免遭全歼。

16日，孙军毫发未损地进入上海。孙传芳、夏超、周荫人联名发表通电，声讨张作霖：“数月以来，奉军喋血贩烟，腾笑中外，杀人越货，苦我人民，秽德腥闻，众所共见。”在摆出奉军的种种劣行后，接着斥道：“时至今日，传芳纵可忍，而士兵不能忍。士兵能忍，而人民不能忍，并宣布唯张作霖一人是讨。”把打击面缩小到张作霖一个人身上。

向南京进击的孙军一路顺风。19日，孙军抵达镇江，胁迫南京。20日，孙军迅速进抵南京下关。在孙军兵临南京城下时，杨宇霆慌了手脚，连忙在督军署召开苏军将领会议，参加的有陈调元、白宝山、马玉仁等师长，这些师长平时都遭到过他的训斥。这一次，杨宇霆放下架子，虚心讨教。但是，杨宇霆对苏军将领以前的轻藐表现，使他们心怀二志，同孙传芳早已暗通款曲。这些来往，杨宇霆一概冥蒙不知。会上，苏军将领一言不发，都在暗中庆幸。会议不欢而散。

杨宇霆只好同他的参谋长臧式毅商量办法，臧式毅建议尽快把奉军守军丁喜春师撤离南京，以免遭灭顶之灾。杨宇霆立即下令丁喜春师向城外集结，但丁师刚一启动，就被陈调元师侦知，迅速把丁师缴械。原来陈调元以江苏帮办的名义，时常宴请奉军师长丁喜春和其他高级军官。此时，陈调元又在宴请丁喜春和团营长们，觥筹交错之际，突将该师包围，以致一枪未放，全被缴械，军官均被俘。

杨宇霆一看大势已去，就顺着密室暗道逃出南京。后经江北浦口，乘火车北遁。杨宇霆逃出后，立即通告姜登选北撤。

当时由东北到安徽上任的旅长刘翼飞，刚到上海，就遇到孙传芳大军的偷袭。他在丹阳和孙军打了几个小时，实力不支而撤退。后部队被打散，他化装为僧，才躲过一劫。辗转回到沈阳，进见张作霖。张作霖朗声说道：“你回来了，好极啦！听说你化装当和尚啦。他妈的！在江南只有你跟孙传芳打了八个钟头的仗，别人他爹妈少给他装个胆，一枪没放，全投降了！”① 说明张作霖对杨宇霆、姜登选是不满意的，但他还是偏袒他们。

孙传芳军一路追击，直达徐州，把奉军逐出江苏，即停了下来。奉军退到山东境内。彼此以鲁苏边境为界，停止战斗。就这样，江苏、安徽两省又交给了直系军阀。至此，浙奉战争结束。孙传芳返回驻地杭州，以浙闽苏赣皖五省联军总司令的名义，领有长江下游五省，形成了直系军阀一支独立的势力。

1925 年 10 月 21 日，孙传芳凯旋进入南京。关于杨宇霆和姜登选的败退北归，著名历史学家金毓黻论道：“是时，奉军乘胜而南，绝兖徐，逾江淮，孤军深入，本为兵家所忌。孙传芳方握重兵，虎视于浙西，随时可蹑奉军之后。宇霆非不知兵，乃竟不顾一切，毅然南来就职，以为乘奉军方张之势，可安坐鞭笞江南也。江南士夫素轻视辽人，为宇霆所知，故峻崖岸以临之。奉军与江苏军，又主客异势，互相猜防，传芳从而乘之。以故莅任曾不两月，而呈摇摇欲坠之象。初撤上海军，继则南京亦不能守。遂偕郑谦北返。传芳不费一兵，连获苏皖两省，此宇霆急切轻进之所致也。”② 这个分析评价真是入木三分。

---

① 刘翼飞：《杨宇霆督苏被逐记》，《文史资料选辑》，第 35 辑，文史资料出版社 1980 年版，第 117 页。

② 金毓黻：《杨宇霆别传》，《吉林文史资料选辑》，第 4 辑，吉林人民出版社 1983 年版，第 266 页。

第十三章 崛起郭松龄 举兵为反奉

一、怀大志松龄崛起

浙奉战后，奉军内部爆发了人们意想不到的郭松龄倒戈反奉事件。

郭松龄，字茂宸，奉天沈阳人，1883 年生。祖籍山西省汾阳县。其远祖戍边来到东北，其后一支流落到沈阳东郊鱼樵寨落户。鱼樵寨现在是沈阳市东陵区深井子乡赵家铺村，郭松龄就诞生于此。其祖父是一位粗通文字的农民。其父名复兴，字恢原。自幼苦读，终未得志，只得在乡镇做私塾先生。他好学不倦，教书认真，受到学生的爱戴。郭松龄的母亲是一位性情温和、明达事理的女性。郭松龄的父母对他的影响很大，初步奠定了他为人处世的品德基础。

郭松龄家境贫寒。他从小就过着衣不遮体、食不果腹的穷困生活。有时青黄不接，他们母子不得不到邻村乞讨。童年的贫苦生活在郭松龄的心里打上了深深的印痕，使他对贫富不均的社会非常不满。

郭松龄像

9 岁时，他的父亲回村设馆授读，郭松龄才得以入馆念书。入学前，他的父亲曾经抽时间给他讲过启蒙读物。他背诵过《三字经》《百家姓》等书。入学后，他学习努力，勤奋刻苦。加之天资聪颖、过目不忘，很快就熟背下了一些儒家经典。三年的私塾生活使他具备了相当深厚的中文知识，并且练就了一手好字。

12 岁时，又逢中日甲午战争，辽东百姓流离失所。私塾馆倒闭，家里失去生活来源。作为长子的郭松龄提出外出做工，以贴补家用。靠亲戚帮忙，找到给地主当“半拉子”的工作。所谓“半拉子”，就是只能算半个劳力赚钱。从 13 岁到 16 岁，一干就是四年。据当地老人回忆，一提起郭松龄的名字，人们还是管他叫“郭半拉子”。

他给地主做的工是实实在在的重体力劳动。后来尽管他已经做了一个整劳力的活，地主还是不给他长工钱。为了养家糊口，他只得忍气吞声。但在这段时间里，他拼命学习，挑灯苦读。读书很杂，阅读了很多中国古典小说，如《三国演义》《水浒传》之类。后来，地主家失窃，诬陷郭松龄。郭松龄被迫辞了工，到外边去打零工维持生活。此时，他的父亲盼望儿子能有一个好前程。就在郭松龄劳动之余，指导他学习科举考试的有关课程。郭松龄更加刻苦攻读，渐渐地人们发现，郭松龄已经可以为他们写各种文契了，因此管他叫“农民秀才”。直到 19 岁，他才结束了打工生活。这段苦难的人生经历，使郭松龄产生了憎恨富人、同情穷人的爱憎分明的情感。

19 岁时，郭松龄的父亲在城里找到一份工作，有了收入，就不让郭松龄打工了。利用同窗的关系，把郭松龄送进了书院学习。这个书院是沈阳城南常王寨的董汉儒开设的。书院是高级塾馆，是董汉儒私费开设的。因为他和郭松龄的父亲有同窗之谊，所以免费接收郭松龄就读。董汉儒是一位坚持操守的清末举人，反对八股考试，提倡“致用之学”，培养“真正之才”。他经常用中国历史上的治世文臣、爱国武将来激励他的学生。在两年的学习中，郭松龄在思想和学业上都大有长进。董汉儒成为了郭松龄的恩师。郭松龄不忘师恩，在当上高官后，经常去探望董汉儒。并用自己的钱，把董汉儒的小儿子送到日本陆军大学深造。郭松龄是知恩图报的人。

1905 年，赵尔巽出任盛京将军，节制东三省。他为了训练军事人才，遵照陆军部章程，锐意创办了奉天陆军小学堂。这是“培养陆军将校之初基”，是培养陆军初级军事人才的新式军校。学制三年。课程参照保定军官学校预备班来设置，中西兼顾，内容实用，分为基础课和军事课两种。基础课开设国文、修身、历史、外语（日语、英语），此外还有算学、物理、生物、地理、测绘等近代科学基础知识。军事课设步兵操典、射击课程、兵器学、地形学、筑城学、战术学等。学堂总办由刚从日本士官学校毕业的蒋方震担任。教官都是国内军官学校毕业或留日、留德学习军事的人才。

郭松龄看准机会，抓住机遇，报考了这所军校。虽然已经超龄，但由于总成绩最优，被破格录取为正班生。这是他人生的一大转折。他学习非常勤奋，极其刻苦。各科成绩都是最优，受到学堂总办的特别嘉奖。适逢 1906 年，赵尔巽又在该学堂内增设了一所陆军速成将弁学堂，通称为“老速成”。学制一年，与以后成立的东三省讲武堂相同。因郭松龄成绩突出，被推荐到速成学堂学习。这是一所全新型的中等军事学校。教官思想活跃，各种新思想可以半公开地传播。青年教官方声涛是留日回国的同盟会员，经常在课堂上宣传爱国思想。郭松龄同方声涛接触甚多，也接受了方声涛宣传的反清革命的思想。

1907 年，郭松龄从速成学堂毕业，因考试成绩名列优等，被选送到北洋陆军第三镇见习。期满后调回奉天，升任盛京将军衙门哨长。哨长就是新军的排长。他很快把散乱无序的部下训练成纪律严明的队伍，得到奉天陆军统领朱庆澜的赏识。朱庆澜便把郭松龄调到自己身边，倚为亲信，加以培养。

1909 年，郭松龄随同朱庆澜调往四川成都驻防。先任新军连长，后升任卫队营长。朱庆澜是同情反清革命的爱国将领，他的周围集聚了一批同盟会会员，如方声涛、程潜、姜登选、叶荃等。1910 年，郭松龄经方声涛、叶荃介绍，加入了四川新军的同盟会。武昌起义爆发后，四川各地宣告独立。郭松龄等积极拥戴朱庆澜为大汉四川军政府副都督。后来四川巡防军以“川人治川”的口号，排挤外来的新军。朱庆澜被迫离开四川，郭松龄等计议离川返奉以策应革命。

郭松龄于 1911 年 11 月上旬返回奉天。此时郭松龄已经是 29 岁的成熟青年。他积极参与了张榕领导的联合急进会的活动。其时，在奉天女子师范附属小学任教员的韩淑秀，也积极参加革命。据李坚白的回忆录记道：“公乃辞职回奉，密谋响应，设机关于省城大东关韩淑秀宅。”联合急进会的秘密起义计划被密探侦悉，赵尔巽下令，命张作霖捕杀革命党人。张榕遇害，被杀者 400 余人。郭松龄因剪发，“身畔挟有民军护照”，而被逮捕入狱。后经郭松龄的奉天陆军速成学堂的同学高纪毅和韩淑秀等人的多方营救，才幸免一死。“旋以民国建立，始得释”。

郭松龄深感掌握军事科学知识的重要，于 1912 年考入北京将校研究所，任区队长。1913 年毕业后，重回奉天，任奉天都督张锡銮的少校参谋。当年考入北京中国陆军大学，名列榜首。在三年学习期间，他如饥似渴地汲取新知识，了解新思想。凡是西学学者或中国学者来京讲学，他必定前往倾听。除军事学外，他对法律学、政治学、社会学等都兴趣甚浓。他努力想成为一个能文能武的战将。1916 年毕业，他被北京讲武堂聘为教官。此时的北京政府总理是段祺瑞，继续推行袁世凯的反动政策。郭松龄举目时艰，内心十分苦闷。1917 年，郭松龄只身去广州投奔孙中山，恰逢朱庆澜在广东省任省长。通过朱庆澜的关系，任广东军警卫营营长等职。曾谒见孙中山，并建言反对军阀："欲谋真正共和，须由军人革命。"还说："军人每为军阀利用，造成特殊势力，实为共和政治之障碍，故其自身亦须革命。"据说"中山深韪其言，而公亦深服膺中山主义"。韶关讲武堂成立后，聘郭松龄为教官。"每于课余至广州，辄与旅粤东省二三同志谋改造东三省事"。关于改造东三省，他曾经愤然说道："欲谋三省之根本改造，非先推倒恶军阀不可；欲推倒恶军阀，非准备绝大牺牲不可。余拟回奉，投身奉天军阀巢窟，谋取兵权，潜蓄势力，以图根本改造。"[①]"语毕，即束装待发。同志皆为公危不顾也"。郭松龄是个说到做到的人。

1918 年末，郭松龄回到奉天。经督军署参谋长陆大同学秦华的介绍，郭松龄任督军署少校参谋。不久，调任东三省讲武堂中校教官。讲武堂开学时，张作霖看到郭松龄在场，便严厉地问道："汝系反对余之革命党，今日来此何为?"郭松龄"默然"，张作霖"亦不复致诘"。张作霖以为郭松龄既然已经投靠自己，也就既往不咎了。郭松龄"对于战术，造诣颇深，每讲授如悬河泻水，注而不竭，极受学员们的欢迎"。

郭松龄办事非常认真，对学员要求特别严格。每当假期届满，他必定亲自站在学校门口监督，如果学员迟到，哪怕是一分钟，也要受到关禁闭的处分。郭松龄不但严格管教学生，还严格约束队长、区队长。按当时的习俗，教官是无权管教队长的。

当时，张学良在讲武堂读书，对郭松龄的授课由衷感佩。因张学良是张作霖的大公子，许多教官对他采取放任自流的做法，不敢管理。只有郭松龄不听邪，对张学良严格要求。郭松龄学识渊博，文武皆通，且律己甚严，注重身教。因此，得到张学良的敬佩和信任。据郭松龄反奉期间担任其顾问的李坚白回忆："时作霖之子学良为讲武堂学生，公因教学因缘，与之相结纳，劝学良别练新军，为异日承袭乃父之地位。学良有动于衷，又奇公学识，有罗为己用之意。"张学良对郭松龄既"尊之为师"，又"引以为友"。

---

① 李坚白：《东北国民军总司令郭松龄事略》，《辽宁文史资料》，第 16 辑，辽宁人民出版社 1986 年版，第 15 页。

李坚白，奉天辽阳人。清末秀才。老同盟会会员，参加过反清革命活动。民国成立后，曾任国会议员。1917 年响应孙中山护法号召，南下广州参加非常国会，选举孙中山为护法军政府大元帅。在广州期间，与郭松龄相识，结成莫逆之交。郭松龄反奉期间，任郭松龄秘书处长，担任与冯玉祥联络事宜，曾参与订立郭冯密约。

1920 年夏，张学良毕业于奉天陆军讲武堂第一期，升任东三省巡阅使署卫队旅旅长，即向张作霖推荐，调郭松龄为参谋长，并兼第二团团长。从此，郭松龄踏入了率领重兵的军旅生涯。这是郭松龄受到少帅张学良器重和倚畀的开端。李坚白分析："于是公之初步计划始得售，获有潜滋暗长之机，乃多方固结张氏父子，以期取得军权。"

郭松龄身躯高大，面貌严肃，生活俭朴。他无论冬夏，总是穿着制服，鞋帽整整齐齐。对长官，对部下，对一般社会群众，总是严整而有礼貌。

郭松龄带兵如鱼得水。他既任过基层军官，又当过军校教官。因此，不仅具有丰富的实践经验，还具有深厚的理论修养。且走南闯北，见多识广。同时，心怀大志、目标专一，对如何训练一支新式军队，早已成竹在胸。郭松龄治军甚严。他厌恶军阀作风，痛恨下跪、磕头等腐败习气。不打人，不骂人，不媚上压下，不营私舞弊。官兵有违反军纪者，不徇私情，严惩不贷。郭松龄严于律己，不苟言笑。无不良嗜好，不吸烟，不饮酒，不嫖娼，不赌博。他不送礼，也不收礼。到部队校阅，也拒绝迎送。加之躯干魁梧奇伟，面生连鬓胡须，酷似西洋人，又因他特立独行、标新立异，同事们戏称其为"郭鬼子"。郭松龄也偶尔在家里招待老同学，席间对同学中有缺憾者，严加责怪，不留情面。于是，每闻郭松龄邀请，都感头痛，胆怯地说道："这顿饭不是好吃的。"①

郭松龄在创办新军上有很多建树。首先，狠抓军事教育。整顿奉天军事讲武堂，创办军士教导队，举办军官教育班，以及军事、军医、兽医、军械等短期教育班，还创办过步兵学校。教育是根本。他采取吸收青年学生和轮训部队干部的做法，迅速地提升了部队官兵的素质。其次，定期校阅军队。除了随时到各部队视察外，每年春秋两季，正式校阅部队。对军官进行学、术两科考试。对军队，检查训练和军纪。对有差失者，严厉批评。对有严重

① 李英夫：《我所知道的郭松龄将军》，《沈阳文史资料》，第 3 辑，内部发行，1982 年版，第 119 页。

过失者，撤职查办。大刀阔斧，厉行改革。在短期内，所率部队面貌一新，成为奉军的模范旅。

郭松龄又特创军需独立制度。当时的军队，军需官一向由各级主官委派，一般都是由“三爷”来担任。这“三爷”就是孩子的姥爷、舅爷和主官的姑爷。军需处也就成了军官的私人账房。郭松龄在“三八旅”任命军需行家主管军需，实行军需独立，不准长官动用公款。这是一个重大创举。在“三八旅”杜绝了克扣官兵军饷的劣行，保证了官兵军饷的按时足额发放，提高了官兵的战斗力。

郭松龄和张学良一道，广泛罗致军事人才。凡属军事院校出身的，都加以延揽，储才备用。如部队官佐出缺，即派有真才实学者升补。军官都知道自己何时可以提升，不必用心钻营，只要严于律己，严格带兵就行。由于郭松龄建立了有效的军官升迁制度，量才使用，就做到了军官升迁的良性循环。从而，在“三八旅”杜绝了军官升迁营私舞弊现象的发生。

郭松龄只用了不到一年的时间，就使“该旅之成绩冠于各军，公渐露头角”。这时，“忌之者日众”。他们“异口同音，谓公所练之军队，纪律虽佳，未必善战”。当时，奉军带兵的军官很多是胡匪出身，没有文化，不懂军事科学。他们藐视军事院校出身的军官，认为他们不能打仗。

1920 年，直皖战起。张学良任奉天省城戒严司令，留卫队旅一部驻防沈阳，主力交由郭松龄率领开进山海关。郭松龄在天津附近的小站，以一个团的兵力，围剿龙济光军两个旅，“人始惊异”。从此，名声外传。

1920 年秋，吉林省东部地区土匪猖獗，官兵对其束手无策，土匪甚至占领了佳木斯等城镇。郭松龄受命，率领亲自训练的卫队旅前往剿匪，迅速肃清匪患。在这次军事行动期间，他有车不坐，有马不骑，与士兵同甘共苦，士兵大为感动。由于纪律严明，官兵一路遵规守矩，不曾扰民，地方反响甚佳。因此，郭松龄声名鹊起，更加受到各方重视。

1921 年，张作霖任命张学良为奉天陆军第三混成旅旅长，郭松龄为奉天陆军第八混成旅旅长。两旅合署办公，司令部设在沈阳北大营。时人称之为“三八旅”。张学良事繁任重，所有两旅事务以及人员升迁调补，除大事请示张学良外，一般均由郭松龄主持。郭松龄“负实际责任”。

张学良对郭松龄放手任用，信而不疑；郭松龄对张学良恭顺服从，衷心拥戴。两人既是师生，又是朋友，甚至结成兄弟。郭松龄的一切作为，都得到张学良的无条件支持。张学良经常说的一句话：“我就是郭茂宸，郭茂宸就是我。”有人评道：“交谊之深，倚畀之殷，确出常格。”

1922年4月，第一次直奉战争爆发。奉军分为西路和东路两路军。东路军分为三个梯队，第二梯队司令为张学良。所辖部队有张学良的奉军第三混成旅、郭松龄的奉军第八混成旅和蔡平本的奉军第四混成旅。开战前，张作霖气壮如牛，轻视直军。但很快西线败退，牵扯东线，最后导致全线崩溃。张作霖一看大事不好，就急电张学良回军粮城总部开会，把第二梯队前线的指挥权交给了郭松龄。张作霖并下达了总退却令。西线已经溃不成军。郭松龄临危受命，沉着应对。当时，部队已经撤退到永定河，直军随后急追。兵未渡半，直军已至，情况危殆。郭松龄站立河干，从容指挥。一面派兵阻击直军，一面挥军抢渡湍流。穷一昼夜之力，全军平稳地渡过大河。如稍有张皇，后果不堪设想。随后，郭松龄率领第二梯队全体将士，安然无恙地整队回到驻地。同时，在山海关外打退直系追兵，才使张作霖稳坐东三省的宝座。

第一次直奉战争之后，奉军张作霖发现自己部队的弱点。认识到奉军军事素质很差，“胜不相让，败不相救”。军官大多出身绿林，不懂军事科学，只知一味儿蛮干。因此，虽然装备精良，弹药充足，也逃脱不了一败涂地的命运。而经过郭松龄训练的新军，则战能攻，退能守，表现了很强的军事素质。由此，启发张作霖走上了整军经武之路。

张作霖整编奉、吉、黑三省军队，统一称为东北军。取消师制，改为旅制。张学良的第三旅改为第二旅，郭松龄的第八旅改为第六旅。仍然合署办公。这就是当时著名的东北军精锐“二六旅”。

当然，和许多有才干的人一样，郭松龄也有他的缺憾。如为人刚愎自用，作风专横跋扈，心胸气度狭隘。同时，有的人认为他怀有个人野心。

1924年，第二次直奉战争时，东北军共编六个军。姜登选、韩麟春任第一军正、副军长；张学良、郭松龄任第三军正、副军长。两军组成联合司令部，以魏益三为总参谋长。这就是当时东北军的主力部队“一三联军”。郭松龄军权很大，他不仅统辖第三军，还统辖第一军。第二次直奉战争后，张作霖有意提高少帅张学良的权位，而郭松龄在张学良的倚畀之下，统率了东北军的全部精锐部队。即除了吉林、黑龙江两省的军队和个别老派将领所统带的部队以外，所有当时属于奉天的军队都在郭松龄的指挥统率之下。

其实，控握军事大权的郭松龄是别有所图的。张氏父子冥蒙不知，还安稳地睡着大觉。

二、积怨恨倒戈反奉

1925年11月23日，发生了一件震惊中外的大事，就是郭松龄在河北滦县车站举兵反奉。但到同年的12月23日，郭松龄就失败了，地点在关外白旗堡车站。12月25日，郭松龄夫妇遇害，地点在辽中老达房。从起事到遇害，仅一个月的时间。起也匆匆，败也匆匆。

郭松龄为什么举兵反奉呢？其中有远因，也有近因。

先说远因。

其远因之一是郭松龄的远大抱负。据李坚白分析："公之由粤回奉也，实抱一暗取兵权，蓄养势力，推倒恶军阀，以进三省于真正共和之大目的，故不惜降身以求信于张氏父子。其后虽屡有倒张之企图，只以重重障碍未成事实。民国13年冬，孙中山倡导国民会议北上至津，公承作霖命为欢迎代表。时中山主开国民会议，为公阐其意旨。公表示极端赞成，并担任以全力促张氏父子联合北方军人，赞同此主张。无如作霖瞻于段祺瑞，迷信武力统一，不从其计。至是，公倒张之志乃决。"①

上引的这段议论是1928年写的，当时未公开刊行。1947年才发表。李坚白和郭松龄在广州成为莫逆之交，共同拥戴孙中山，极力促成中国走向真正的共和。李坚白认为，郭松龄回奉的目的就是"暗取兵权，蓄养势力，推倒恶军阀，以进三省于真正共和之大目的"。从李坚白对郭松龄的了解程度看，这个观点是有根据的。

其远因之二是派系之争异常激烈。奉系内部大体划分为三派，即绿林派、士官派和陆大派。绿林派是张作霖的哥们儿弟兄，主要有吴俊升、汤玉麟、张景惠、张作相等，他们是老辈人物，掌握的部队量少质差。士官派是指日本陆军士官学校毕业的奉军将领，主要有姜登选、韩麟春、于珍、王树常、于国翰、邹作华、邢士廉、臧士毅、熙洽、何柱国等，这一派的首领是杨宇霆。因为杨宇霆既是士官出身，又在老帅张作霖手下居首辅地位。陆大派，这一派的首领是郭松龄，因为郭松龄毕业于中国陆军大学，所以称为陆大派。其主要成员有刘伟、魏益三、霁云、范浦江、刘振东等。奉军的主力部队都

① 李坚白：《东北国民军总司令郭松龄事略》，《辽宁文史资料》，第16辑，辽宁人民出版社1986年版，第18页。

掌握在杨宇霆和郭松龄两派的手中。杨宇霆身任总参议兼参谋长，是奉系中最显赫的人物。而郭松龄受老帅之托，辅翼少帅。少帅当时统率的奉军劲旅，一般事务均由郭松龄掌握，张学良很少过问。张学良对郭松龄推心置腹，郭松龄对张学良鞠躬尽瘁。一般人都认为郭松龄是张学良的灵魂。在奉军中，郭松龄是仅次于杨宇霆的一个实权人物。两个人才干相埒，亦都专横跋扈。为了争权夺势，积怨甚深，几达势不两立。郭松龄经常说："邻葛用那么多留学生，把东北的事情都弄糟了。"郭松龄要想除掉杨宇霆，只有采取非常手段。此次反奉，就包含这个清君侧的内容。

其远因之三是战略思想严重分歧。主要分歧是郭松龄反对奉军入关，穷兵黩武。张作霖有很大的政治野心，梦想当中国的最高统治者。而杨宇霆也想在关内占有一块地盘，作一个省的土皇帝。为此，他们都主张用兵关内。郭松龄坚决反对派兵入关，认为是劳民伤财。郭松龄曾向张作霖力陈："我们在东北有这样大的地方，经济富庶，人口有3000多万人，尽够我们干的。这次进兵关内，既已打败了曹、吴，已足雪当年之耻，如再驱兵南下，胜则成为众矢之的，败则徒损老将威名；不如雄踞关外，趁机观变，养精蓄锐，再谋一统。"① 这个看法，得到很多奉军将领的赞同，认为有理。但是，杨宇霆却觊觎江南鱼米之乡，力主用兵关内。这和张作霖的主张一拍即合。张作霖驱兵南下，直达长江流域。但由于一字长蛇，孤军深入。加之奉军纪律败坏，闹得民怨沸腾。不到两个月，奉军就被孙传芳的五省联军赶了出来，还损失了三个师的兵力。这完全应验了郭松龄当初的预言。杨宇霆、姜登选失掉了地盘，张作霖却让郭松龄出兵去夺。这让郭松龄十分气愤。因此，郭松龄反奉的决心便越来越强了。

再说近因。

其近因之一是对张作霖奖赏不公的强烈不满。第一次直奉战争，奉军全线溃败，只有张学良和郭松龄的"三八旅"顶住了直军的猛烈冲击，扭转了危局。第二次直奉战争，奉军取得了胜利。出力最大的也是张学良、郭松龄统率的军队。当时，以张学良为军长、郭松龄为副军长的第三军和以姜登选为军长、韩麟春为副军长的第一军，组成第一三联军。这个联军的主攻方向是山海关方面的直军主力。负这个方面指挥全权的是郭松龄，另由姜登选、

---

① 何柱国：《郭松龄反奉失败原因之我见》，《辽宁文史资料》，第16辑，辽宁人民出版社1986年版，第88页。

韩麟春在山海关侧翼的九门口开辟战场，所指挥的军队都是由张学良、郭松龄部队临时调拨的。这次战争，奉军取胜，第一三联军功不可没，郭松龄出力最大。但论功行赏，却没有郭松龄的份儿。李景林当上直隶督办，张宗昌当上山东督办，杨宇霆当上江苏督办，姜登选当上安徽督办。郭松龄原以为安徽督办非他莫属。安徽督办一席虚悬，暂由省长吴炳湘护理。郭松龄事先做好了上任的准备。安徽的王普是郭松龄陆军大学的同学，有一师部队驻扎皖南，欢迎郭松龄来安徽。郭松龄派他的第二旅旅长刘伟驻扎安徽蚌埠，以为预留地步。他还派军需处长张振鹭两次到安徽，调查财政收支情况。又派陆大出身的任过骑兵团长的彭振国去当安徽督办署的参谋长。这一切都是郭松龄的安排，布置停当，就等走马上任了。原来张作霖也考虑把安徽督办给郭松龄，江苏督办给姜登选。但由于杨宇霆自荐当江苏督办，就把姜登选挤到了安徽。于是，郭松龄的安徽督办就泡汤了。这使郭松龄大失所望。后来姜登选到任后，又立即撤去彭振国的参谋长职务。

杨宇霆的自荐，是否是他的一个排斥异己的策略，不得而知。但确实达到了排斥异己的目的。这个安排对郭松龄是一个沉重的打击，引起他的强烈不满。

对此，张学良心知肚明。为了缓和矛盾，张学良有一次对郭松龄的参谋长魏益三说："将来他想要地盘，黑龙江、吉林任他选择。"张学良让魏益三劝说郭松龄稍安勿躁，等待时机，他会解决这个问题的。

郭松龄极为不满，异常愤懑。1986 年 86 岁的张学良在台湾对本家晚辈回忆道：

> 打胜仗了，大家要高升，这是杨宇霆在那里起作用。可郭松龄与杨宇霆是死对头。这时新派里又分成了两派：士官派与陆大派。士官派以杨宇霆为首，陆大派以郭松龄为首。士官派的势力很大，但他们都没有什么宗旨。事实上我到天津，杨宇霆就回奉天了。你爷爷不听我的意见，若听我的意见，就不会出事儿。这也是上帝的意思。李景林啊，本来我们事先是有盟约的。李景林、张宗昌、韩麟春和我，我们四个人都说，我们这次打仗都不许抢地盘，主要军权都在我们几个人手里。头一个李景林到了天津，那里本来有个奉天人，姓王，准备让他去当天津市主席。可当时李景林就把人家赶跑了。他却当了天津市主席。我和郭松龄当时还在车上。我说，咱

们走，张宗昌到了山东，也不知带了多少部队去。就我们三个团什么也没有。杨宇霆当了江苏省主席。姜登选当了安徽省主席。我说你爷爷（张作霖）没有大略，只有雄才。李景林还好，他说："我不跟他们去。"郭松龄当时很难过，很难过。他说："一路仗都是我们打的。"他跟我说了这么一句话："我算倒霉了，我给你当了部下，算我倒霉。"我劝他不要这样，不要计较。他说："你是大帅的儿子，我是什么？我算倒霉。谁让我给你当部下？"我已感觉他的情绪很大。不但他那样，我的部队也未升迁呀。人家都阔得很，人家一下都发了。张宗昌、李景林一下子都编了五六个军，你说说这样行吗？他们都扩充得那么大。一个中校参谋，一下子就当了军长，这就不说了。郭就愤愤不平。我说你爷爷没有大略，我就给你讲这一段事儿。①

张学良当时"已感觉他的情绪很大"，这是要出大事的先兆。

其近因之二是对张作霖拟签订卖国密约的极端愤慨。张作霖欲与日本签订密约之事，是郭松龄在日本偶然发现的。1925 年 10 月，国民军和奉军都派人到日本观操。国民军的代表是韩复榘，奉军的首席代表是郭松龄。他们都住在东京帝国饭店。有一天夜里，郭松龄来到韩复榘的住处，神秘地说道："有一件稀奇古怪的事，要和你谈谈。这次我刚到东京之后，忽然有日本参谋本部的一个重要职员来拜访我，没有谈几句话，就问我：'你这次到日本观操，是否还负有代表张作霖将军签订密约的任务？'我说：'只是来观操，没有别的任务，更不知道签订密约的事。'于是来访者无精打采地走了。当时弄得我莫名其妙。这是怎么一回事呢？后来仔细一打听，才知道张作霖打算承认卖国贼都不敢承认的二十一条，换取日本供给大量军火，用来进攻国民军。"接着，郭松龄义愤填膺地说道："张作霖为了个人的权力，不顾一切，出卖国家。这种割肉饲虎、引狼入室的干法，无论如何我是不能苟同的。我是个军人，以身许国，不是个人的走狗，我不能昧着良心服从乱命。他若打国民军，我就打他。"②

---

① 《张学良口述自传》，张友坤：《伟大的爱国者张学良》，东北大学出版社 2006 年版，第 274 页。

② 吴锡祺：《冯玉祥、郭松龄联合反对张作霖的经过》，《文史资料选辑》，第 35 辑，文史资料出版社 1980 年版，第 170 页。

郭松龄对张作霖拟同日本签订卖国密约极端愤慨，决心举兵反对张作霖。他在日本就坚定了反奉的决心。

其近因之三是对张作霖近期人事安排的高度怀疑。张作霖对郭松龄近期的思想动向有所察觉，在人事安排上作了一些必要的调整。这些调整的目的是限制郭松龄的不受任何制约的权力，使郭松龄回到正确的轨道上来。这些人事调整，引起了郭松龄的高度怀疑。对此，当时人姚东藩写道：

> 时郭松龄在日本观操，与冯玉祥派赴日本观操的韩复榘会见，惺惺惜惺惺，一拍即合，建立郭、冯初步关系，张作霖微有所闻，急调郭中止观操返回奉天，参与讨冯。所谓七个电报，此其第一个。
>
> 张作霖新组成的第三方面军团，以张学良为军团长，辖三个军，其第八军军长由张兼，第九军军长为韩麟春，第十军军长为郭松龄。郭曾向张学良提出，我怎能与韩麟春在一起，你又不是不知道？实际上郭已窥测到，张作霖有意识地控制张学良和他事权不分的情况（过去张任第二旅旅长，郭任第六旅旅长时，两旅在一起办公，事权郭则多作主张。以后该两旅扩编为师、军时，也是事权郭多作主张）。此番新组成的军团内有韩麟春任军长，则郭就不能独断行使张学良的职权。张作霖旋委于珍为该军团副军团长，郭对新来的婆婆更为不满。因此促其势必反张。这是七个电报的最后一个。[①]

张作霖在第三方面军团采取了“掺沙子”的做法，借以遏制郭松龄权力的泛滥。他任命老辈人韩麟春为第九军军长，又任命老兄弟于珍为该军团副军团长。这就使郭松龄的军权受到了限制。这使郭松龄高度怀疑，认为张作霖有可能对他不利。

由于以上的远因和近因，郭松龄举兵反奉已经是箭在弦上，随时可发。

为了增加反奉的力量，免除后顾之忧，郭松龄有意识地和冯玉祥、李景林结成了反奉三角同盟。

郭松龄和冯玉祥的结盟，郭松龄采取了主动。前文已提到，郭松龄在日本观操期间，有目的地同冯玉祥的代表韩复榘接触，表明了同张作霖势不两

---

① 姚东藩：《郭松龄反对奉张东军见闻纪略》，姚东藩等撰，徐彻整理：《郭松龄反奉见闻》，中华书局2008年版，第6页。

立的决心。当时，郭松龄还说道："今天的谈话请守秘密，别对别人说。"韩复榘深知事关重大，严肃真诚地答道："我对郭先生的人格十分钦佩。我回去之后，一定将你的意思报告冯先生，请你放心好了。"这是1925年10月的事。

韩复榘于11月5日回到绥远特区的包头，向冯玉祥报告了他和郭松龄在日本谈话的内容。当时因为冯玉祥和孙传芳暗中联络，抵制奉军的侵逼，遭到奉军的质疑，苦无对策。而且，张作霖派许兰洲、郭仙桥到包头去见冯玉祥，说杨宇霆、姜登选被孙传芳打败，要求冯玉祥派兵帮助他去打孙传芳。若不同意，就不予谅解。同时，游说冯玉祥，奉军可以让出保定大名防地，且支援他一批武器，包括飞机、大炮。

冯玉祥受到张作霖的软硬兼施，十分气愤。如果单独反张，力量不够；低头服张，心又不服。冯玉祥心急如焚。当时无法，只得勉强同意，达成了合作对直系孙传芳的办法九条。因此，此时听到这个消息，不禁大喜，但还是谨慎地说道："这是件大事，我们不能轻率地乱做主张。最好请郭先生写个亲笔的东西，派一两位亲信的人来，两下里从长计议一下，方显得郑重。"韩复榘马不停蹄，次日即折返天津，向郭松龄传达了冯玉祥欢迎合作的诚意。

郭松龄得到冯玉祥的回应，很是高兴。19日，即派其亲信李坚白、亲弟郭大鸣，由冯玉祥的老参谋长时任京汉路局局长的王乃模陪同来到包头。他们带来了郭松龄的亲笔密信，并提出双方合作的初步意见。

密信的主要内容是：张作霖勾结日本帝国主义订立祸国殃民的条约进攻国民军，我誓死反对；如果奉张进攻国民军，我即攻张，我的部队番号拟改为国民第四军或改为东北国民军；我的部队将来开发东北，绝不过问关内的事。

冯玉祥见到密信异常兴奋，彻夜与李坚白等洽商。冯玉祥得知李景林也参加这个举动，更是喜出望外。但是，对于李景林要求把直隶、热河两省划拨给他，面露难色。郭松龄的代表说："李参加我们的共同行动，关系很大。事成之后，防地问题还可以从长计议，现在不宜过分计较。"言外之意是过后可以商量。这样，冯玉祥就完全同意了郭方的意见，签订了密约，冯玉祥还郑重地签了字。冯玉祥又加派参谋长熊斌与王乃模一起，陪同郭松龄的代表即日回津。郭松龄见到了熊斌，对签订的密约完全赞同，也签了字。

李景林为什么和郭松龄一起反对张作霖呢？因为郭松龄对李景林有救命之恩。在第二次直奉战争时，张作霖命李景林的部队进攻热河。因李景林是直隶人，图谋直隶地盘。便在攻下热河后，率领骑兵直捣天津，并占领了天津。驱逐了直隶省长王承斌，霸占了省长公署。这就打乱了张作霖的战略部署。张作霖大怒，要杀李景林。郭松龄劝阻张作霖说，我军刚入关，就阵前斩杀大将，于军心不利。张作霖听了郭松龄的话，没有杀李。为此，李景林很感激郭松龄。听到郭松龄要反奉，李景林表态道："二哥，你一切放心，我一定帮助到底。"

最后，郭松龄在天津督署与国民军代表熊斌和李景林共同协商合作办法。郭松龄的参谋长魏益三也出席参加。会上，李景林对国民二军在直隶的行动表示不满。熊斌当即诚恳表示："国民二军的纪律，我想大家都很知道。冯总司令已下令并派人前往制止，今后彼此一家，当更不成问题。"李景林在会上的表态也很好，保证他的部队将随郭军之后向山海关方面移动，以资接应。郭松龄表示，希望国民军在精神上给予大力支持。

就这样，郭松龄、冯玉祥和李景林结成了并不紧密的反奉三角同盟。

有了郭、冯、李的三角同盟，郭松龄解除了后顾之忧，便决定起事。

这里随带插叙一笔。据参与其间的当事人回忆，张学良对郭松龄反奉是有所察觉的，甚至是完全知道的。在天津，郭松龄曾向张学良建议："东北一片沃野，宝藏很多，可以开发经营，不应再在关内争夺地盘，惹起战争。这是我和芳辰（李景林别号）两人的共同意见，希望转达上将军多加考虑。"还毫不隐讳地对张学良说："东北的事叫老杨这帮人弄坏了，安徽、江苏之败，断送了三个师的兵力。现在老杨又包围老将，给他们去打地盘，这个炮头我不再充当了。要把东北事情办好，只有把老杨这帮留学生赶走，请少帅来当家。"何柱国回忆："郭向张所说的这番话，是郭松龄被处死以后，张学良亲自与我们谈起的。说明郭松龄愤懑不平，要打倒杨宇霆，推翻老将，张学良是知道的，却不料郭动手这样快。"

1990 年，在台北北投 90 岁的张学良对美籍华裔历史学者唐德刚回忆道：

> 这个郭松龄要叛变，有叛变这个心呀，我早就看出来了。他随时有叛变的可能，你看他就敢这么干嘛。
>
> 完了以后我就劝他，我说，茂宸呐，你怎么这样呢？他就告诉我，他说，我宁折也不弯。我跟他说，茂宸呐，我这人可跟你完全不同，我是宁弯也不折。他说，你怎么这么大哲学？我批评他说，不是哲学，做人嘛，你怎么能这样呢？

我说，茂宸，万一你有什么事情，我一点儿不在乎。即使你叛变的话，我也问心无愧。

我父亲骂我一句话，说，你除了老婆不跟郭茂宸去睡之外，吃一个水果，你都要给他一块！

所以，后来他叛变，我当时就有这个意识。我说，你就是叛变了，你也出不去我这手。换句话，你叛变，我能把你制止。到后来，他真是叛变了。①

张学良当时就觉察到郭松龄迟早是要叛变的。但是，张学良坚信他可以击垮郭松龄的叛军。我们的怀疑，在郭松龄反奉发生65年之后，由当事人张学良自己出面得到了证实。

11月20日，张作霖突然电召郭松龄回沈一行，张学良也劝他回沈当面陈述自己的意见。郭松龄疑心他的活动已被张氏父子识破，召他回沈是别有用心，遂立刻下了提前行动的决心。

事变的前一天，张学良曾到天津和郭松龄匆匆见了一面，同郭松龄谈了话。关于这次谈话的内容，郭军第二旅旅长刘伟知道。他说："郭鬼子说我们打胜仗，杨宇霆、姜登选他们去做督军。他们干不好让人家给赶出来，如今又让我们去打。打好了还不是他们做督军。我们这次是不愿意打了，还是回去好好整理东三省吧！"并且说："我们拥护你来干！"张学良说："那怎么行呢？"但对郭松龄的这个异常表示，张学良没有特殊和坚决的驳斥，只是说："你看着办吧，我走了。""张学良骤然听到郭氏的这番话，不禁骇然。但他未动声色，潜行搭乘北宁路火车东返"。车到关外前所车站时，他命令山海关附近的十九团团长张廷枢迅速布防。车到山海关车站时，情况已经出现混乱。张学良叫专车直奔葫芦岛，登上镇海军舰。在军舰上看到一列一列的军车经过秦皇岛铁桥往东开。郭松龄反奉的通电，在军舰上也已收到。军舰的火炮可以击毁郭松龄的军车，但张学良不让开炮，说："都是我的部下。"这是后话。

郭松龄是于10月24日从日本被张作霖用急电召回奉天的。张作霖命郭松龄去天津部署军事，准备对冯玉祥国民军作战。郭松龄到天津后，代表张学良组建第三方面军司令部。第三方面军军团长为张学良，副军团长为杨宇

---

① 张学良口述，唐德刚撰写：《张学良口述历史》，第60页。

霆的士官同学于珍，下辖第八、第九、第十计三个军。张学良兼第八军军长，韩麟春为第九军军长，郭松龄为第十军军长。第三方面军的编组工作，统由郭松龄负责，因而他得以控握第三方面军大权，为他举兵反奉提供了先决条件。

11 月 22 日深夜，郭松龄由天津发出三个通电。

11 月 23 日，郭松龄召集第三军团上校以上的官佐紧急开会。地点在滦州车站一个停业已久的火柴公司楼上。参加者有 100 余人。会场内外气氛十分紧张。武装警卫人员，荷枪实弹，来回巡视。郭松龄身披黑呢大衣，偕夫人韩淑秀出席。

郭松龄即席心情沉痛地反对内战："自民十以来，兵连祸结，民生十分穷困。长此以往，国将不国。今又无故兴戎，吾辈军人实在苦于再战。"

接着又慷慨激昂地表明自己的政治主张："在老将面前专与我们作对的是杨宇霆。此人骄纵专横，长君之恶；妒贤忌能，排斥异己。权臣在内，大将焉能立功于外。我们打仗打到头发白了，仍然是个我们；打出地盘，杨宇霆、姜登选当督办。现在他们被江苏、安徽的人民赶出来了，又叫我们为他们收复地盘，为他们卖命我是不干的。我已拿定主意，此后绝不参加国内战争。东北土地辽阔，物产丰富，我们从事开垦，效赵充国的屯田，岂不胜于阋墙的战争吗？"

随后，他提出了反奉的具体做法："现在拟好了两个方案，写在纸上，请大家选择签名，何去何从，各随己愿：（一）移兵开垦不参加国内战争；（二）战斗到底，武力统一。"这时会场十分紧张，也分外严肃。各师旅长都感到非常突然，沉默起来，面面相觑，不知所措。当时第五师师长赵恩臻、第六师师长齐恩铭、第十二师师长裴春生、第七师师长高维岳四位师长开始反对，后来勉强签名，其余官佐也都随着签了名。

签名后，郭松龄一语道破："我这样行动等于造反，将来成功固然无问题，倘不幸失败，我惟有一死而已。"夫人韩淑秀立即应声说道："军长若死，我也不能活着。"言下以手帕拭泪。说明他们对这次反奉行动是做了最坏的打算的。

后来，郭松龄对四位师长开了方便之门，让他们暂时回到天津休息，实际交给李景林软禁看管。同时，郭松龄将与他关系不深的师、旅、团长扣留起来。

他们退席后，郭松龄就将所部 7 万人重新组建五个军，确定了一个新的指挥班子。

甲　总司令部

总 司 令　郭松龄

参 谋 长　邹作华

秘书处长　饶汉祥（曾任黎元洪秘书长）

政务处长　林长民（曾任北洋政府司法总长）

参谋处长　王静轩

副官处长　郜汝廉

军需处长　鲁穆庭

外交处长　王正廷（未到任）

兵站处长　张振鹭

航空司令　彭振国

乙　部队

前敌总指挥　宋九龄

第一军军长　刘振东

第二军军长　刘　伟

第三军军长　范浦江

第四军军长　霁　云

第五军军长　魏益三

这时所下达的命令，郭松龄还是和张学良共同署名。这样做，既为了表示拥戴张学良的明朗态度，也为了釜底抽薪软化内部的反抗情绪。11 月 30 日，郭松龄在山海关发表通电，正式把他所辖的军队改称东北国民军，以后通电布告就不再用张学良的名义了。

郭松龄反奉此举，如晴天霹雳，国内外都目瞪口呆。

三、发通电声讨老帅

现在回过头来再详细谈一谈郭松龄在 1925 年 11 月 22 日夜发表的三个通电，以及 12 月 14 日的通电。前三个通电是郭松龄举兵反奉的政治宣言，代表了他的政治主张。

第一个通电。这是原黎元洪秘书长饶汉祥的手笔。电文是四六骈体，佶屈聱牙。主题是反对内战，主张罢兵，废除苛政，兴建三省，拥戴少帅，劝张下野。电文称："连岁兴戎，现金告匮，钱钞滥发，价额日亏。""军旅迭兴，赋敛日众，邑无仓积，家无盖藏。"郭松龄主张："汉卿军长，英年踔厉，识量洪深，国倚金汤，家珍玉树，干风云而直上，厉雷雨而弗迷，松龄素同袍泽，久炙光仪。窃愿遵命匡襄，竭诚翊佐，更张省政，总制辽疆。收毁滥钞，豁除苛税，严刁以除盗贼，厚廪以养士兵；实行文治，以息强藩；优遇劳工，以消激党。"在这个通电中，并没有指名道姓地痛责张作霖，而是提出郭松龄自己要"翊佐"张学良，并劝说张作霖下野，"全主父之令名，享令公之乐事",[①] 以表明举兵反奉的大公无私。

第二个通电。这个通电旨在表明举兵反奉是为了"清君侧"，具体提出罢免杨宇霆、拥戴张学良的主张。电文称："此次奉军主战者，惟一杨宇霆。因个人丧地之羞，不惜倒行逆施以求报复。松龄等为国家之元气计，为东三省之安全计，请愿倡导和平，班师出关，要求蒙蔽主战之杨宇霆即日去职，推举张军团长汉卿司令。"

第三个通电。这个通电是完全针对杨宇霆的，即《讨伐杨宇霆之通电》。这个通电，在屡述杨宇霆的种种罪状后，再次提出罢免杨宇霆。并表明"此次班师回奉，一俟将祸首驱除之后，即行率同部屯垦边境，以固国防"。看起来，郭松龄的这个要求并不高。实际上，张作霖在看到这个通电后，把电文拿给杨宇霆看，示意杨宇霆辞职，杨宇霆心领神会，于 24 日晚"不辞而别"，潜往大连去了。

综观这三个通电，其主旨是：第一，反对内战，主张和平；第二，拥戴少帅，谴责老帅；第三，讨伐宇霆，以清君侧。总之，郭松龄的三个通电是，要求张作霖下野，拥戴张学良上台，清除杨宇霆等人，实行民主共和政治。

郭松龄的举兵反奉通电，得到了国内各界的声援。

11 月 25 日，冯玉祥发布讨伐张作霖通电，指责张作霖"不顾国家安危，人民死活，一味好战，祸及直鲁，近逼京畿；沪案发生，忍心为虎作伥，纵兵残害学生、工人，违背人道"。劝告张作霖"应当及时引退……毅然以三省政权，完全还之国民"。

李景林在郭松龄发表通电的当天，也发表了一个通电。但其强调郭松龄反奉是"清侧之役"，要求惩办杨宇霆。请求张作霖"庶政付诸少帅，借息仔

---

① 《在滦州誓师反奉通电》，《辽宁文史资料》，第 16 辑，辽宁人民出版社 1986 年版，第 163 页。

肩，以娱天年”。

11 月 25 日，广东国民政府等革命团体，在广州召开国民大会，反对卖国的段祺瑞执政府和奉系军阀，声援郭军反奉行动。群众高呼“打倒段祺瑞!”“打倒张作霖!”“打倒帝国主义!”等口号。大会号召“各革命团体，联合一切反奉的军队，以扫荡扰乱中国、荼毒民主之最残暴势力”。

11 月 29 日，李大钊以“中国国民党政治委员会”的名义，代表中国共产党和国民党左派，发表革命宣言：“号召一切革命力量联合起来，打倒帝国主义，打倒段祺瑞和奉系军阀。”

12 月 1 日，中国共产党和中国共产主义青年团联合发表《告全国民众书》，号召“全国革命的民众，革命的国民党，革命的军人，其速起响应北京的暴动，推倒安福系政府，建立全国统一的国民政府，政权归诸人民”。

在全国的声援下，郭松龄的部队也进行了政治动员。有的部队还编出顺口溜，以鼓舞士气。其中有一段是这样编的：“郭军长真不善，领着大军回奉天，去大帅，锄大奸，解除百姓苦，去掉民艰难，给土地，建家园。不怕天寒与地冷，打不垮老张什么都完蛋!”①

郭军改称东北国民军后，士兵戴绿色臂章，上写“不扰民，真爱民，誓死救国”10 个大字。这个口号，一语道破了官兵的心志，鼓舞了士气。郭军在行军过程中，遵守军纪，受到人民的欢迎，甚至有送开水、米汤的。

郭军在打到新民县后，于 12 月 14 日郭松龄又发表了《敬告东三省父老书》。这个通电，矛头直指张作霖。电文开列了张作霖统治东三省 14 年的四大罪状：摧残教育；压制舆论；招兵害农；用人不公。公开提出“驱除杨贼，并劝张氏下野，拥戴汉卿军长出而执政”。电文最后称：“松龄刻已师抵新民，张氏残败之余，不难一鼓讨灭。恐父老受其欺蒙，不明真相，特将班师回奉各情形，略陈颠末。并将事定后，治奉方针露示如左：（一）实行省自治，以发扬民气，大局定后，由各县推举代表，连同省议会，开一善后会议，公决施政方针，及应兴应革之事；（二）保护劳工，节制资本，以消赤化隐患；（三）免除苛税，以苏民困；（四）练兵采精兵主义，务求淘汰匪兵，以除民害，而轻负担；（五）整顿金融，以维民业；（六）增加教育经费，实行强迫教育；（七）用人以才为本，不拘党派亲疏之见；（八）开发地利，振兴实

① 彭景文：《对郭松龄将军的一些回忆》，《沈阳文史资料》，第 3 辑，内部发行 1982 年版，第 143 页。

业；（九）整顿交通，以利商旅；（十）肃清匪患，整顿警察。”

这是郭松龄在师抵新民时，对未来东三省如何治理所勾画的一幅美好的蓝图。他在东北要实行资产阶级的民主共和制。这在当时是一个进步的政治主张。他相信会很快地攻进沈阳城。他没有料到会在新民一败涂地。

在郭松龄起事的初期，形势看好。但由此，郭松龄等军官也产生了骄兵情绪。再加上张作霖的反攻，以及日本人的干涉，后来形势急转直下，以致失败。

四、失人心错杀登选

郭松龄是一位优秀的战将，但身上也有一些弱点。不能容人，这是他的一个致命的弱点。

1925 年 11 月 7 日，姜登选在德州接到张作霖的命令，任其为第四方面军军团长。先成两旅，移驻北镇。于是，姜登选任命戢翼翘、陈琛为旅长，先往东北布置建旅事宜。姜登选率少数随员赴天津，准备稍事休息，就回奉天。此时，他对郭松龄反奉一事毫无察觉。

郭松龄杀害姜登选的过程很简单。11 月 24 日，姜登选由天津回沈阳，路经滦州。那时姜登选早已看到郭松龄发表的通电，已经知道郭松龄造反了。当时，郭松龄随着军部向前方移动，派参谋长彭振国为留守后方司令。姜登选的专车抵达滦州后，彭振国上车，恭敬地对姜登选说：“郭军长现患感冒很重，不能亲来迎接督办。但希望与督办晤面。”姜登选不知其中有诈，便关切地说：“茂宸患病，我可到他那里去看看。”他随彭振国备好的汽车进城，后即被关押在火柴公司楼下的一个楼梯间。

郭松龄根本没有同姜登选见面。执行卫士奉郭松龄之命，以送姜登选到城里为名，将他押上汽车。当汽车行经一段沙滩路时，卫士诡称路不好走，请督办下来走几步。待姜刚下车走了两步，卫士即从背后开枪将其打死，随即返回向郭松龄报告。姜登选就这样被杀害了。郭松龄枪杀姜登选后，特发电告，内称：“将姜登选在滦州枪决，以为穷兵黩武者戒。”姜登选死时仅 44 岁。

以上记载，是发现新资料之前史学界的看法。现在发现了全新的资料，颠覆了以上旧说。

姜登选被郭松龄枪杀，论者认为这是郭松龄反奉失败的一个重要原因。

因此，弄清姜登选之死的真相是有重要意义的。但是，姜登选到底是怎样被捕的，是诱骗逮捕，还是强行逮捕？被捕以后，郭松龄和姜登选是否接触过？他们之间发生过争执吗？姜登选究竟是什么原因被枪杀的，是因为姜登选反对郭松龄举事吗？枪杀的过程到底怎样？枪杀的地点是在沙滩地，还是在影壁前？等等。已经刊载的姜登选之死的回忆文章，笼统粗略，说法歧异。

奉军名将姜登选

1963 年 12 月 29 日，锦州市高问樵撰写了《郭松龄枪毙姜登选的详情》一文，对姜登选之死提出了全新的见解。这篇回忆文章同以往发表的回忆文章最大的不同，主要有五点：

第一，作者是知情人。作者写道："彼时我被派在东北国民军第四军，任军法处长。第四军的军长是霁云，霁云和郭松龄的关系最为密切，和张振鹭也是无话不谈的朋友。郭松龄反奉的密谋，霁云知道得最早。姜登选被杀的当时，霁云正在滦州，所以他知道得也较为详细，内幕也比较彻底。我和霁云的关系是属至戚。在郭松龄反奉的整个的军事行动过程中，可以说是我二人寸步未离，更是无话不谈。①"

可以看出，作者虽然不是目击者，但却是知情人。他恰好处于事件发生的中心，并同当事人关系密切，能够知道事件的内幕。

第二，截留姜登选是经过研究的。以前的回忆文章说截留姜登选是郭松龄个人的决定，此文却揭示了截留姜登选是开会研究的结果。作者写道："在郭松龄于滦州召开的反奉誓师大会将要结束的时候，车站驻军首领到会报告，安徽督办姜登选所乘专列将要进站前往奉天。郭松龄得悉后，立刻召集首要人员商讨对策，决定认为不能放姜登选过境。原因一是，在我们正在召开这

① 高问樵：《郭松龄枪毙姜登选的详情》，姚东藩等撰，徐彻整理：《郭松龄反奉见闻》，中华书局 2008 年版，第 77 页。

样大型军事会议时姜登选突然到来，甚为可疑。有可能衔有不利于郭松龄本人的密令，来乘机接收郭松龄的军权，因为郭松龄早已得有秘密报告说，奉天杨宇霆等开过会密议，认为郭松龄一再不执行袭击北京的严令，违误军事行动，有意令姜登选接收郭松龄的军权，并在军前把郭松龄就地正法。因之一致怀疑。二是，姜如通过，到达奉天，可能泄露反奉消息，破坏两天内拿下奉天的整个计划。三是，我们整个计划倘或遭到阻碍，如果姜登选到了奉天，我们打回奉天时，将是一个有力的对头。”

第三，是武装截留，而不是言语诱骗。以前的文章大多说是言语诱骗，此文却明确地叙述了武装截留的细节。同时阐明，截留的当时，郭松龄没有杀害姜登选的意思。这一点也是十分重要的。作者写道：“怎么办？布置兵力缴姜登选卫队的械，并把他暂行扣留下，事成后再恢复他的自由。当即命令车站驻军执行。车站将兵力布置妥善之后，给洋旗（火车进站信号），让姜登选的专车进站。车一到站停住，所有姜登选的卫队全部被戒备森严的郭松龄军缴械，将姜登选拥下车来。据说当时姜下车后，大喊着说，这是为什么？这是为什么？自动地将要上郭松龄的车面见郭松龄，被卫兵阻止。此时姜停立在车站上不走，非要见郭松龄不可。经看押姜登选的军官传达了姜登选的要求，郭松龄知道后一再咂嘴地说，我怎能见他，我怎能见他。挥手命令把他送到城内栈房扣住算啦！当时根本毫无杀害姜登选之意。”

第四，逼款的过程是全新的叙述。逼迫姜登选交出30万元巨款，这是任何资料都没有提到过的全新说法。作者写道：“彼时天气已冷，所有军队全无冬装。郭松龄临时派出他的军需处长鲁慕庭，使用冯玉祥资助的20万大洋，去到天津赶制御寒军衣，未在军中。代行处长职务的是军需处军需官张振鹭（号衡若）。他因军需处缺钱，一切行动都遇到很大困难，见到扣留了姜登选，认为是个来钱之道。从姜登选的身上可以得到钱。乃面见郭松龄，提出军需处缺钱行军困难，请示办法。郭松龄当时也正为此事发愁。张振鹭乃乘机建议说，目前倒有个想钱的机会。此次奉天派出各省督办，老将（指张作霖）每人给了30万元的接办费，这笔钱谁也用不着，都饱了私囊。今天扣留了姜督办，他的30万元当然也不会动，是否可以从他身上想想办法？令他将钱拿出以利急需，岂不很好？是否可行，请指示一下。沉默了很久，郭松龄说可以。稍停后又说，此事不可强迫，婉言商量，你们俩又是老交情，把话说透，借是人情，不借是本分，不要施加压力。

张振鹭从司令部退出来后，不敢面见姜登选，既怕碰钉子又不好翻脸硬要。实在也没有想到司令把这个事情完全交给了他。他认为此次找姜登选虽然商量借钱，实际是逼要他人私囊，绝不会容易。可是既已接受了任务，就必须达成，方能够交代。更何况处长不在，自己又成心露脸呢？但与姜登选又是老朋友，面面相关，他实在不敢亲身去办，乃派了一个上尉军需去找姜登选索钱。他既没有把司令意图传达给这一上尉，又没有指示他如何办。而又恰遇此人心粗性急，误以为向被监禁的人要钱，不逼不交。当他见到姜登选时不但态度蛮横，而且言语粗野，直似对待俘虏般强行索要。因之立刻与姜口角争执，越吵越凶，但姜登选态度始终是和蔼的，被军需纠缠不过，无可奈何地说，不错，接办费30万元有之，但我没有随身带它，此款放在我天津的军需处，我的军需处长现在天津。你们司令如果用钱，我们双方经天津拍电报，在天津付款过码子。咱俩没有再说的必要，你回去回复你们司令去吧。上尉军需见逼不到现钱，只有回去据实回复了张振鹭。张振鹭没见到钱，大为不满，认为不得要领，责骂上尉军需混蛋，不会办事，更不懂事。他的理由是此款不是公款，怎么能放在天津军需处？姜登选不交钱是存心推诿。严令该军需再次去找姜登选要钱。

上尉受了一场臭骂，只有到姜登选身上发泄，也就对姜登选大发脾气，强行逼勒。姜登选也大怒，反问道：你们司令不是没有私囊呀！老将（指张作霖）借着要钱，在天津军衣庄变相给他的钱，比给我们的多出数倍呀！你们司令出门腰中带很多钱吗？如果带着钱为什么找我借？我已说过，双方出电报过款，怎么能说我是拒绝？你们司令这是存心逼人啊！上尉军需无话可答，说了一句，你拿不出钱来，我无法交差。姜登选马上回说，这好办，我给你们司令写信。立刻坐下给郭松龄写了一封信，提出经过，大表不满与讥笑（此信未曾见到，不知内容）。上尉军需把信交给了张振鹭，张认为事情办糟了。惟恐郭张二人见面，郭松龄知道真相对他自己前途大为不利。乃施出恶毒伎俩，与彭振国合谋拿了信一同去见郭松龄，意图置姜于死地以灭口。

张振鹭挑拨的内容不知详细，可是从郭下令后向霁云述说的言辞中，可见一斑。郭向霁云说：‘姜登选这小子非找死不可。我们此举是为国为民，是清君侧。他竟向衡若（衡若是张振鹭的号）说我们是大逆不道，是叛徒。向他大仁大义地借钱，他说我们是绑票。又说我不敢把他怎样。我已令小邱（彭振国的号）监刑把他毙了。’

就这样，在郭面前大肆进行挑拨之能事，以激其怒。结果郭松龄果然在盛怒之下，下命令枪毙了姜登选。”[1]

这个逼款细节是枪杀姜登选的最新说法，很令人信服。

第五，枪杀的细节是全新的说法。过去总是说枪杀姜登选的地点是在沙滩上，现在看来那是道听途说。作者提出了一个全新的枪杀细节。作者写道：“至于杀害姜登选时在行刑上还费了很大的心机。因为彭振国知道姜登选枪法好，而在缴械时，只有他一人的枪没有缴，并且还是最新式的手枪，惟恐近不得身，或当时被姜登选伤害了，所以他并未现身与姜登选见面。只是预先做了周密的布置，办法是，第一步先完全清除姜登选身旁的随从人员。好在这些人的枪均已缴了械，只是出来一个扣押一个，一直到最后只剩姜登选一人。第二步是门外预伏兵士，等待姜登选走出门来，两旁人一齐上前逮捕。

在随从人员清除后，由一名卫兵把历数姜登选罪状的一封信送交给姜登选。姜登选当时仰卧炕上看信。他是越看越怒，逐渐地成声地念。当念到，丧师在外，作战不力，应该枪决的地方，他是一手持信，目看信笺，斜身而起，并且口中喊着：‘喝！都应该枪决（这个声音是带讥笑愤怒的长声儿）？这么几个钱还盯上了呢！’起得身后，见到屋中无人，喊随从人员又没人回答。下了地，揭起门帘，伸头往外察看，当即被门外伏兵抢上前去，捏住了姜的胳膊。至此，姜登选换不得手，只有狂喊谩骂的份儿，并且说：‘太不给人留面子了。’被拥到大门外，在影壁前对脑袋一枪，姜登选立刻毙命。

此时藏在影壁墙背后的执刑官彭振国，由墙后走过来，验明无误，回复了郭松龄。

姜登选就这样地被枪杀了。”[2]

这个新的版本，使我们了解到郭松龄并不是一开始就想杀掉姜登选的。这里有一个不为人知的过程。而这个过程只有亲临其境或亲密接触的知情人，才能洞悉。本文作者高问樵恰恰是这样的知情人。他提供的事件细节足可以说服人。郭松龄杀掉了姜登选，但在某种程度上是听信了谗言的结果。这和以前的说法有天壤之别。此文提供了关于姜登选之死的一个全新的版本，为郭松龄反奉的研究增添了一份难得的历史资料，有助于廓清姜登选之死的历

---

① 高问樵：《郭松龄枪毙姜登选的详情》，姚东藩等撰，徐彻整理：《郭松龄反奉见闻》，中华书局2008年版，第79页。

② 高问樵：《郭松龄枪毙姜登选的详情》，姚东藩等撰，徐彻整理：《郭松龄反奉见闻》，中华书局2008年版，第82页。

史谜案。

郭松龄为什么非要杀掉姜登选呢？据说有三条原因。

其一，是早年结下的怨恨。民国初年，他们二人都是黑龙江省许兰洲的部下。那时，为了争权夺势，他们就已结下宿怨。

其二，是姜登选的一句话。在第二次直奉战争期间，当奉军攻入九门口内，直扑沙河寨时，遇到直军的顽强抵抗。一三联军司令姜登选和张学良研究，命郭松龄率领八个团的兵力，加入攻打沙河寨的战斗。郭松龄率队到达指定地点后，提出要用自己的部队替换姜登选的部队，遭到姜登选的反对。郭松龄就愤然率队掉头而去。张学良闻讯，骑马追逐二三十里地，才将郭松龄劝住，两人还抱头痛哭。郭松龄此举几乎演成全线崩溃。当时，姜登选用唱京戏的腔调戏说道："茂宸这样违抗军令，应该军法从事。"但此话传到郭松龄那里，就完全变味儿了。由此，郭松龄怀恨在心。

其三，是姜登选抢了他的地盘。本来郭松龄早就看好了安徽这个地盘，而且事先做了充分的进驻准备。并把他的参谋长彭振国派到安徽督署任参谋长，似乎一切已经安排妥当。不料，发表的却是姜登选任安徽督办。姜登选一上任，就把彭振国撤掉，换上他的亲信戢翼翘。这也让郭松龄不满。

当然，这里最根本地是牵扯到士官派和陆大派两派之争。为此，当姜登选落到郭松龄手中时，也就保不住命了。这是姜登选没有想到的，也是很多与姜登选关系不错的人所想不到的。

郭松龄在临死前曾谈到为什么要杀掉姜登选。他说："姜登选得了安徽督军，被人家赶了回来，仍想坚固他的席位，回东北去见老张，研究新的部署。他们这些行动，正是我平日所痛恨的行为。在我今天发动把东北军撤回东北，来建设东北的时候，他还想去当安徽督军，因之我在滦州扣留了他并把他毙了。"这个自述，表明杀掉姜登选主要是不能使他再去当安徽督办了。

无论如何，枪杀姜登选，是郭松龄的一步错棋。

姜登选，字超六，河北冀县人，1881 年生。早年留学日本。曾参加同盟会。1907 年，入日本陆军士官学校学习，1908 年毕业。1912 年，任保定陆军军官学校教官。1913 年，任黑龙江护军使署参谋长。1924 年，任镇威军第一军军长。1925 年，任安徽督办，后加陆军上将衔。

姜登选为人"沉着有谋，向寡言笑"，是"一位和平性格之人"。奉系著名将领韩麟春也是日本士官学校毕业，他"为人高傲"，但"独心折姜公"。郭松龄也承认，"惟姜稍和平，尚可共事"。这说明姜登选在奉军中是很有人缘的。就是这样一个陆军上将，跟郭松龄有些私怨，不经审判，就被擅自枪杀了。这给人以挟嫌报复、草菅人命的印象。这种做法，大失人心。这使郭军内部人人自危，感到不知何时灾难也会降临在自己头上。同时，对争取其他奉军将领也极为不利。

刚起兵时，郭松龄心高气盛，以为只靠他的东北国民军就可以打败张作霖的东北军，不需要东北军中其他人的帮助。当时，有些与张作霖平时存在嫌隙的东北军高级将领，曾向郭松龄传递过欲要合作的信息，但都被郭松龄婉拒了。

当时，阚朝玺、汤玉麟、于琛澂等人曾派代表来见郭松龄，希望合作，但索要黑龙江或吉林地盘。在锦州时，阚朝玺派他的参谋长邱天培前来商洽合作。阚朝玺当时以热河都统而兼东北军第五方面军第十二军军长，指挥着热河省部队约三个师，配备在热河省承德、滦平、隆化各县长城线上。位置重要，装备整齐。最重要的是他是张作相率领的第五方面军的一支主力。他的向背，对于这场战局具有举足轻重的关键作用。汤玉麟拥有骑兵一个师，感到张作霖待他不公，想暗投明主。于琛澂隶属张作相的第十一军，领有骑兵一个师。因为他不是张作相的嫡系，也欲另攀高枝。如果于琛澂反叛张作相，对第五方面军的打击也是致命的。因为他当时恰好驻军北戴河，这是郭军出关必经之地。其实，张作相为军团长的第五方面军，下辖只有第十一军和第十二军两个军。如果属于第十一军的于琛澂骑兵师倒戈，阚朝玺的第十二军也倒戈。那么，东北大地姓张姓郭就很难说了。

此时，在郭军任第五军军长的魏益三是郭松龄的亲信。在郭松龄给阚朝玺等三人分别写完回电，让总部参谋长邹作华发报时，恰巧被魏益三碰到。邹作华便把电报给魏看了。原来，郭松龄回电仅发表阚朝玺为总参议，汤玉麟和于琛澂为参议，对于索要地盘一事则置之不理。

对此，魏益三认为不妥。他认为这件事关系大局，这个回电太不妥当，立即劝说郭松龄修改，郭松龄不听。军长刘振东和旅长高纪毅两人与郭松龄关系较深，他们也为此事劝说郭松龄，郭松龄仍然不听。不仅如此，郭松龄还命令霁云的第四军扫荡奉热边界，对象当然为阚、汤等部属。阚、汤、于等见投郭无望，转而投奉。

张作霖却对阚等既往不咎，并应允加官晋禄。两相比较，反差太大。阚朝玺、汤玉麟等在西线对郭军造成很大威胁，而且，郭松龄军没有骑兵部队。

因为在起事之初，骑兵部队都纷纷回到了奉天，没有跟郭松龄一起造反。没有骑兵的穿插迂回，也是导致郭松龄失败的重要原因之一。魏益三后来评道："郭松龄为人刚愎自用，一切操之过急，以致坏了大事。"[①]

阚朝玺意欲投靠郭松龄，还有另外一个版本。这是新发现的回忆文章记载的。这篇回忆文章难能可贵地谈到了阚朝玺投靠郭松龄的具体细节。此文是时任郭军第四军军法处长的高问樵于1963年撰写的，题目是《阚朝玺投郭（松龄）被拒的真相》。全文如下：

郭松龄属下东北国民军第四军——即霁云军，原任务是后防总司令驻军山海关。连山（锦西）攻下后，接到命令，开赴前线加入追击。当第四军到达锦州的时候，总司令部已经先期到锦。军长霁云到郭松龄司令部军车上去见郭松龄，在车上遇到热河都统阚朝玺的参谋长兼师长邱天培。霁、邱二人早在东北讲武堂时同任第一期教官，彼此相处尚好。此时邱天培遇到霁云，欢喜已极，真是如获至宝，简单话旧后，邱天培急不可待地说"老霁帮帮忙吧，我是奉阚都统之命来见茂辰（郭松龄、霁云、邱天培三人曾同在东北讲武堂第一期当过教官，茂辰是郭松龄的号，老友相见，彼此喊号。笔者按：应为茂宸），接洽阚都统投靠、彼此合作的事情。我来到锦州已二日，郭司令一直不说可否。把我塑在这了，你快帮个忙吧！与茂辰（茂宸）说一说，我好回去，现在阚都统已被冯玉祥的国民军军长宋哲元部队逐出热河，现在屯兵义州（义县）。他的意志很坚决，条件又不大，甘愿作为前部先锋队攻击奉天，事成之后，把黑龙江或吉林给他个地盘就妥，此事双方有利，你快给说一说吧！他（指阚朝玺）之所以派我来洽谈，是因为我们交情密切。"

霁云对此事因公因私，都是义不容辞的事情。与邱分手后立刻急步到郭松龄的军车上，向郭松龄陈说此事。郭当时还是没说可否，只下令召开各军首脑军事会议。未几，与会人员到齐，郭松龄宣布开会。讨论事情是两个：一个是阚朝玺来投的事项；另一个是山东省督军张宗昌来电报，表示与郭合作，要求郭松龄派飞机前往山东

---

① 魏益三：《郭松龄反奉亲历记》，《文史资料选辑》，第35辑，文史资料出版社1980年版，第124页。

援助的事项（当时郭军有飞机，空军航空队长是郭松龄的至亲赵绍宗）。

会议情况是，所有与会将领一致同意容纳阚朝玺来投，只郭松龄反对，结果全部拒绝了大家的决议。当时郭松龄严厉地对各将领说：“非我族类，其心必异。现在势穷来投，应许了安置他，将来还要解决他。让人民受几回涂炭？做事必须彻底。”就这样，坚决拒不接纳阚朝玺来投。专横独裁地作了决定，不应许阚要求的条件。对于张宗昌的来电则置之不理。随即拿起一大张毛边纸，写了一道字迹有鸡蛋大的命令，其内容主要的是：

一、阚朝玺开去热河都统，聘为本军高等顾问，将军队交出。

二、穆春、万福麟各归原防。

三、吴俊升、汤玉麟……听候查办。

这一临时性的军事会议，就这样独断专横地作了决定。与会人员一致认为树敌太多，于军不利，不纳来投，是给敌人增加了力量。结果是不欢而散。

邱天培见到命令如释重负，立即返回义州复命去了。

会后郭松龄下令第四军驰往义州，解决阚朝玺及汤玉麟部队。并肃清左翼之敌，以备主力部队沿铁路进军。第四军到达义州时，阚军主力和汤玉麟骑兵旅，已先期东逸。阚朝玺军逃往洮南一带去了。只邱天培率其少数军队未动，当即被郭军缴了械。

第四军执行命令继续沿北边一带，向北镇黑山新民一带追击。

锦州市　高问樵撰写

1963 年 12 月 29 日①

郭松龄反奉举事后，阚朝玺军之一部驻扎在义县。阚军的大部还在热河。此时，阚朝玺曾一度表现动摇，想要投靠郭松龄，并派出参谋长邱天培到锦州找郭松龄联系。联系的过程即如上文所述。

这篇记载有三点值得注意：一是这件大事郭松龄是开会研究过的。与会

① 高问樵：《阚朝玺投郭（松龄）被拒的真相》，姚东藩等撰，徐彻整理：《郭松龄反奉见闻》，中华书局 2008 年版，第 92 页。

者一致同意答应阚朝玺的要求，容纳阚朝玺来投；二是只有一个人反对阚朝玺来投，就是独断专行的郭松龄。他的理由是“应许了安置他，将来还要解决他”；三是当时郭松龄曾经书写了一道手令。

这篇新发现的回忆资料填补了阚朝玺投靠郭松龄被拒的具体过程，很宝贵。

当时，郭松龄手握重兵，掌握别人的生死大权。他以反对张作霖军阀的名义举兵起事，开始拥护者众。但即使是当时，也有很多人没有随声附和，而是心怀异志。有人对邹作华表示怀疑，邹作华为了不吃眼前亏，当即表示积极反奉，服从郭松龄的指挥。郭松龄没有处理邹作华，只换掉了炮兵旅长职，仍然任命他为总部参谋长。但是，邹作华在战争进行中，同张作霖暗通款曲，甚至对奉军发炮用的是不爆炸的炮弹，给郭松龄帮了倒忙。

此外，郭松龄委派张作相之子张廷枢为第九十团团长，原想让张廷枢持函找他父亲张作相进行劝说，希望张作相合作。与此同时，郭松龄又令齐恩铭副军长之子齐家桢劝其父一起反奉。不料，这两人首先跑到山海关报告张作相，说郭松龄反了。

同时，奉天空军在事变发生时，立即全部飞回奉天。他们不想参与郭松龄的反奉行动。奉天空军司令是张学良，郭松龄改委第三军团的参谋处长彭振国担任。现在只是个光杆司令了。

种种迹象表明，郭松龄反奉之举是凶多吉少的。但郭松龄认识不到这一点，他尤其低估了张氏父子在奉军中的地位和影响。

五、晴霹雳大帅冷静

关于得到郭松龄反奉的消息后，张作霖第一时间的反应，史学界现在有两个版本。

第一，原来的版本。这就是钱公来在其《辽海小记》里的记载。因为当时在张作霖身边的人，诸如总参议王树常、参谋长于国翰、参谋处长陈钦若、科长胡颐令等，除姚东藩外，都没有回忆文章。而姚东藩的这篇第一手回忆资料，不知何故又没有发表。所以，张作霖传记的撰写者大多使用了钱公来的《辽海小记》里的记载：“（张作霖）整天躺在小火炕上抽大烟，他抽一会儿烟，又起来在屋内来回走，口口声声骂小六子；自悔误信鬼子、六子（鬼子，郭绰号；六子，学良小名）。”此外，再也没有其他任何资料了。

但是，钱公来的记载并不可信。钱公来，字希古。1905年，加入中国同盟会。1912年，任同盟会奉天支部文事部部长。1925年冬，参与了郭松龄反奉，任国民革命军东北军第一师师长。讨奉失败后，于1927年被捕入狱。东北易帜后被释放。当时钱公来反奉是在张作霖的对立面的郭军中，对张作霖的情况不会了解。他的记载就只能是捕风捉影，或道听途说，或闭门杜撰，极不可信。

第二，现在的版本。新发现的郭松龄反奉史料《郭松龄反奉见闻》的第一篇姚东藩著《郭松龄反对奉张东军见闻纪略》，就披露了张作霖在听到郭松龄反奉后第一时间的具体反应。

姚东藩（1896—1980.10），字震黎。辽宁沈阳人。1919年，毕业于保定陆军军事学校第六期。1920年后，任黑龙江省军官养成所军事连上尉连长，省军务督办公署参谋处上校科长，东北陆军第六旅八十团上校团长，东北军第十一军少将参谋长，第五十旅少将旅长，东北讲武堂教导队深造班少将总队长，东北军步兵第十五旅少将旅长，一一一师中将师长。1934年，在豫鄂皖与红军作战中失利被撤职。中华人民共和国成立后，先在街道工作。1956年，参加民革，当选为天津市河西区政协委员，后任辽宁省人民委员会参事，为辽宁省民革候补委员、副秘书长。①

姚东藩记道："1925年10月初，我由黑龙江省督办公署调升到奉天（现在的沈阳）镇威上将军公署参谋处任上校科长，临时派在该署总参议办公厅服务。1925年11月间滦州会议后，当郭松龄攻下连山进占锦州，张学良军团长率领新编步兵第十二旅、步兵第十九旅开抵新民，占领巨流河左岸阵地，军团司令部设在兴隆店东站。这时我被张军团长调来军团司令部参谋处任上校作战科长，参与巨流河作战。"②

可见，姚东藩当时先任奉天镇威上将军公署参谋处上校科长，后任张学良第三方面军团司令部参谋处上校作战科长。参与密事，了解内情。因此，姚东藩得天独厚地既亲见亲历张作霖得到郭松龄反奉消息时的表现，也亲历亲为张学良第三方面军团的组建与东军拒郭的整个过程。姚东藩的回忆资料就显得弥足珍贵。

---

① 王鸿宾等：《东北人物大辞典》，第2卷上，辽宁古籍出版社1996年版，第1329页。

② 姚东藩：《郭松龄反对奉张东军见闻纪略》，姚东藩等撰，徐彻整理：《郭松龄反奉见闻》，中华书局2008年版，第1页。

姚东藩的记载，细节具体，脉络清晰。我们尽可能地引述原文，以昭信实。文曰：

镇威上将军公署（以下简称公署）、总参议公厅（以下简称公厅），设在沈阳城内张作霖帅府的第三进院里，其东上房四间为客厅，西上房四间为历任总参议张作相、杨宇霆、王树常等的办公室。眉批：一个上房分为东西。

1925年11月22日，上午9时许，总参议王树常、参谋长于国翰、参谋处长陈钦若、科长胡颐令、姚东藩等先后上班。室内只听“嘀嗒”……的钟响和翻阅文件的纸张声，电话铃响打破寂静的空气。于参谋长从容地拿着耳机，边听边注视面前的文件向王总参议说，绥中车站工长报告：“开往北京大快车过站，要山海关站的路签，所有线路都叫不通，由前所车站派人向万家屯车站查线，已有两个钟头，未见回报，问公署得着什么情况没有？”王说，命他让前所车站再派妥员检查，一面问问山海关驻军王之佑（镇威军第五方面军团司令部的参谋处长）。当陈钦若拟妥给王之佑电稿，送交于国翰核阅时，电话铃声再响，引起大家注意。于参谋长接听时现出惊异神情。电话内容是：“绥中车站站长报告‘由万家屯车站逃来的职员称，今早从山海关开到兵车一列，兵力不到一个团，官兵下车后，封锁车站，砍断电缆，禁止行人，并在车站附近对东西两面占领阵地，有严阵待敌模样’。”我看到王、于、陈、胡诸人，都在作个人的思考与判断。终于，王树常决定把这情况令王之佑查复。

此时，张作霖着灰色绸袍，神情泰然地走进公厅，问：“什么事？”于国翰即将所得情况和拟定办法向张报告。张不假思索地对站在门外的副官郑奎武说：“请辅帅就来。”（吉林省军务督办张作相，别号辅忱，人们均以“辅帅”称之，他兼任镇威军第五方面军团军团长，其司令部设在山海关，张本人现在沈阳）后来郑奎武拿一支长不满尺的旱烟袋，装好烟递给张作霖，张吸着烟说：“他（指张作相）太厚道。”王树常谨慎地对张说，等王之佑复电就明白了。

张若有所思地把烟袋丢在桌上走出，叫我跟他到悬挂地图的东厢房去（地图室由专任参谋管理，逐日标志奉、吉、黑三省以及山东、直隶［今河北省］、热河［今河北省东北部、辽宁省西部及内蒙古自治区一部]、江苏、安徽各省所有驻军的位置)。张注视万家屯车站，用手指量算与山海关的距离，“不到二十里”，自言自语地说。并指出某部队位置已有移动，告诉移动标签。张回到公厅不久，张作相进来，身穿米色西装，没扎领带，着便鞋，显然来得仓促，不减其雍容厚重姿态。张作霖说：“你的部队有事。”于参谋长不等张作霖继续向下说，接着即将所得情况和拟定办法向张作相介绍，张作相未表示意见，仅说：“给王之佑电报就发吧。”随张作霖走向客厅去了。

后来听说，郭松龄在滦州会议时，为顾全张作相的关系，令高维岳师刘维勇旅的第九十一团团长张廷枢（张作相次子）离职。当张作霖请张作相来帅府时，正值张廷枢电话向乃父陈述滦州会议情形，张作相已先得着郭松龄反奉的消息。

张作霖、张作相离开公厅后，参谋处长陈钦若用铅笔竖起放倒(示倒戈之意)，对我作哑谜手势。我问怎回事，陈又写出“郭”字，遂用铅笔抹字迹。我追问为什么？陈又写出“七个电报问题”。王树常令我从这天起在公厅值宿。我将陈钦若的哑谜手势和七个电报问题向王说明，王说：“情形很复杂，确是严重的。”当晚9时，秘书处送来胡若愚从天津发来不到百字的亲译急电。王树常面红耳赤，急急忙忙地拿着胡电，面报张作霖。约30分钟左右，张、王同来公厅，张作霖迫不及待地说：“找芳长。”（芳长，韩麟春别号。韩这时丁父忧，居丧沈阳大北关铁岭道）

陆续到公厅的除张作霖为首外，有张作相、杨宇霆（由江苏逃回，张作霖委杨为公署总参谋长，职权在总参议之上）、王树常、于国翰、陈兴亚、于珍、郑谦，还有一向不到公厅的代理奉天省长王永江等人。大家看过胡若愚电报，都默默不语。韩麟春来到公厅，张作霖手指桌上电报示意韩阅，韩坐下先用右手举阅，继而放在桌上注视，最后俯首在双手背上，入于沉思苦痛状态。张作霖向韩说：“说话呀！”韩站起来挪到里边桌坐下，张又说：“怎不说话呢？”韩仍不语，起身走出，张也随之离去。其余诸人都充满焦虑不安的神色离开公厅，看情形都到张的内宅去了。

约11时许，张学良军团长来到公厅，站在电灯下双手持阅胡电。面色苍白，两肩发抖，双手颤动，其内心紧张，已失常态。王树常在旁边说："辅帅、芳长都来过啦，辅帅就去山海关。"尔后，秘书处又送来山海关王之佑发来亲译急电三份（公署收到电报的处理：一般电报，由电务处译后送秘书处，条呈张作霖阅，阅后盖上寸楷红色戳"帅阅"二字；亲译电报，送总参议公厅译，再呈张阅）。张学良看过王之佑三份电报后，知郭松龄已有军事行动，便说我也要走（上前方去）。接着张学良、王树常、于国翰三人进行密议，直到翌日 3 时许。侍者通知夜餐，三人无心茶饭，离开公厅。这一天接到胡、王四份电报后，揭开了郭松龄反奉的初步情况。①

姚东藩的记载，真实可靠，令人信服。姚东藩当时正好在张作霖身边，任奉天镇威上将军公署参谋处上校科长。张作霖的表现和反应，姚东藩看得一清二楚。从姚东藩的记载可以看出，张作霖反应迅速，沉着冷静，并不慌乱，也无暴躁。

从姚东藩的回忆资料可以看出，张作霖根据具体情况，采取了一系列正确步骤：第一步，传见张作相；第二步，传见韩麟春；第三步，召集高层会议；第四步，电报有关情况；第五步，急调各军来奉。这些应急措施是及时的，也是得当的。

相反，张学良表现异常。25 岁的张学良读到电报时，"面色苍白，两肩发抖，双手颤动，其内心紧张，已失常态"。但很快，张学良镇静下来，表示要尽快到前方去。

张作霖毕竟老于世故，他认真地研究了郭松龄的三个通电。他看到这三个通电内容大同小异。而第二个通电和第三个通电，其实是一样的，都是要求罢免杨宇霆。张作霖便乖巧而痛快地答应了郭松龄的要求，立将杨宇霆免职，这样似乎郭松龄失去了继续进兵的理由了。这三个通电并没有公开地指斥张作霖，只是暗含对张作霖的指控。张作霖心里明白，郭松龄是把矛头对准自己的，"清君侧"只是烟雾弹而已。既然没有明确点名让他下野，姑且装一回糊涂。事情似乎还有转圜的余地。

张作霖将计就计，把张学良大骂一通，命令他速到前线去，与郭松龄联系，劝他息兵。张作霖幻想运用和平的手段，解决这个棘手的难题。

---

① 姚东藩：《郭松龄反对奉张东军见闻纪略》，姚东藩等撰，徐彻整理：《郭松龄反奉见闻》，中华书局 2008 年版，第 2 页。

11月24日夜，张学良率秘书朱光沐、参谋姜化南和日本顾问仪峨诚也少佐等，由奉天乘火车前往会郭，行至锦西的连山，交通受阻，改由海路前往。25日，张学良由葫芦岛乘镇海军舰前往秦皇岛，26日到达。张学良想亲自见到郭松龄。他派日本顾问仪峨诚也少佐，同在滦州给郭松龄治病的日本医生守田福松通电话联系，表明此意，但被郭松龄婉拒。第一次会面的希望落空。

27日，张学良又请托想回奉天的守田医生再次面见郭松龄，并捎去一封用铅笔草写的短信。守田返回郭松龄的驻地，把此信面交郭松龄，并劝郭松龄"不可起事"。28日早晨，经过一夜的思考，郭松龄对守田说道："此次举兵是经过深思熟虑的，现在绝不能中止。但我已经42岁了，这样的病躯，也许活不多久了。张上将军若能悔悟前非而下野的话，请张学良君到日本去留学三四年。在此期间，自己的经纶抱负实现一部分之后，愿将地位让给学良君，自己下野，度过闲云野鹤的安静余生。这不是假意，而是真情。为此，可以请吉田总领事、白川司令官做保证人。希望能将我的意向转达上将军。"① 郭松龄提出休战五天，等待张作霖的回音。守田离开郭军驻地后，在秦皇岛向张学良报告了郭松龄的意向，然后他自己回到奉天。

在此期间，郭松龄在滦州和昌黎，给张学良先后写了两封信，表示对张学良衷心拥戴。张学良也亲自手书一封交给郭松龄。其文曰："承兄厚意，拥良上台，隆谊足感。惟良对于朋友之义，尚不能背，安肯见利忘义，背叛予父。故兄之所谓统驭三省、经营东北者，我兄自为犹可耳。良虽万死，不敢承命，致成千秋忤逆之名。"

郭松龄又复一长信，表明心迹，也表示决心反奉，不能停止。

张学良在得到守田的报告后，知道和平解决已经毫无希望。从和郭松龄的通信中，也了解到郭松龄反奉的行动不可逆转。不得已，他就于28日乘军舰回到大连，29日与杨宇霆一道返回奉天了。张作霖于30日正式发布讨伐令，命令奉军在辽西阻击郭军。

12月5日，郭军攻占连山。此时，张作霖认为自己无力抵抗郭军的凌厉攻势，"决定照郭松龄之要求而下野"。5日夜，召开军政要员会议，当众表示："大势已去，决计下野。"6日，代省长王永江亲自跑到日本总领事馆，向吉田茂总领事请求日本出兵维持省城治安，说只依靠1000余名中国警察，

---

① ［日］林正和：《守田福松"三谏"郭松龄》，《沈阳文史资料》，第9辑，内部发行1985年版，第157页。

不敷分配。第二天，日本派守备队入城站岗，奉天各大机关和省城八门八关，都由日本军队把守。日本警察换上便衣驻在日本商店里。

12 月 7 日，郭军攻占锦州。郭松龄的部队几乎没有遇到像样的抵抗，就迅速攻到新民县的巨流河畔，离沈阳近在咫尺。张作霖已经把他的专用汽车整天停在大帅府的二门以内，准备随时登车逃跑，目的地是大连，企图寻求日本人保护。

此时，张作霖没有忘记把自己的财物送到日本租界。他派军用大车数十辆，满载着财物运送着。这些大车都用防水帆布遮盖着，上面坐着一个持枪的大兵押运。它们都驶向日本站满铁地方事务所去。一天往返 10 多次，一直到晚间才运完。

这说明张作霖对咄咄逼人的郭松龄已经毫无办法了。因为郭松龄统率的第三军团几乎是奉军的全部精锐部队，下辖三个军，约有 6 万人。而张作霖几乎无兵可派。张作相的吉林军一时阻挡不住郭松龄军队的攻击。黑龙江吴俊升的部队远水解不了近渴。张作霖几乎陷于绝境。

当时，沈阳已经无兵可派，只有王瑞华一个补充旅驻北大营。张作霖还怀疑王瑞华与郭松龄勾结，但事机紧迫，就硬着头皮把王瑞华等尉官以上的 110 多人调到大帅府，进行训话。

当时机枪高架，戒备森严。早 8 时左右，张作霖站在大厅前的台阶上，满脸杀气。他怒目注视着瑟缩的人群："我找你们来，我不说你们也知道，郭鬼子反了！"他环视一下，接着又说："怎么，你们就这些人吗？我命令你们连事务搂子（司务长、准尉）都给我带来！"

这时王瑞华赶忙喊道："敬礼。"他恭敬地向前一步，举手敬礼后说道："报告大帅，教导队军官学员大部分都调走了，剩下的人都来了。"张作霖怒犹未息："你们他妈拉巴子的为啥没走，想他妈的里勾外连吗？"王瑞华又敬个礼说："不敢！不敢！"张作霖虎着脸说："把枪炮交给你们就敢了。我马上发给你们武器，让你们和郭鬼子里应外合，咱们干一场子，我张作霖要离开帅府一步，我就是丫头养的！我知道你们都和郭鬼子勾通一气，你们回去告诉郭鬼子，让他进来，我等着他。我姓张的和他比试比试，把刀子插在胸口上，我要眨巴眼儿，就不是人留的。"

张作霖接着为自己辩解道："都说我张作霖当过胡子，我他妈的拿过谁一个笤帚疙瘩了？那时候我就是不服天朝管。后来日俄打仗，洋鬼子打算利用我们。我们为了得武器，有时也被他们利用。那时我是得抢就抢，得骗就骗，都是为了武装自己。后来感到不和官家合作，成不了大事，我跟从了大清，是为了要他们做我的后盾。我进沈阳后，有人说老一套办法不行了，这才成立了讲武堂。我让小六子（张学良）出去和大家一同保卫地面。后来郭鬼子到讲武堂当教官，又他妈的当了军长。我哪一点对不起他呢？他以为自己有功，没得着地盘。我他妈的得像陪送姑娘似的，一个一个来呀！将来还没有他当督军的地方吗？哪曾想他人面兽心，干出来这样丧尽天良的勾当！好！这回我把沈阳让给他，看他能待多久。王瑞华，让你们这帮人和他里应外合，看你们能干多久！”

王瑞华又敬了个礼：“报告大帅，郭鬼子的亲信早就调走了。我们都是大帅、少帅的人。我们有天良血性，请把我们装备起来，去和没有人心的叛徒决一死战。”

张作霖这时才松了脸问：“你们都能这样？”

大家齐声答道：“能够！”

张作霖高兴地说：“我知道你们都不是郭鬼子的亲信。王瑞华，我任命你为混成旅长，晋级少将。这些人都晋升一级。咱们有的是武器，新服装，银元大洋，马上给我招兵，越多越好，星夜操练，开上前线！好，都带回去吧！”

王瑞华又一次敬礼说：“谢谢大帅委任！”张作霖刚一转身，王瑞华抢前一步大声说：“还有两个团长（指王以哲、刘多荃）谢大帅委任，报效大帅！”张作霖摆手说道：“不！不！报效国家！报效国家！”①

从以上情况不难看出，张作霖当时有多么紧张。他确实无兵可派了。但同时也可以看出，张作霖很会为自己的行为辩解。他紧紧抓住“义气”两个字，大做文章。反复说明他是很讲义气的，而郭松龄则对不起他，是“人面兽心”，是很不讲义气的。而当时军官们的思想状况也是很重义气的，很容易接受他的宣传。张作霖的战前动员就起了作用。

新发现的史料中，关于任命王瑞华为旅长一事，姚东藩有详细记载，文曰：

这天（按：11月25日），由第三方面军团副军团长于珍（滦州

① 王翔麟：《郭军反奉时的张作霖轶事》，《沈阳文史资料》，第3辑，内部发行1982年版，第152页。

会议前不久张作霖委派的，郭松龄很不满这样的顶头上司），率领在沈阳城的卫队高金山部、各补充团（张作霖为补充杨宇霆在江苏损失两个师的兵力，招募八个补充团。此时新兵入营的已有四个团，归朱继先负责训练）和北大营军士教导队等部队的军官，齐集张作霖的帅府听候讲话。

张讲话毕，从队列中提出卫队的中校团附徐良、补充团团长郝玉铭，有响应郭逆嫌疑，当场扣押。又密令俞恩桂对郭松龄、李景林家属和郭军带兵的高级军官在沈阳城居住的家属，进行监视。这时有两种人感到自危：一种是属于郭松龄清君侧电所清的对象和与这些对象有关联的人；另一种是素与郭有关系，怕扣上通郭罪名。前者以杨宇霆为首及亲杨派；后者以王瑞华最担心，他是军士教导队上校队附（队长张学良），为当时省城一支具有实力的三营兵力。且传言王有受郭委为旅长之说。

此外，王永江也很注意郭变的发展，每日与王树常在电话上取得联系。

……

午后张作霖的态度有了转变。召王瑞华进帅府，王先和我说："够呛。"我说："真有问题，不会让你到公厅来。"王进来后，张作霖目不看他问："你叫王瑞华？"王答："是。"张问："跟我几年啦？"王答："侍候大帅四年了。""你有多少人？"王答："三个营，都是军士。"张作霖才眼看王瑞华说："我委你为旅长（步兵第四旅，后改步兵第二十七旅）。"王出乎意外地连鞠三躬说："谢大帅栽培，瑞华年轻担此重任，时虞陨越，惟有竭尽忠诚，图报万一。"张高兴地说："编三个团，营长升团长，小武友由你派，用什么和王总参议要。"这时王树常和于珍小声说："给个团长就行啦。"张作霖接着说："你懂得什么？"张又叫俞恩桂说："告诉那些官们的家属，好好过日子，罪犯是郭逆一人。他们家的人是我的部下，缺柴少米的，给他们送去。"这些家属从提心吊胆得着安定，都派专人向亲人报平安去了。①

---

① 姚东藩：《郭松龄反对奉张东军见闻纪略》，姚东藩等撰，徐彻整理：《郭松龄反奉见闻》，中华书局2008年版，第9页。

由于张作霖及时地改正了自己的过激做法，收到了意外的好效果。

六、拒要求日本干涉

当时，郭军和奉军在新民县的巨流河形成了对峙局面，双方都投入了决战的兵力。

在郭松龄起事的初期，日本为了他们在东北的既得利益不受损害，日本关东军司令长官白川义则于11月26日曾派参谋浦澄江中佐，在荒木大尉、仪峨诚也顾问的陪同下，会见了郭松龄。郭松龄一见面，就用冷淡的口气问："有何贵干?"在会上，浦参谋用威吓的口气极力逼迫郭松龄改变主意，不要举兵反奉，遭到郭松龄的断然拒绝。他们的会谈进行了四个半小时，结果不欢而散。会议结束前，"浦参谋提出，在郭发动军事行动之际，日本方面将发出各种警告，望郭不要违犯"。郭松龄没有屈服，强硬地说："从今以后，自恃武力万能是不行的。"① 这说明日本对郭松龄反奉，开始是持反对态度的。

但由于郭松龄反奉的态度坚决，日本不知将来鹿死谁手，所以采取了表面的中间立场。

日本币原外相表示："就目前之时局而言，帝国政府历来所持之绝对不干涉主义，并无任何变更。"日本人是以本国的利益为根本来决定他们的行止的。谁对它有利，它就支持谁。

12月1日，郭松龄曾对日本公使芳泽谦吉发表了一个声明。内称："凡中日两国现状，除尊重条约上之权利外，他如贵国私人与三省当局之经济契约，或与敝国人民合办实业等项之合法事业，均承认照前继续有效。致贵国人士受三省政府及机关顾聘者，亦必继续任用。"这就是说，承认东三省过去和日本签订的条约。

但声明接着继续写道："惟自本军举义起，至回抵奉天止，三省政府或张氏个人，与外人所缔结之条约及契约，一律认为无效。再者，此次义军回防途上，倘或有抗拒义师者，势不得不讨伐。惟是纯属敝国内政问题，深望贵国严守中立，不得借款供军械给对方以及一切便利军事之行动，致伤两国亲

① [日]林正和：《守田福松"三谏"郭松龄》，《沈阳文史资料》，第9辑，内部发行1985年版，第155页。

善关系。”① 这里明确无误地表明，一是不承认以后所签订的任何不平等条约；二是警告日本不要干涉中国内政。郭松龄的这个声明，无疑对日本帝国主义是当头一棒。日本人认识到，郭松龄是不能当他们的傀儡的。

随着战事的进展，12 月 7 日，郭军占领锦州后，日本看到郭军会很快攻进沈阳。于是，日本对郭松龄采取了进一步拉拢的策略。日本提出支持郭松龄，强迫张作霖下野，但前提是必须承认以前张作霖和日本签订的卖国密约。这个无理要求被郭松龄断然拒绝。日本人看到在郭松龄身上捞不到任何油水，就转而拉拢张作霖，企图在张作霖身上攫取更大的权益。

日本人在张作霖身上打起了主意。据当时任东三省交涉总署处长的罗靖寰回忆，1925 年郭松龄反奉部队攻抵新民时，张作霖曾同关东军参谋长斋藤签订了一个卖国的密约。

那时，郭军攻抵新民，沈阳震动。张作霖准备逃往旅顺。此时，有一天，关东军司令官白川义则，派其参谋长斋藤偕同三浦中佐到达沈阳。通过张作霖的顾问町野武马，规定时间，约请张作霖在沈阳满铁附属地沈阳旅馆见面。届时，张作霖偕同町野武马前往该馆与斋藤及三浦会谈，田中翻译。

斋藤对张作霖说：“现在郭军先锋部队已过锦城，在攻占新民之前，阁下如有需要关东军帮忙的地方，即请不客气地提出来，我们情愿协助一切。”张作霖答道：“目前省城空虚，虽已电告吉、黑二省军队前来援助，但恐远水不解近渴！如果郭军进逼省城，我想去旅顺暂避，希望关东军予以方便。”斋藤说：“阁下想去旅顺暂住，我们非常欢迎，届时，定当准备一切，保护阁下的安全，请放心吧！不过，我看不要紧，即使郭军进抵新民，关东军若通知他们，根据条约规定：中国军队不得在南满铁路附近作战，到必要时，关东军还可出兵阻击，他们是无法进入省城的。阁下若能同意这种办法，即请考虑关东军的几项要求，假如阁下认为可行的话，即请在书面上签字。”斋藤说完这番话，便将事先已用打字机打好的五项要求，让田中念给张作霖听。这五项要求是：

（1）日本臣民在东三省和东部内蒙古，均享有商租权，即与当地居民一样有居住和经营工商业的权利；

（2）间岛地区行政权的移让；

① 《郭松龄对日本公使之声明》，《辽宁文史资料》，第 16 辑，辽宁人民出版社 1986 年版，第 180 页。

（3）吉敦铁路的延长，并与图们以东的朝鲜铁路接轨和联运；

（4）洮昌道所属各县均准许日本开设领事馆；

（5）以上四项的详细实施办法，另由日中外交机关共同协商决定。

张作霖听完这五项后，即不假思索地说："行，行。"[①] 随即在日方准备好的草约上签了字。

关于签订这个密约，知情者奉天公立医院院长阮振铎有一段回忆。他说，郭松龄占领锦州后，曾派遣殷汝耕为代表，去旅顺和日本关东军交涉关于郭军通过南满铁路线的问题，又和满铁会社交涉关于由营口到奉天使用满铁火车运兵问题。这说明郭松龄考虑到了日本的干涉问题。张作霖的日本军事顾问把这个消息报告给了张作霖。张作霖听到这个消息，精神为之一振。他突然意识到争取日本支持的重要性。他要打日本这张牌。他没有和任何人商量，由他的日本顾问牵线，就同日本顾问一起到日本满铁事务所的楼上，和日方密谈。此时，张作霖是救命要紧，置国家民族利益于不顾，满口答应日本人的侵略要求。最后，和旅顺日本关东军司令官派来的代表日本军官签订了一个密约。密约的内容，主要是承认日本人在满洲享有土地商借权和杂居权；在东边道、洮昌道等重要城镇，设置日本领事馆等。交换条件是，日本关东军答应对郭松龄发出警告，警告郭军不得进入满铁沿线 20 里内，也不得在此一地区内落下一枚炮弹。并在必要时，日本关东军可出兵保护张作霖和担当维持奉天省城的治安。此外，日方还答应满铁火车不载运郭军部队，并在满铁附属地内和日本租界内，为张作霖等要人提供避难场所，等等。[②]

与此同时，12 月 7 日，日本加藤高明首相、币原外相与宇垣陆相等举行紧急会议。一致决定：命令白川关东军司令官对张、郭两军"速施警告，将驻屯军队，做适宜之配置"。

12 月 8 日，关东军司令官即向张作霖、郭松龄发出警告："故帝国附属地无论矣，即在附近因发生战斗及争乱，有危害或毁损帝国重大利益之时，在军人之职责上，当然不能漠视。"这个警告貌似对待双方，实际是对着郭军的。因为只有郭军才想要穿过满铁附属地，进攻沈阳。

① 罗靖寰：《我所知道的张作霖的对日外交》，《天津文史资料选辑》，第 2 辑，天津人民出版社 1979 年版，第 29 页。

② 阮振铎：《郭松龄反奉期间张作霖与日本的勾结》，《文史资料选辑》，第 35 辑，文史资料出版社 1980 年版，第 163 页。

这个警告给张作霖吃了一颗定心丸。当时在中国各地视察的前奉天总领事船津辰一郎即向其上级报告说："殆系此警告之结果，使彼获得确保最后安全之希望。"这个警告，使张作霖得以绝处逢生。

日本此时还是幻想通过威逼利诱的外交手段，达到不战而屈人之兵的目的。据郭松龄的副官赵云飞的回忆，关东军曾派浦大佐到沟帮子郭军总司令部，会见郭松龄。他十分露骨地提出："阁下就要进入沈阳，首先必须承认帝国在满蒙的特殊权利……维护日本在东北三省的投资利益，遵守张作霖与日本缔结的密约。""割让金、复、海、盖……并称张作霖已经签字了。"接着又诱之以利："如果阁下能够答应这些条件，日本帝国即予贵军以便利。"

对此，郭松龄断然给以回绝："此次敝军班师回奉，这是中国内政，希望贵国不要干涉！"又说："我不懂什么是日本的特殊权利。"

日本人看到对郭松龄拉拢威逼都不起作用，他们便决定武力干涉。

12 月 14 日，马忠诚旅准备攻入营口市区时，遭到日本守备队的强硬阻挠。并向郭军发出警告：不准郭军进入南满铁路附属地，不得沿辽河作战。

12 月 15 日，日本内阁召开紧急会议。会议决定对中国进行武力干涉，出兵东北。

同日，白川关东军司令长官向张作霖、郭松龄发出第二次警告。声称："日本军对由南满铁路附属地两侧及由该路终末点起自 20 华里以内之直接战斗行为，及其对附属地有演乱治安之虞之军事行动，一概禁止之。"

关东军在发出警告的同时，又将大石桥、辽阳、奉天、抚顺、铁岭、开原、长春等 14 个满铁沿线重要中心地点，划为"禁止武装部队进入区域"。这样，郭军就无法进入奉天了。

此后，日本侵略军频繁调动，大批进入奉天一带。日本陆军省又从国内和朝鲜调遣两个师团的兵力进入奉天。凡日本侵略军所到之处，都遍插旗帜，以示郭军不得介入，阻止郭军攻进奉天省城。当时，日本在南满部署兵力达到 4 万人。

郭松龄在答复日本的第二次警告时说："虽在限制地带，倘或被人阻止进行，即'日军亦不惜击之'等语。"不惧恐吓，态度强硬。

双方经过准备，巨流河之战终于打响。

12 月 21 日夜，郭松龄下达总攻击令，向巨流河东岸奉军阵地发动全线进攻。奉军总兵力倍于郭军，且有优势的骑兵。炮兵稍逊于郭军，但也做了相应的补充。据时任奉军炮兵司令部参谋长的廖安邦回忆："同年郭松龄反奉，奉天处在危机中的时候，炮兵十四团却成为张作霖炮兵的主力。以该团为基干，又将原在步兵部队中的炮兵人员全部调回使用，在巨流河东岸布置炮兵阵地。张作霖命令将兵工厂所有大小口径的炮都运出来使用。用帅府的大骡车载运到阵地上来，每门炮给炮弹 300 发，射完为止。”同时，张作霖又雇佣了日本人当炮兵。“这些日本人约有 200 多人，是张作霖的日本顾问荒木贞夫在奉天日本车站找来的一些退伍军人。”① 日本军方还接济张作霖大批军械、弹药，足够奉军一两个月之用。

12 月 23 日天未明，吴俊升率领两师骑兵偷袭了郭军的后方重地白旗堡，焚毁了郭军的粮秣、枪械和弹药，使郭军蒙受重大损失。

12 月 24 日，郭军失败。日本的武装干涉，是郭松龄失败的决定因素。

七、悲苍天夫妇殉难

12 月 24 日晨，郭松龄紧急召集身边的高级将领开会，宣布他拟率一部突围。委托霁云军长收容余部，向沟帮子方向转移。郭松龄部署完毕，听从部下劝告，随即离去。邹作华见郭松龄已出走，便以总部参谋长的身份，以东北国民军总司令部的名义，命令各军停止攻击。并急电张作霖，报告郭松龄已经出走。同时，给张学良打电话，“请军团长放心”。战斗旋即停止。

24 日早，郭松龄率一连 200 余名卫队士兵出走。同行的还有他的夫人韩淑秀、秘书处长饶汉祥、政务处长林长民等。临行前，韩淑秀曾劝郭松龄带卫队乘阿拉伯快马先行。郭松龄感念夫妻恩义，又有饶汉祥等文人不会骑马，不能弃之不顾，遂决定一起逃走。他们开始准备向山海关方向退逃，但由于奉军骑兵在那里拦截，只得临时改变方向，向营口退去。他们由柳河乘坐两辆东北骡马大车，后有卫队，行动迟缓，目标很大。

据当时任东北骑兵穆春师上校参谋处长的萧兆麟回忆，郭松龄被捕的经过是这样的。

吴俊升所指挥的东北骑兵军两个师，即穆春师和万福麟师，在铁路以南新民、辽中一带活动。穆春师有两个旅，骑兵第一旅旅长徐永和骑兵第七旅旅长王永清率领骑兵部队，在郭军后方游弋，奉命围剿郭军败兵，并追击败

① 廖安邦：《郭松龄反奉侧记》，《文史资料选辑》，第 22 辑，中华书局 1961 年版，第 37 页。

逃的郭松龄。12 月 24 日，第七旅第二十五团郭宝山部走错了路，指向小苏家屯方向。他们发现了敌情，遂向郭松龄卫队进攻。卫队没有重武器，在迫击炮的轰击下，不得不缴械投降。林长民当场死亡。饶汉祥逃走了。郭松龄夫妇藏到一个地窖里。

第二十五团的骑兵见到两辆大车，翻出一个行李里有带上将肩章的军服，判定这是郭松龄的东西，知道他不会走远。这时骑兵第七旅旅长王永清也到了。他以为郭松龄已经逃走了，即派郭宝山一个团去追击郭松龄，自己则在小苏家屯休息。不一会儿，从一个村妇的口中得知，她家后院萝卜窖里藏了两个人，一男一女。王永清即带几个卫士去搜萝卜窖。郭松龄一看藏不住了，就上来了。王永清看到郭松龄夫妇，就上前给郭松龄敬了一个军礼："军长请到房子里坐吧。"郭松龄说："好，走吧。"

后来师长穆春也到了。经过研究，决定把郭松龄夫妇带到老达房休息。随即穆春就向张作霖打电话，报告情况。萧兆麟在场听着。接通后，还没等穆春开口，张作霖就说："你是穆春吗？不行就拉倒吧。"穆春说："报告大帅，郭松龄夫妇已经叫沐恩把他们抓到了，现在老达房押着呢。"张作霖问："真的吗？"穆春说："真的，沐恩不敢说谎。请大帅命令怎样处理？"张作霖说："我可不要活的呀！好啦，等一会儿再说吧。"一小时左右，张作霖来电话："你是穆春吗？你把郭松龄枪毙了没有？"穆春说："没有，等候大帅命令。"张作霖说："没毙就不用毙了。你把他的脚腕跟割了，我明天派人去接。你们这次的赏额是 20 万元哪，派人来领吧。"

12 月 25 日早 8 时，张作霖的上校副官高金山带着卫队，乘着五辆汽车和一辆小汽车，来到老达房。高金山问穆春："大哥，夜里没事吧？"穆春说："我们这里有这么多队伍还能出什么事，大帅说怎么办？"高金山说："早晨出来的时候，还说要活的呢，把他带到沈阳去审问；等到我们路过辽中县时，接到大帅一份电报，说是不要活的。大哥你看怎么办好？"穆春说："你们既来了，我把郭松龄夫妇交给你们，你们愿怎么办就怎么办。"高金山说："那也好，我看这么办：你交给我们之后，把他带出老达房三四里地，在辽河沿上把他枪毙了。我们再带尸首回沈阳，你看好不好？就这样办吧！可是你们问了口供没有？"穆春说："我们没问，兄弟你现在问问他好了。"高金山说："好，我去问问，你们赶紧准备交差吧。"

这时郭松龄夫妇正在吃早饭。给他们做的大米饭，炒了四个菜。郭松龄听到外边汽车响，知道是沈阳来人了，吃了半碗饭就不吃了。少时，高金山进屋来到郭松龄面前。郭松龄夫妇在炕上坐着，萧兆麟和高金山在地下站着。高金山问：“军长这次反奉的理由是什么？”

郭松龄说：“我反对为少数人想当督军而带兵进关打仗，致使东北人民受到穷困，奉票毛荒，给东北人民增加了严重的负担，东北三省，地面辽阔，物产丰盛。如果不进关打仗，好好建设，是立国有余。而雨帅不事建设，穷兵黩武，以东北的民脂民膏作孤注一掷，进关打仗，争夺地盘，为少数人利益连年作战。我曾一再反对，而张不听，反遭一场辱骂。因此，带兵退回东北，请张下野，不再进关，而共同建设东北。”①

这是郭松龄在生命的最后时刻，沉着冷静地阐述了自己举兵反奉的理由。

高金山说：“好了，请军长准备回沈阳吧。”高金山即退出，郭松龄知道这是最后时刻了。他由炕上下来，要纸笔。萧兆麟找来一张毛边纸，将笔砚拿了过来，搬把椅子，郭松龄坐在柜子旁边，写道：“汉卿弟：兄夫妇愿速死，请按左项办理：（一）兄为国为民而战，主倡一切，勿罪部下；（二）兄历年所经营之动产和不动产，请由鲁（鲁穆庭）、沈（沈振荣）、张（张振鹭）三位军需官核清，除还债外，尽数捐同泽中学；（三）……刚写到“三”字，高金山就不让写了。郭松龄也不想写了。萧兆麟把郭松龄写的那张纸交给了穆春。穆春到沈阳交给了张学良。

这边，25日午前10时，在辽河岸边枪杀了郭松龄夫妇。临刑时郭松龄说道：“吾倡大义，不济，死固分也。”韩淑秀说道：“夫为国死，吾为夫死，吾夫妇可以无憾矣！”当年郭松龄42岁，韩淑秀34岁。然后，把他们的尸体装在车上，带回沈阳。郭松龄夫妇的尸体在小河沿曝尸三天，任人观看。

另据当时东北骑兵第十四师中校参谋兼作战科长的房书溪的回忆，郭松龄在老达房曾同他作了一次彻夜长谈。房书溪曾是郭松龄任讲武堂教官时的学生，称郭松龄为老师。穆春说：“你们是师徒，你带卫队连负责看着他，借此问他点儿口供。”房书溪问他这次倒戈是什么动机。

郭松龄平静地说：“原因很多，主要就是为杨宇霆一人，我对张氏父子并无嫌隙。去年二次奉直战成功后，我对大帅上了多次建议，我们决不要进关争夺地盘。东三省地上地下，物资丰富，取之不尽，用之不竭。日本的田中义一继承伊藤博文的大陆政策，矛头是对着东三省的。朝鲜、旅大就是进攻

① 萧兆麟：《忆郭松龄被杀的前前后后》，《辽宁文史资料》，第16辑，辽宁人民出版社1986年版，第156页。

东北的根据地。我们全部力量进关，日本一旦发难，东北三省非我所有矣！那时我们必然弄成进退维谷的局面。当时大帅颇首肯吾言。过了两天，我又去见大帅，他对我说：杨总参议不同意你的建议，他的见解比你高。我们打下关里的地盘，绝不能让别人享受，终归我们派人，四个督办，一个都统。"

郭松龄又接着说："这次和关里打仗，都是杨宇霆的主谋。因为他掌握着东三省兵工厂，十几年来未交过一次账。自己出不来多少武器，全靠向外国去买枪炮，一动即几百万，内中有百分之三十的回扣，尽入杨的私囊。这回上江苏去当督办，少帅先商量叫我去，我不干，才叫杨去的。不到一个月就送上了两三个师，跑回来了。姜登选去接安徽督办，同样狼狈逃回。李景林、张宗昌督直督鲁，到任就刮地皮，并把奉天的力量带走不少，弄得关内人民提起奉军就头疼，孰得孰失呢？我这次主要是'清君侧'，对张氏父子仍然是尊重的。事已至此，也不必讲了。"

接着郭松龄又讲了一件拒绝日本利诱的事："在天津，日本大使去见我，要帮助我进奉天。主要条件是沿南满路再划几处租界地，并让予吉会路的路权，我未答应他。"①

郭松龄极力反对封建军阀内战，主张大力兴建东北，做好迎击日本帝国主义侵略的各项准备。他对日本的威逼利诱，嗤之以鼻，不屑一顾，并给以坚决的回击，表现了一位有民族气节，有坚定信念的爱国将领的英雄气概。他反奉的目的，光明磊落，可载史册。

房书溪把同郭松龄谈话的笔录交给了张学良。他看完后，又问了一番郭松龄被擒的经过，长叹了一口气。张学良对郭松龄夫妇之死，很是痛心。他在兴隆店司令部得到郭松龄夫妇被俘的消息后，立即命令秘书处长刘鸣九速拟电报，想把郭松龄夫妇接到他的司令部来。刘鸣九问："你把他弄来打算怎么办?"张学良说："郭是人才。为国家着想，我把他送到国外去深造。"未等电报发出，郭松龄被杀的消息传来。张学良跺脚叹气道："完了。"并在总部送往各部传示的郭氏夫妇尸体照片及文件上，批了"以火焚之"四个大字，不忍看郭氏夫妇被害的惨状。可见，张学良对郭松龄感情之深。

据说，郭松龄在被捕之后，曾经给张学良写了一封信。"词颇哀恻，为宇霆所先知，亟取书焚之。人问之故，曰：'汉卿见书，将贷以不死，纵虎贻

① 房书溪：《郭松龄死前一昼夜之谈话》，《辽宁文史资料》，第16辑，辽宁人民出版社1986年版，第150页。

患，岂计之得！’故松龄得迅就刑于所获地。”①

在这里应该交代一下郭松龄夫人韩淑秀的情况。据李坚白记载：“韩夫人淑秀女士，与公同籍，北京燕京大学毕业。为人勤俭木讷，沉毅多智。归公后布衣蔬食，不喜繁华，扫除炊膳皆亲任之，事舅姑尤谨。在奉天先后创办贫儿学校、同泽女中、女青年会等，颇有声于社会。国民军出关之役，任机要秘书，运筹帷幄，极著功绩。而竟与公同时遇害。实吾国女界之大不幸。”

韩淑秀在当时思想上是比较开明的。她参加社会上很多活动，主要以男女青年会为中心。如创办贫民学校，家庭妇女补习班，拒毒会。为贫苦人民募集衣物等社会活动，她都亲自参加，而往往郭松龄同来。她对郭松龄有相当的影响。

郭松龄夫妇是为了反对封建军阀，反对日本帝国主义而牺牲的，受到全国人民的同情。“全国人民无论知与不知，莫不为公扼腕”。北京、日本等处，均召开盛大追悼会，以表示哀悼。抗日战争爆发后，冯玉祥在泰山为郭松龄立祠，尊崇郭松龄为抗日爱国将领。

八、思教训郭败原因

郭松龄失败了，原因种种。

第一，思想认识模糊。

郭松龄是具有某些新思想新意识的军人。他的政治主张是在东北建立民主共和制度，即实行资产阶级的议会制。他反对帝国主义，反对封建军阀，但是在具体对待张氏父子的问题上，他陷入了深深的自我矛盾之中。他反对老帅拥戴少帅，反对老张拥护小张。但老帅是军阀，少帅也是军阀。他们本质是一样的。只不过，少帅可以听从他的不入关打内战的建议而已。如果老帅听从了他的这一建议，他也就不会反奉了。他没有孙中山的思想水平，更谈不上共产党的思想水平了。因此，在他举兵反奉最初的三个通电中，他没有公开地反对张作霖，而只是公开地反对杨宇霆。举兵反奉的口号是“清君侧”，主张是拥戴少帅张学良，暗含让张作霖下野。

① 金毓黻：《杨宇霆别传》，《吉林文史资料选辑》，第4辑，吉林人民出版社1983年版，第266页。

起事的官兵开始以为他们掉转枪口回东北，是为了平定杨宇霆谋反。后来，才知道是“主张和平，班师回奉，赶老帅下台，请少帅主持东北，严惩杨宇霆、姜登选、王永江等一班人，还要防止日本干涉。事成之后，每位官兵给奉、吉、黑边疆地十垧，愿种地的公家给充分资助，使大家安居乐业”。又说：“郭军长为慰问大家一路辛苦，每人赏大洋七元。”士兵听后的反应是“都说这次要大成功，以后再不当兵了，带着全家种地去”。

士兵在很大程度上是为了十垧地而战。由于郭松龄没有更高的政治主张，士兵也就没有更强的战斗欲望。随着战事的进展，他们看到了张作霖散发的传单，知道是“自己人打自己人”。当时担任骑兵团长的何柱国写道：“郭松龄亲自指挥大军急进，开始由于官兵不明真相，其势甚锐，很快占领了山海关、锦州、新民，沿途都没有发生什么战斗。因为双方官兵都是一家人，谁也不肯打。以后知道是要打倒老将，军心一下子就哗变了。”巨流河之战，“郭军前线不战自散”。

孙中山当时的思想水平，可以从他对中国国民党一大宣言的解释里看清楚。1924 年 1 月 23 日，他作了《对于国民党宣言旨趣之说明》，指出：“现在本党召集此次代表大会，发表此项宣言，就是表示以后革命与从前不同。前几次革命，均因半路上与军阀官僚相妥协、相调和，以致革命成功之后，仍不免失败。”“此次我们通过宣言，就是重新担负革命的责任，就是计划彻底的革命。终要把军阀来推倒，把受压迫的人民完全来解放，这是对内的责任。至于对外的责任，有要反抗帝国侵略主义，将世界受帝国主义所压迫的人民来联络一致共同动作，互相扶助，将全世界受压迫的民族的人民都来解放。”①

中国共产党的政治主张，在党的第二次代表大会提出的最低纲领是：“消除内乱，打倒军阀，建设国内和平。”“推翻帝国主义的压迫，达到中华民族的完全独立。”

当然，我们不能要求郭松龄具有孙中山的思想水平，更不能要求郭松龄具有共产党的思想水平，也不能要求他在部队中做思想政治工作。但恰恰由于此点，他的部队在最后的决战中是不战自溃了。

而当时弥漫在人们意识深处的忠、孝、仁、义观念，也使郭松龄变成了不忠、不孝、不仁、不义之人。他死后，有一个署名“农民”的写了一副对

---

① 《孙中山选集》，人民出版社 1981 年版，第 599 页。

联，颇能代表相当一些人的忠、孝、仁、义观念。联曰：“论权论势论名论利，老张家哪点负你；不忠不孝不仁不义，尔夫妻占得完全。”这代表了那个时代一般人的认识水准。

郭松龄的失败是有他本人和时代的认识根源的。

第二，斗争经验缺乏。

这里包括政治斗争经验、军事斗争经验、外交斗争经验，等等。

其一是政治斗争经验的缺乏。主要表现在他对待绿林派和士官派的策略上，他没有缩小打击面，而是把矛头对准了这两大派别所有的人。绿林派是奉系军阀中的老将，都掌握着相当大的兵权，且有盘根错节的社会关系。士官派是握有军政大权的实力派，他们相互关联，荣辱与共。姜登选是士官派的代表人物之一。他的无故被杀，自然引起士官派的兔死狐悲之感。这两派的命运就一损俱损，一荣俱荣了。他们联合起来共同反对郭松龄，郭松龄自然难逃失败的命运。

其二是军事斗争经验的缺乏。表现在：起兵突然仓促，智囊水平一般，舆论工作薄弱，后勤补给迟缓，藐视敌方军力，高估己方力量。部队在冰天雪地的东北作战，许多士兵根本没有棉衣。做好的 6 万套棉衣，因铁路线炸毁，运不到前方。士兵冻伤 7000 多人。部队占领锦州后，停止不前，休整达半月有余。给了张作霖调兵遣将的机会，使吴俊升的黑龙江部队及时到达前线，甚至穿插到郭军的后方。郭松龄夫妇就是被吴俊升的骑兵军搜捕的。在锦州，郭松龄傲慢地说：“等张作霖把奉吉黑三省的杂牌队伍集中后，一击成功，免去东征西讨，战线延长。”他根本没有把其对手放在眼里。骄兵必败，真是兵家名言。

其三是外交斗争经验的缺乏。郭松龄在对日斗争中表现了立场的坚定性，你来我往，义正词严，绝不妥协，绝不退让。但是，在与军事行动相配合的外交斗争，是很讲艺术性的。这里不能缺乏灵活性。比如，在坚持原则的前提下，可以采取拖延战术，可以采取模糊战术，也可以采取抵赖战术。同时，接见日方谈判代表不必每次都亲自出马，也可以用自己的部下代表。这里就留有缓冲的余地。当然，在这里没有丝毫责怪郭松龄的意思。只是说，在外交斗争场合，不能缺少必要的斗争艺术。

相反，老奸巨滑的张作霖却深谙此道。他在危急关头，对日本的要求一概答应，事情过后，就全部否认。据原东三省交涉总署处长罗靖寰回忆：“张作霖的对日外交既无一定方针，又无具体政策，更不愿与外交当局研究对待办法。因此，遇有中日交涉事件，只凭他个人的意见，随时应付应付。如果认为有利用日本的必要时，即不惜任何牺牲，允许日人所提条件。迨时过境迁，感到对他不利时，则又坚不承认或借故拖延，不肯履行诺言。”① 事实上，他在郭松龄反奉期间，同日本签订的密约，就采取拖延战术，不予兑现。张作霖后来被日本暗杀，同此关系至大。

当然，我们不是让郭松龄向张作霖学习，但是在外交场合总是有隙可乘的。

第三，友军突然背叛。

在反奉之前，建立了冯玉祥、李景林、郭松龄的三角同盟。郭松龄举兵起事后，冯玉祥兑现诺言。除馈送大批罐头食物外，还给予 20 万元。郭军用这 20 万元在天津制作了 6 万套军服，但由于交通断绝，没有用上。

但是，李景林则自食前言。郭松龄发表通电后，打电话让李景林也发表通电，给予支持。李景林消极地回答说：“我的老母现住奉天，日来已被监视，我心中感到十分不安；若对你再有表示，老人家危险更大。因此，我是不能有什么举动的。”拒绝了郭松龄的要求。

当时第三方面军团军需处长鲁穆庭，持郭松龄亲笔信到天津，去见李景林，请借 30 万元，借子弹 80 万粒，以试探李景林的态度。李景林没有露面，让他的军长来应付。结果是一文一弹也没有借到。同时，在冯玉祥的国民二军接收李景林的保大防地期间，两军发生冲突，后来演变成激战。李景林为了保护他的直隶地盘，接受了张作霖援助的军械和款项。李景林的老母又从沈阳来一长电，说张大帅待人如何之好，劝说李景林投向奉天。这也动摇了李景林的立场，便倒向了张作霖一边。李景林为了表示对张作霖的忠诚，释放了原来扣押的四位师长。这样，郭松龄腹背受敌，陷于困境。

第四，日本武力干涉。

这一点是致命的。如前所述，日本在威逼利诱不成后，对郭军不断发出警告。在郭军距离沈阳仅 60 里时，被警告不得进入沈阳城。郭松龄功败垂成，不战而溃。

关于郭松龄的惜败，郭军顾问李坚白有一个评论：“郭公松龄，以八载之艰苦经营，愤张氏之无道，乘彼自苏皖败退之际，孤军回戈，奋于一击。一

---

① 罗靖寰：《我所知道的张作霖的对日外交》，《天津文史资料选辑》，第 2 辑，天津人民出版社 1979 年版，第 21 页。

月之间，连下榆关、连山、锦州、新民、白旗堡、兴隆店诸名城要隘，距沈阳仅60里，而卒至全军覆没，以身殉国。天下惜之，莫不欲究其失败之由。其中，机车缺乏，骑兵过少，接济断绝，兵士冻馁，虽为郭公致败之原，举不足为郭公困。最感痛苦者，则为李景林之背约，与日人之助贼。惟李景林背约以摇于后，日人袒张以助于前，以致军心不振，进退失据，故公不免耳。”这个评论可谓肯綮之言。

郭松龄是一位正统的、正派的、正直的军事家，但他不是政治家，也不是战略家。他缺乏政治家的胸襟，也缺乏战略家的眼光。在云谲波诡的政治的、军事的、外交的复杂斗争中，他显得捉襟见肘，力不从心。因此，他的失败应该是意料之中的，即“故公不免耳”。

九、求大同不事株连

战争结束后，如何对待第三方面军参加举兵反奉的官兵，尤其是其高级将领的问题，就摆在了张作霖的面前。当时，气急败坏的张作霖，以及绿林派的代表吴俊升和士官派的代表杨宇霆等，都主张要处死举兵起事的几个旅长。

12月23日，战事最后一天，奉军攻占了新民郭军司令部。午夜，第五方面军军团长张作相到了。张学良派的代表蒋斌等也到了。张作相亲自对大家讲话，表示“有我一息尚存，就不致再有什么不幸的事发生。我自问同大家是有好感情的，请大家信赖我，听我的好音”。第二天早晨，全线停火。张学良自巨流河到新民车站同张作相议定，所有郭军官兵交由张学良任军团长的第三方面军接收。张作相即回沈阳报告。临行前，张学良再三请求张作相为郭军被俘人员向张作霖请求宽恕。请求一定不要再多杀一人，要宽恕郭军的其他一切将领。

据时任第五方面军军团部参谋处长的王之佑的回忆，当时的情况是很紧急的。他是现场的目击者。他随军团长张作相到达大帅府大厅。

他写道：“入见张作霖时，吴俊升、张景惠、杨宇霆、王永江等在座。张作相就立即提出，郭松龄既死，其他人员一律免究的建议。但是在东北军内部长期存在着矛盾的影响下，张作相的建议遭到全体的反对。他虽竭力辩论达两小时之久，空气还没缓和。‘总得杀几个的’声浪，还是不断时起。最后，张作相哭了，若断若续地说：‘那就先杀了我，免得再看发生惨剧。’这样，才扭转了气氛。他们同意他的意见，帮助他向张作霖恳求，得到了‘那就让学良去看着办吧’的一句话。然而，张作相是洞悉张作霖的习性的，恐怕事后变卦，立即叫通新民电话，请张作霖直接把这个意旨，对张学良说了，才真正完成这一任务。这时木立多时的我，顿觉室内空气新鲜，不禁嘘口清气。”①

在这个问题上，张作霖没有独断专行。他允许他的老弟兄随便发表意见，也允许他们进行激烈的辩论。他也允许别人反驳他的意见。这是张作霖的长处，也是难能可贵的。张作相是个老实厚道的人，他是从更高的战略角度看待这个事件的。因此，他最终说服了大家。

张作霖为了缓和内部的紧张情绪，安排了一出好戏。戏的主角当然是张作霖自己。

内战结束后，他在大帅府举办了庆功宴。那一天，莅临的嘉宾有文武高官和各界名流。宴会开始，张作霖容光焕发，满面春风。他举起酒杯，兴奋地说：“诸位，今天咱们打垮了郭鬼子，我这个臭皮囊谢谢大家啦！这些水酒特为在座各位压惊，大家多吃多喝，来，干！”说完，他一扬脖，干了。

“谢谢大帅，干！”大家也笑着干了杯。宴会气氛活跃起来，觥筹交错，推杯换盏，猜拳行令，互道珍摄。

这时，宴会厅门突然大开，四个全副武装的副官抬进来一只大皮箱，放在地中间，然后敬礼说：“报告大帅，这只箱子是从郭鬼子军部搜出来的！”其实，这是张作霖早就事先安排的。他假装不知地问：“箱子里装的是什么东西？”一个副官大声地说道：“报告大帅，这箱子里装的全是我们城里人私通郭鬼子的密件和信函！”张作霖脸色一沉，满脸怒气地说：“竟有这样事，好大的贼胆！”

他边说边环视着四座，大家鸦雀无声，面面相觑。随即，张作霖当着大家的面，大骂了一通郭松龄，然后又微笑地说：“算了，算了。既然郭鬼子已经死了，事也就算了，其余的一概不追究了，把箱子抬出去烧了吧！今天是高兴的时候，大家尽管多吃多喝。今后谁也不要再议论这些败兴的事！来，诸位吃，吃！”② 张作霖若无其事地举起了酒杯。

---

① 王之佑：《张作霖击败郭松龄的经过》，《文史资料选辑》，第35辑，文史资料出版社1980年版，第153页。

② 王世烈：《刁买人心的庆功宴》，张英智，赵杰：《张氏帅府》，辽宁人民出版社1993年版，第44页。

张作霖运用这个办法，消除了在郭松龄进攻沈阳期间同郭松龄有信函来往的人的担忧，以利张作霖的内部团结和社会稳定。

这是张作霖不事株连政策的继续。

张作霖的不事株连的策略取得了成功。

十、演闹剧斩子让贤

奉系内部出现这样轰动国内外的举兵反奉的大事，张作霖总得有个交代。即使旁人不敢过问，他也不能装聋作哑。同时，对于自己的爱子张学良，他也必须有所表示，不能视而不见。经过深思熟虑，他又上演了一出斩子让贤的闹剧。

当时任大帅府秘书厅录事的王翔麟身临其事，他详细地记载了这出闹剧的全过程。

1925 年 12 月 29 日，郭松龄反奉失败后，张作霖在大帅府办公厅召开三省军政善后会议。这个会议，张作霖想要解决两个问题，一个是他本人的让贤问题；一个是他爱子的处置问题。

反奉期间，郭松龄在新民发表《告奉天父老书》中，对张作霖大加指责。张作霖曾被迫通电承认连年参战，影响人民生活，表示在反郭战争结束后，将引咎告退，还政于民。现在不得不有所表示。

参加会议的有东三省的文武高官：吉林督办张作相、黑龙江督办吴俊升、总参议杨宇霆、奉天代省长王永江、参谋处长于国翰、哈尔滨特区长官张景惠、秘书长袁金铠、师长汤玉麟，以及各厅处长等数十人。与会者地位崇隆，显示着会议要研究重大问题。

张作霖进会场后，摘掉四喜貂皮帽子放在大案上，向会场环视一周，然后用低沉的语气说道："今天这个会虽然还是由我主持，可我是出来向大家作交代的。"他望着袁金铠说："四哥，你把通电先宣布一下，明天就发表。"

袁金铠高声朗读了通电。大意是；"作霖才德菲薄，招致战祸，引咎辞职，还政于民，今后将东北行政交王公岷源（王永江）、军事交吴公兴权（吴俊升），请中央另派贤能来主持东北大局，本人甘愿避路让贤。"

还没等袁金铠朗读完，吴俊升、王永江等人就完全明白了张作霖这样做的意图。这是在演戏给大家看。张作霖是主角，吴俊升等人知道自己应该演好配角。

粗中有细的吴俊升不失时机地赶忙拦住袁金铠的话头，站起来摆手摇头地说："唔……唔……我一天也担当不了，你不干，唔……咱们一块儿撂下！"毫不犹豫地坚决拒绝接班。

代奉天省长王永江也连忙站起来，文绉绉地拒绝道："永江代理一省政务，也不称职。惟有大帅在，我得随时请示，才不致误国。现吴督军不肯负责军事，我又不胜任政治，东北大局不堪设想。倘有不测，招致内忧外患，大帅有负国家人民依托之重。"这是在讲大道理，个人事小，国家事大。你张大帅不干，国家人民不答应。

在郭松龄的通电中屡被点名的杨宇霆知道自己不能沉默，必须乘机表态。他站起来，表情严肃地说："苏皖挫败，以致牵动全局，招致叛变。我是罪魁祸首，理应明正军法，但蒙大帅宽容，准许戴罪立功，这完全是从大局着眼。"这是巧妙地告诉大家，大帅对我的处置已经完事了，而且是从大局着眼考虑的。这既推卸了自己的责任，又恭维了张作霖的高明。

接着从当前严峻的形势分析入手，说明大帅须臾不可离开。他语气沉重地说："现在李茂辰（景林）已退出天津，冯玉祥正挥军东下，我们应赶快收编郭军残部，封锁辽西要塞，然后派劲旅，策应直鲁联军击败冯军，占领京津，以安北方大局。在这种危急存亡之际，绝不是大帅引退修养之时。"东北的形势如此严峻，问题如此丛脞，大帅怎能扔下不管呢？

还有许多人迫不及待地发言，声嘶力竭地挽留大帅。似乎离开大帅，东北立刻就完蛋了。

看看火候差不多了，张作霖缓缓地站起来，用手往下一压，让发言人坐下。他勉为其难地说："照大家这么一说，我还得干！行，将来有人出来主持东北大局，我一定让贤。"

与会者都松了一口气，这出戏总算演完了。

不料，张作霖脸色骤变，眼光四顾，严厉问道："常荫槐来没来？"常荫槐时任军政执法处处长。常荫槐从角落里站起来，不明就里地应道："我在这里。"张作霖突然大声地喊道："常处长，我命令你坐专车去把张学良给我抓回来！我自己枪毙他。你要让他逃跑了，拿你的脑袋来！"常荫槐蒙了，刚想转身，吴俊升站起来摆摆手，沉稳地说："唔……常处长，你慢走，我有话说。"张作霖对吴俊升怒冲冲地问："你有什么说的？"吴俊升冷静地说："唔……过去没有张军长还将就，现在没有他，一天也不行……"张作霖愤怒地说："你胡说！"张作霖把脚使劲一跺，全场震动。吴俊升不怕，他太了解张作霖了，知道这是另一出戏的高潮。

他虽然语迟，但头脑灵活，反应机敏。虽然言语不多，却往往一语中的。这时他侃侃而谈："唔……没有张军长谁去招抚郭军散兵？散兵还不算，魏益三部下还有2万人马在山海关，若和冯玉祥一合股，比郭鬼子力量大几倍。打过来，奉天就顶不住，唔……收编郭军，谁也办不到，唔……我不敢去，大帅也不行，非张军长不行！他一摆手，那些人就都回来！张军长再往前一挺，天津、北京就落在咱们手里，那时候我才敢保你上北京。"这一席话有理有据，分析得头头是道。

确实，最大的隐忧是魏益三。魏益三是郭军第五军军长。因为李景林背叛了郭松龄，郭松龄不得不把他最信任的魏益三军，摆在山海关一带，防止李景林的背后偷袭。因魏益三军没有参战，所以部队没有受到损失。郭松龄失败，魏益三正处在何去何从的十字路口。此时，张学良正在千方百计地游说魏益三回来。冯玉祥也在极力拉拢魏益三。

据魏益三后来回忆，当时张学良急派军长刘伟和旅长高纪毅乘兵舰到秦皇岛，要魏益三前往面谈。魏益三派郝梦龄代表前去。在兵舰上，刘伟、高纪毅表示，少帅恳切希望魏司令带队回去，他保证部队不予分割，东北这点武力最好不要损失云云。郝梦龄代表魏益三答复说："有杨宇霆在，怕不能相容。对少帅言，我图报于未来吧。"

隔数日，军长刘振东骑马来榆关，面见魏益三。他拿出张学良手书一封，劝他回奉。魏益三说："我对少帅图报于将来吧。"① 魏益三的儿子魏我威任少校团附，在前方被俘后，张学良将他释放。并让他带给魏益三一封亲笔信，第三次劝他回奉。

张学良三劝魏益三回奉，魏益三终因担心杨宇霆报复，而没有动心。

郭松龄战败后，冯玉祥也积极争取魏益三。他速派李烈钧和方声涛来山海关会见魏益三。冯玉祥准备了两个职务，让他选择，即东北国民军总司令或国民第四军总司令。魏益三认为前者称号太大，不大相宜。遂决定接受国民第四军总司令一职，并于1926年1月3日在山海关就此新职。但在当时，魏益三正处于游移状态。吴俊升十分了解战局的整个形势，点到了问题的症结。

这时，张作相也站起来要发言。张作霖又大喊一声："你住口。我姓张的

① 魏益三：《郭松龄反奉亲历记》，《文史资料选辑》，第35辑，文史资料出版社1980年版，第128页。

用人，向来是一秉大公，赏罚分明，并不是我自己养出来的都是好的。小六子这个损种上了郭鬼子的贼船。什么他妈的讲武堂、教导队，花了几百万现大洋，讲他妈的学科、术科，耀武扬威地装他妈的了不起。这帮杂种算狗屁！'天下好'（骑兵旅长王永清的绰号）带一个团就把这帮兔崽子打得蒙头转向。郭鬼子、小六子瞧不起吉黑两省的军队，瞧不起于兰波（于芷山）。我的天下就是这些人打的。我姓张的用人向来一秉大公，李景林、张启坤、许兰洲这些人都是外来的，和我素无瓜葛；还有于孝侯（于学忠）是吴子玉（吴佩孚）的外甥，谁不知道我和曹吴对头多年，可是我对他外甥是重用的。郭鬼子这个鳖羔子，到沈阳来，打个行李卷，有两个茶碗还有一个没把的。小六子说他是人才，能吃苦耐劳。我一次就给他 2000 块大洋，给他安家。那时候，他感激的把他妈给我当老婆他都愿意。他自以为有功，在座的谁不比他资格老。汤二哥和我穿一条裤子，出生入死，现在和郭鬼子拉平辈。小六子上了贼船，郭鬼子教他学李世民，'清君侧'。我若不亲自毙了小六子，对不起在座诸位……常荫槐！你不执行我的命令，我先枪毙你！"

这番慷慨激昂、嬉笑怒骂的话语，其中心意思是旨在表扬推崇元老派，即绿林派。因为这次打败郭松龄，主要是张作相的吉林军和吴俊升的黑龙江军。是他的老弟兄在关键时刻给以无私的援手，这使他对绿林派更加信任，也真的非常感激。听了这番话的绿林派，自然非常感动，知道大帅心里有他们。这也就足够了。当然，他在讲话中强调的是张学良"上了贼船"，即受骗上当，并没有说过头的话。他虽然口口声声地要枪毙小六子，但谁都知道他是最爱这个小六子的。

此时，总参议杨宇霆站起来打圆场，说道："请大帅息怒，请大帅息怒！还是吴督军说得对，为大局计，张军长不但不能法办，还得授给他统率全军的大权，扭转大局，非张军长不可。至于郭军叛变，我们大家都有责任，不能归罪他一个人。"杨宇霆的话说得十分得体。

王永江抓住时机，连忙站起来说："近来大帅操劳过度，应该为国家保重身体。我建议马上休会。"

这时张作相、吴俊升二人上前，一左一右架着张作霖退席。张作霖边走边喊："张学良免去本兼各职，听候查办！"①

---

① 王翔麟：《郭军反奉时的张作霖轶事》，《沈阳文史资料》，第 3 辑，内部发行 1982 年版，第 156 页。

这一出让贤斩子的闹剧也就收场了。

十一、馈重金巧谢日本

张作霖在战胜郭松龄后，采取各种方法暂时解决了奉系内部的矛盾。但是，在对待日本的问题上，他留有一块心病。那就是在郭松龄攻打沈阳之前的危急关头，他饥不择食地一股脑儿答应了日本的高价条件，签订了丧权辱国的密约。

据代省长王永江说，张作霖把签订的密约拿回来给他看了。王永江一看，知道问题很严重，但当时他没有表态。事后，王永江慢慢地给张作霖解释，这个条约实际上是出卖了中国的主权。这就是土地商租权和杂居权。这正是日本向中国提出的二十一条的一部分，是袁世凯也没敢答应的。答应二十一条，就是卖国。听了王永江的解释，张作霖“才后悔”。

张作霖让王永江想办法，如何阻止密约的实施。王永江找到奉天省议会议长张成箕，同他谋划具体办法。最后想到了一个办法，即由他主持召集省议员开会，反对这个密约。于是，张作霖借口奉天省议会反对，就暂时把这个密约的具体实施拖延下来了。

当时，张作霖感到在危急关头，日本帮了他的大忙。他不能拿国家利益作报答，但是必须用自己的金钱去还情。为此，他请他的日本顾问町野武马大佐亲自赴旅大，代表他向日本有关方面表示谢意，并安排他本人到旅大，访问关东州军政首长及满铁总裁的有关事宜。日本在东北旅大的官员得到这个信息，非常高兴，表示欢迎。

张作霖如期到达旅大后，自有一番应酬。他先拜访了关东军白川司令长官，后拜访了关东厅儿玉长官，满铁总裁松冈洋右。为了表示他的真诚谢意，他把存在日本正金、朝鲜两个银行的日金500万元，全部赠给了白川，作为对他们的酬谢金。任由日方支配，分赠给日本当时出力的人员。当时，日币是金本位，故人们都称它为“金票”。这500万元，数目已极可观。白川把支票接到手里一看，数目如此之大，十分惊讶。张作霖当时表示：“日本人仗义扶危，武士道的精神，固然施不望报。但我张作霖受人一饭之恩，终身便不能忘。这一点意思表示，聊以酬答日本人公私的协助好意。这笔钱完全是我私人所有，其中没有一分一厘属于国家的公款。贵军在郭松龄对我进攻时，帮了我的大忙。我应该罄其所有奉送与贵军和贵厅，以报答对我个人的厚意。

张作霖既然拿出手来，自然就收不回来了。”

日本人对张作霖这种干脆爽快的举动，深感意外，更使日本人诚心敬服，简直没有考虑的余地。他们完全接受了张作霖的馈赠。

张作霖回到奉天，如释重负，感到轻松愉快。因为他觉得用这个方法，他还了日本人的情。你帮助了我，我给了你一笔巨款，答谢了你。咱们两不相欠了。这是张作霖的想法。

张作霖和左右亲信说过这样的话：“日本人这次帮我，当然是有所为的。我对他们的好意，也应该有个报答。我张作霖受日本人的好处，只有拿出我自己的财物来报答他们。我将日本银行的存款，全数赠送。表示我的全心全力。日本人如果另有要求，只要是张作霖个人所有，我绝不吝啬。但国家的权利，中国人共有的财产，我不敢随便慷他人之慨。我是东北的当家人，我得替中国人保护这份财产，不负他们的所托！”①

在这里，张作霖把他个人的财产和国家的财产严格地区分开来。以他的认识水平，日本人既然帮助了他，他只能用他个人的财产加以报答。至于“国家的权利，中国人共有的财产”，他是“不敢随便慷他人之慨”的。他最后的一句话也很能说明问题：“我是东北的当家人，我得替中国人保护这份财产，不负他们的所托！”这是张作霖的一个民族信念，也是难能可贵的。

其实，日本人要的不仅是你张作霖个人的金钱，他们要的是属于全体中国人民的权益。不久，日本人就找上门来了。据当时任东三省交涉总署处长的罗靖寰回忆，日本人是于1926年4月上旬的某一天来到交涉总署的。

日本驻奉天总领事田中喜市副领事到总署会见署长高清和。面称：总领事林久治郎有机密事件相商，请指定会晤的时间和地点。高清和即决定于次日午后1时，在交涉总署会谈。田中去后，高清和令罗靖寰在第二天协助接待日本客人。届时，林久治郎偕田中喜市到达总署。田中喜市和罗靖寰分别担任双方翻译。

略事寒暄后，林久治郎郑重地说：“我受关东军的委托，来见贵署长商谈一项机密事件，那就是去年冬季郭松龄反奉时，张上将军同关东军斋藤参谋长所签订的密约。当时，张上将军曾以个人名义签了字，现在关东军希望由日中外交机关协商实施办法，完成两国正式外交换文手续。日本方面由我代表。中国方面可否由贵署长担任，我们共同决定开始协商日期，并请将关东

① 曹德宣：《我所知道的张作霖》，《传记文学》台湾版，第5卷，第6期，第27页。

军的意愿转达张上将军，热望及时开始这一工作。”

高清和听了上述一番话，吃惊之余，立即答道：“关于这个密约，我根本不知道。张上将军也没对我谈过这件事。不过，贵总领事既代表关东军提出这一件事，我即转报张上将军，看他有什么意见，然后再通知贵总领事。”

这时，林久治郎让田中喜市将该密约的抄件交给高清和详看。其内容前文已经谈过了。高清和看过后，进一步追问道：“这几项协定的详细内容如何？”

林久治郎详加解释道：“第一项就是说日本人在东三省和东部内蒙古与中国人一样，可以购买土地，享有居住、往来和经营工商业的自由权利；第二项所说的间岛，系指吉林省的延吉、珲春、和龙及汪清四县而言，该四县的居民大部分为朝鲜人。其中又多系思想不良分子，为了取缔便利，日本除在延吉县（龙井）已设有领事馆外，其他三县亦得由日本设置领事馆、警察署和宪兵队等机关，以便严格管理朝鲜人，借免过去必须会同中国官宪办理的麻烦；第三项，由吉林的敦化县到中朝边界的图们之间的铁路，由满铁设计包修，在最近期内开工，追建成后，与朝鲜南阳车站接轨联运；第四、第五项就不待解释了。”

高清和听完了这番解释，吓了一跳，随即答道：“我即刻将贵总领事的来意向张上将军报告，以后有事，随时由田中副领事和罗处长联系。”他们即告退了。

田中喜市在一星期后，又到交涉署找罗靖寰探询消息。罗靖寰说：“因为张上将军公务太忙，高署长还没找到机会向他报告呢！以后有消息时，再通知吧！”田中走后，罗靖寰问高清和：“您究竟见过大帅没有？”

高清和说：“我早见过了。据他说，他同斋藤所订的四个条件，当时只说允许日本人在东三省及东部内蒙古有杂居权。他说：‘让日本人在那里，租一点土地做买卖，那又有什么关系！他妈的，谁想到那就是杂居权！’他又说：‘吉林省延吉县一带居民都是朝鲜人，土匪很多，即使不是土匪，也是通匪的，不然就是反对政府的青年党。我以为，让日本人在珲春、和龙及汪清各县，派驻些警察、宪兵，还可以帮助我们维持地方治安呢，所以就答应了。哪知道，这就是把咱们的地方行政权给他们了！总而言之，日本人没有好下水（心肠），全是欺骗人！’”①

---

① 罗靖寰：《我所知道的张作霖的对日外交》，《天津文史资料选辑》，第2辑，天津人民出版社1979年版，第27页。

高清和又接着说："他让我和王省长（王永江）、政务厅长（王靖寰）大家想办法，说'咱们绝对不能承认日本二十一条要求以内的事项，以免让东三省父老骂我张作霖是卖国贼'。我们应该及时研究对策，以应付日方。"

又过了半个多月，高清和让罗靖寰到日本总领事馆去见林久治郎总领事说："关于张上将军同斋藤参谋长所订密约，已被一般人知道了。现在省议会和各人民团体纷纷开会，决定群起反对这一密约。尽管大帅府和交涉署都说这是造谣，绝对没有这种事。但是，有的人民团体还常到交涉署打听有关消息，所以，这个事件暂时不能进行协商，等待风头过去再谈吧！"这是张作霖让王永江等人设计的对付日本人的策略。因此，这一密约一直拖到九一八事变，也没有实施。

罗靖寰说："日本帝国主义起初认为张作霖出身绿林，头脑简单，容易利用。嗣经许多事实证明，与它预期相反，因而顿生杀机，终于酿成皇姑屯老道口的炸车事件，结束了张作霖的一生。"

张作霖统治东北时期，利用于冲汉、袁金铠、王永江、杨宇霆等和日本人打交道。危急之时，得到过日本的支持。但当危机过后，他答应日本的要求，事后多不履行。[①] 郭松龄一案，尤其明显。日本人并没有因为张作霖亲自到旅大答谢并赠送酬金，而减少对他的恶感。认为张作霖不是理想的听从其任意摆布的好傀儡，最终还是暗杀了他。

---

① 王化一：《张作霖二三事》，《吉林文史资料选辑》，第4辑，吉林人民出版社1983年版，第105页。

第十四章　吴张讨冯军　冯军败南口

一、失希望永江辞职

谈张作霖，不能不谈王永江。关于王永江，前文已略有提及。

郭松龄反奉的主要原因之一，是反对张作霖好大喜功，用兵关内，穷兵黩武，劳民伤财。与郭松龄持同一观点的文人，则是奉天代省长王永江。他力主闭关自守，裁军息兵，整顿财政，发展文教。但是，张作霖野心膨胀，利欲熏心，觊觎中国最高统治者的权位。因此，不听王永江三番五次的劝阻，一意孤行，连年用兵。造成省库空虚，金融紊乱，奉票毛荒，百姓困苦。在这种情况下，王永江失去希望，回天乏力，愤而辞职。

王永江，字岷源，奉天金县人，1872 年生。幼年读私塾，清朝贡生。其出生地紧接大连，甲午战争后沦为日本管辖。王永江对日本所实行的村屯制度、警察制度很感兴趣，进行了研究，深得其旨。

他早年与袁金铠友善。袁金铠邀他办理辽阳警务学堂，王永江参照日本的警政制度，编写了教材 10 余种。因其有功，升任辽阳警务所长。自是崭露头角，被东三省总督锡良誉为"奉省办警政的第一人"。1910 年，升为总督府民政司民政使。1911 年，为南路巡防管带，驻防辽阳。1913 年，历任辽阳、康平等地税捐局长。1915 年，任奉天省城税捐局长兼官地清丈局局长。王永江初握省权，往见张作霖。张作霖看他是个文人，并未重视。

1916 年 4 月 22 日，袁世凯任命张作霖为奉天将军兼巡阅使。6 月，袁世凯死后，北京政府命令各省军政首脑改变称呼。张作霖遂改称奉天督军兼省长。当时，奉天省社会秩序混乱，军纪败坏，流氓横行，偷盗成风。

张作霖为稳定社会秩序，急需警务人才。经奉天督军署秘书长袁金铠的举荐，1916 年张作霖任命王永江为奉天省警务处长，兼奉天警察厅长。

王永江厘定警章，严肃警政，约束部下，雷厉风行。当时军人多出身绿林，恣意妄为，无视法纪，骂警察为“巡警狗”。一次，第五十三旅旅长汤玉麟的部下在平康里寻衅，不服警察约束，被警察逮捕，送警务处关押。汤玉麟气势汹汹地到警务处要人。王永江不予理睬，汤玉麟竟带兵包围警务处。王永江大怒道：“张作霖叫我整顿警务，我就要秉公办理。汤玉麟要包围警务处，我就和他拼！”随即命令警察荷枪实弹，准备反击。汤玉麟找张作霖告状，要求撤王永江的职。王永江自忖汤、张关系至深，便托病留下辞呈，到汤岗子疗养。

张作霖对王永江妥为安慰，极力挽留，并面斥汤玉麟。汤玉麟大怒，率部离去，与冯德麟联合，演出倒张事件。即便如此，张作霖还是坚决支持王永江。由此，奉天省官兵守纪，秩序井然。在整顿警务上，王永江显出了过人的才干。

但当时让张作霖焦心的还有奉天省的财政问题。起初，张作霖任命王树翰为财政厅长。但他显得无能为力，奉省的财政亏空继续增加。因王树翰理财无方，兼与张作霖意见不合，任职一年后即去职。

1917 年 5 月 22 日，张作霖委任王永江为奉天省财政厅长，第二年又兼东三省官银号督办。至此，王永江得以大展身手。

当时，张作霖初领东北，金融紊乱。财政收入，每年仅 1000 余万元，开支靠外债支撑。王永江在社会底层生活过，对官吏贪污腐败种种情形心中有数。王永江从严定制度入手，大力严惩贪官，撤换了贪赃枉法的税捐局长。严把税收关口，减少跑冒滴漏。同时，采取了几项措施，主要是：裁撤亏损的官营企业；开垦荒地，奖励移民；矿山开采收为官营；官有企业尽量改为民营。这些措施都是符合经济规律的。经王永江悉心整顿，税收大幅提高。很快还清了 4000 万元的外债，库存奉票达 8000 万元。由此，被称为“理财能手”、“张作霖的萧何”，得到张作霖的器重。1922 年，被擢为奉天省代理省长，仍兼财政厅长。

张作霖看到府库丰盈，资金充足，政治野心也膨胀起来。于 1922 年挑起第一次直奉战争，进兵关内，问鼎中原，结果大败而回。张作霖虽然在政治上失去了热河、察哈尔两个特区，但在经济上他没有受到损失。因为东三省宣布独立，截留了东三省的盐税收入和奉榆铁路的运费收入。这样，奉天省的财政收入反而有很大的增长。以 1923 年为例，当年岁入 3340 万元，岁出 2520 万元，盈余 820 万元。

依王永江的意见，应该利用这些资金，举办实业、教育、吏治、交通、屯垦诸大端，保境安民，以图发展。可是，张作霖野心未泯，利欲熏心，仍欲挥军入关，湔雪前耻。他大力整军经武，扩军备战，对王永江的建议置若罔闻。而且，他对杨宇霆管辖的兵工厂极力支持，随意批支款项。这使王永江非常为难，也极为不满。

据了解当时经费支出情况的王瑞之回忆："因军事机密在帅府，军需处只凭张的手谕或条子拨款。军需处等于张的账房，有正式预算的开支，可以随时登簿备案；特别的临时拨款，如购买军火或付给日本顾问用款数目很大，均不知用途，也不敢过问。兵工厂开支最大，有预算也不能作准，其他如迫击炮厂、粮秣厂、被服厂，也是如此。每年的支出都是巨万。所有这些庞大费用，主要由东三省官银号筹济。点金乏术，只好多发纸币，以应付缓急。"① 这样庞大的经费支出没有正当的来源，只好滥发纸币，从而导致金融紊乱。

对此，1923 年春，王永江在大连养病期间曾给杨宇霆写信，表示自己的难处。他写道："今日接厅中来信，谓兵工厂上使座（张作霖为东三省巡阅使，故称上使座）签呈：一为常年经费 100 余万元；一为现用购料费 160 余万元。均经批准，令厅照办云云。查此项为 260 余万元，事前并未与厅中接头，遽由上峰一批，即须照拨，不管库款有无此项预备，即兄在厅，亦且不行，况代理者乎？且一省之款，均按一省之各项行政支配之，若一处遽增数百万元，而不管其他，则他方面不将停滞废弃乎？"又指出这样做的危险："再昨宵所算之数，亦不过亏千万元为止，何竟不足半年，已至 3000 万元之巨；将来不待外力来侵，已成自杀之策。其危险视外力来迫相等，此岂图存之道！恐不过一年后，即自索于枯鱼之肆矣！不速挽救，危险即在目前。"② 对王永江的谆谆告诫，张作霖和杨宇霆均视为文人之见，置之不理，一意孤行。

1924 年 10 月，第二次直奉战争爆发。王永江力劝张作霖，战争结束后，切不可留恋北京。他说北京如同一根没有肉的骨头，谁得到手也无肉可食。还不如弃之可惜、食之无味的鸡肋。不如开发东北，大有可为。

① 王瑞之：《张作霖统治时期的东北金融概略》，《辽宁文史资料》，第 5 辑，辽宁人民出版社 1965 年版，第 132 页。

② 冯月庵、润生：《王永江》，《辽宁文史资料》，第 25 辑，辽宁人民出版社 1988 年版，第 34 页。

第二次直奉战争，奉军获胜。张作霖得意忘形，忘乎所以。他非但不退兵，反而大举向长江流域进军，企图占领中国的半壁江山。后来，终于占有了关外的直隶、山东、江苏、安徽等四省，势力一直达到富庶的江南地区。其所拥有的版图，如一字长蛇，逶迤南下，直达上海、芜湖。加上原有的东三省，俨然占有了整个中国三分之一的地盘。此时的张作霖炙手可热，头脑发胀。他的连年用兵，攻夺杀伐，给东北人民和关内百姓带来了极大灾难。金融紊乱，生灵涂炭，流民丛聚，民生凋敝。

郭松龄反奉之后，王永江再一次进言，建议张作霖罢战息兵。1926 年 1 月，在郭松龄反奉战后的善后会议上，王永江力排众议，披陈己见："最近奉天省的军事费，兵工厂的经费年额 2300 万元、经常军事费 1800 万元、张作霖个人机密杂费约 1000 万元，总计达 5100 万元的巨款。然而岁入仅 2300 万元，尚不及总支出的半数。故奉天省将无法实施民政，财政破产乃为必然之势，且连年战争，苛敛诛求，已无增税之余地。而辽西一带，又因屡遭兵灾，嗷嗷待救，亟应从速放弃偏重武力的思想，不再向关内染指，努力维持东三省的治安，以谋恢复产业，充实内政，断乎将缩小十分之四，将军队减少三个至四个师团，更宜废止张作霖个人之机密杂费……"①

他建议停止内战、裁减军队、恢复产业、压缩开支，以挽回财政破产的"必然之势"。他的改革建议，遭到张作霖武力派的反对而未能实现。王永江试图挽回东北颓势的努力，终付流水。面对自己十几年惨淡经营的东北财政，王永江感到前途暗淡。遂于 1926 年 2 月 19 日，借口有病，悄然回到金州老家。3 月 2 日，派其子到沈阳面见张作霖，提出辞呈。他言辞恳切地写道："今金融为军事牵动，竟出常轨之外，而战事又无时可息，则数年所期望之大政，必无所资以进行可知也。""永江在职，不过等于脑满肠肥之一大官而已，无益于桑梓人民，并无裨于将军也。""如其进而违心求合，不如退而息影蓬门，倘将来时局变换，有可以实修内政之时，苟余年未尽，尚可勉效驰驱。今非其时，务请开去本兼各职，另简贤能。"

张作霖见到辞呈，复电挽留。王永江看到张作霖的复电没有罢战息兵之意，又于 3 月 5 日再次上书张作霖，作最后一次劝谏："若将军能翻然变计，以兵足自卫为度，而将兵工厂缩小一半，改营生产事业，汰粮秣厂之经费，

① 陈裕光：《王永江整顿奉省财政之前前后后》，《吉林文史资料选辑》，第 4 辑，吉林人民出版社 1983 年版，第 116 页。

去骈枝之机关，节用以养民，停发钞票以救金融，均度支以兴庶政，永江虽竭驽钝，死而后已，其又何辞！否则，永江不忍视将军之投入荆棘，人民之陷于水火，惟有匿迹销声，不问世事而已。”①

王永江是一个正直正统的文人。他竭尽全力、千方百计地劝谏张作霖裁军息兵，埋头建设。他的建议具有某种进步性，是可取的。但是，被杨宇霆等武力派包围的好大喜功的张作霖，已经被胜利冲昏了头脑。他听不进任何不同意见，结果终于断送了自己的性命。

王永江对奉天省的经济状况了如指掌，深知已病入膏肓，积重难返。原来现大洋 100 元兑换奉小洋 158 元，1925 年骤降到 234 元，1926 年又降到 270 元。当时，王永江对报界记者有一段谈话：“郭松龄举动，种因于两次直奉之战。混战之结果，毫无所得，徒耗糜了巨额的款项。目前奉票已达到 270 元，真是闻所未闻。”表示了他对张作霖发动内战的不满。

张作霖看到报道后，很是气愤，说道：“郭松龄以枪杆倒戈，王永江以笔杆倒戈。”他对王永江的一片苦心毫不理解，反生误会。

王永江的政治主张是“保境安民、造福桑梓”，他的政治主张没有实现。

王永江于 1927 年在金县故里赍志而殁，享年 56 岁。

二、辨利害联吴讨冯

两次直奉战争，都是吴佩孚和张作霖之间的战争。第一次直奉战争，吴佩孚打败了张作霖；第二次直奉战争，张作霖打败了吴佩孚。他们两个人是不共戴天的冤家对头，张作霖怎么能够和吴佩孚联合起来讨伐冯玉祥呢？原来，民国期间的军阀之间，无所谓真正的好，也无所谓真正的坏。他们的分聚离合，完全是以个人的私利为前提的。对自己有利时，可以和往日的敌人联合为友；对自己不利时，可以和自己过去的朋友反目成仇。

现在，他们有了一个共同的敌人，就是冯玉祥。

冯玉祥是吴佩孚的敌人，自不待言。第二次直奉战争，如果不是冯玉祥的倒戈，吴佩孚也许不会遭到惨败。由于冯玉祥、胡景翼、孙岳结成的反吴三角同盟的作用，冯玉祥的倒戈相向，使得吴佩孚一败涂地。1924 年 11 月 3 日，吴佩孚含泪，率残部 5000 余人，在塘沽乘上华阳舰，浮海南下去了。

① 《王永江致张作霖辞职书》，《沈阳文史资料》，第 12 辑，第 144 页。

11 月 7 日，吴佩孚到达烟台。段祺瑞的门生山东督理郑士琪监视其行动。吴佩孚企图在青岛登陆重返洛阳，被郑士琪拒绝。

12 月中旬，吴佩孚抵达南京。部将齐燮元迎接，但吴佩孚不敢登岸，怕有生命危险。

12 月 17 日，吴佩孚到达汉口。在武昌，他纠集 10 省区代表，宣布成立护宪军政府，代表中华民国，行使一切权力。遭到武汉各团体的通电反对。

吴佩孚旋即离武汉赴郑州，后又辗转来到湖南岳州。在岳州，他大事活动，企图东山再起。他的活动初见成效，岳州已门庭若市，冠盖云集了。他打出的招牌是反奉。1925 年 10 月 20 日，受到张作霖威胁的长江流域的直系军阀联合起来，由苏、皖、赣、闽、浙五省联军总司令孙传芳领衔，萧耀南等 20 人参加的直系将领，发出通电，敦请吴佩孚出山，共同讨伐张作霖，并推举吴佩孚为 14 省讨贼联军总司令。10 月 21 日，吴佩孚抵达汉口，就任 14 省讨贼联军总司令职，担当起主持军国大事之重任。

吴佩孚声称讨贼，但这个贼，在吴佩孚的心中有两个：一个是张作霖；另一个是冯玉祥。而孙传芳当时只把威胁他的张作霖当作贼。起初，讨贼是指讨伐张作霖，后来一变而为联合张作霖讨伐冯玉祥了。

吴佩孚出山之后的进军计划，是假道河南，北攻直鲁，与东南联为一气，会师于京津。吴佩孚的战略目的是联张讨冯，但他将此计划暗藏于心。河南督办岳维峻是冯玉祥的国民第二军的军长，受冯玉祥的指挥。岳维峻虽然迫于形势，参与了 14 省联盟，但他对吴佩孚始终抱有高度的警惕。他知道吴佩孚是睚眦必报的。为此，岳维峻听从了冯玉祥的警告，不准吴佩孚假道河南。这样，吴佩孚和冯玉祥新的矛盾再一次大白于天下。

1925 年 11 月 22 日，郭松龄举兵反奉。冯玉祥所属的国民二、三军不听冯玉祥的劝阻，违背签订的密约，而乘机向奉军李景林部发动攻击。发动进攻的原因：一是孙岳所在陕西地区很是贫困；二是因为张作霖曾有驱逐王承斌出津之事；三是逼于李景林的压迫，不甘让步。于是，在郭松龄反奉之时，冯玉祥的国民二、三军便猛烈攻击李景林。冯玉祥事后回忆："但此时我仍屡次致电陕、豫，说我与郭松龄已有密约，若有动作，必须商酌而行，万万不可造次。可是他们大利当前，即不顾大局，对我们的密约，完全不肯承认，竟一意孤行，冒昧地攻击保定。"如此，国民二、三军就和李景林部正面冲突，而一发不可收拾了。冯玉祥虽然没有能帮上郭松龄，但他同郭松龄签订密约一事，却曝光于天下。张作霖闻之大怒，认为冯玉祥是反复无常的小人，必欲除之而后快。

这样，在反对冯玉祥这一点上，吴佩孚和张作霖找到了共同点。

同时，1925 年底至 1926 年初，在中国的封建军阀中，有所谓“中国反赤大同盟”的宣传。当时，中国民主革命的形势一片大好。1924 年 1 月，中国国民党第一次全国代表大会在广州召开。这次大会代表共 198 人，其中加入国民党的中共党员代表有 24 人，包括李大钊、陈独秀、毛泽东、张国焘、李立三、李维汉等。大会最后形成了一个具有鲜明革命特点的宣言。这个宣言的起草，由共产党人动笔，代表了共产党人的一些根本观点。孙中山对宣言十分重视，非常审慎。这个宣言所坚持的各项原则，说明了孙中山新三民主义的形成。那就是联俄、联共、扶助农工的三民主义。这是新三民主义，是革命的三民主义。中国国民党和中国共产党实现了第一次国共合作。由于两党的合作，取得了两次东征的胜利。工农群众运动得到恢复和发展。南方的革命形势蓬勃发展，广东革命根据地更加巩固。

在北方，冯玉祥服膺孙中山的三民主义。他同苏联有了进一步的接触，在部队中吸纳了一些苏联顾问。先是苏联共产党员鲍罗廷，由人介绍，和冯玉祥经常接触。他们在一起谈论中国如何争取自由平等的问题，关系越来越亲密。冯玉祥就请他从苏联请来三四十位顾问，步、骑、炮等各项专门人才皆备，分别在他的各种训练班中任教。由于冯玉祥的特立独行，被人们称为“赤化”将军。而他的国民军也被视为“赤化”军队。

吴佩孚像

张作霖和吴佩孚是坚决反对中国“赤化”的。他们在反对共产主义这一点上找到了共同语言。他们是所谓中国反赤大同盟的中坚力量。为此，他们也把矛头指向了冯玉祥。

郭松龄反奉期间，张作霖感到有和吴佩孚联合共同反对冯玉祥的必要。1925 年 12 月，张作霖派杨宇霆和吴佩孚的代表蒋百里在大连会晤，“大体上达成了谅解”。1926 年 1 月 10

日，“张景惠与张志潭在汉口又会晤多次，渐次使合作成为固定”。他们合作的协议主要是：“奉方承认吴以长江流域为基地，而吴则保证与支持奉张从华北除掉国民军势力的斗争。”同时，吴佩孚又派吴天民、杜孝穆等三人至奉，商议联合进攻国民军的计划。

吴佩孚（右）与张作霖

郭松龄反奉举兵时，吴佩孚曾给张作霖打去一个安慰电，大意称：“从前冯玉祥倒戈，令我痛心；现在郭松龄倒戈，想必你也是很痛心的。我生平所最痛恨的就是这些反复无常的小人，现在我很愿意援助你。”① 这是猫哭耗子式的安慰，张作霖当然明白。但仍然假装糊涂地对吴佩孚致电“表示谅解”。这样，他们在英、日帝国主义的策动下，达成谅解，捐弃前嫌，准备共同对付冯玉祥的国民军。

当杨宇霆和姜登选被分别从江苏与安徽驱逐出去后，山东督办张宗昌军曾南下援助，但被孙传芳军所阻。孙传芳军驻扎在苏北的徐州，以警惕奉军的南进。张作霖见此情形，大为震动，拟率东北军南下收复失地。但恰在此时发生了郭松龄倒戈事件，令张作霖措手不及。

而令郭松龄料想不到的是冯玉祥的国民军背信弃义。其国民第一军张之江部乘虚进攻天津，逐出了直隶督办李景林。与此同时，国民第三军孙岳部出击保定、大名一带，向李景林部发动攻击。李景林招架不住，向张宗昌求救，以让出直隶地盘为条件，组成直鲁联军，张宗昌为总司令、李景林为副司令、褚玉璞为前敌总司令，统率大军向津、京方面猛扑。战事方兴，以荷兰驻北京公使为首的八国公使团，向段祺瑞临时执政提出声明：“根据《辛丑条约》的规定，中国军队不得在天津附近作战。”因此，国民第一军张之江部于1926年4月由天津向南口方面撤退。褚玉璞跟踪追击，进入京畿。之后，段祺瑞根据张作霖的建议，免去了李景林直隶督办的职务，由褚玉璞代之。

① 李剑农：《戊戌以后三十年中国政治史》，中华书局1980年版，第382页。

褚玉璞为第七方面军，与张宗昌的第二方面军合组为联合军团。张宗昌和褚玉璞分任军长、团长。

1926年，在顺承王府，张作霖（左三）会见吴佩孚（右五）

据冯玉祥后来回忆："这种莫名其妙的战争，循环无穷，要打到哪天才算了局？这样的退而自思，一切的痛心难过，都使我归结到学识不足、办法不够的一点上。我必须跳出国内的旋涡，出国去好好考察学习一番，同时希望大家都能痛定思痛，毅然悔悟，赶快化除仇怨，停止祸国殃民的内战。"① 这样，冯玉祥就把西北边防督办交给了察哈尔都统张之江署理、把甘肃督办交给李鸣钟署理，所有西北军全部由张之江指挥。1926年1月，他发表主和息争的通电，下野出国赴苏联去了。

冯玉祥在赴苏联途中加入了中国国民党。

吴佩孚已经同张作霖私下密议讨冯，就以讨贼联军总司令的名义，免去了同孙传芳有瓜葛的靳云鹗的本兼各职，由他的亲信田维勤继任。这引起了孙传芳的不满。孙传芳反对吴佩孚对靳云鹗的做法，也更加反对吴佩孚和张作霖言归于好。因此，与吴佩孚决裂。

吴佩孚一意孤行，不在乎孙传芳的反应。他于2月2日联名萧耀南、齐燮元发表讨冯通电："冯玉祥狡称下野，伏处平地泉（集宁），密集饷械，特集师讨伐。"他统率四个旅的兵力北上，与张作霖协力讨伐冯玉祥。

2月6日后，国民第一军张之江部和国民第三军孙岳部等通电应战，讨伐吴佩孚。国民第一军为避免同吴佩孚的军队正面接触，迅速退居长城脚下的南口，严阵以待。南口大战即将爆发。但这时在北京的段祺瑞临时执政，却度日如年。

① 冯玉祥：《我的生活》，解放军文艺出版社2002年版，第365页。

三、为私权吴张纷争

段祺瑞是在张作霖和冯玉祥的联合支持下上台的。但现在张作霖和冯玉祥形同水火，两不相容。冯玉祥通电下野，意欲采取此法，罢兵息争。也有人认为，他这是金蝉脱壳之计。所以，吴佩孚和张作霖，并没有因为他的出国，而停止军事行动，照旧我行我素。他们的大军向北京逼来。段祺瑞执政府处于风雨飘摇之中。

前文略微提到，八国公使团向段祺瑞政府提出抗议一事。原来，3 月 12 日，两艘日本军舰在前，掩护奉军数艘舰艇，强行驶入大沽口。驻守大沽口的国民军命令日舰停止前进，日舰置之不理，并向炮台开炮，国民军伤亡 12 人。国民军被迫还击，将日舰逐出大沽口。这就是大沽口事件。

3 月 13 日，日本政府向段祺瑞政府提出抗议。3 月 16 日，以荷兰公使为首的八国公使，向段祺瑞政府发出最后通牒。要求大沽口至天津间，必须停止战争行为。本来，3 月以来，全国各地就爆发了反对帝国主义、反对封建军阀的游行示威活动。这次面对帝国主义的最后通牒，在李大钊的倡导下，北京的 200 多个团体开会，要求北京政府严正驳斥八国通牒。3 月 18 日，北京的学生数千人举行示威游行，反对八国通牒。游行队伍到达执政府所在地铁狮子胡同，遭到卫队的枪击，死亡 47 人，受伤 200 余人。这就是震惊中外的“三一八惨案”。

事件发生后，段祺瑞为卫队开脱，说卫队是为了“自卫”。还说：“我不但不惩罚他们，我还要赏他们呢！这一群土匪学生……”① 广东国民政府于 3 月 27 日，发出了《驱段宣言》。4 月 11 日，段祺瑞躲到东交民巷。20 日，段祺瑞派胡惟德代理内阁总理，摄行执政职权。他则避居天津去了。

这是段祺瑞的最后一次下野。从此，他就离开了政治舞台。

国民军被迫退出北京，段祺瑞被逐避居天津，吴佩孚开始登场表演了。吴佩孚入京后，便任命王怀庆为京师卫戍总司令，负责维持北京治安。根据吴张的密约，组建北京政府，由吴佩孚主持，张作霖不加干涉。但是，在如何组建北京政府上，两人发生了意见分歧。吴佩孚决定恢复曹锟当政时的宪

① 楚溪春：《三一八惨案亲历记》，《文史资料选辑》，第 3 辑，中华书局 1980 年版，第 55 页。

法，要曹锟通电补行辞职手续，以便由1924年9月曹锟所任命的颜惠庆内阁摄行总统职权。这是护宪而不拥曹的一种做法。吴佩孚此举是旨在把颜惠庆作为傀儡，由他做真正的幕后总统。

但是，张作霖反对这个主意。因为张作霖曾经起兵讨伐过曹锟的贿选，当年的颜惠庆又曾副署过讨伐奉军的命令。如果承认这个摄政内阁，张作霖就等于承认当年讨伐曹锟为叛逆行为。这是张作霖不能容忍的。张作霖的内心想法，是恢复约法，召集新国会，并推荐他的亲家靳云鹏组织摄政内阁。他本人则从后台操纵。

1926年8月的张学良

吴、张之争，表面上是法统之争，实质上是谁掌握国家最高权力之争。

为了弥合分歧，吴佩孚派齐燮元、王怀庆，张作霖派张学良、李景林、张宗昌，于4月25日在北京召开会议。但这次会议没有解决任何问题。

4月26日，张学良回到奉天请示张作霖。经研究决定，先解决军事问题，后解决政治问题。因为国民军在近在咫尺的南口，威逼京畿。

5月1日，吴佩孚采取了先发制人的做法。他代曹锟拟就了补行辞职的宣言，予以通电发表。内称本人因病辞职，“国务院自当复政，依法摄行大总统职务”。这个法，当然是曹锟所公布的宪法。这个电报是对奉系的突然袭击。张作霖非常不满。

5月2日，张学良回到北京。次日，即请齐燮元将奉方主张召开各省政治会议的意见转达吴佩孚。同时，奉系透出口风，组阁人选以靳云鹏最适宜。

但是，吴佩孚固执己见，我行我素。吴佩孚的背后是西方帝国主义，张作霖的背后是日本帝国主义。他们都不是孤立的。此时，五省联军总司令孙传芳忽然改变对吴佩孚的态度，称呼“我帅”。4月20日，他通电主张颜内阁复职。5月3日，以孙传芳为首的苏、闽、浙、皖、赣五省军阀联名通电，重申此项意见。他们联名电请吴佩孚“早日北上，主持大计”。这是旧直系军阀在政治问题上联合起来反抗奉系的表现。5月5日，北方元老王士珍、赵尔巽提出折中办法，可以让颜惠庆先复职，然后再任命新总理。张作霖迫于形势，不得不表示同意，答复吴佩孚说：“此事悉请我兄主持，放手办去，弟毫无成见。”这是不得不说的假话。吴佩孚把假话当成真话听，复电说：“承嘱放手进行，即当勉副尊意，转达骏人（颜），请其早日摄政。”9 日，颜惠庆通电承认复职。

5 月 12 日，颜惠庆宣布依法复职。13 日，任命了内阁阁员。这是一个以吴系为核心的亲西方的内阁，奉系只有内务总长郑谦和陆军总长张景惠两席。14 日，张学良、张宗昌回到奉天参加奉系高级会议。会议决定，奉系阁员均不参加内阁活动，对内阁采取不闻不问的态度。但在军事上仍然和吴佩孚合作。

吴、张合作只是互相利用的关系，内心没有任何诚意。可是，吴佩孚却向报界自我解嘲地说：“我和奉张就像初婚的夫妇一样，偶然拌几句嘴是免不了的。日子一久，我们的感情就会一天天浓厚起来。”①

6 月 4 日，张作霖起程入关。次日，到达天津，立即召开奉系高级将领会议。决定请吴佩孚主持南口战事，以直鲁联军为辅，奉军专任多伦一面。关于与吴佩孚会面的问题，决定分为两个步骤：第一步，双方互派代表在天津举行预备会议，商定合作大纲；第二步，再到北京见面，仅叙兄弟结义之情。

6 月 8 日，吴方代表张其锽、张志潭与奉方代表郑谦、张景惠在天津会谈。奉方露骨地反对颜内阁，并称奉军讨冯军费用去 4000 万元，直鲁联军也用去 3000 万元，应由北京政府偿还。这显然是给颜内阁出难题，逼迫他们下台。9 日，张作霖又加派杨宇霆参加会谈。奉方要求吴方交还魏益三军的军械。因为魏军原由郭松龄统率，后来改投冯军。冯军退走后，被吴方收编。现在仅仅要求退还军械，还是很给面子的了。而吴方对直鲁联军强迫改编唐之道师，也很不满。总之，即使在军事问题上，吴、张双方也是貌合神离，矛盾重重。

在张作霖的逼迫下，颜惠庆内阁于 22 日举行了第一次内阁会议，也是最后一次会议。会议对颜惠庆的辞职照准，改派杜锡珪代理内阁总理。会后发出两个电报：一个是欢迎吴、张两帅入京：另一个是通告解除颜惠庆的职务。张作霖达到了让颜内阁倒台的目的。

这时，张作霖认为入京的时机成熟了。26 日，北京军警当局动员宪兵、保安队和步兵三个团，在顺承王府至东车站一带实行紧急警戒。沿途步哨背

① 陶菊隐：《北洋军阀统治时期史话》，第 8 册，生活·读书·新知三联书店 1978 年版，第 8 页。

1926年6月，在北京怀仁堂，张作霖（左五）与吴佩孚（左六）商讨攻打冯玉祥问题

向街心，横枪作态。并且动用了机关枪、迫击炮等武器。一色都做实弹准备。东车站则由奉军旅长富双英担任临时戒严司令，戒备更为森严。下午5时，张作霖的专车抵京。月台上只许王怀庆、张学良、张宗昌三个人通行。一切欢迎人员都被阻于车站栅门外。张作霖下车后，即与随员分乘50余辆轿车驶往张作霖在北京的驻地顺承王府。风头十足，俨如皇帝。

吴佩孚也不示弱。27日，他由保定起程，所挂列车多达44辆，并派两架飞机保护。张其锽算了一卦，认为28日进京大吉。吴佩孚就在长辛店停车一宿，28日才到达北京。

28日上午9时30分，张作霖到吴佩孚的行馆拜访。吴佩孚降阶握手迎入，谈话仅20分钟即行告辞。12时，吴佩孚到顺承王府答拜。张作霖开口闭口地亲热地叫吴佩孚为吴二哥，叫得吴佩孚五迷三道的。同时，他们又合影留念。

随即偕同到居仁堂去赴杜内阁的庆功宴。在宴会进行中，忽然“橐”地一声，张、吴两个人的随行人员都紧张地拔出手枪来。后来弄清楚，这是顾维钧所戴的大礼帽从衣架上掉落下来的声音，大家才十分尴尬地坐下来。当晚吴佩孚回到长辛店，次日张作霖回到天津。

他们这次见面也谈了一些具体问题。关于内阁问题，双方同意暂时维持杜代阁，等到军事结束后组织正式内阁时再议；关于军事问题，推吴佩孚全权主持。参加进攻南口的奉鲁军，一律归吴佩孚指挥。张作霖笑呵呵地说：“敝部悉听二哥指挥，我的部队就是你的部队。”

吴佩孚和张作霖这一回合的争斗，显然是吴佩孚失算了。吴佩孚的护宪计划成为空谈。但是，他也找到了心理平衡。回想六年前，大帅张作霖和他的上司曹锟在天津举行会谈时，他这个“小小师长”曾遭到张作霖的羞辱。而曾几何时，我吴佩孚也和你平起平坐了。咱们之间，呼兄唤弟，可以拍拍肩膀了。吴佩孚感到从未有过的心理满足。

但是，张作霖把进攻南口的难题交给他去解了。吴佩孚不知是计，还在暗自庆幸得到了这块难啃的骨头。他想表现一下自己军事家的才智。

四、攻冯军南口激战

南口位于北京的西北部，在京绥线上。它山岭丛脞，居高临下。有居庸关和八达岭为其天然屏障，是进入察哈尔的必经之路。国民军在这里特别经营，构筑工事，设置坚障，可攻可守，伺机观察，以图再举。这里距离北京仅一步之差，对北京构成了严重威胁。要想打击冯玉祥的国民军，南口之战不可避免。

国民军总司令张之江坐镇张家口，将其主力向察绥地区撤退，借以保存实力，巩固察、绥、陕、甘等省地盘。并企图入侵山西，将西北连成一片。国民军以鹿钟麟为前敌总指挥，驻怀来县城内，以抵拒进攻南口之敌。

张学良（箭头左一）、韩麟春（箭头左二）陪同国务院要人参观南口国民军阵地

当时，山西督办阎锡山处于冯玉祥西北军的包围之中。他知道，冯玉祥无时无刻不想吃掉他。阎锡山为了自保，同张作霖和吴佩孚结成了三角同盟。山西多年来闭关自守，对外宣传“村治”。晋军的战斗力不强。冯军退至柴沟堡、丰镇一带，相机欲对晋军采取攻势。5 月 18 日，冯军开始向晋军发动进攻。21 日，阎锡山到大同督战。但当时吴、张两军并没有动作，致使晋军吃亏不小。

冯军除在西路对晋军展开攻势外，在东路与直鲁联军于南口、昌平一带对峙。还有一部退往陕西，与刘镇华的镇嵩军进行着西安的争夺战。因此，当时的国民军是在三个战场上同时进行战争。这对国民军是十分不利的。

奉军在张作霖的调遣下，很快对南口的冯军采取了三面大包围的态势。奉军的第三、第四方面军团张学良、韩麟春统率所部，从奉天境内出发，迅速到达北京。分驻于城内和四郊，对南口的冯军施加压力。

奉军一部从南口东部绕至其东北部，向察哈尔的延庆进攻，包抄其后路。此外，黑龙江督办吴俊升统率大军，骑兵从四洮路，步兵从阜新，经由热河的开鲁、林西，向察哈尔的多伦猛扑。热河都统宋哲元不敌，向多伦方向退却。这样，奉军就完成了对南口冯军的北、东、南三面大包围的态势。①

冯军退往南口后，直鲁联军推李景林为前敌总司令、褚玉璞为前敌总指挥，进驻昌平、沙河一带，与京汉线上的吴军相约同时进攻南口。但由于吴军的靳云鹗与冯军暗通款曲，使得吴军止步不前。此事被吴佩孚发现，将靳云鹗撤职，才使奉、吴两军相互谅解。奉军方面，直鲁联军的李景林欲脱离奉军，单独行动。其部下荣臻、胡毓坤两军长均不赞成，而向张作霖揭发了李景林的行为，并坚决表示不脱离奉军。张作霖深表嘉许，优礼相待，并将其所部收编为第十六、第十七联合军，仍由两人分任军长。李景林的异动没有成功，反而失掉了两个军的兵力。

根据奉吴军事协定，吴军主力担任南路的进攻。吴佩孚把总司令部设在长辛店。他夸下海口：“旬日之内可以攻下南口，两旬之内可以攻下怀来。”又下了一道命令：“无论何人，首先攻下宣化者，即为察哈尔都统。”他想用这个办法激励部下。但是，他的部队很多原来属于冯军，是改编过来的，不愿意同冯军兵戎相见。两军相遇，就投向了冯军。所以，打了近 20 天，没有

① 刘翼飞：《张吴联合反冯及南口战役》，《辽宁文史资料精粹》，第 1 卷，辽宁人民出版社 1999 年版，第 378 页。

前进一步。

这时广东北伐军已经出动，湖北督理陈嘉谟不断打急电请吴佩孚回武汉，主持对南军事。吴佩孚借口表示，愿意把北方军事完全交给奉鲁军负责，本人打算回南对付北伐军。

张作霖本来看中了吴佩孚的军事才能，企望他攻打头阵，自己坐享其成。张作霖看到如果吴军全线退出战线，己方压力太大。就提出可以责成张宗昌主持南口军事，并派奉军为助，仍请吴军在南路配合作战，所有进攻南口的奉鲁军仍归吴佩孚指挥。

于是，张作霖和吴佩孚两人会派张宗昌为前敌总指挥，并调奉军炮兵司令邹作华携带重炮前往助攻。吴佩孚答应张宗昌拿下南口后，以直鲁巡阅使一职相酬。

从 7 月 19 日开始，进攻南口的主力改由奉鲁军担任。24 日，南口的侧面展开了激烈的炮火战。8 月 1 日，张学良、张宗昌到前线督战。14 日，奉军第十军于珍部攻下南口。奉军终于攻下了坚固的堡垒南口。15 日，张作霖通电报捷说："南口为长城著名要塞，重峦叠嶂，自十四年九十月间，西北军在此建筑洋灰、石子工事。直鲁军、镇威军以 10 余万人，自八月一日总攻，至十四日克之。"① 这个电报没有一个字提到吴军。

此后，15 日，奉军占领延庆。16 日，吴军占领怀来，晋军占领广灵。19 日，奉军占领张家口。25 日，晋军占领平地泉。9 月 1 日，晋军占领包头，阎锡山委任他的大将商震为绥远都统。4 日，张学良到太原与阎锡山商谈。6 日，张学良回到北京，声称奉方已经接受阎锡山的请求，西北军事叫阎锡山负责。此时，冯军退入甘肃，晋军并未追赶。北方战事告一段落。

南口战役结束后，张作霖在南苑举行了一次陆军大检阅。一是慰勉参战部队；二是显示奉军武力。

在对参战部队的奖赏问题上，可以看出张作霖是如何藐视吴佩孚的。

首先，在奖金上，张作霖出手大方，压过吴佩孚一头。吴佩孚仅拿出奖金 2 万元，国务院拿出 4 万元，张作霖一出手就是 20 万元。

其次，在授衔上，张作霖采取了拒绝吴佩孚授衔的做法。为了奖叙攻下南口的有功将领，吴佩孚建议晋授张宗昌为义威上将军、陆军上将；张学良

① 陶菊隐：《北洋军阀统治时期史话》，第 8 册，生活读书新知三联书店 1978 年版，第 21 页。

1926年，奉军攻下南口后，张学良于双十节在北京南苑举行阅兵

为良威将军，加陆军上将衔；褚玉璞为璞威将军，授为陆军中将。杜代阁于19日照单发表。吴佩孚以为他是奉方所推举的主持南口战役的各军统帅，而他保举的又都是奉鲁军将领，当然不会发生问题。不料22日，张学良致国务院一电，拒绝接受："我镇威军兴师讨逆，命将出师，悉奉我镇威上将军之命。中央固有赏罚大权，而良等自应惟上将军之命是从。所有奉授良威将军及陆军上将衔各职，在未经请命之前，未敢擅行接受。"又在回答奉天友人的贺电中说："承水军头之命，膺烂羊头之赏，公等来电，贺良乎？骂良乎？"这里所说的"水军头"，是指担任过海军总司令的杜锡珪。现在他以海军总长代理内阁总理。这两个电报直接回击了国务院，间接打击了吴佩孚。这分明是说，你们有什么资格给我们颁奖授衔，也不拿镜子好好照照自己。张作霖说："受勋领奖，尚非其时。"

其实，吴佩孚很想借此表现自己的权威，但奉系将领根本不买账。吴佩孚弄巧成拙，处境尴尬。这里还有一些别的原因。张作霖是以"上将军"名义统率东三省的。你吴佩孚又给他的势力范围弄出两个上将军来，这是张作霖所不能容忍的。张作霖会想到，这是吴佩孚的挑拨离间之计。吴佩孚也许就是这么想的。但张作霖只用一句"受勋领奖，尚非其时"，就一举击破了吴佩孚的花招。这真是四两拨千斤的功夫。

最后，在赴宴上，奉军将领全体拒绝参加。杜代阁在居仁堂设下了庆功宴，奉军将领相约拒不赴宴。张学良讽刺地劝说内阁，把这笔钱移作赈济兵灾之用。

这一切都表明奉系将领对没有能力担当全国最高统治者的吴佩孚的不满，就是要出他的丑。张作霖在向北京及全国显示，我张作霖才是全国未来的真正最高统治者。张作霖直接任命高维岳为察哈尔都统，并且故意不通过内阁。这是在显示自己的权力。

五、查军官整饬军纪

张作霖对奉军的军纪还是很注意的。如果发现违反军纪的问题，他一定严肃处理。此次吴俊升所部穆春骑兵师首当其冲，攻入了察哈尔的多伦。他的部队很多是由接受改编的土匪组成的。入城后，这帮骑兵现了土匪的原形，烧杀抢掠，无所不为。他们甚至将喇嘛庙里的古宝文物也掠夺一空。这使百姓和喇嘛十分痛恨。他们中的有心人就向张作霖拍发电报，举报穆春师的罪行。

同时，在此之前，当穆春师的王永清骑兵旅追击郭松龄时，攻入新民县城，也在城内疯狂抢掠，商绅受害不浅。新民的绅商具状上告到张作霖。但当时因为王永清抓获了郭松龄，所以没有追究王永清的罪行。

这一次，张作霖看到喇嘛告状的电报，勃然大怒，立派张学良带兵到张家口去处理此事。张学良带一营卫队，将穆春师全部缴械，士兵由万福麟的第十七师收容改编。张作霖命令，将穆春、王永清撤职、抄家，关押查办。王永清所部骑兵团的士兵多人被枪决。处分是很严厉的。

在查抄穆春家时，于芷山亲临监督，对一应财物进行清点查封。当时穆春除宅院一处和日常家具、器皿外，别无房产地业。他的住宅，虽然从外表看像个公馆，但从内部看，在张作霖的文官武将中，却是很俭朴的。于芷山很受感动，安慰穆春夫人一番，并严令部下不准乱动。

穆春入狱后，听说王永清部下的许多士兵被枪决，要求面见张作霖。穆春见张后说："穆春治军不严有罪，使无辜商民受害，请大帅处决穆春，以谢百姓。"

张作霖沉思不语，可能是想起穆春南征北战、屡立战功的事来，面带怜悯之情地说道："唉！从抄家情况看，你原来是老公骑骟马有屌无蛋，还算清廉，回家去吧！好生休息，以后还得干一场哪！"① 当场发还家产。穆春获释

① 彭静山：《我所知道的穆春》，《沈阳文史资料》，第5辑，内部发行1984年版，第82页。

不久，就被提升为军长，随张作霖进驻北京。

奉系军阀在北京期间，对进步人士极尽摧残迫害之能事。新闻记者邵飘萍被害一案，殊能说明问题。邵飘萍是《京报》主笔兼上海《申报》驻京记者，并兼任北京大学教授。其报道因同情国民军和郭松龄倒戈反奉，被奉军警察追捕。他本已避居六国饭店，后化装回报馆清理文件，在琉璃厂被捕。北京各报推举代表谒见奉军，请求开释邵飘萍。但奉军答复，取缔宣传赤化分子，早经奉天军事会议决定，警厅奉令执行，邵飘萍不过其中一人而已。4月26日，邵飘萍即被枪杀，年仅42岁。其实，邵飘萍并不是共产党员。只因为敢于揭发封建军阀的罪恶统治，即被公开处死，这还是民国以来的首例。这说明奉系军阀是顽固反对共产主义的。

继处死邵飘萍之后，《社会日报》主笔林白水于8月6日也被枪决。林白水，又名万里，福建闽侯人，1874年生。他在《社会日报》上发表了《官僚之运气》一文，把潘复与张宗昌的关系比作“肾囊之于睾丸”[①]。潘复哭诉于张宗昌之前，一定要置林白水于死地。张宗昌便下令将林白水逮捕，不听劝阻，将林枪决。

奉系军阀在北京实行的是白色恐怖政策。当时北京的宪兵司令和警察总监都是张宗昌委派的。他们恨不得把进步人士一网打尽。这使很多进步人士和革命青年，都纷纷逃离了北京。北京的革命一时陷于低潮。

① 陶菊隐：《北洋军阀统治时期史话》，第8册，生活·读书·新知三联书店1978年版，第22页。

第十五章　联合孙传芳　就任大元帅

一、化敌友联孙讨赤

当时，中国存在几股政治军事力量。

一股是广东的国民革命军。孙中山逝世后，1925 年 6 月 15 日，在中国共产党的倡议下，国民党中央委员会召开了全体会议。会议决定，改组大元帅府为国民政府；并改组军队，统一军队编制，国民党所属部队，一律改称国民革命军。7 月 1 日，广东大元帅府改组，成立国民政府。汪精卫担任国民政府主席、军事委员会主席等职。随后，广东各系军队相继统一改编为以共产党员和国民党左派分子为政治骨干的国民革命军。同一天，蒋介石被选举为军事委员会八位委员之一。同时被任命为国民革命军第一军军长、陆军军官学校校长等职。

一股是冯玉祥的国民革命军。冯玉祥于 1926 年 5 月 9 日到达莫斯科，在莫斯科停留了三个多月。他在莫斯科受到了苏联各界的热烈欢迎，也受到了莫斯科东方大学和中山大学的中国学生的热烈欢迎，标语上有的写着“欢迎国民军领袖”的字句。冯玉祥至为感动。他在苏联受到很高的礼遇，会见了苏联许多政要，包括列宁的夫人。他亲眼看到了世界第一个社会主义国家的情况，很是兴奋。在苏联，他本人和他率领的国民军全体官兵，都正式登记加入了中国国民党。他的部队就成了中国国民革命军。由于南口溃败，急电冯玉祥回国。他于 1926 年 8 月 17 日从莫斯科起程回国。1926 年 9 月 17 日，冯玉祥的国民革命军在绥远省荒僻的五原誓师，向帝国主义和封建军阀宣战，“现在我所努力的，是遵奉孙中山先生的遗嘱，进行国民革命，实行三民主义”。于右任以国民党中央执行委员会的资格为授旗的党代表。冯玉祥担任国民军联军总司令。他们接受了李大钊的建议，决定“固甘援陕，联晋图豫”。

自此，他们向甘肃、陕西进军，与南方的北伐军相呼应。

一股是张作霖的奉系军阀。他在南口打败冯玉祥的国民军后，在关内据有京奉线和津浦线北段，以及京津和直鲁两省。

一股是吴佩孚的直系军阀。他们占据着湖北、河南及直隶的保定、大名一带。整个京汉线都是他的势力范围。

一股是孙传芳的后起的直系军阀。他以南京为据点，占据着苏、浙、闽、皖、赣五省。

一股是直系军阀阎锡山。他左顾右盼，韬光养晦，寻找对自己有利的时机，待机而动。

1926 年 7 月，国民革命军大举北伐。北伐军采取各个击破的战略，首先集中兵力攻打吴佩孚，而没有涉及孙传芳。孙传芳宣示了“五省保境息民”的态度，对吴佩孚见死不救。当吴佩孚守不住武汉时，曾声嘶力竭地向孙传芳发出求救信号，连电孙传芳请援，并派翟殿林到南京见孙。孙传芳对先前强迫他联奉讨冯，极为不满，因而此次按兵不动。8 月，担任北伐先锋的叶挺独立团首先攻占通往武汉的要冲汀泗桥，进而很快占领了汉口、汉阳。吴佩孚从汉口逃走。

吴佩孚从汉口逃走的第二天，张作霖在沈阳召开了高层军事会议，讨论关于南下讨赤问题。会议从 9 月 7 日开到 11 日。会上两种意见：一种是吴俊升、张作相等元老派的意见，主张保境息民；另一种是张宗昌、褚玉璞等激进派的意见，主张以援吴的名义派兵南下，占领吴佩孚的地盘直、豫两省。张作霖具有很大的政治野心，他当然赞成后一种意见。张作霖当即给吴佩孚发去一电，表示合作讨赤、派兵南下之意。吴佩孚当然知道张作霖的真正用意，所以他急派代表张景惠携带自己的亲笔函会见张作霖。声称本人尚有雄师 10 余万人，力足可以恢复武汉，不必派兵，只需饷械。他甚至建议张作霖，派遣渤海舰队载运直鲁军南下直捣广州，并且应允中央政治，以后自己不再过问，一切由张作霖主持。这是一个讨价还价的交换筹码。吴佩孚坚决拒绝张作霖派兵南下，张作霖也只好作罢。

吴佩孚失败后，9 月 7 日杜内阁电迎张作霖“入京主政”。此时，由吴佩孚任命的北京卫戍总司令王怀庆下台，张作霖新任命了奉军第十军军长于珍担任此职。9 月 19 日，内阁举行例会时，直鲁军官兵数百人突然闯进会场“索饷”，迫使杜锡珪内阁辞职。10 月 1 日，由外交总长顾维钧兼代内阁总理，杜锡珪专任海军总长。

奉军还乘人之危，向吴佩孚提出交还保定、大名的要求。保、大是吴佩孚搜刮军饷的重要地区，吴佩孚不断指示代总司令齐燮元不得让出。9 月下旬，直鲁军以强力径直开进保定附近。住在保定的曹锟被迫于 9 月 27 日移居郑州，曹、吴陷入凄凄惨惨的无家可归的境地。吴佩孚向张作霖保证在双十节前收回武汉，请直鲁军不要占领保、大。张宗昌答应暂不进入保、大，但也不撤兵，给吴佩孚一个最后机会。

孙传芳知道，他是处于南北夹击的危险地带。为了对南方的国民方面军处于有利的地位，他对北方的直鲁军张宗昌采取了怀柔政策。他们结成了盟兄弟，并签订了《苏鲁和平协定》。约定孙军在徐州、鲁军在兖州驻军都不得超过一个旅。孙传芳还应允，如果需要，直鲁军可以假道徐州去援助吴佩孚。当然，这只不过是孙传芳所做的一个姿态罢了，张宗昌也不相信这是真话。

当然，张作霖也担心，怕吴佩孚失败后，孙传芳倒向北伐军，孙传芳和北伐军联合起来，共同北伐。为此，张作霖首先派孙传芳的老上司王占元到南京，去游说孙传芳，表示北方军阀必须联合起来，才能战胜北伐军。于是，孙传芳在 9 月 8 日致张作霖一电："愿追随左右，共挽颓局。"表达了欲合作之意。9 日，张作霖急忙回电："玉帅（吴佩孚）新挫，武汉已失。东南半壁，全赖我兄支柱。弟以大局为重，微嫌小隙，早赴东流。倘有所需，敢不黾勉。"同时，张作霖又派靳云鹏到南京，表示奉鲁军绝不进兵津浦线。如有合作讨赤的必要，也将取道京汉线南下，以打消孙传芳的疑忌。张作霖的这些主动举措，取得了孙传芳一定程度的信任。孙传芳就腾出手来，专心致志地对付北伐军。

9 月 30 日，吴佩孚在郑州召开军事会议，曹锟也出席了。这次会议主要是研究反攻武汉的问题。吴佩孚分析了形势，说明"本军如不反攻武汉，直鲁军就要假道南下代替进攻。那时候咱们将无立足之地，河南也保不住了"。但是，所有将领皆无斗志。吴佩孚在无奈中下了五路反攻的命令。这个命令如一纸空文，无人响应。吴佩孚心里明白，也只不过是做做样子、唱唱高调而已。

10 月 10 日，北伐军攻克坚守了 41 天的武昌城，基本上全歼了吴佩孚的军队。这对孙传芳是致命的一击。因为吴佩孚的部队被歼灭，北伐军就可以全力攻击孙传芳了。

当时，冯玉祥的国民革命军已经由甘肃打回陕西，欲南北呼应，对吴佩孚、孙传芳形成夹击之势。孙传芳虽然使出全身解数，但由于北伐军得到人民的拥护，其势锐不可当。11月，北伐军歼灭了孙传芳的主力部队，占领九江、南昌。

11月11日，张作霖又到天津来召集紧急会议。此次会议主要是讨论张宗昌提出的派兵“援孙”的问题。13日，张宗昌赶到天津，力言“援孙”“援吴”双管齐下，不可观望自误。14日，会议在蔡园召开。参加会议的除奉鲁军将领吴俊升、张学良、韩麟春、张宗昌、褚玉璞外，还有吴佩孚的代表迟云鹏、孙传芳的代表杨文恺、阎锡山的代表田应璜。此三人列席会议。张作霖首先发言，表示本人并无做总统的野心，当前的问题应当团结北洋派，先军事而后政治。本人决心与吴、孙两帅合作，应否派兵南下，须先征求两帅的同意。西北军事，决心与阎帅合作。话说得冠冕堂皇，大家哑口无言，表示同意。15日，张作霖举行将校联欢大会，大宴奉鲁军旅长以上军官。16日，继续在蔡园开会。张宗昌首先说，兵贵神速，我们援助朋友即所以“自救”，我们的朋友到今天不应该再有什么误会和怀疑了。张作霖高兴地频频点头称是。但是，迟云鹏表示，吴佩孚是让他来请求接济饷械的。杨文恺没有说话，其实也是来要求接济饷械的。

话分两头。孙传芳在江西遭到惨败，退回南京。他感到，如欲挽回颓势，必须谋求北洋各系大团结。是年冬季，他邀请段祺瑞、吴佩孚各派代表在南京开会。参加会议的有：段祺瑞的代表靳云鹏、吴光新，吴佩孚的代表熊炳琦，刘宗纪和杨文恺。会议内容是段、吴、孙三角联合，共同抵御国民革命军。孙传芳首先发言：“武汉、江西之败，固然由于我方兵力不足，而北洋将领之互不协作，实为失败的主要原因。希望大家戮力同心，一致对敌作战。”孙传芳此时忘记了他对吴佩孚的见死不救了。靳云鹏大捧段祺瑞，说非以合肥为领袖，各方不能团结一致；同时，因为段祺瑞和吴佩孚有师生之谊，他认为直皖战役是吴佩孚以下犯上，所以他大骂吴佩孚是混账王八蛋。熊炳琦忍无可忍，愤然作色，也对靳云鹏反唇相讥。会议气氛顿形紧张。孙传芳借吃饭为由，宣布散会。段、吴、孙的三角联合胎死腹中。

孙传芳在这个希望破灭后，不得不转而乞怜于张作霖了。1926年12月，孙传芳派他的高级幕僚杨文恺到济南去见张宗昌。在山东军务督办公署会见，张宗昌诙谐地说：“俺是绿林大学毕业，你们从士官来、从陆大来，现在什么也别说了，咱们一齐打南军吧！告诉孙馨帅，我一定和他一同干下去。”第二天，杨文恺又赶往天津，在蔡家花园见了张作霖。张作霖询问了孙传芳的兵力，表示既往不咎，并愿对孙传芳的部队尽力接济，双方联合抵抗国民革命

孙传芳便装照

军。1927 年 1 月，孙传芳身着便服，仅带随从两人，密乘他的参谋处长刘玉书送眷属的专车，由南京来到天津。刘玉书的内兄邹季余时任车站总稽查，他到车站迎接刘玉书的母亲和妻子，意外看见了孙传芳。他立即报告给张作霖，并来到杨文恺家，告诉了杨文恺。早晨 8 时，孙传芳的副官找杨文恺到孙宅见面。孙传芳说，此行是为了戒鸦片烟，行踪极密。杨文恺把邹季余已经报告张作霖的情形告诉了孙传芳。孙传芳立即派杨文恺去见张作霖，约定见面时间。杨文恺到达蔡家花园，为了表示尊重，张作霖特派张宗昌、张学良同杨文恺往迎孙传芳。

孙传芳同他们一同来到蔡家花园，会见了张作霖。孙传芳一见到张作霖，就恭恭敬敬地行了一个 90 度的大礼，并满含歉意地说道："对不起，大帅！"张作霖看着这个长方形面孔，一个耳朵大、一个耳朵小的汉子。这就是一贯坚持反奉联冯、曾经煊赫一时的五省联军统帅孙传芳了。张作霖看到孙传芳这样屈己认错，也颇为感动。张作霖反应极快，非常客气，笑呵呵地答道："你辛苦了，过去的事不要提了。"① 一句话解除了孙传芳来津之前的疑忌。孙传芳又讨好地说："我们吃麦子的北方人和吃大米的南方人永远合不拢来。"

张作霖问孙传芳还有多少部队，孙回答直属部队有 5 万人，五省联军有 20 余万人。张作霖听后信心十足地说："我们东三省的部队还有 80 多万人，连同直鲁联军不下百万人。我们要齐心协力一起干，就是退到哈尔滨，剩下一团人，也要干到底。"孙传芳要求补充枪弹，张作霖应允尽量补充，叫孙传芳同张学良商量办理，并对孙传芳说："我们都是光明磊落的大丈夫，岂肯乘人之危，夺取别人的地盘！"又说："我任安国军总司令，你和效坤（张宗昌

① 杨文恺：《孙传芳反奉联奉始末》，《文史资料选辑》，第 35 辑，文史资料出版社 1980 年版，第 111 页。

的号）任副司令。阴历年关已届，你不要在天津过年，赶快回南京，整顿队伍，准备反攻吧！”

孙传芳还建议组织讨赤军统率办事处，以利全国统一指挥。并表示让出江苏请鲁军来接防，鲁军总部应当设在南京，以便指挥前方。张宗昌当即慷慨激昂地说：“你不要把我张宗昌当作不讲义气的小人，我的军队开到浦口后，换乘轮船开往前方，绝不经过南京！”奉鲁军将领异口同声地称赞孙传芳道：“又漂亮，又爽快，真够朋友！”①

由于张作霖真心想同他合作，从此，孙传芳就死心塌地投靠了张作霖。张作霖特意留孙传芳便宴，为他接风。这顿便宴，上的都是鹿肉、熊掌、银鱼、紫蟹等名贵菜品，以示对孙传芳的尊重。

这次，孙传芳和张宗昌、张学良结为异姓兄弟。孙传芳将要回南京，担心山东军队为施从滨报仇，张宗昌特派一连军队随车护送。施从滨是安徽桐城人，保定将弁学堂毕业，乃北洋宿将。1925 年，任山东军务帮办。同年 12 月，任鲁军前敌总指挥。于 1925 年 10 月 3 日作为战俘，被孙传芳处死。处死后，暴尸多日，不准收尸。因此，孙传芳担心山东军队谋杀他。这一次孙传芳并没有被谋杀。但是，在九年后的 1935 年 11 月 13 日，他终被施从滨的女儿施剑翘刺死。这乃是后话了。

孙传芳在南京就任安国军副司令，召开军事会议，报告晋见张作霖的经过。张作霖则准备大举南下。1927 年 3 月，张宗昌率褚玉璞等部开到南京。江苏督办一职孙传芳让给褚玉璞继任，自率队伍退驻扬州。

二、组内阁奉军南下

1926 年 11 月 30 日，张作霖在天津蔡园召开了一个重要会议。这时孙传芳还没有离开天津。前文已经提到，张作霖曾公开表示要做安国军总司令，但还要走一个过场。在这次会上，张宗昌建议张作霖担任安国军总司令，以便统一指挥。张作霖假意推让，后来经过孙传芳、张宗昌的交口劝进，张作霖也就勉为其难了。

其实，为了达到这个目的，奉系早就做了充分的准备。取得五省联军统

---

① 陶菊隐：《北洋军阀统治时期史话》，第 8 册，生活读书新知三联书店 1978 年版，第 81 页。

帅孙传芳的支持，是张作霖的一着妙棋。曹、吴连吃败仗，是张作霖的一个喜讯。11月28日，奉系捏造了一封吴佩孚宣布下野的假电报，目的是造成北洋派只有张作霖堪当大任的舆论。

任安国军总司令时的张作霖

29日，张宗昌做主，以直、鲁、豫、苏、皖、赣、浙、闽、陕、晋、察、热、绥、吉、黑15省区联名推戴的形式，推戴张作霖为安国军总司令。这是一个更大的舆论。这个通电的领衔人物是大名鼎鼎的孙传芳。列名者为北洋系的各地军阀，有吴俊升、张宗昌、阎锡山、商震、寇英杰、陈调元、张作相、卢香亭、韩麟春、高维岳、周荫人、陈仪、褚玉璞、汤玉麟、刘镇华等。这个电报没有敢冒签吴佩孚的名字，但是阎锡山、商震却被冒签列名。

12月1日，在蔡园隆重地举行了安国军总司令的就职仪式。张作霖身着大礼服，在肃穆的香案前，跪祷告天，祈求神助。斯时，在各界军政要人面前，秘书长郑谦宣读了《告天书》。在这个不中不西的就职仪式上，张作霖就任了安国军总司令的职务。这是在向世人宣布，我张作霖已经是北洋派的唯一领袖了。仪式完毕后，张作霖立即下令任命孙传芳为安国军副司令仍兼苏皖赣闽浙五省联军总司令，张宗昌为安国军副司令仍兼直鲁联军总司令，杨宇霆为总参议，韩麟春、张学良均升授陆军上将。此时的张作霖虽然还不敢公然自称总统或陆海军大元帅，但是事实上安国军总部就是一个变相的政府组织形式。它成了凌驾于内阁之上的中国最高权力机关。而张作霖就是颐指气使的最高当权者了。

在军政最高领导权问题解决之后，就是如何对国民革命军用兵的问题了。事先，张作霖听取了杨宇霆的意见。杨宇霆鉴于奉军上次在津浦线到处挨打的教训，认为此次出兵应该极为慎重。两路出兵，四面受敌，而且吴佩孚和阎锡山又存有很大的戒心，这是一个没有把握的冒险计划。杨宇霆对此颇持异议。他主张稳扎稳打，不可轻易冒进。这个战略思想得到了张作霖的赞同。于是，在蔡园会议上就制订了下一步的作战计划。

这个计划如下：长江方面仍由孙军担任前线，鲁军在江北岸作为后盾；派韩麟春率领第十七军荣臻部由京汉线“援吴”；热河汤玉麟、察哈尔高维岳两部协助晋军在包绥方面防范冯军；张学良负责警备北京、天津，吴俊升、张作相负责巩固后方，张作霖坐镇天津策应各方。

这个计划的主旨是让别的军队攻打头阵，而奉军主力则龟缩在后方。到一定时机，奉军主力才开拔启动。

就任安国军总司令，张作霖感到不过瘾。他蠢蠢欲动，想当大元帅。为此，于12月1日，张作霖迫不及待地发表了一个反赤宣言，内称："吾人不爱国则已，若爱国非崇信圣道不可。吾人不爱身则已，若爱身则非消灭赤化不可。"这是在向帝国主义暗送秋波，在讨好帝国主义，目的是取得帝国主义的支持。然后再到北京组织安国军政府，自称大元帅，尝一尝做变相总统的滋味。

但是，总参议杨宇霆对张作霖的想法不敢赞同。杨宇霆认为，在军事问题没有解决之前，侈谈大元帅还为时过早，要稍安勿躁，等待时机。当时张作霖电召杨宇霆速由沈阳到天津，来商讨中央政权问题。但杨宇霆一时抽不出身来，就电告张作霖可以到北京去进行外交活动，以取得帝国主义的支持。当时，在华的帝国主义有承认南方国民政府的倾向，这使张作霖警觉起来。他感到，必须成立一个拿得出手的北京政府，这样才能与南方的国民政府相抗衡。

12月22日，在天津蔡园张作霖召集吴俊升、张作相等开会，决定以安国军总司令名义任命靳云鹏为内阁总理，并相应地任命了各部总长。靳云鹏踌躇满志，拟好了就职宣言，准备走马上任了。不料，张作霖接到吴佩孚的电报，反对靳云鹏组阁。这个内阁就流产了。

12月27日，张作霖到达北京。此时，靳云鹏内阁已经倒台。张作霖十分尴尬，不得已又电召小诸葛杨宇霆到北京，商讨北京政府组阁问题。1927年1月2日，杨宇霆来到北京。杨宇霆对张作霖的既定方针提出异议，认为不仅由张作霖直接出面变更内阁不妥，而且组成由奉鲁人物为核心的内阁也不智。他主张还是要维持现在的顾维钧内阁。他反复阐述自己的观点，认为奉鲁系人物应该处于超然地位，不直接参加内阁，以便给外界造成奉鲁系不直接干政的印象。而实际上，不论由谁来组阁，到头来也得听奉鲁系的，也就是说得听张作霖的。因为军权掌握在张作霖的手里。性急吃不到热馒头。为此，杨宇霆主张维持顾维钧内阁，认为顾维钧也会听我们奉鲁系的。这个见解得到张作霖的赏识，于是顾维钧内阁就保留下来了。

顾维钧，字少川，江苏嘉定人。1888年生。1904年，赴美国留学。1905

年，考入哥伦比亚大学，获政治学硕士学位。1912 年回国，担任大总统英文秘书兼国务院总理秘书。同年，获哥伦比亚大学公法及外交博士学位。1915 年，任驻墨西哥、美国等国家的大使。1916 年，获美国耶鲁大学名誉法学博士学位，又先后获圣约翰、亚波汀、伯明罕及曼彻斯特等大学的荣誉法学博士学位。1919—1920 年，为中国出席巴黎和会代表团团长。1922 年 8—11 月，任北京政府唐绍仪内阁的外交总长。1923 年 4 月至 1924 年 10 月，任张绍曾内阁的外交总长。1924 年 7—9 月，兼代国务总理。1926 年 5—10 月，任财政总长。1926 年 10 月起，任外交总长，兼署国务总理。

此时的顾维钧虽然只有 38 岁，但已经是一个资深外交家，也是一个老练政治家。他的上台，是由于吴佩孚的赏识。现在吴佩孚已倒，失去了靠山，他就不安于位了。鉴于他的处境，为了寻找自己的出路，他同张学良结拜为兄弟，企图以此攀上奉系这棵大树。但当时，知趣的顾维钧便多次提出辞职。这一方面是他保持体面的举措，另一方面也是他以退为进的手段。顾维钧是位职业外交官，熟悉国际事务，也了解国内政情。同时，东西方帝国主义也了解他，信任他。这样一个人物对当时的张作霖来说，是很难得的。因此，张作霖采纳了杨宇霆的建议，继续支持顾维钧内阁。

1927 年 1 月 12 日，顾维钧内阁改组成立。这个内阁表面上看是一个以外交派组成的超然内阁，实际上也只是为张作霖筹措军饷和办理外交的附属机关罢了。从改组的第一天起，它就主动宣布征收关税二五加税，自 2 月 1 日起实行，借以讨好张作霖。

张作霖表面上对内阁虚与委蛇，在心里实则很轻视它，认为无论如何不是自己人。为此，张作霖想出了另一个办法。他在安国军总司令部外，又特设了三个讨论会，分别任命了正、副会长。政治讨论会的正、副会长是梁士诒、曾毓隽，财政讨论会的正、副会长是曹汝霖、叶恭绰，外交讨论会的正、副会长是孙宝琦、陆宗舆。这三个讨论会的人选，以亲日派及新旧交通系为骨干，其中也有英美派和当时的社会名流。但他们有一个共同点，那就是对奉系都惟命是从。这是内阁以外的另一个张作霖信得过的内阁，并且，成了一切重大问题的决策机构，而顾维钧的内阁则成了执行机关。

北京政府问题解决了，张作霖决心奉军南下。张作霖向吴佩孚表示，让张学良以子侄之礼率兵南下，听候吴佩孚的指挥调度。吴佩孚知道，这个子侄是不好接待的，赶紧声明不要前来。

张作霖也失去了耐心，决定兵分两路，直取河南。一路由直鲁联军副司令褚玉璞进攻开封；一路改派张学良、韩麟春为援鄂军总副司令，进攻郑州。2月6日，张学良、褚玉璞在徐州召开会议，决定行动方略。2月8日，张作霖发出进兵河南的电报。电称“兹分饬直鲁联军及第三、四方面军分途前进，誓收武汉，进取粤湘。豫中将士宗旨相同，即无歧视，其一切名义地位，悉仍其旧。师发在途。特闻。”① 这个电报还是想说明奉军进兵河南，不是去占领你们的地盘，而是假道收回武汉，进攻粤湘。这个假话没有一个人会相信了。

奉军大举进兵河南，吴佩孚的部队支持不住，有的就投降奉军了。2月6日，寇英杰以送母赴津的名义，参加了徐州会议，表示投降。张作霖当即任命他为安国军第十一方面军军团长。2月10日，曹锟由开封取道陇海路转车赴津，表示输诚。2月14日，齐燮元通电自己解除讨贼军副司令的职务，离开郑州前往天津。2月16日，河南军务帮办米振标宣布投降奉军，张作霖任命他为安国军第十八军军长兼毅军总司令。同时，张作霖还任命刘镇华为安国军陕甘总司令。张作霖就是这样，在强大的军力支持下，使吴佩孚的讨贼军土崩瓦解。

2月中旬，张作霖还调动吉、黑两省的军队进关，以保持长江以北的地盘。江、浙两省交给直鲁联军张宗昌、褚玉璞负责。奉军全力解决河南问题。奉军在3月间占领了河南大部分地区。但是，1927年3月，北伐军攻占了南京，孙传芳被迫逃到长江以北。此时，张作霖在军事上已经处于劣势，显出败相了。

吴佩孚和张作霖两大派军阀彻底闹翻。观测风向的阎锡山知道必须自保，便提出了“保境息民”的口号。至此，张、吴、阎的三角讨赤联盟就完全瓦解了。

三、杀志士面目狰狞

在这里，必须插叙一下北伐的形势。1927年3月间，北伐军的锋芒直指帝国主义统治中国的中心上海。这时的北伐军分为三路，即东路、中路、西路，中路又分为江右军与江左军。东路军总指挥为何应钦，前敌总指挥为白

① 陶菊隐：《北洋军阀统治时期史话》，第8册，生活·读书·新知三联书店1978年版，第96页。

崇禧。东路军又分为六个纵队，主要进攻沪、杭地区，这是北伐军的主战场。中路军蒋介石为总指挥，程潜为江右军总指挥，李宗仁为江左军总指挥，进攻南京和安徽安庆地区。唐生智为西路军总指挥，进攻河南，与冯玉祥的国民军相呼应。

2月10日，白崇禧的东路军占领杭州。随后，向淞沪地区挺进，逼近上海。这时，麇集于上海的美、日、法、意等帝国主义异常恐慌。他们调集了3万多军队，军舰也接踵而至，在上海、南京一带长江中聚集了90多艘，虎视上海和南京。

何应钦、白崇禧的部队虽然逼近上海，但他们却力图避免触犯帝国主义，不敢正面进攻上海。上海的工人阶级在两次武装起义失败后，于3月20日又举行了第三次武装起义。这次起义在周恩来的领导下，取得了成功。并打退了从山东来支援孙传芳的直鲁联军张宗昌的三个精锐团的进攻，上海工人的第三次武装起义取得了全面的胜利。可是，蒋介石却攫取了胜利果实，他的部队不费一枪一弹开进了上海。

3月24日，程潜的部队攻入了南京。但停泊在下关江面的英、美帝国主义的军舰竟然向南京城内开炮，轰击南京城，造成死伤2000余人的巨大惨案。

3月初，李宗仁的部队进入安徽省，孙传芳的部将纷纷反正，安徽省被北伐军占领。此时，直鲁系的张宗昌和奉系的张作霖，都退缩到徐州一线防守。整个长江流域，完全被北伐军占领，革命形势一片大好。但是，这时暗藏在革命阵营内部的蒋介石感到时机成熟了，突然背叛了革命。其实，早在1926年蒋介石在反革命的“中山舰事件”中已经暴露了他的反革命面目。

1927年3月6日，蒋介石唆使他的爪牙，残杀了江西省总工会副委员长、赣州总工会委员长共产党员陈赞贤。以后，又接二连三地实施了一系列的反共措施，其反革命行为愈演愈烈。4月11日，蒋介石在南京密令：“已克复的各省，一致实行清党。”4月12日，在精心策划后，蒋介石于上海发动了震惊全国的反革命政变——四一二反革命政变。4月15日，在广州又进行了反革命政变。继四一二、四一五的反革命大屠杀之后，在全国掀起了一股反共逆流，无数共产党员和革命人民牺牲在蒋介石的屠刀之下。

在北方的张作霖也与蒋介石遥相呼应，在北京惨杀了中国共产党的领袖李大钊，露出了他本来的反革命的狰狞面目。蒋介石在南方祭起反革命屠刀的时候，张作霖在北方也毫不示弱，向中国共产党人和进步人士举起了屠刀。

他们在相互进行绞杀革命的比赛，竞相向帝国主义邀功请赏。

当时，奉军在北京大肆搜捕共产党员，李大钊避居在外国使馆区的苏联兵营。因夜间工作，写文章，议形势，被法国使馆发现。法国使馆就向北京政府报告，奉军决定进入使馆区捕人。1927 年 4 月 6 日，奉军 300 余人取得了北京公使馆的允许，由北京警察总监陈兴亚、宪兵司令王琦率领，进入使馆区搜查苏联大使馆及苏联兵营，捕去了苏联工作人员 16 人及李大钊等革命人士 35 人。除苏联大使馆外，中东路驻京办事处及远东银行也都受到搜查。

搜查苏联大使馆的事件发生后，苏联政府向中国驻苏联代办郑延禧递交了抗议书。郑延禧私下认为，中国是个一向受人欺负的弱国，怎么能敢于派军警到使馆区大批逮捕中外人员，因此他不假思索地说："中国政府决不会干这样的事，想必是土匪所为。"这句话传到北京，生平最忌讳别人提到土匪字眼的张作霖，不由得暴跳如雷地大骂："外交人员怎么如此浑蛋！"[①] 吓得顾维钧急忙发电严厉斥责郑延禧："何得不问情由，擅发荒谬议论！"4 月 19 日，苏联代办齐爱尔尼克率领全体外交人员 30 余人回国。

张作霖逮捕李大钊等共产党人和革命志士，激起了全国舆论的公愤。工人、学生、教师、学者、名流等，均想方设法进行营救。工人组织了劫狱队，计划武装营救。李大钊在得知此计划后说道："我个人为革命牺牲光荣而应当，但已经是党的损失，已经是我的罪过。我不能再要同志们做冒险事业，而耗费革命力量。"

张作霖还派总参议杨宇霆劝降李大钊，被李大钊严词拒绝。

当时，蒋介石还特"密电张作霖，主张将所捕党人即行处决，以免后患"。在这一点上，新老军阀倒是完全一致的。张宗昌恶狠狠地说李大钊是"赤党祸根"，"巨魁不除，北京终究危险"。

奉军凭借搜查到的一些文件，无中生有，深文周纳，硬给李大钊等人扣上阴谋组织暴动的罪名，还煞有介事地编造了一个《苏联阴谋文件汇编》，[②] 把李大钊置于死地。奉军装模作样地组织了一个军事特别法庭，派何丰林为审判长、安国军军法处长颜文海为主席法官，审理被捕华人一案。4 月 28 日，

① 陶菊隐：《北洋军阀统治时期史话》，第 8 册，生活 · 读书 · 新知三联书店 1978 年版，第 134 页。

② 王之相：《张作霖杀害李大钊的真相》，《辽宁文史资料精粹》，第 1 卷，辽宁人民出版社 1999 年版，第 393 页。

判处李大钊等20位革命志士，处以绞刑，即日执行。被绞杀的革命志士中，还有国民党的左派人士邓文辉、张挹兰等人。临刑前，李大钊愤慨地作了最后一次讲演："我们深信，共产主义在世界、在中国，必然要得到光荣的胜利。"最后三呼"共产党万岁"，为共产主义事业献出了宝贵的生命。

这是张作霖犯下的一个滔天罪行。在辛亥革命时，张作霖杀害了革命志士张榕，得到了清廷的提拔。这一次，他用残酷的手段残杀了共产党人和革命志士，又得到了帝国主义的青睐。张作霖就是用他手上的鲜血来染红他头上的顶戴的。

1926年年底，随着北伐军的节节胜利，连克湘、鄂、赣、闽诸省，广州国民政府的统治区域大大扩展。于是，在1926年12月7日，国民党中央决定迁都武汉。同日，国民党中央和国民政府停止在广州办公，迁往武汉。

蒋介石发动四一二反革命政变后，武汉国民政府和共产党人对蒋介石的大屠杀表示了强烈的反对，并进行了愤怒的声讨。4月12日，国民党左派联名通电痛斥蒋介石的反革命罪行。4月17日，武汉国民党中央和国民政府发布了《免蒋介石本兼各职令》，指出："蒋中正屠杀民众，摧残党部，甘心反动，罪恶昭彰，已经中央执行委员会议决，开除党籍，免去本兼各职，着全体将士及革命民众团体拿解中央，按反革命罪条例惩治。"

委任冯玉祥接替蒋介石的国民军总司令职务，并任命唐生智为副总司令。武汉国民党中央主张继续北伐，与冯玉祥所部会师，打通同苏联的交通线，然后再进攻蒋介石。当时没有掉转枪口攻击蒋介石，用军事行动严惩蒋介石的叛变行径，是决策的一个重大失误。这个继续北伐的决定给了蒋介石以喘息之机。

蒋介石在南京凑集了五个中央执行委员和监察委员，于4月15日召开了一个谈话会。决定八项决议：以南京为国都；取消武汉不合法的中央党部；取消武汉国民政府；取消跨党分子党籍等。这就成立了一个南京政府。4月17日，蒋介石在南京成立了国民党中央。4月18日，南京国民政府举行成立典礼，成立典礼上还举行了阅兵式，并宣布《国民革命之方略》[1]四条，俨然以国民党中央和国民政府正统自居。

从此，革命的武汉国民政府和反革命的南京国民政府形成了对峙局面。由于蒋介石的反革命叛变，造成了国民党宁、汉分裂的格局。

---

① 史全生等：《南京国民政府的建立》，河南人民出版社1988年版，第77页。

1927 年 4 月 19 日，武汉北伐军在武昌东湖誓师，开始第二次北伐。由唐生智任北伐军总指挥，还任命冯玉祥为第二集团军司令、阎锡山为第三集团军司令。武汉的北伐军在河南境内先打败了吴佩孚的军队，吴佩孚落荒而逃。5 月 12 日，吴佩孚离开巩县向南撤退，又遭到老百姓的包围，苦战两昼夜才得以脱身。

5 月 21 日，张作霖召见了吴佩孚的驻京代表樊鼎，假惺惺地说道："吴二爷怎么弄到了这样的地步？到南阳还是暂住嵩山？怎么一个字也不给我，也不给你一封信？我很相信他，他却老是不相信我。"奉军对吴佩孚的军队虽然占了上风，但打不过武汉北伐军。

这一时期，善于观测风向的阎锡山已经改称国民革命军晋绥联军总司令，宣布服从三民主义，并接受了武汉国民政府任命的第三集团军总司令的职务。因此，奉军的后路受到严重威胁。奉军招架不住，退出河南全境。

5 月 1 日，冯玉祥在西安宣誓就任第二集团军总司令职。5 月 5 日，即分兵五路向东进发，迅速进入潼关。5 月 26 日，攻克洛阳。6 月 1 日，冯玉祥的国民军到郑州与武汉的北伐军会师。在山西的阎锡山却违约，放跑了北逃的奉军。此时，武汉北伐军就暂时停止前进了。

与此同时，蒋介石也于 5 月 1 日宣布继续北伐。5 月 31 日，蒋介石的北伐军也攻到了江苏省北部的重镇徐州，将其势力范围扩大到陇海线。这对新成立的南京国民政府是极为有利的。他们没有遇到顽强的抵抗，张宗昌和孙传芳在宁沪战场上刚吃了败仗，兵败如山倒。张作霖急忙命令奉鲁军撤至山东，以便保存实力。

此时，武汉政府和南京政府之间展开了激烈复杂的政治军事斗争，无暇他顾。他们都停止了北伐，这使张作霖得到了难得的军事休整的良机。而张作霖鉴于敌我双方实力的对比，自知奉鲁军斗不过北伐军。因此，张作霖根据杨宇霆的建议，提出了"和国反共""联阎讨冯"的口号，企图以黄河为界，划江而治。

虽然张作霖和蒋介石的秘密勾结没有间断过，但是让张作霖向蒋介石称臣，他是绝对不甘心的。个人野心极大的蒋介石也不会把草莽出身的张作霖放在眼里。他们之间还会兵戎相见的。但是，在南方国民党的两个政府互相争斗之时，张作霖却在北京经营着他的一件大事。

四、圆美梦当大元帅

这件大事，就是张作霖想当全国陆海军大元帅。这是他孜孜以求的多年梦想。他感到实现这一美梦的时机成熟了。

1927 年 6 月 8 日，蒋介石向张作霖提出条件，要求张作霖“信奉三民主义”，将安国军改称为国民革命军，张作霖任东北国民革命军总司令，维持东北自治，以实现“南北议和”。这就是说，让张作霖臣服于蒋介石，张作霖对此嗤之以鼻。张作霖认为，这是蒋介石白日做梦，痴心妄想。蒋介石还运动阎锡山派代表到北京，以奉系“易帜”（改挂国民党旗帜）为条件，斡旋组成“奉宁晋三角联盟”，以对抗武汉北伐军，以便实现蒋介石的大一统局面。这是蒋介石打的如意算盘，他想不战而屈人之兵。这也只是他的一相情愿而已。

两路北伐军既然停止北伐，张作霖就可以乘此机会，实现自己的美梦了。

张作霖愿意召开国民会议解决时局问题，企图与南方保持对等的议和地位。但是，就当前的时局，奉系内部应该统一认识。为此，6 月 11 日，张作霖在北京他的府邸顺承王府召开了一个奉系高层会议。孙传芳、张宗昌特意来到北京参加这个会议。会议是讨论和战问题及组织安国军政府和推选最高统帅问题。会上观点有别，意见分歧。元老派张作相、吴俊升反对投降易帜，主张退守关外；张学良、韩麟春等主张南北议和，守住现有地盘；孙传芳失掉了地盘，主张战至最后一人；张宗昌也是主战的，他不愿意放弃山东；褚玉璞同样主战，他不甘心失掉直隶。

身着陆海军大元帅服的张作霖

6 月 16 日，继续开会时，杨宇霆发言强调北方必须团结起来，才能抵御南方咄咄逼人的攻势。他提出组织安国军政府，这才名正言顺，便于号

张作霖任陆海军大元帅就职纪念邮票

令全国。同时，各省军队必须统一名称，改用安国军的旗帜，一致服从安国军总司令的命令。孙传芳当即表态："不仅军事上要服从，政治上也要服从。"①

接着，就最高统帅的名称问题展开了争论，有的主张推戴张作霖为临时总统，有的主张仍叫临时执政。张宗昌主张用大元帅的称号，他慷慨激昂地说道："今后的敌人不是北洋系了。非战不可，不战必亡。与其入棺材待死，不如痛快大干。升格之后，即或情势不佳退出关外，有了大元帅的称号，犹可仿照孙中山在广东的局面，易于号召也。"孙传芳迫不及待地附议："拥戴张作霖为大元帅，组织安国军政府，以完成对南方的用兵问题。"韩麟春等奉系将领都一致赞同。张作霖听了甚为感动，因此几天来会议中游移不定的最重要的问题，乃在这次会议上完全定议。全体一致通过，仿照孙中山的先例称大元帅。张宗昌说："既然大家都愿意，那么老将你就坐一帝吧！"

1927 年春，任安国军第三、四方面军军团长时的张学良

张作霖看了看孙传芳，问道："馨远还有多少兵？"孙传芳答道："还有 13 万人。现在只要接济军饷子弹，继续作战毫无问题。"张作霖立刻答应拨发 50 万元，子弹则就近向山东领取。接着，张作霖又认真地问张宗昌、褚玉璞："你们两位守得住山东、直隶吗？"两人胸有成竹地回答："进取不足，退守有余。"张作霖得到满意的回答，就兴奋地说："好极了，你们要怎么办，我

① 陶菊隐：《北洋军阀统治时期史话》，第 8 册，生活·读书·新知三联书店 1978 年版，第 151 页。

都依从你们就是。”好像他是为了别人才勉强当这个大元帅的。

1927年6月，张作霖（前排右三）与寿夫人（前排右二）接见外国使团

张宗昌不失时机地说道：“我们要发一个全国通电，馨远老弟领衔最相宜。”孙传芳当仁不让，承担下来。即日深夜，由孙传芳、张宗昌、吴俊升、张作相、褚玉璞、张学良、韩麟春、汤玉麟联名通电，推戴张作霖为安国军政府陆海军大元帅。电文称：“伏维我总司令自去岁就职以后，志在靖乱。昕夕焦劳，北方赤祸，虽就廓清。南方赤党，益为猖獗。全国皇皇，罔知所届。际此存亡绝续之交，正我辈奋身报国之日。传芳等再三筹议，佥谓讨赤救国，必须厚集实力，固结内部，方能大张挞伐，戡定凶残。拯神州陆沉之危，救元元涂炭之厄。我总司令大公无量，天地为昭。同志之孚，友仇若一。惟有吁恳总司令以国家为前提，拯生灵之浩劫，勉就陆海军大元帅。”好像张作霖不当这个大元帅，中国就没有救了。

张作霖在同一天发出“讨赤”通电称：“惟是共产标题，志在世界革命，则讨除共产，实为世界公共之事业，亦为人类共同之事。则非作霖一手一足之烈，所能告成。凡我全国同胞，既负保国卫民之责，皆有同仇敌忾之忱，自必通力合作，不必功自我成。此后海内各将帅，不论何党何系，但以讨赤为标题，不特从前之敌此时已成为友，即现在之敌，将来亦可为友。惟独对于赤祸则始终一致对敌，决不相容。一息尚存，此志不改。”① 张作霖在这里向世人表白了他顽固反共的立场。这个电报向蒋介石、阎锡山发出明确的信息，就是希望和他们进行反革命的大联合。

---

① 丁燕公：《张作霖任大元帅经过》，《张作霖传记资料》，第1辑，台湾天一出版社，第72页。

会议当即决定，北方镇威军、直鲁联军、五省联军各项名义一律取消，以后统称安国军。以孙传芳、张宗昌、张学良、韩麟春、张作相、吴俊升、褚玉璞为安国军第一军至第七军军团长。安国军政府成立后，内阁总理由大元帅任免之。大元帅实际就是大总统。为了加强七个军团长之间的团结，张作霖提议，他与孙传芳等（张学良除外）七人重行互换兰谱，结为异姓兄弟。

当张作霖决定就任大元帅后，曾邀请他的政治顾问梁士诒、叶恭绰、曹汝霖、曾毓隽、梁鸿志等五人至顺承王府，征求意见，当然没有人提出异议。

其实，最终决定就任大元帅一职，对张作霖来说是最佳选择。时人评道："然最高位置之方式，不外正式总统、临时总统、军政府之大元帅及段祺瑞式之执政四种。正式总统无产生之可能，执政名义又不便取而自用。临时总统未便由一部分武人公推即可矣，又不可无参议院等类民意机关，以资点缀，终嫌碍手碍足。不如大元帅之直截了当。"这个评论可谓一语中的。

内阁总理顾维钧得知决定由潘复组阁，急忙在16日当天亲笔致内阁阁员一信，知趣地表明辞职之意："兹已具呈恳请开去本兼各职，冀得稍事休养，免成痼疾。"没有人把顾维钧的辞职当回事。有人说，民国以来，内阁最惨的莫过于这一届了。

原来拟于6月17日就职，因为日象不利，遂改为次日申时举行。张作霖是很迷信的，聘算命瞎子包秀峰为常年顾问，专备占卜。北京警察厅先于17日预令商家悬旗志庆，并令各华文报纸一律出红色报三天，违者禁止发行。但是各报以红色油墨购买不到，仅出一天而止。北京市民则似一无感觉。18日，长安街自东至西，到顺承王府止，三步一岗，每岗有奉军宪兵及保安队各一名，持枪危立，异常森严。2时后净街，除安国军之黄牌车外，概禁通行，电车亦暂停止。4时后则因张作霖要赴外交部招待各国公使，自顺承王府到外交部，也禁止通行。向来以繁华著称的东、西两牌楼，也不许行人通过，只得改道而行。西辕门内宝光门后怀仁堂前，也各架机关枪两挺。张作霖自乘的汽车上，也架设着机关枪。同时，还有两架飞机，在空中盘旋。立体戒备，如临大敌，搞得北京市民怨声载道。

6月18日，张作霖在怀仁堂就任大元帅职。是日下午2时后，总统府侍从武官长荫昌及大礼官黄开文乘礼车赴顺承王府迎接张作霖。2时50分，张作霖和荫昌同车到达怀仁堂。嘉宾看到，张作霖身着大元帅礼服，红光满面，神采飞扬。张作霖环视四周，他的同僚和部属，如张作相、吴俊升、杨宇霆、张学良、韩麟春等都一律着军装，头戴高冠，恭候侍立。唯独张宗昌没有头戴高冠，但他的个子比其他人还要高些。孙传芳的打扮特殊，衣黑纱马褂，淡蓝纱袍。新总理潘复着燕尾服，大礼帽。张作霖和这些宾客略事寒暄，静听了孙传芳的高谈阔论，举行仪式的时间到了。3 时 30 分，黄开文赞礼，张作霖入席，南向立，奏国乐毕，张作霖煞有介事地宣读誓词："作霖忝膺中华民国陆海军大元帅之职，誓当巩固共和，发扬民主，刷新内政，揖睦邦交，谨此誓言。"宣誓后，接受祝贺，3 时 50 分即回顺承王府。

这一天发布两项命令：

第一项是公布《中华民国军政府组织令》。共七条：第一条，陆海军大元帅统率中华民国陆海军；第二条，大元帅于军政时期，代表中华民国行使统治权，保障全国人民法律上应享有之权利；第三条，军政府置国务员辅佐大元帅，执行政务；第四条，国务员之员数如左，国务总理、外交总长、军事总长、内务总长、财政总长、司法总长、教育总长、实业总长、农工总长、交通总长；第五条，大元帅之命令，国务总理须副署之。其关于各主管部务者，各部总长须连带副署，惟任免国务员不在此列；第六条，国务院及各部之官制另定之；第七条，中华民国十六年六月十八日以前之法律命令，与本令不相抵触者，得适用之。

任中华民国陆海军大元帅时的张作霖

第二项是特任潘复为国务总理。

潘复为内阁总理是张宗昌邀请孙传芳共同推荐的，张作霖即日发表。

从这个"组织令"不难看出，张作霖这个大元帅的权力比大总统的还要大。

此外，张作霖又发表了就职宣言和通电。电文表态称："总之，赤逆一日不清，即作霖与在事诸人之责一日未尽。如其时局敉平，自当敬贤让能，遂我初服。政治改革，听诸国人，此则昕夕盼祷者也。愿共勉之。"这是再一次表示要铲除赤逆，以讨得帝国主义的欢心。

张作霖为了取得帝国主义的外交承认，是煞费苦心的。6 月 17 日下

就任中华民国陆海军大元帅后，张作霖与五子学森（左）、六子学浚（右）合影

午，即送请柬至各国使馆，邀请各国使节在18日下午5时于外交大楼召开茶会。18日上午11时，各国使节在荷兰使馆召开使团会议，商议去否问题。有人提出，本日是张作霖就大元帅职，赴会有承认之嫌，故不如不去。有人说道，请柬系张作霖私人名义，张作霖尚未就大元帅职，故可目为张私人之邀请。大家决定，以赴张作霖私人邀请茶会的名义前往。关于赴会的服装问题，有主衣常礼服者，有主着普通便服者，有主着打网球便衣者。最后决定，着普通便服前往。并相互约定，对张作霖就大元帅职一事不置一词。等到了外交大楼，张作霖宣言就职意旨及责任方针后，各国使节果真未置一词。茶会只进行了30分钟，张作霖十分难堪。这就是说，外国使节没有承认张作霖的安国军政府。

后来，针对军政府外交部的似乎得到了外国使团承认的解释，外国使团又用某外交消息家的言论，进一步申明没有承认这个军政府："则张作霖纵曾发表要求承认意味之说辞，而固未得何项之回答，则外交团亦只可谓'听闻'而已，决谈不到承认问题也。"帝国主义还没有在中国目前存在的三个政府中选好它的代理人，它们还没有下决心承认张作霖的军政府。

6月20日，张作霖以大元帅的名义任命潘复组阁。这是北京政府的第三十二届内阁，也是最后一任内阁。下设九个部，各部总长：外交总长王荫泰、军事总长何丰林、内务总长沈瑞麟、财政总长阎泽溥、司法总长姚震、实业总长张景惠、农工总长刘尚清、教育总长刘哲、交通总长潘复（兼）。

这是一个清一色的奉系内阁。张作霖迷信武力，因此军事部组织机构非常庞大。以前的陆军部、海军部、参谋部、航空署均划入军事部。军事部下设四个署，即陆军署、海军署、参谋署、航空署。各署集中办公，在大元帅府内设军事办公处，地址在中南海纯一斋。

潘复，字馨航，山东济宁人，1883 年生。清朝举人。后入江苏布政使陆钟琦幕府。1911 年，陆钟琦升任山西巡抚，潘复随之赴晋。武昌起义后，与靳云鹏合办鲁丰面粉公司。1919 年，任靳云鹏内阁财政部次长。1926 年，任河道督办。10 月，任财政总长。1927 年 1 月，任交通总长。6 月，任本届内阁总理兼交通总长。潘复曾在天津寓居多时，终日以声色犬马联络各派政客，与张宗昌交谊甚深。潘复的河道督办，就是张宗昌以直鲁联军总司令名义进驻北京后任命的。此次，潘复的国务总理也是张宗昌联合孙传芳推荐的。

张作霖之所以急于登上中国最高统治者的宝座，是有几个原因的。

第一，他梦想当一回中国的最高统治者。这个最高统治者应该像封建皇帝。大元帅虽然不是皇帝，但也具有类似皇帝的威权。这是张作霖多年梦寐以求的。在他的有生之年，他一定要实现这个愿望。现在终于实现了。

第二，他期望取得和南方谈判的对等资格。南方现在有两个政府，气势都咄咄逼人。要想在同南方的谈判中取得优势地位，就只有组成一个政府，推出一个最高元首。因此，组建安国军政府这个小朝廷，推出一个最高元首大元帅，就是当务之急了。

第三，他企盼得到帝国主义的鼎力支持。中国的军阀只有在帝国主义的卵翼下，才能得以苟活。他们如果没有帝国主义政治的、经济的、军事的、外交的支持，一天也难以生存。而得到帝国主义的支持，必须有一个在中国站得住脚的政府，也必须有一个帝国主义信得过的最高统治者。这个政府还必须是帝国主义的走狗和帮凶。张作霖在向帝国主义的外交使团讲话时，就一再表白“尊重国际信义”“保护外人之生命财产”，并反复声明一定“讨赤”。他幻想以黄河为界，划江而治，造成南北朝的局面。但是，张作霖在帝国主义的心目中已经贬值了。因为他的奉系军队节节败退，他的统治区域大大缩小。而且，新军阀也是坚决反共的，也是要做他们的走狗的。为此，帝国主义不急于表态，到底支持谁，他们还要看一看。

张作霖的小朝廷苟延残喘，难以为继。奉军的军饷是就地取给，吃当地老百姓的。除一般应缴纳的赋税外，还要缴所谓的食盐捐、讨赤捐、地方公债及军队强迫使用的奉票等，驻军平时所需要的日常用品尚未计算在内。军官中饱，层层盘剥，欠饷不发，士气不振。

张宗昌的直鲁联军在其辖区山东为非作歹，民怨沸腾。1927 年不到一年的时间，张宗昌就挥霍掉军饷 5000 余万元，还积欠了八九个月的军饷没发。

他在直隶、山东两省极尽搜刮剥削之能事，公开收取的山东地方公债2000万元，讨赤地亩附加捐1000万元，直隶地方公债1000万元。此外，还发行了直鲁军用票1000万元。直隶山东人民被迫纷纷逃亡，流离失所。军队欠饷，官兵有的倒戈投向南方，有的持枪变成强盗。而孙传芳的残兵败将也退到山东来就食，更使山东人民雪上加霜。整个奉系军队已经濒临崩溃的边缘。

张作霖任命潘复为内阁总理，是希图在财政上得到缓解。潘复安排他的朋友阎泽溥为财政总长，主要是为了解决筹款问题。他们也没有点石成金的本领，只有靠大举裁员节约支出。但也只是杯水车薪，解决不了根本问题。奉系已经病入膏肓，无法疗治了。此时北京军政府的工作人员也是八折发饷，后来连八折也不能按时发给，人心思动。

为了安定人心，张作霖亲自出马，召集各部门科级以上干部作了一次即席讲话，参加者有各部总长，内阁总理潘复也到会。因为没有事先准备的稿子，这个讲话很具张作霖的个性。会议地点在居仁堂。

他目视坐在居仁堂里的部下，骂骂咧咧地讲道："我叫张作霖。跟我来的人都知道我张作霖是怎样一个人。你们大家是不知道的。我张作霖也是个人，并没有什么特别出奇的地方。我也常想和你们大家见个面，谈一谈，不过这些捧臭屁的，我一出门，就净了街，谁也见不着。但是你们大家，谁好谁坏，我都有个耳闻，将来局势发展，天下大定的时候，我一定都委屈不了你们。现在你们大家都要好好干，人家都说我张作霖有钱，其实我哪里有多少钱呢？是我当二十七师师长的时候，积累了20万两银子。因为我善于经营，才积累了几个钱，哪个外国银行有我张作霖存的钱？哪个外国租界里有我张作霖盖的楼房？我他妈拉个巴子，便宜便宜中国人，我不能便宜外国人。我现在对于军事还忙不过来。潘馨航（潘复的字），关于政事，我已经完全交给你了，你不要事事都靠我，找我。你们有收入的各部，如交通部、财政部等不要光顾自己，有钱要大家匀着花一花。你他妈拉个巴子，闹什么鬼，我不知道，不过我这几年脾气改了罢了。现在有人闹什么革命（指李大钊等），想把俄大鼻子那一套拿中国来，叫什么共产共妻啦，你们大家想一想，什么都可以共，个人的老婆也可以共吗？过年三十那天晚上，你们大家可能都睡觉了，我张作霖并未睡觉。我拿着整股香，跪在四照堂院祷告。我说，天啊！要叫我张作霖平定中国，统一天下，救救老百姓，老天爷，你就助我张作霖一臂之力吧，赶快消灭这些坏蛋（指反对他的人而言，如当时阎、冯等），我就早早地统一中国，叫百姓好好地过个日子。不然的话，就凭我这臭色（东北土话，凭我这个样子之意），在中南海里待着，算干什么的！你们大家记着，我这个臭皮囊早就不要了。我张作霖决不做伤天害理，对不起国家、对不起百姓的事。”①

这是一篇奇文，这里有表白、有发誓、有恐吓、有利诱。这篇讲话充分地反映了张作霖当时的艰难与无望，也露骨地表现了张作霖对共产主义的无知和仇视。

张作霖深知处境之艰难，如果同南方交手，凶多吉少。因此，他采取了一个缓兵之计。6 月 25 日，张作霖发出了一个“息争令”，并发出通电说：“本大元帅与中山为多年老友。十一、十三两年之役，均经约定会师武汉。当时在事同志，类能言之……凡属中山同志，一律友视。其有甘心赤化者，本大元帅为老友争荣誉，为国民争人格，为世界争和平，仍当贯彻初旨，问罪兴讨。”张作霖在这个通电中一再表白自己和国民党是一家人，是“老友”，是“同志”。他们的共同敌人是“甘心赤化者”。张作霖想以此拉拢蒋介石和阎锡山，对抗冯玉祥与唐生智，组成蒋、张、阎三角联盟，以应付当前危难之局。

当时蒋介石已经和冯玉祥合作了。他们于 6 月 20 日在徐州举行会议，蒋介石允诺每月拨助冯玉祥军费 200 万元，并预请冯玉祥担任军政部长之职。6 月 21 日，蒋介石和冯玉祥联合宣布：“中正、玉祥”并肩携手。蒋介石用高官厚禄收买了冯玉祥，冯玉祥开始大肆反共。

蒋、冯合作之后，武汉政府的汪精卫感到孤立无援。汪精卫开始叛变革命，公开反共。1927 年 7 月 15 日，武汉国民党中央举行分共会议，正式宣布同中国共产党决裂。在汪精卫的“宁可错杀千个，不使一人漏网”的口号下，大肆屠杀共产党人和工农群众。他疯狂叫嚣：“本人愿为杀共之刽子手焉。”这就是七一五反革命政变。从此，宁、汉合流了。但是，他们可以合流，却不能合作。蒋介石和汪精卫之间，存在着国民党最高领导权之争。

这时的蒋介石对张作霖萌生拉拢之意。7 月 29 日，他曾派何成浚为代表到北京，与奉系军阀的代表杨宇霆谈判，谋求与张作霖休战。蒋介石的目的是集中兵力对付武汉的汪精卫，然后，再掉转枪口消灭张作霖。杨宇霆提出的条件是张、蒋、阎联合攻打冯玉祥和汪精卫。张作霖知道，蒋介石如果打

---

① 朱铭轼：《张作霖就任陆海军大元帅见闻》，《辽宁文史资料精粹》，第 1 卷，辽宁人民出版社 1999 年版，第 371 页。

败了汪精卫，下一个目标就是他了。蒋介石对张作霖提出的条件犹豫不决。因为蒋介石如果联合张作霖，对日本帝国主义有利，却得罪了英、美帝国主义。这就使他得不到英、美帝国主义的支持。而英、美帝国主义的支持，对蒋介石是绝对不可缺少的。当然，蒋介石和张作霖都是为了各自的利益，各怀鬼胎，并不是想真正的合作。

他们双方各自分析了对方的形势，认为以武力战胜对方，是解决问题的最佳途径。为此，就都放弃了和谈的想法，积极备战，准备兵戎相见。1928年年初的中国上空，弥漫着浓重的大战乌云。

箭在弦上，一触即发。

五、摆阵势张蒋大战

所谓张蒋大战，是指张作霖的安国军与蒋介石、冯玉祥、阎锡山、李宗仁的国民革命军之间的大战。

国民党新军阀蒋介石的国民革命军一直磨刀霍霍，准备继续大举北伐。

1928 年 1 月 8 日，蒋介石就任国民革命军总司令。

1 月 20 日，南京国民政府颁布《北伐全军战斗序列令》，并决定北伐全军由蒋介石统辖指挥。阎锡山、冯玉祥、杨树庄分别致电蒋介石，表示听从蒋介石指挥。

张学良（左一）与褚玉璞（右三）在涿州城外指挥奉军攻城

2 月 22 日，蒋介石任国民政府军事委员会主席。蒋介石发布通电，申明务于最短时间，完成北伐。至此，蒋介石掌握了国民政府的军事全权。

2 月 28 日，北伐军编组正式决定：北伐全军总司令蒋介石，参谋总长何应钦；第一集团军总司令蒋介石（兼）（辖 18 个军，29 万人）；第二集团军总司令冯玉祥（辖 25 个军，31 万人）；第三集团军总司令阎锡山（辖 11 个军，15 万人)；海军总司令杨树庄（辖4个舰队）。后来，又任命第四集团军总司令李宗仁。从官兵训练和枪械装备来看，这四个集团军，以蒋介石的力量为最大，冯玉祥、阎锡山次之，李宗仁意在保存实力，并没有投入全部兵力。

3月16日，蒋介石颁发国民革命军北伐总方略，分为"方针""前期作战任务及部署""后期任务及部署"三个部分。其方针为：国民革命军以消灭奉鲁军阀，即行肃清直、鲁、热、察、绥境内反动军队为目的。当日，蒋介石招待京沪各报记者，发表关于北伐的谈话。他说，奉鲁军总计兵力20万人，我方实有兵力50万人以上，革命军在枪械上和兵力上确有制胜的把握。当然，蒋介石所说的奉鲁军只有20万人，是有意贬低对方。实际上，奉鲁军共计有80万人。

3月31日晚，蒋介石到徐州督师北伐。同日，发表《北伐出发告后方同志书》，要求后方将士努力职守，使前方无后顾之忧。

4月5日，国民党通过《北伐宣言》。[1]

4月7日，蒋介石下达总攻击令，第一、二、三集团军分别沿津浦、京汉、正太铁路前进。同日，蒋介石发布誓词称，党国存亡，主义成败，人民祸福，同志荣辱，在此一战。蒋介石又发表《告友邦人民书》，希望友邦不要接济奉鲁军军火。宣布：我国民革命军所到之地，绝对不致有排外之行动，革命军对于外人之生命财产必与本国人民同时严密保护。

奉军攻占涿州后，张学良以礼宴请国民军守城将领傅作义

就这样，蒋介石以人民的名义，假革命的面孔，掩政治的野心，实行了反革命的北伐。这是新军阀和老军阀之间的一次非正义的战争。

新军阀蒋介石对于北伐，在军事、物资和舆论等各个方面的准备，可以

① 《中华民国史资料丛稿大事记》，第14辑，中华书局1985年版，第95页。

说是煞费苦心的，也是思虑周密的。

其实，在此之前，冯玉祥和阎锡山的部队，同奉鲁军的战斗从来就没有停止过。有的战斗还异常激烈，如阎锡山所部傅作义进攻涿州并保卫涿州之战，就是非常残酷激烈的。阎锡山为了在国民革命军中占有一席之地，也为了扩大他的地盘，就乘奉鲁军南下攻打冯玉祥之机，于 1927 年 10 月上旬，派北方国民革命军第四师师长战将傅作义率领一个加强师，偷袭涿州城。涿州在北京以南仅 100 里，又是大军南下的必经之路。涿州被占，北京震动。张作霖立派第八军军长万福麟，抽调四个步兵旅围攻涿州，又调邹作华率重炮、野炮各一团，协助万福麟进攻。还调工兵一营、坦克一队开到涿州，归万福麟统一指挥。

傅作义退守城内，固守待援。奉军四个旅分四面，包围了涿州城。奉军在占有绝对优势兵力的情况下，对涿州城发动了五次进攻。每次都有大炮的掩护，还有工兵的协助，但是久攻不下。傅作义的部队一直坚守了三个月，直到弹尽粮绝，经人斡旋，后来不得不投降。1927 年 1 月 6 日，傅作义走出涿州城，与安国军第三方面军第八军军长万福麟晤见，并乘车同赴保定见第三方面军军团长张学良。张学良不以敌人看待，令傅作义住在军团部参谋长鲍文樾家眷宿舍中，并按月发给生活费用，出入也不加限制。后来傅作义乘机脱逃到天津。其实，对傅作义的处理，张作霖是下令枪毙的，但是，张学良有意保护并放跑了傅作义。这在张学良的口述历史中得到了印证。1990 年，90 岁高龄的张学良对美国学者唐德刚说道："傅作义跟我很好，怎么很好呢？我让你知道这个内容。我父亲下命令要把傅作义枪决了，我就没给他枪决。为什么呢？已经投降的人，暗中我就把他放走了。他跟我一个参谋长是同学，住在我参谋长家里。"①

1 月 10 日，其投降部队被改编为安国军第三十六师，派白儒清为师长。

面对蒋介石北伐军的强大攻势，张作霖也加紧军事部署，准备予以顽强的反击。

1928 年 1 月 25 日，张作霖在北京召开安国军最高军事会议。张学良、张宗昌、孙传芳、杨宇霆、褚玉璞等出席。因韩麟春突患重病，第三、四方面军全由张学良主持。经张学良商得张作霖同意后，由杨宇霆兼代第四方面军军团长，张学良偕杨宇霆驻保定指挥军事。此外，主要研究决定了安国军的

① 张学良口述，唐德刚撰写：《张学良口述历史》，第 4 章，第 64 页。

作战方略。

第一，张学良、杨宇霆所部第三、四方面军团，大部开赴邯郸以南，向安阳的冯玉祥军进攻。以一部应对娘子关、五台方面的阎锡山军的进攻，并相机向山西内部推进，击破其主力。

第二，张宗昌所部应固守鲁南，不可出击，布置纵深配备，步步防守，抵抗敌军北进。

第三，孙传芳所部在济宁一带防守，与张宗昌部切实联系，固守鲁南。

第四，褚玉璞所部在大名一带防守，与左翼的张学良、杨宇霆的第三、四方面军密切联系，阻敌北进。

第五，张作相所部应配合第三、四方面军团作战，向平型关、大同进攻，并相机攻入晋北内部。

当天，军事会议闭幕。1月26日，奉鲁军将领急忙赶回驻地。

以上的军事部署，奉鲁军是三面出击，对付三个方面的敌人。而奉鲁军的主力是张学良、杨宇霆的第三、四方面军。这两个军团是奉军的精锐部队，兵员足额，军饷充盈，武器精良，官兵善战。约有140个团，总计所辖兵员不下50万人。它担负着对蒋介石北伐军三分之二的作战任务。但是，奉鲁军却用这两个精锐军团，来攻打冯玉祥和阎锡山的部队。这是以硬攻软，以强击弱。而蒋介石的第一集团军是北伐军的精锐，奉鲁军却用军纪废弛、兵无斗志的张宗昌、孙传芳的军队来抵挡。显然，这在战略的部署上，就首先输了一着棋，而且是致命的一着棋。

据说，在这个会议上，有人看出了这个严重的破绽，提出了一个很好的建议。他建议，津浦线的敌人是装备精良、训练有素的蒋介石直属部队，战斗力很强，可否由第三、四方面军抽调两个或三个军，开到山东中部协助防守。山东是张宗昌的地盘，他不愿意别人插手山东事务。他认为自己兵多粮足，完全可以保住山东，否决了这个提议。

从后来战事的进展看，恰恰是由于张宗昌和孙传芳在山东的失败，造成了奉军的全军溃败。一着失算，全盘皆输。虽然第三、四方面军打败了冯玉祥、阎锡山，张作相也顺利地攻占了大同，但由于天津吃紧，后路危殆，奉军不得不全线撤退。

1928年2月16日，蒋介石于徐州抵开封，和冯玉祥会商北伐大计及作战方略。阎锡山的代表朱振声与会。会议决定，彰德（安阳）、大名方面及山西先取守势，集中兵力解决山东。期于三个月内会师北京。其作战部队为：用于山东方面者为第一集团军第一军团刘峙、第二军团陈调元、第三军团贺耀组、第四军团方振武，第二集团军第一方面军第三军孙良诚、第四军马鸿逵、第五军石友三、第二十一军吕秀文、骑兵第二军席液池；用于河北方面者为第二集团军第二方面军孙连仲、第三方面军韩复榘、第八方面军刘骥、骑兵第一军郑大章；用于山西方面者为第三集团军全部。

蒋介石的这个作战部署，好像是针对奉鲁军的作战意图制定的。蒋介石集中优势兵力，专门攻击奉鲁军的薄弱环节山东地区。而在河北、山西一带则采取守势，只投放有限的兵力，与奉鲁军主力周旋。从战略部署看，蒋介石就比张作霖略高一筹。

张作霖侦知蒋介石等在开封开会的消息，也在北京召开奉鲁军高层会议，制定作战方略。但是，和以前制定的没有什么差别。会后，张学良、杨宇霆从北京返回保定，准备与冯玉祥作战。限于3月26日前部队到达指定防地。

4月1日，张学良、杨宇霆率领参谋处等有关人员乘专车由保定开赴邯郸，并在邯郸设立前线指挥部，派参谋处长谢珂负责。保定为后勤总站，派参谋长鲍文樾负责。张学良、杨宇霆暂驻火车上办公。

张学良、杨宇霆在部署完前方战事方略后，又电邀驻军大名的安国军第七方面军军团长褚玉璞到邯郸，商讨联防事宜。褚玉璞随身携带三套大烟具，倒在床上，吸了半个小时，才议论正事。商议完后，他就返回了大名。像褚玉璞这样的大烟鬼，竟然指挥一个军团的官兵，奉鲁军不打败仗，才是怪事。

4月2日，张学良、杨宇霆下达攻击令。命令于学忠、戢翼翘、富双英各军及骑兵第一、第二两军，以戢翼翘为中心，向丰乐镇一带的冯军进攻。奉军进攻一昼夜，冯军不支，4月5日退守漳河南岸。戢翼翘军继续前进，驱逐了安阳城北面的冯军。于学忠军渡河占领回龙镇等处，逼近安阳城东面，奉军重炮轰击安阳。冯军孙连仲部溃退，被俘1500余人，安阳指日可下。

此时，张作相的第五方面军由平型关起包围了晋北，已经进占了重镇大同，继续进兵，逼近五台。张学良、杨宇霆由北京返回保定后，下令总攻阎锡山。奉军迅速占领了井陉，阎军退守娘子关。奉军连日猛攻娘子关，阎军已呈动摇之势。据当时情报，阎军似乎准备撤退。可以说，奉军在对冯玉祥和阎锡山军的作战方面，呈现优势状态。

然而，奉军在山东一线却连吃败仗。孙传芳被张作霖任命为安国军第一方面军军团长，驻守济宁。本来让他固守鲁南，可是4月上旬，他主动出击，进攻徐州。在进军途中，后路被孙良诚、方振武两军袭占，不得已回军驰援。

济宁虽然一时收复，但无力防守，只得命令全军向济南方面撤退，孙传芳和张宗昌幻想固守济南。

蒋介石4月1日到徐州，4月7日发布北伐的总攻击令。蒋介石率领14个军北进。刘峙军迅速攻占了鲁南重镇韩庄，守将许琨溃败。张宗昌命令所部在泰安、界首两地严密布防。蒋军连续攻下泰安、界首，鲁军兵败如山倒，一溃千里。张宗昌、孙传芳退出济南。5月1日，蒋介石进入济南。5月2日，日本第六师团福田彦助由青岛率所部600人抵济南，在正金银行楼上设立司令部。

5月3日，日寇阴谋制造事端，枪杀中国军民，并乘机将北伐军第四十军第七团千余人缴械。同时，杀害了战地政务外交委员会主任兼山东交涉员蔡公时等17人。遂发生五三惨案。日方发出通牒：（一）济南商埠街道，不许中国官兵通过；（二）胶济与津浦铁路不许中国运兵；（三）中国军队一律撤离济南20里外。蒋介石决定对日本的挑衅采取容忍的态度，退出济南，分五路大军渡过黄河，绕道继续北伐。当晚，蒋介石密令城外的各路大军渡河北进。因此，蒋军北进一时迟滞。

张作霖一看形势不好，就采取断然措施。一面命令军队在滦东五县（滦县、乐亭、昌黎、卢龙、抚宁）① 构筑第二道防御工事，并沿滦河架设桥梁；一面命令第三、四、五、七方面军迅速撤退，向滦东五县和关外转移，以保实力。

接到张作霖的撤退命令后，张学良、杨宇霆制订了撤退计划，下令各部遵照执行。第一期，把攻打冯军安阳一带的部队先撤到保定附近，然后由铁路运输到滦东各县。第二期，把攻打阎军的石家庄、娘子关的部队撤到保定以南，先掩护由安阳方面撤退的各部安全通过保定之线，以后做掩护的部队，再以军为单位，按照计划经过京、津中间地带，向滦东一带撤退，集结待命。5月下旬，奉军全部安全撤回滦东一带。奉军的军事实力没有受到太大的损失。

5月9日，张作霖急召张学良、杨宇霆到京，讨论停战息争事宜。张学良、杨宇霆均力主停战息争。会后，张作霖发出息战电报，略谓：正太、彰德两路已停止攻击，国内政治，听候国民公正裁决。是非曲直，付之公论。

---

① 鲁穆庭等：《张作霖与阎、冯、蒋、李战争纪略》，《辽宁文史资料选辑》，第1辑，内部发行1962年版，第53页。

5月12日，蒋介石认为张作霖并无诚意，决定置之不理，继续北伐。

5月中旬，张学良、杨宇霆回到北京，张学良住万字廊，杨宇霆住九爷府。他们每天处理军团部的大量公文。

蒋介石认为张学良还保存很大的军事实力，不采取军事手段，而采取和平手段加以解决，以达国内统一之目的。

第十六章 卫权遭暗杀 自供白天下

一、卫主权强行筑路

这里所说的筑路问题，是指张作霖在东北建筑铁路，日本对张作霖的干涉。铁路是国民经济的大动脉。铁路的建设，事关大局。在和平时期，铁路对经济的发展起到举足轻重的作用。在战争时期，铁路对战争的胜负更是决定成败的关键因素之一。而在日本人所属的南满铁路称霸的东北地区修建中国人自己的铁路，其意义绝非一般。它实质上，是整个东北地区归属之争。因此，这场斗争的激烈程度是匪夷所思的。

张作霖是日本帝国主义扶植起来的一个地方军阀。不料想，1927 年 6 月 18 日，张作霖竟然当上了中华民国大元帅，手中握有大总统的权力。日本人感到这对他们是一件好事。但是，日本人在同张作霖的交往中发现，张作霖不是一个俯首帖耳、惟命是从的人。张作霖往往说话不算数，答应了的事，过后推托了事。即使是同日本签订的密约，事情过后，张作霖也经常装聋作哑，拒不认账。

1925 年 12 月，郭松龄倒戈时，日本人乘人之危，逼迫张作霖签订了丧权辱国的密约。张作霖彼时答应了日本关于“满蒙问题”的全部要求。但是，危机过后，张作霖感到此事非同小可，不能等闲视之。所以，他便百般推托，坚不执行。张作霖和日本之间，既有互相利用的一面，也有矛盾冲突的一面。他知道，若想在东北称王，必须得到日本的支持。但是，让他出卖国家、民族利益去换取日本的支持，他不敢做也不想做，他不愿意留下千古骂名。而且，既然他在东北称王，他就不愿意在政治、经济、军事各方面受日本的牵制。同时，他现在已经是中华民国的大元帅了，占有中国半壁河山。他可以利用这个有利的地位，采取“以夷治夷”的策略，让别的帝国主义国家来帮助他抵制日本人。

当时，日本和张作霖之间的矛盾，主要表现在铁路问题上。关于在东北的铁路，张作霖的观点是很明确的。此前，1921 年 12 月 5 日，美国哥伦比亚大学教授孟禄博士在奉天采访过张作霖。张作霖时任东三省巡阅使。他们之间的对话很引人深思。

孟禄问："近来欧美人士对于中国一部交通事业，很有提倡国际共管的，未知将军意见如何？"

张作霖答："凡食毛践土的中国人，没有一个人赞成那办法的，你想想中国人还能有赞成那么办的吗？"

孟禄说："所谓国际共管的，只是把外国人在中国建的铁路，置于国际管理之下，免得一个人专权垄断，有害中国，如中东铁路、南满铁路等是。"

张作霖答："若是那样办，我是十分赞成，特恐外国人不干耳。你想若不牵连全国的铁路在内，外国人能单独放弃他自己的权利吗？"

孟禄说："据我所知，就是那样。把外国人建的铁路，收归国际公共管理，免一国专断自私，与中国国有铁路，并无干涉。"

张作霖答："若是那样，我极赞成。再进一步说，如能把南满铁路收归国际管理，中东铁路，我也宁愿牺牲，交归国际管理；倘若是不然，只把一个中东路收归国际管理，我姓张的是极端反对。无论他是什么国家怎么决定的，我张作霖是绝不听那套的。我就知道中东铁路是中国人的铁路，应当归中国人管理，我自有办法，总之我是绝不放松的。"

孟禄说："将军爱国爱乡，良可钦佩。"

从以上对话不难看出，张作霖对东三省铁路的严正立场。

但是东三省铁路的现实是很残酷的。

1904 年的日俄战争，日本取得了胜利。战后，1905 年 9 月 5 日，在美国签订了《朴次茅斯合约》。日、俄两国在中国政府没有参与的情况下，擅自决定了有关中国主权的重大事宜，主要包括：俄国将旅顺口、大连湾及其领土领水之租借权让与日本；俄国将由长春（宽城子）至旅顺口之铁路及一切支路，并在该路地方铁道内所属之一切权利财产，均让与日本；日、俄两国约在满洲地方，各自经营专以商工为目的之铁道，决不经营以军事为目的之铁道；俄国允将库页岛南部及其附近一切岛屿，并各该处之一切财产之主权，让与日本。

嗣后，在 1905 年 12 月 22 日起，清政府和日本在北京又签订了《中日会议东三省事宜条约》，日本不仅迫使清政府将俄国在东北的特权转让给日本，且攫得许多额外利益。允许日本在奉天、营口、安东划定租界和经营安奉铁路；开放东北16个城市为商埠等。

1906年，日本在东北建立了南满洲铁道株式会社。“满铁”名义上是管理日本在东北的铁路的，实际它的触角已延伸到铁路、海运、矿山、森林、钢铁、农业、畜牧等业。此外，更重要的是，它是日本在中国的情报机关。“满铁”控制了东北南部的几乎所有的铁路。

南满铁路具有极为重要的政治、经济、军事价值。它像一把利剑，从东北最南端的旅顺、大连港插入，穿过东北资源集中地区的辽南与东北的政治中心奉天，达到东北战略要地长春，再往北则经过东北富饶丰腴的松花江流域，直达北部重镇哈尔滨。虽然南满铁路北部划到长春为止，其实它的势力范围已经扩张到了哈尔滨。日本人占有了南满铁路，实际上就等于占有了东北的命脉。

这使东北王张作霖深受压抑，因此张作霖在千方百计地筹划自己建筑铁路。

在东北，中国人自建铁路，还是清朝的直隶总督兼北洋大臣李鸿章建议的。他建议修筑关内外铁路干线京奉铁路，但是修建到关外中后所（绥中）仅65公里就停止了。这是东北的第一条铁路。

张作霖对自建铁路非常重视，这里有军事目的，也有经济目的，但更主要的是军事目的。因为奉军兵力的调动，必须运用日本的南满铁路。而运用南满铁路必须严格服从他们的规定：一是奉军在日本驻奉天总领事和关东军司令部批准之后才能乘车。必须临时解除一切武装，枪支弹药另行托运，关东军和铁路守备队有权监督。二是奉军的军用物资，必须得到关东军司令部批准才能运输。三是日本方面随时可以拒绝张作霖的奉军运输。这些规定，使张作霖深感受制于人。为了摆脱日本的控制，张作霖决心利用自己的资金和技术，自建铁路。

1922年下半年，奉军总参议杨宇霆建议修建奉天至海龙至吉林的铁路，孙烈臣和吴俊升建议修建打虎山—通辽—齐齐哈尔的铁路。经张作霖同意，制订了修建西干线和东干线这两条铁路的自建铁路计划。

西干线是由奉天至黑龙江省会齐齐哈尔。这条铁路途经东北西部，线路绵长。为了节省资金，加快建设速度，采取了利用接通现有各条国有铁路的原则。实际上只是建筑了由京奉线之打虎山（大虎山）站向北至通辽的一条支线，这就是有名的打通铁路。有了这条铁路，西干线也就形成了。火车经打通铁路到通辽，再经郑（郑家屯，今双辽）通（通辽）铁路到郑家屯，再经四（四平）洮（洮南）铁路到洮南，再经洮昂铁路到昂昂溪，再经昂齐铁路，就到达了齐齐哈尔。

东干线由奉天至吉林省会吉林市。这条铁路经过东北的东部。此条铁路以海龙为界，南段由奉天省修建，北段由吉林省修建。接轨时，南段多修一站到朝阳镇（今辉南），与北段连通。

东北自建铁路的两条干线，自1921年起以后陆续建成。它们都通过京奉线与关内连通，从而与京奉线一起，形成了东北自建铁路的三条干线。

这样，在东北地区，除中苏合营的中东铁路和日本自营的南满铁路外，还有了中国自己经营的铁路了。

为了统一东三省的交通管理，加快铁路的建设，1924年5月，张作霖成立了东三省交通委员会。这是东北交通事业的最高决策机关和执行机关。用此取代了北京交通部在东北的交通监督管理权。直奉战争期间，张作霖在东三省实行区域自治。乘机把京奉、吉长、四洮等国有铁路归东三省交通委员会管辖。中苏共管的中东路，张作霖和东三省交通委员会代表中国参加共管，取得了中国方面应该取得的权利。

东三省交通委员会设委员长一人，由奉天省长兼任，主持日常工作。委员15人，由三省的省长、东三省和奉天省军政官员兼任。交通委员会直接受东三省保安总司令张作霖领导，委员由张作霖任命。显然，这个委员会具有很高的权威。

对于张作霖要修建西干线和东干线，日本极为不满。张作霖最先动工的是西干线南段的打通铁路。打通铁路，又称大通铁路，是京奉路打虎山（今大虎山）站经过新立屯、彰武，终点至通辽的一条铁路。这条铁路从1921年开工，到1927年竣工，共修建了七年。1921年，修建虎壕铁路（打虎山至八道壕）。1925年8月，虎壕铁路延长至新立屯，继续向彰武施工。1925年，常荫槐任京奉铁路局长。为了防止日本人干涉中国人自建打通路，张作霖命常荫槐向北京交通部请示修路。9月13日，在北京的《交通公报》上公布了打通铁路修建计划。目的是向外界宣布，修建打通铁路得到了北京政府的正式批准。这是中国的内政，别国无权干预。

1926年8月，延长工程向彰武施工。得知此消息，日本外务大臣币原喜重郎训令驻奉天总领事吉田茂，向张作霖、杨宇霆询问打通铁路计划。吉田茂指责中国修建打通铁路是“满铁本线的平行线，殊属欠妥”。杨宇霆当即以稍带不满的口吻回答道：“中国方面并无此项计划，即使果有此项计划，谅也无妨。”8月30日，杨宇霆访问了吉田茂，吉田茂再次指责中国修建打通铁路是违反中日条约，杨宇霆对日本的干涉很是不满，据理否认了中日不平等条约中所谓平行线问题。

9月9日，吉田茂访问张作霖，又质问此事。张作霖搪塞地答道：“东北当局没有这项计划，即使有计划也没有筑路资金。”张作霖故意拖延，以争取时间尽快完成打通铁路的建设。

9月17日，吉田茂代表日本政府，以照会的形式向张作霖提出抗议。称打通铁路是和日本的南满铁路“平行竞争之路”，帝国政府“不能漠视”，进行外交恫吓。

10月27日，张作霖复照日本：“此项铁路现在并无计划敷设之事。如将来为开发奉省起见，经官府或人民提议兴修，事关内政，届时自当斟酌情形为之。贵国政府对于奉省地方事业夙抱开发之意，贵总领事必能乐于赞助，似无干预之必要也。”① 张作霖明确地表示修建打通铁路是中国的“内政”，请你们日本不要“干预”。当时实际情况是，打通铁路正在紧张施工，张作霖矢口否认，并在照会中留下了伏笔。

日本并不甘心。12月28日，奉天代理总领事蜂谷辉雄会见杨宇霆，要求东北当局停止彰武以北的计划。杨宇霆当即答复：“奉天省政府没有彰武至通辽计划，彰武铁路快完工了。京奉路欲把奉天以西换下的旧轨用于何处，这些都与奉天省无关。一切听京奉路和交通部决定，东北当局并未参与打通铁路计划。”杨宇霆把修建打通铁路一事一推六二五，一再申明那是北京政府交通部的事，我们奉天省管不了中央的事，奉天省没有参与此事。其实，关于把京奉铁路换下的旧轨，分段用于打通铁路，这是张作霖和杨宇霆的决定。因为张作霖重视京奉铁路，它是连接关内外运输的大动脉。

日本总领事知道这是杨宇霆在搪塞，便与杨宇霆发生了尖锐的争论。

杨宇霆严肃道：“东三省自建铁路是为了发展地方经济，日本政府不应该只考虑满铁会社的经济利益，而阻碍东北铁路连成干线，更不应该向东北当局提出无理抗议。”

---

① 王贵忠：《张作霖与东北铁路》，《辽宁文史资料选辑》，第1辑，内部发行1962年版，第563页。

蜂谷辉雄威胁地说道："东北当局必须尊重中日之间的条约和一切协定，才能保持双方友好关系。"

杨宇霆坚决地回答："理由已如上述，这些问题不是本人专职负责。我本人一切听张作霖上将军指示。今天争论的重大问题，东北当局不能按日本要求答复。至少，我不能答复。"

蜂谷辉雄强硬地说道："鉴于以往您是张作霖集团中的决策人物，您不答复实在令人费解，帝国政府要求张作霖答复。"并当场拿出抗议照会交给杨宇霆，照会的口气十分强硬。

虽然，日本一再要挟、逼迫张作霖，但张作霖没有老实就范，而是我行我素，照常施工修建。同时，还变本加厉，又在1927年年初，吉海铁路也动工了。

1927年5月4日，日本政府训令吉田茂总领事鉴于东北自建铁路的势头难以遏制，对张作霖和杨宇霆的抗议又无效，让吉田茂切断京奉路对奉军的一切运输，但这也阻挡不了张作霖自建东北铁路的步伐。

同一时期，张作霖还向英、美两国借款2000万元，用来建筑葫芦岛商港，以便抛开日本控制的大连港。张作霖希图把葫芦岛港作为自己的吞吐口岸，同三大干线连接起来，形成一个海路联运的交通网络。这使日本感受到了更大的威胁。

张作霖软硬不吃，日本感到束手无策。于是，1927年6月27日在日本东京的外相官邸，日本首相兼外相田中义一主持召开了东方会议。与会者有中国通政务次官森恪、日本驻华公使芳泽谦吉、驻奉天总领事吉田茂、关东军司令官武藤信义、关东厅长官儿玉秀雄、满铁社长山本条太郎、参谋次长南次郎、朝鲜总督府总监山县一三郎等熟悉中国事务的日本高层官员。炸死张作霖的阴谋策划者河本大作，以关东军司令官武藤信义随员的身份列席了会议。从6月29日至7月4日，接连召开了五次会议，7月7日闭幕。这是一个策划如何侵略中国、对付张作霖和解决满蒙问题方法的会议。

会上提出了各种意见，阴谋设计如何侵吞中国东北，对付张作霖。关东军司令官武藤信义作了专题发言，他说："满蒙问题除了武力解决外，普通的外交手段是无法的。"经过讨论，他们在对待满蒙问题上取得了一致意见。其基本方针是："坚决排除阻挠我国实行对满政策的势力，如有必要，则准备动用武力。"并决定"采取彻底的满蒙政策"①，加强对奉系军阀的控制，解决

① [日]关宽治、岛田俊彦：《满洲事变》，上海译文出版社1983年版，第6页。

悬而未决的问题。这个悬而未决的问题，就是1915年日本向袁世凯提出的“二十一条”中有关“南满洲及东部内蒙古”问题。后来，田中义一结合这次会议的精神，提出了《对华政策纲领》八项，其第八项写道：“万一动乱波及满蒙，扰乱当地治安，有可能侵害我国在满蒙的特殊地位及权益时，则不论其来自何方，都必须予以防御。而且为了维护此国内外人民安居乐业之地，须有及时采取适当措施之决心。”这里完全暴露了日本企图霸占我国东北及东部内蒙古的狂妄野心。后来的历史，也印证了日本的这个阴谋。

同年8月15日，田中义一首相派森恪政务次官召集日本侵华的首要分子继续举行旅顺会议。外务省政务次官森恪，是田中内阁事实上的中心。

上次会议提出满蒙问题没有解决的原因在于：在铁路附属地和租借地以外，没有土地所有权；商租问题未获解决；交通设施不健全。有鉴于此，这次会议决定，扩大满铁权限，向奉方提出在东北及热河、内蒙古等处，建筑吉会、延海、吉五、洮齐、洮索、长大六大铁路的要求，均由满铁承办；所有东三省境内中国铁路与日本利益相抵触者，一律不许建筑。此外还提出日侨在东北杂居、日方有权开发东北矿产等案。森恪也代表田中义一表示：“对满蒙问题，用外交解决不了的，除依靠武力外，无解决之途。”会议决定对张作霖施加重大压力，如果仍不就范，即以武力驱逐下台。

对于这两次会议，时任日本驻奉天总领事馆领事的森岛守人写道：“作为田中外交的特点，主要在于它用积极手段来维护日本在华权益的方针。而对于满蒙则并不只是满足于维护其既得权益，还要求必须保持满蒙的所谓‘静谧’，也就是要绝对确保满蒙的治安。最后只以满蒙的实权人物，为进行交涉的对象，把满蒙从中国本土肢解出来，这就是田中外交的方针。”① “把满蒙从中国本土肢解出来”，这是一个资深日本外交官的真实自白。

8月22日，日本驻华公使芳泽谦吉回到北京，次日即将田中义一首相的手函及所赠礼物面交张作霖，并提出所谓“满蒙觉书”，觉书就是备忘录，要求解决满蒙悬案。张作霖假装糊涂地说道：“这些事情我都不很熟悉，以后请与杨宇霆进行谈判。”②

芳泽谦吉退后，张作霖就在帅府召集会议讨论对策。大家认为，此项交

---

① ［日］森岛守人：《阴谋 暗杀 军刀》，黑龙江人民出版社1980年版，第2页。

② 陶菊隐：《北洋军阀统治时期史话》，第8册，生活·读书·新知三联书店1978年版，第224页。

涉应由地方办理，以便留有缓冲余地。

8月27日，杨宇霆访问芳泽谦吉，提出这个问题应该由东北地方当局解决。但是，驻奉天总领事吉田茂盛气凌人，使人难以忍受，奉天省长莫德惠、沈阳交涉员高清和，都不愿意与他见面，希望吉田茂把脾气放好些。但是，芳泽谦吉认为，地方当局不能解决问题，仍然主张在北京交涉。

日本提出“满蒙觉书”的消息，迅速地传播开来。东北人民又掀起了反日浪潮。9月4日，沈阳举行10万人的民众反日示威大会，成立了外交后援会。9月7日，吉林各团体要求拒绝满蒙交涉，并表示为此不惜出于一战。东北人民的反日怒火有力地打击了日本的嚣张气焰。但是，芳泽谦吉怀疑张作霖暗中放火。

9月8日，芳泽谦吉面见张作霖，提出抗议，要求下令制止。张作霖一面答应去电制止，一面希望日方对“满蒙问题”从缓商谈，以免事态扩大。

9月9日，张作霖在居仁堂接见东方社记者时表示，关于“满蒙问题”，如果日方仅以解决悬案为目的，而不提出新的要求，比较容易解决。东北排日运动，日本政府误会是我指使的，其实这是日方提出“满蒙觉书”后引起的民众运动，我已致电奉天省长严加取缔。张作霖利用群众的反日斗争，又使这个问题拖了下去。

9月9日，杨宇霆与芳泽谦吉举行第二次会谈。芳泽谦吉乘机再次指责中国修建打通铁路等，与南满铁路为平行线，是破坏中日签订的条约云云。杨宇霆据理驳斥说：“南满铁路是日方从帝俄手中取得的权利，本以辽东为限。我们在辽西筑路，并不违约。而且中国人民在自己的领土上建筑铁路，日本无权干涉。”这次会谈不欢而散。

此后，东北人民的反日斗争没有停息。9月12日，沈阳日警强迫华警撕去墙头上所贴的“打倒田中内阁”的标语，华警拒不听从，引起一场口角。华警包围起来把这个日警捕送中国警署，后由日本警官领回。由于中国人民反日情绪高涨，日本派兵企图武力制止。

9月19日，杨宇霆和芳泽谦吉举行了第三次会谈。芳泽谦吉请杨雨霆回奉天制止反日运动。并称中国修筑打通、奉海两路，日本坚决反对。杨宇霆解释说，修筑两路主要为军事上原因。南满铁路拒绝为中国运兵，两路告成后，吉林、黑龙江两省军队就可以不经过南满铁路而直达京奉线了。芳泽谦吉要求改为中日合办。杨宇霆说，两路现已告成，没有日本投资或向日本借款的必要。

关于满蒙问题，日本和奉系双方意见悬殊，再加上人民群众的反对，而陷于停顿状态。这是张作霖所希望的。

二、施手段推托签约

日本阻挡张作霖自建铁路没有奏效，他们变换招数，想诱迫张作霖签订允许日本人在东北续建铁路，以实现他们扩大蚕食侵占满蒙的计划。此时，田中义一首相相中了一个日本政客，就是他的密友山本条太郎。因为驻奉天总领事吉田茂急功近利，态度蛮横，与张作霖的关系十分紧张。田中义一为了日本更大的权益，不得不把吉田茂暂时调开，而起用身为满铁社长的山本条太郎来执行这个棘手的任务。山本条太郎是一个富有政治手腕和计谋韬略的人物。他在满铁上任不久，就把社长改称为总裁，以提高他在公众中的地位和影响。让山本条太郎任满铁社长是田中义一和张作霖的日本顾问町野武马商定的。山本以田中义一代表的身份，与张作霖接触、谈判。

为了完成田中给他下达的任务，山本做了周密的安排。他本人首先不亲自出马，而是巧妙地利用两个人。这两个人都同张作霖有着特殊的关系，让他们去打前站，踩点摸路。一个是山本条太郎的义子江藤丰二。他与森恪政务次官等人一起，都是日本派往中国的第一批留学生。他会说一口流利的中国话，熟悉中国官场内情，更重要的是同张作霖关系密切，据说可以跑到张作霖的寝室和张作霖交谈。同时，他处世又稳重可靠。另一个是张作霖的顾问町野武马，此人性格古怪，脾气倔强，很得张作霖的赏识。

山本条太郎先派这两个人去北京面见张作霖。町野武马在山本条太郎到北京前一天的晚上12时，找到了张作霖。町野对张作霖说："明天山本要来，是为了五条铁路。"大元帅说："五条铁路怎么样?"町野答："要架设借款铁路。"张作霖一口拒绝："不行!"张作霖"气愤愤地，连招呼也没打就想走进房里"。可见，张作霖对日本的要求是如何的反感。

江藤丰二带去了东方会议制订的《满蒙铁路计划》。这个铁路计划是企图在北满再修建五条铁路，为南满铁路扩展支线，并把朝鲜和中国东北连在一起，以便利日本对中国的经济、军事侵略。张作霖仔细地看完这个计划后，吃惊地说道："这不是日本准备和俄国开战的铁路吗?"他认为修建这些铁路，犹如"怀里抱着炸弹"一样危险，表示不能接受。但是，江藤丰二洞悉张作霖害怕日本支持国民党新军阀蒋介石的心理，抓住张作霖的这个要害，他阴险地威胁道：“如果你不合作，日本军队将要帮助你的敌人蒋介石！”这是张作霖最为担心的。因为一旦日本支持蒋介石，张作霖前有蒋介石这个势头正盛的新军阀，后有虎视眈眈的日本人，他将陷于进退维谷的境地。为此，张作霖想要再赌一把，在江藤丰二的威胁恫吓下，就勉强地在五条铁路中圈上了四条铁路。最后，经江藤丰二的软磨硬泡，又圈上了最后一条铁路。张作霖感到事关国家命脉，圈画时似乎浑身都在哆嗦。张作霖留了后手，申明这只是预备性商谈，还不是最后决定，申言你们暂时不要发表。

山本条太郎得到这个消息，很受鼓舞。他情不自禁地说：“已经没问题了，这回该由我去结束交涉了。”10月10日，山本条太郎到了北京。12日，会见张作霖。中国的亲日派曹汝霖、靳云鹏等也由天津到了北京与山本条太郎会见，企图里应外合地包围张作霖，使张作霖就范。在谈判中，山本条太郎提出了修建五条铁路：吉会线，吉林至朝鲜北部的会宁；延海线，延吉至海林；吉五线，吉林至五常；长大线，长春至大赉；洮索线，洮南至索伦。其中，海林在哈尔滨以北，深入黑龙江腹地，犹如插到黑龙江内部的一把利刃。而索伦位于黑龙江和内蒙古交界处，好似一杆摆正姿势准备突刺的钢枪。这五条铁路如果建成，并归日本人所有，那就等于把整个北满拱手交给了他们。显然，这五条铁路建筑条约的签订，是极端重要的，是日本垂涎已久的。

张作霖的日本顾问回忆说：“这些铁路如果造好，以后就没有文章可做。因为这不仅是五条铁路，各铁路还附带租借地。换句话说，它将把满洲变成日本的属地。”这个“属地”，也就是日本的殖民地。

这次谈判如此重要，张作霖便请他的军师杨宇霆到场，以为缓冲地步。杨宇霆以初次看到谈判文件为由，故意提出许多意见。甚至“竟声言虽然张作霖业经应允，但此事非大元帅所能专断”。杨宇霆敢于这样表态，是张作霖和他事先商量好的对付日本逼迫的手段。几经折冲，嗣后经过修改，町野武马、江藤丰二拿来《满蒙新五路协约》，请张作霖签字，张作霖圆滑地亲笔写了个“阅”字，并没有签上自己的名字，为后来抵赖撕毁条约留下了后路。这是张作霖在强邻日本逼迫面前想到的一个招法。这个“阅”字，是阅看过的意思，并不是批准同意之意。日本人不知道这里设下的陷阱，他们空欢喜了一场。

还存在一个问题，就是山本条太郎是以私人的身份来谈判的，不具有法人资格。该条约第十条规定：“本协约签字后，尚须派两国代表正式签字”，方能生效。有鉴于此，“协约”签字后，田中义一立即要求张作霖向日本外务大臣和日本公使送交满蒙交涉文件，以便“将上述密约，改成政府间的正式协定”。并进一步要求张作霖派人迅速签订具体承造合同，把五路的建筑完全落到实处，以免张作霖即使签字也可能反悔。田中义一知道，张作霖对日本人经常是说了不做的。

而张作霖确实是这么想的。他知道，南满铁路就像日本插在东北南部的一根粗大的吸血管，把东北的鲜血源源不断地吮吸到了日本。而北满五路，则是南满铁路的延伸。它像许多微血管散布在北满各地，西部达到了内蒙古，东部甚至连接到了朝鲜。若这五条铁路如期建成，那就使日本的铁路从朝鲜的南端延伸到整个东北地区。也就是说，他们的触角遍布了朝鲜和满蒙地区，使满蒙地区变成事实上的日本殖民地。

张作霖当然知道问题的严重性。为此，他又采取了惯用的对付日本的手段，那就是推托。张作霖以反对密约公开为借口，只答应给田中义一首相兼外相写一封信，以示自己的“诚意”。1927 年 12 月 5 日，张作霖给田中写了一封信，内容如下：“日前山本社长来京所谈之事，敝人切望以诚协商，对各项之详细规定则可令各地长官逐条协订，并应以此共同利益为本，和衷商谈，以增友谊，不悉尊意如何。”

张作霖想方设法百般推托，就是不履行建筑五条铁路的具体承造合同。一直拖到来年的 5 月。

张作霖的奉鲁军敌不过新军阀蒋介石的北伐军，节节败退。

1928 年 5 月 3 日，张作霖下达了总退却令。

5 月 9 日，张作霖发表了停战息争通电。

5 月 12 日，国民党中央会议决定，对张作霖的息争通电置之不理，继续北伐。张作霖在北京已经不安其位了。

日本密切注视着张作霖和蒋介石之间战事的发展。他们看到张作霖前途危殆，就想乘机迫使张作霖答应两国政府互换“协约”文书，并具体签订承造合同。于是，5 月 7 日田中义一再次训令山本条太郎到北京，逼迫张作霖具体履行政府间签字程序，并签订承造合同。因满蒙新五路多在吉林省境内，所以张作霖令吉林督办兼省长张作相出面，与日本交涉签订承造合同具体事宜。

张作相体察张作霖的良苦用心，一面表示大元帅的决定不能轻易否定，一面又说：“由于事关重大，须待战争结束回吉林同大家商量之后才能签字。”他也用这个方法拒绝签字。同时，张作相还从北京向吉林省议会发电，说明关于签字的原委，并出主意让他们向大元帅发出反对签字的电报。吉林督办张作相和吉林交涉署长钟毓在北京联名致电省议会，电文称："大元帅为筹措军费，正拟以吉林省所有森林、矿山、铁路为抵押向外借款，并将命令我二人签字，此刻，望省议会能对我二人此举意图保守秘密，并电大元帅表示反对。"① 吉林省议会等团体迅即回电："无论日本人玩弄什么权术，亦断不能允许给他们以该项铁路权益，必须坚决拒绝。"张作相得到这封电报，有了不敢轻易签字的理由，就拒不签字了。

5月14日，张作霖电复吉林省议会，说明了日本人阴谋攫取吉会路权。电文略谓："吉会等路，本系段政府任内允许外人修建之案，现在日方旧事重提。半年以来，多方催逼，舌敝唇焦，正在设法交涉，冀减一部分或取消数部分。"这是张作霖的内心独白，他确实在与日本人斗智斗勇，希冀减少中国的损失。

张作霖说，他可以签字。但江藤丰二认为，大元帅签字不合手续，想请代理交通总长常荫槐签字。然而，常荫槐避往天津，路政司长刘景山临时辞职，都不愿意做日本人的工具。张作霖无法，只好命航政司长赵镇（别名赵东凡）代签。

关于此次签约，赵镇写过一篇回忆文章。因为赵镇是此次签约的当事人，他的回忆是很有价值的。据他的回忆，关于日本修筑五路的要求，"张作霖仅允许修筑自吉敦路终点延长至图们江的一段铁路，由日本垫款日金500万元，并订立了合同。至于所谓吉会铁路，只是日本片面的要求，从来没有过中国政府承认签约的事实。就是吉敦延长合同的签订，以后张作霖也声明不能履行，是为张被炸身亡的主要原因之一。"

关于此次签约，赵镇还有更为详细的回忆。那时交通总长常荫槐因公出差，派赵镇暂行代理他的职务，部印和常荫槐的名章由赵镇保管。5月13日，大元帅府命赵镇携带部印和常荫槐的名章，速到帅府。他乘车到了中南海的春藕斋，才入门，周秘书迎来指着黄包袱问道："是部印吗？交我吧，你略候一候。"他持包走进东屋。少顷，内阁总理潘复从东屋走出，手执一本打字文件令他看，封面上写着《吉敦铁路延长垫款合同》的字样。他当即对赵镇说："这是吉敦铁路延长至图们江，由日本垫款日币500万元的合同，今日约定和日本铁道省代表中岛签字，部印已由这边盖了，常部长的名章可由你代为钤

① 《中华民国史资料丛稿大事记》，第14辑，中华书局1985年版，第137页。

盖。”赵镇不敢擅自动用常荫槐的名章，要一个手谕。潘复认为可以，就请张作霖写了一个手谕：“常荫槐名章由赵镇代钤”等字，末盖有“居仁由义”篆文图章。赵镇就在已打好字的“常荫槐”名下钤章，随后退出。

赵镇还写道：“过了几日，天津《益世报》登载张作霖允许日本要求的五路借款业由赵镇带交通部印到帅府代常荫槐签约的消息。交通部当致函该报声明，略谓五路借款，我们同日本双方均未有提议，至云签约，更无其事，请据实更正。后经该报照登，这是众所周知的。”

赵镇还回忆了一件重要的事。当张作霖决定退回关外时，他曾召见日本顾问河野，告以战事已停，垫款无用，合同可以解除。河野答称，他已报告他们军部转达政府，此案已完全成立，万难反复，若必那样做，他得负割肚子的责任。张作霖说：“我已不战，款无所用，将来为修铁路，可另订借款合同。或者还要有更多的借款，请你婉言，暂先停止运输军需品吧。”① 这个回忆很重要，说明张作霖想退回日本的500万元的铁路垫款。这就是说，张作霖想要借此推翻《吉敦铁路延长垫款合同》，从而撕毁这个合同。

赵镇接着写道：“河野遂去旅顺同关东军磋商。据说该军部认为张氏反复无常，从前郭松龄倒戈时，向日方求援，曾口头上允许把沈阳车站附近租借地拓展至浑河沿，事后竟不履行。这次又想背弃签订之约，必须断然处置。”

《满蒙新五路协约》最后只剩下《吉敦铁路延长垫款合同》，而张作霖又千方百计地想要撕毁这个合同。这就是说，到头来，日本人没有从张作霖手里得到任何东西。日本人愤怒已极，对张作霖确实想要“断然处置”了。

张作霖面临巨大的危险，然而他却蒙在鼓里，警惕性不够高。

三、泄真情愤然拒签

张作霖不肯签字，也不想履约，同日本周旋，田中义一非常恼火。他训令日本驻华公使芳泽谦吉，利用兵临城下的形势，逼迫张作霖签约，一揽子解决所谓的“满蒙悬案”。5月17日深夜，芳泽谦吉访晤张作霖，面递日本政府觉书。先是声称中国战争现已波及北京、天津，若满洲治安受到影响，日本为维护在满洲治安起见，势不得不采取断然之处置。继又以“个人名

① 赵东凡：《吉会铁路签约经过》，《文史资料选辑》，第17辑，中华书局1981年版，第80页。

义”，力劝张作霖收兵退回满洲，以保京津不受战乱。张作霖拒绝了退回满洲的说辞。他说：“我以讨伐共产党为主义，如果我失败，中国将被赤化。中国赤化，日本有没有关系？”

后来，图穷匕首现，芳泽谦吉提出了满蒙权益的要求，请张作霖签字。同时，口气强硬地威胁说：“张宗昌的兵在济南杀死几十名日本侨民”，“你对此应负一切责任”。张作霖对新军阀蒋介石连吃败仗，前途岌岌可危，心情烦躁。在他最背时的时候，日本人却乘人之危，逼迫签订协约，他“勃然大怒，由座中站起来，把手里的翡翠嘴旱烟袋猛力地向地下一摔，折成两段，声色俱厉地冲着芳泽谦吉说，此事（指张宗昌杀日侨事）一无报告，二无调查，叫我负责，他妈拉个巴子的，岂有此理！我这个臭皮囊不要了，也不能做这种叫我子子孙孙们抬不起头来的事情。他说完之后，就扔下芳泽谦吉，怒气冲冲地离开了客厅”。这一晚，芳泽谦吉和张作霖谈了四个小时，但“毫无结果”。“芳泽谦吉花费了几个小时，拼命想说服张作霖，但张作霖却没有给予明确的答复。据说，张作霖非常气愤，而像铁栏里的老虎，在其办公厅走来走去。”

5 月 18 日，驻沪日本总领事矢田七太郎以致军政府同样的觉书，面交南京国民政府外交部长黄郛，并将此觉书之说明书出示黄郛。声明：“日欲保持其在东省特殊利益，无论张胜与败，南军不许出关。张如欲出关，则应立即保持其实力而出，不然留关内作死斗。”其口吻好像东北就是他的殖民地，公然干涉中国内部事务。这个觉书，就是所谓“五一八觉书”。它遭到了北京政府和国民政府的“严重的抗议”。这个“五一八觉书”实际上是 5 月 17 日递交北京政府的、5 月 18 日递交南京政府的，而史称“五一八觉书”。

5 月 23 日，驻北京外交使团以中国战事波及京、津，在荷兰使馆讨论对策。日使芳泽谦吉提出“非常警备”案，援用庚子八国联军对付义和团之办法，主张各国陆军管理京津、京奉铁路之关内全段，沿线 20 里内绝对不许中国南北军队作战，保持大沽、秦皇岛两个口岸之绝对自由。各国公使认为此项办法超越自卫以外，一致表示反对。但日本决定，准备一个师团的兵力，彻底实行 5 月 18 日觉书之内容。

5 月 25 日，北京军政府外交部就日本 18 日觉书复照日本公使芳泽谦吉，声明东三省及京津均属中国领土，表示日本“惟所称以动乱行将及于京津，影响东三省地方，不得不采取适当且有效之措置一节，本国政府，断难承认，而有切实之声明者”。对日本的威胁给予强烈的回击，表明张作霖在领土主权问题上的严肃立场。

5月26日，北京政府在影响广泛的《大公报》上发表了《北京政府宣言》《致日本公使照会》以及就此所作的有关说明。《大公报》用大字标题推出重要新闻：张作霖离京前发表的《北京政府宣言》，同时刊载了就发布的新闻提炼出的几句关键词语："并已答复日本公使：所称采适当措置断难承认，我领土主权所在不能漠视，与华约两项原则显有抵触。"

《大公报》首先刊登了国闻通讯社通讯。国闻通讯社通讯云：

北京政府对于十八日之日本节略（按即"五一八觉书"），昨日（按即五月二十五日）上午，已正式对日答复。同时并发表正式宣言，说明中国在国际地位，不认日本于三省及京津有采适当且有效措置之权，缘自日本提出警告式之节略以后。当局除于军事行动一层，曾派于国翰向日使馆说明，奉军不能再退，及不得不应战原因，希望日方对军事地位上，予以谅解。某某两要人出京之前，亦曾与芳泽日使会面，在军事方面有所说明。惟此皆系只对芳泽劝告息兵一节所为之非正式答复。关于日本节略中，最含有重要意味（亦为世界最怀疑者）之所谓战乱将及于京津、满洲，蒙其影响时，日将采取适当且有效之处置一层，此为日本真意所在。北京政府最认为不能容忍者。府方认此等含有重要意味之外交问题，当然应由外部办理，遂将中国应付方策，悉责成外部妥为斟酌办理。外长罗文干、次长吴晋等，佥以日本节略所称，显有漠视中国领土主权之处，与华会九国协定适用中国部分原则、精神更多背驰，当决定予以驳复，并发表宣言，俾世界明了中国之地位。三四日来，迭与外交上富有经验之要人磋商斟酌，日前（二十三日）外部主管员司，即已将草稿拟就。前日（二十四日）阁议，罗特提出报告，并以对日照会及宣言草稿提出，请众研究。经长时间之讨论后，各阁员一致赞成外部主张，并议定即由外部负责办理。下午罗到部后，于文字上略加修改，即令主管员司，剋时办齐，直至晚间九时，方完全告竣。昨日（二十五）上午，由秘书沈觐鼎亲赍照会，赴日使馆，面交芳泽。同时政府正式宣言，亦由外部发表。登录宣言及照会如下。

一、北京政府宣言

十七年五月二十五日（1928年5月25日）日本芳泽公使，向中国大元帅表陈意见，略称因中国长久继续战乱，国民生活陷于极端之不安困苦，侨华外人亦无由安居乐业，故战乱速息、而见统一和平，中外人均所切盼，而与中国邻邦遂有切实利害关系之日本，尤为翘望。惟动乱现将波及京津，东三省亦有受其影响之处。三省治安，日本尤为重视。苟有扰乱该处治安，或发生何等扰乱治安之原因者，日本政府应极力拦住之，故战乱一向京津进展，而其祸乱将及东三省时，日本为维持东三省治安，或不得不采适当且有效之措置等语，中国政府之意见，以为日本政府以友好关系，希望中国战争，早日息止，与中国大元帅佳日通电，休兵息民之意，正相符合，中国政府固深表感谢之忱。惟所称以动乱行将及于京津，影响东三省地方，不得不采取适当且有效之措置一节，中国政府断难承认，而有切实之声明者。东三省及京津地方，均为中国领土。主权所在，不容漠视。无论现在各该地安谧如常，即使蒙何影响，所有外侨安全，中国政府自负保护之责。深盼日本政府，鉴于济南不祥事件之发生，勿再有不合国际惯例之措置，以保持中日固有之亲交。已于二十五日由外交部照会日本公使正式声明矣。再此举隅一九二二年二月六日九国间在华府所订关于中国事件适用原则，条约所载，缔约各国尊重中国之主权与独立，暨领土与行政之完整，及不得因中国状况，乘机营谋特别权利两项原则，显有抵触，此则为中国国民所惋惜者也。

二、致日本公使照会

十七年五月二十五日（1928 年 5 月 25 日），为照会事，贵公使近向本国大元帅表陈意见，略称企望中国战乱从速终息，而见统一和平。惟动乱现将波及京津地方，东三省亦将受其影响。苟有扰乱该地治安，或发生何等扰乱之原因，日本政府应极力拦住。故战乱进展将及东三省时，日本政府为维持东三省治安起见，咸不得不采取适当且有效之措置等语，并在各报发表。查贵国政府以友谊关系，希望中国战事，早日息止，与本国大元帅佳日通电，休兵息民之意，正相符合。本国政府，固深表感谢之忱。惟所称以动乱行将及于京津，影响东三省地方，不得不采取适当且有效之措置一节，本国政府，断难承认，而有切实之声明者。东三省及京津地方，均为中国领土，主权所在，不容漠视。无论现在各该地安谧如常，即使蒙何影响，所有外侨安全，本国政府自负保护之责。深盼贵国政府，鉴于济南不祥事件之发生，勿再有不合国际惯例之措置，以保持中日固有之亲交。相应照会贵公使，即希迅达贵国之政府为荷，须致照会者。①

张作霖在退出北京前公开发布的《北京政府宣言》和《致日本公使照会》，其宗旨是驳斥日本政府干涉中国内政的谬论，郑重声明东三省及京津地方均为中国领土，外人不得觊觎。其中心词为："惟所称以动乱行将及于京津，影响东三省地方，不得不采取适当且有效之措置一节，本国政府，断难承认，而有切实之声明者。东三省及京津地方，均为中国领土，主权所在，不容漠视。无论现在各该地安谧如常，即使蒙何影响，所有外侨安全，本国政府自负保护之责。"从这个《北京政府宣言》和《致日本公使照会》，我们可以看出张作霖严正的国家立场和深厚的民族情怀。

5月29日，国民政府对日本18日的觉书也表示"万难承认"。

5月30日，张作霖于夜间在北京军政府召开最高官员紧急会议。张学良、杨宇霆、张作相、孙传芳、潘复等军政府最高官员出席。会上张作霖容纳各将领之劝告，决定以大元帅名义下总退却令。

6月1日下午，张作霖在怀仁堂举行告别茶话会招待各国公使，即席声明撤离北京，表示："只是大元帅府由北京迁往奉天，不管怎样，我姓张的不会卖国，也不怕死。"② 同日下午，又在中央公园召集京内耆老会议，商谈撤离北京后，北京秩序维持办法。张作霖命令许兰洲将安国军大元帅之印、旗，国务院印信及外交部重要档案，全部运往奉天。

6月2日，张作霖发布为本息争初衷率部退出京师的通电。电文称：

各省军民长官、各军团长、各军长、各法团、各报馆、全国父老同鉴：曩以战乱未已，波及外人，曾经通电全国，撤退各路军事，表示息争意旨，谅邀鉴察。方期彼此觉悟，早靖纠纷，既释友邦之忧疑，并泯未来之赤祸。乃外交之责难方急，同室之操戈未休，瞬将喋血，京畿转恐祸及中外。况自频年用兵，商贾辍业，物力凋残，

① 《大公报》，1928年5月26日。

② 《中华民国史资料丛稿大事记》，第14辑，中华书局1985年版，第155页。

百姓流离，饿殍载道，实已惨不忍言。若再周旋武力，徒苦吾民，既乖讨赤初衷，亦背息争本旨。少年膺养艰巨，本为救国而来，今救国之志愿未偿，决不忍穷兵黩武。爰即整率所部，退出京师。所有中央政务暂交国务院摄理，军事归各军团长分别负责。此后政治问题，仍听国民裁决。总之，共和国家，主权在民，天下公器，惟德能守。作霖戎马半生，饱经世变，但期于民有益，无事不可牺牲。所冀中华国祚不自我而斩，共产恶化不自我而兴，此则堪告无罪于天下后世者也。特布区区，只祇谅察。张作霖冬印。①

张作霖通电宣布退出北京，中央政务暂交国务院摄理，军事归各军团长分别负责，此后政治问题，仍听国民裁决。北京秩序由王士珍负责，治安由奉军鲍毓麟旅负责。

就在这一天，日本驻华公使芳泽谦吉急访张作霖。他还是为签订密约落实之事来的。他先放出诱饵，说日本将以绝大之助力迫退南军，使得划江而治，中分天下。并提出交换条件：吉会路接轨；葫芦岛港停止；打通路改线。这是在变换花招诱使张作霖上钩，以答应他们的苛刻条件。张作霖当即严词拒绝："此我家事，于贵方何与？吾宁受南军之缴械，不愿借贵方之助，以保此小朝廷。"在危机时刻，显示了张作霖严正的民族立场。

在张作霖即将退出北京的前后，日本人为密约事，催迫甚急。关于此事，当时任东三省交涉总署政务处长的罗靖寰写过一篇回忆文章，既说明了事情的来龙去脉，也反映了张作霖的民族立场。据他的回忆，他的同学陈庆云是张作霖的日文秘书，直接参与此事，是陈庆云和他讲的。

陈庆云说，1928年5月上旬的一天，日本公使芳泽谦吉到中南海会见张作霖，陈庆云任翻译。他们彼此寒暄后，芳泽谦吉就对张作霖说："今天我有一秘密事件想同阁下谈谈，不用翻译（因为芳泽谦吉住北京多年，能说简单的中国话）。"张作霖即令陈庆云到外屋等候。他们谈话结束后，张作霖又让陈庆云到客厅给翻译一些道别的话。这时陈庆云看到张作霖的手中拿着文件，待芳泽谦吉走后，便把这个文件放在办公桌的抽屉里锁上。至于他们谈了什么，这是个什么文件，陈庆云都一概不知。

过了十几天，芳泽谦吉又来见张作霖，仍由陈庆云做翻译。芳泽谦吉问：

① 《奉系军阀档案史料汇编》，第7部上，第119件，第198页。

“上次我交给阁下的文件，已经签字了吗？”张作霖答：“近来我很忙，还没详细看呢！等我签字以后，再通知你来取。”张作霖搪塞过去。

又过了两周，在6月2日那天，芳泽谦吉用电话问张作霖，那个文件签字了没有？张作霖令陈庆云回话，让他明天下午5点来取。要知道，6月4日张作霖就要离开北京回奉天了。芳泽谦吉如约在6月3日午后4时30分到达中南海，张作霖嘱陈庆云把他让在自己办公室对过的客厅里等候。这时，突然的情况发生了。

张作霖在自己的办公室内，高声大骂：“日本人不够朋友，竟在人家危急的时候，掐脖子要好处。我张作霖最讨厌这种办法！我是东北人，东北是我的家乡，祖宗父母的坟墓所在地。我不能出卖东北，以免后代骂我张作霖是卖国贼。我什么也不怕，我这个臭皮囊早就不打算要了！”[①] 这些话就是有意说给芳泽谦吉听的。当时，芳泽谦吉在客厅里，听得很清楚，坐立不安，急得打转转。约半小时以后，张作霖令陈庆云到他的办公室，并从办公桌的抽屉里拿出一叠文件，叫陈庆云交给芳泽谦吉。陈庆云对芳泽谦吉说：“他今天太忙，不能会见了。还请原谅。”

芳泽谦吉当时没有看这个文件，回到公使馆，打开文件一看，只见张作霖在每个文件上，都写了一个“阅”字，并没有签署他的姓名。再挂电话询问时，他已经回奉天了。这些文件，就是张作霖同关东军参谋长斋藤恒在1925年冬所签订的五项协定及其实施办法。芳泽谦吉把文件拿回公使馆后，“才知受骗了”。

张作霖在日本人的威逼面前，表现了无所畏惧的精神。

日本人起初以为“张作霖出身绿林，头脑简单，容易利用”，但事实上，张作霖并不简单。前文提及，1921年12月5日，张作霖曾经接见美国哥伦比亚大学教授孟禄博士。在回答孟禄的提问时，张作霖曾答道：“我张作霖绝无野心，我的惟一志向，就是把国家治理得好好的，使能立于世界国家之林。乃外人不察，动辄谓我有什么野心，又说我要复辟，那全是报纸放屁。我张作霖在前清是个小小的武官，并没受过什么浩荡皇恩，我又何必复辟！而且即令前清于我有恩，世界的潮流也不能不看一看。现在世界政治的趋势，还允许由共和变为君主吗？”标榜自己没有政治野心，那是假话；不想复辟，却

---

① 罗靖寰：《我所知道的张作霖的对日外交》，《天津文史资料选辑》，第2辑，天津人民出版社1979年版，第31页。

是真话。看到了世界发展的潮流大势，正说明张作霖的头脑并不简单。

张作霖还对孟禄说道："我张作霖没有别的能耐，但替国家守护这点土地，还敢自信。日本人费莫大力气，要求二十一条，你问他在东三省得着什么了？他连一条也未实行得了啊。不是我吹，你们实地考察。"① 以后的实践证明，张作霖在保护东三省的权益方面，确实一直在与日本人斗法。日本人从张作霖的手里，也确实没有得到任何东西。

在张作霖想退回东北之前，日本曾一度想要解除奉军的武装。5 月 18 日，日本内阁会议批准发表备忘录，指出在战乱发展到京、津地方，并有可能殃及满洲的情况下，日本"为维持治安不得不采取适当而有效的措施"。这个"适当而有效的措施"，就是动用武力。

5 月 20 日，东京日本参谋本部以张作霖拒绝芳泽谦吉 5 月 17 日的警告，为阻止奉军和北伐军进入东北，是日对关东军下达秘密动员令：（1）驻屯满洲各地部队，立向奉天移动；（2）由济南撤至大连之外山旅团，改赴奉天；（3）驻满日军主力，集中奉天；（4）派出劲旅向锦州、义州、山海关、朝阳镇担任奉军警戒；（5）维持新民屯与新家屯之治安。

这个动员令触及了美国在华利益。美国参议院外交委员会主席波拉认为，日本在满蒙的行动是"大胆的行动"。美国向日本大使着重宣示：东三省行政主权系属中国。英国大使也是这个态度。他们不想让东三省落入日本一个国家的手中。

关东军司令官村冈长太郎收到 18 日的备忘录后，就立即以解除奉军武装为目标，着手准备把关东军派往锦州，并把军司令部迁往奉天。但外务省认为，这一措施超出了《朴次茅斯合约》所规定的范围，将会使关东军进入附属地以外的地区，因而表示反对。

参谋本部和外务省意见产生分歧，只得请首相田中义一裁决。

田中义一认为，只要满洲不至于出现治安上的混乱状态，就不解除奉军的武装，也同意张作霖回到奉天。再加上美、英的表态，日本不得不有所收敛，东京当局乃下令延期，并电关东军保留张作霖的地位。田中义一含义深远地说道："还不忙吧？"② 意思是就国际和国内形势看，武装占领满蒙还不

① 吴相湘：《孟禄博士与张作霖、阎锡山的谈话》，台湾《传记文学》，第 34 卷，第 2 期，第 54 页。

② ［日］关宽治、岛田俊彦：《满洲事变》，上海译文出版社 1983 年版，第 34 页。

到时候。他想放长线钓大鱼。

因此，日本便取消了解除奉军武装的计划。但是，日本关东军的另一个凶险的暗杀阴谋却在紧张地运作中。

四、遭暗算被炸身亡

日本关东军对张作霖一直欲采取武力解决的手段。当时的关东军司令官是村冈长太郎中将，和他的前任司令官武藤信义上将一样，是典型的武人。参谋长是斋藤恒少将。自 1910 年以后，斋藤恒少将几乎全在中国工作，是日本陆军中有数的“中国通”。他在 1927 年 1 月，写过一个《红乎白乎黄乎》的秘密文件，散发给有关人员。其中有一段直露表白：“为确立如何使中国均沾王化的具体方策，必要时当干涉其内政，并以强大的武力为背景，举凡妨害天业者应为铲除，断断乎往王道迈进。”这是露骨地欲以武力干涉中国内政的自白。关东军高层不仅费尽心机地想要以武力解决满蒙问题，而且处心积虑地还要刺杀东北王张作霖。

斋藤恒的后代保留了一本《斋藤日记》。这本日记披露了 1928 年在炸死张作霖的前夕，在东北的日本高层策划除掉张作霖的内幕。日记字迹潦草，内容简略，但可以明晰地看出他们当时想要除掉张作霖的言行，以及策划的明显痕迹。

1928 年 5 月 25 日记道：“松岗（满铁）副社长谈国内的空气。他辩解说要不要让（张）作霖活下去，社长没有多嘴。”

5 月 30 日记道：“满铁社长来。由司令官听了他与司令官的会谈。民政党也认为，此时日本应该解决满蒙问题。但是，（1）干掉（张）作霖，使日本为所欲为；（2）让其多活些日子，使其变成傀儡；（3）命列国势力入满蒙，以实现所谓机会均等，等等。首相的想法似乎还没定。”又写道：“社长的想法好像是，要让（张）作霖多活几天，以便做工作。社长又说，松井顾问也希望（张）作霖多活几天；町野也同样意见。如果是为日本（利益）而要让他多活几天，当然没话说；但却又说以可怜为理由而让（张）作霖多活些日子，对日本并没有利益。因此社长的意思似乎为：这个家伙，如果好好做工作，他还是会听话，如令其多活些时候，对工作有帮助。”

6 月 3 日记道：“秦少将说，21 日之以不发表奉敕命令的内容的电报，被河本大作拿走。又令森冈说，军宪要杀（张）作霖的计划，似由河本大作所规划。今天，总领事给我看电报。公使暗示军宪可能杀（张）作霖。”①

这些记载，完全暴露了日本高层曾经酝酿讨论过阴谋杀害张作霖的问题。日记涉及的参与其阴谋的知情人物，至少有关东军司令官村冈长太郎中将、参谋长斋藤恒少将、满铁社长山本条太郎、满铁副社长松岗洋右、奉天特务机关长秦真次少将、日本驻华公使芳泽谦吉、日本驻奉天总领事林久治郎、张作霖的首席日籍顾问町野武马，以及另一个日籍军事顾问松井七夫少将等。他们策划的内容归于一点，就是是否让张作霖“多活几天”的问题。即张作霖是死定了，只是早晚的问题。同时，日记明确记载“军宪要杀（张）作霖的计划，似由何本所规划”。同时，又更明确地记道：“今天，总领事给我看电报。公使暗示军宪可能杀（张）作霖。”这就是说，他们事前完全明了河本大作上校的所作所为，知道他在“规划”暗杀张作霖的阴谋。这本日记不打自招，把日本高层当年阴谋暗杀张作霖的酝酿讨论过程暴露无遗。

其实，早在这之前，日本在东北的军政界就提出了除掉张作霖的问题。新任驻奉天总领事林久治郎是 1928 年 4 月 25 日抵达奉天的。他为了了解情况，在 26 日和 27 日连续两天和陆军奉天特务机关长秦真次少将、奉天省政府军事顾问土肥原贤二大佐，进行了长时间的交谈。他们两人认为，“张作霖对日本的态度历来很不驯顺，有必要趁此时机从东三省把张铲除，而另以他人代之”。

张作霖对日本阴谋刺杀他，已有风闻，但将信将疑。为了保障安全，原打算乘汽车取道古北口出关，但因公路坎坷不平，本人难受颠簸之苦。且张作相担保由北京至榆关一段，沿途有吉、黑两省军队严密设防，不致发生意外。吴俊升也担保由榆关至沈阳一段的安全。因此，决定仍乘火车回奉。在返奉的前几天，奉天宪兵司令齐恩铭，就觉察到日本守备队在皇姑屯车站附近的老道口和三洞桥四周，日夜放哨阻止行人通行，好像构筑什么工事，情况异常，就此曾密电张作霖，请他严加戒备或绕道归奉。可是，张作霖对齐恩铭的提醒，没有引起足够的重视。

为保证张作霖一行安全回奉，奉天省城成立了奉天省城军警联合办事处，任命齐恩铭为处长，陈奉璋为副处长。他们对张作霖回奉做了全面细致的安排部署。这个部署要求落实到段，落实到人。

---

① ［日］臼井胜美：《张作霖被炸死的真相》，［日］河本大作等：《我炸死了张作霖》，吉林文史出版社 1986 年版，第 39 页。

6月3日，齐恩铭、陈奉璋对奉天警戒勤务区域范围的布置，公布在案。内详：

警戒勤务指导要领

兹将警戒勤务区域范围如左：

1. 皇姑屯车站以西三百密达以外至马三家子，归沈阳县警察马队负警戒责任。

2. 由皇姑屯车站以西三百密达处起，向东至日本铁道桥洞以西三百密达处，沿路线一带，归铁路保安队、警备队宪兵分所、军警联合办事处侦察队等警戒。惟勤务支配指挥，均归侦察队队长刘广安，协同负责。

3. 日本铁道桥洞东西各三百密达之间，归乘骑宪兵警戒（附日语翻译一员），并派宪兵所长金慕韩带宪兵二名，在铁道桥上联络日方宪兵暨守备队，协同负责警戒，以免误会。

4. 由铁道桥以东三百密达处起，至新车站栅栏门内外，归铁路警察保安队、警备队、江省陆军宪兵分所、暨宪兵侦探队等，共负区内外警戒责任。至支配指挥，均归江省陆军步兵第二团富团长友之，协同负责。

5. 由新站南栅栏门外起，经过小西边门、大西砖门、督军署南胡同，至大帅府，沿途一带，归江省陆军步兵第二团（兵力千余）。除警察原岗增加人数外，并派保安队暨宪兵探索监视，归陆军富团长、警察张厅长、宪兵祝营长，协同支配指挥负责。

6. 由新车站、小西边门经电车路小西砖门、鼓楼军署胡同至帅府，为附警护线，仍归第五条所载各部分所官兵，协同负责。

7. 新车站站台上之仪队，由富团长带兵两连担任迎迓。惟每连编组，可大可小，均不限制。

8. 惟服务警戒官兵，临时均须拔刀上刺刀，不论行进停止，均以定规动作。如无发生疑变暴动，不准使用射击姿势。

9. 欢迎者，只准各机关团体首领领证入站台，其余留片即可走去境外，或指规定地点。均在新站迎迓，老站车不停止。

10. 发证人员，归军署驻站稽查处，警察宪兵暨交涉署派员，协同担任。须认明领证者为准，索片注簿，方能发证。如均不认识，即应找介绍人担保，否则即应走者。如有可疑，应即扣留，以免发生意外。

11. 出发就勤时期，约在今夜十二时左右。临时电传，约三十分钟布置完成。

12. 以上官兵，均负有警戒重大责任，认真任事，不得稍事疏虞，责任攸关，责无旁贷。

奉天省城军警联合办事处处长　齐恩铭

奉天省城军警联合办事处副处长　陈奉璋

六月三日①

事后分析，其第二条、第三条、第四条，恰恰漏掉了“日本铁道桥洞”这个重要的关键点。而日本人恰恰在这个地点做了一篇大文章。奉军还是麻痹疏忽了，对日本人缺乏必要的警惕。

张作霖针对传言，也采取了相应的防范措施。他故布疑阵，一再拖延回奉的具体时间。原来宣布6月1日出京，京奉铁路备有专车升火待发，但又改期于2日起程。而2日起程的却不是他的火车。

离开北京前的张作霖

6月2日下午7时，张作霖的五太太寿夫人及仆役人等，登上备好的七节专列，由前门东站起程，先于张作霖提前出关。

6月3日凌晨1时10分，张作霖及其全体随行人员，抵达前门东站。张作霖身着大元帅服，腰配短剑，精神抖擞，踏上月

① 《奉系军阀档案史料汇编》，第7部上，第205页。

台。月台上送客的人山人海。来送行的有北京元老、社会名流、商界代表，以及各国使馆等中外要人。张学良、杨宇霆、陈兴亚、鲍毓麟等也到车站欢送。

6月3日1时15分，列车开动。张作霖的随员趋承如云，气概非凡。随车同行的有靳云鹏、潘复、莫德惠、于国翰、阎泽溥、刘哲等高级官员，还有日本顾问町野武马、仪峨诚也（嵯峨诚也或仪我诚也）。另有张作霖的六太太马岳清及三公子张学曾、随身医官杜泽先等。

6月3日，留守东北的奉天省长刘尚清接奉张作霖出京的密电，迅即电告京奉铁路沿线辽西各县知事，请督饬警甲警备铁路桥梁。密电称：

> 新民、黑山、北镇、锦西、锦县、兴城、绥中、义县知事：急电。密。顷奉大元帅冬日通电，贯彻息争宗旨，整率所部，退出京师，中央政务暂交国务院摄理，军事归各军团长分别负责，等因，合电知照。该县管境内铁路桥梁，仰督饬警甲事先妥为警备，毋稍疏懈，切切。省署。冬戌印。①

张作霖的专车，包括车头在内，共计由20节组成。其列车编组，依次为：机关车（车头）1节，铁甲车1节，三等车3节，二等车2节，头等车7节，二等车1节，三等车2节，一等车1节，铁甲车1节，货车1节。

张作霖所乘的是第十节车。这是过去慈禧太后专用的花车。后经改造，外部呈蓝色，人称蓝钢车。设备先进，豪华舒适。车厢内有大客厅一间、卧房一间，另有沙发座椅、麻将桌等。

随行人员知道张作霖和日本关系紧张，有的惴惴不安，还私下准备了药布、饼干，以备不测。列车早6时30分到达天津，褚玉璞特意从唐官屯赶到天津车站迎送。前来迎送的还有王占元、阚朝玺等官员。停车后，靳云鹏、潘复等下车。

日籍顾问町野武马也在此站下车，这值得注意。据前文《斋藤日记》披露，町野武马其实是日本安插在张作霖身边的间谍。他一直参与是否让张作霖"多活几天"的讨论，而且对刺杀张作霖的计划已有耳闻。另据曹汝霖的

---

① 《奉系军阀档案史料汇编》，第7部上，第203页。

《一生之回忆》一书揭露，町野武马在下车前曾切嘱张作霖“须在日间到达奉天，已露暗示”，说明他已经知道此事。但为了稳住张作霖，故意上车送上一段，也便于洗清自己。只是张作霖太大意了，没有注意他所说话的含义。不过，潘复和町野武马下车是要到德州去见张宗昌。

而张作霖的儿女亲家靳云鹏本来是要陪同张作霖回奉的。靳云鹏家住天津。但到天津站时，靳云鹏的副官上车报告说，日本领事馆派人送信，今晚9点钟，靳云鹏的好友板西利八郎由日本到天津有要事相商，请他立即回宅。靳云鹏只好下车。可是在家等了一夜，此公也没露面，心里正纳闷。第二天接到电报，知道张作霖被炸身死。这才恍然大悟，原来领事馆送的是假信，免得他和张作霖一同被炸死。但这也证明了皇姑屯事件是日本预先策划的阴谋。

常荫槐在天津站上车，陪张作霖回奉天。

6月3日午后4时，刘尚清为告知张作霖已抵榆关明早抵奉，特别给洮南镇守使张海鹏复电：

洮南张镇守使仙涛大哥鉴：江电敬悉。主座今早出京，下午四时安抵榆关。约明早抵奉，馀俟另电布闻。弟刘尚清　三日①

专车抵达山海关，在餐车上开晚饭。据张作霖身边的厨师朴丰田回忆，他和厨师赵连璧精心地做了六个菜、一道汤：肉丝烧茄子、炖豆角、榨菜炒肉、干煎黄花鱼、菠菜烹虾段、辣子鸡丁，外加小白菜汤。马夫人说：“明天的早饭就得到家吃了。”张作霖边漱口边说道：“在火车上吃啥也不香，觉也睡不好。”没承想，这是张作霖最后的晚餐。

吃过晚餐，黑龙江督军吴俊升就上车了。他是特地从奉天赶到山海关来迎接张作霖的。登上火车，同张作霖亲切攀谈。后来，张作霖同莫德惠、常荫槐、刘哲一起玩麻将。

晚11时，专车抵达锦州，锦县知事齐国镇为报告张作霖一行于本晚11时过锦州致刘尚清电：

省长钧座：本日晚十一时，林总长、莫总长、何总长、林次长、

① 《奉系军阀档案史料汇编》，第7部上，第201页。

齐次长，随帅座车过锦，嘱转陈钧座，代览宿处。林、莫两总长拟住官银号。何、林、齐、王公住所，请钧座酌择。此外，并请饬备电车七公辆，赴站备用。锦县知事齐国镇扣。江印。[①]

车到新民站时，天已微明，玩麻将的人散去休息。从车窗往外看，只见铁路两旁“皆有步哨警戒，面向外立，作预备放姿势，十余步就是一岗”。

6 月 4 日晨，专车到达皇姑屯车站，张景惠等在此迎候，并说其余家人和文武官员，都在奉天新车站等候。张景惠上车同行，但没有和张作霖坐一个车厢。

距皇姑屯车站 200 米处是老道口，继之是三洞桥。这是日本人经营的南满铁路和京奉铁路的交叉点。南满铁路在上，京奉铁路在下。上边设有日本人的岗楼，老道口在日本人的警戒线内。

专车重又启动，张作霖坐的那节车厢，当时只有张作霖、吴俊升和校尉处长温守善。早晨有些微凉。吴俊升关切地问道：“天有点冷，要不要加件衣服？”张作霖看了看手表，已是 5 点多了，便答道：“算了，马上要到了！”说话间，专车驶过三洞桥时，突然两声巨响，烟腾火窜，飞沙走石，铁轨像麦芽糖一样弯曲。所有列车一起震动，有的脱轨，有的起火，张作霖所乘的车厢被炸得粉碎，车身崩出三四丈远，只剩下两个车轮。吴俊升头部不幸扎进一颗钉子，躺在车厢里，当即死亡。六太太的脚受了轻伤。温守善也受了伤，急忙爬起来到张作霖的跟前，一看，张作霖当时没死，内里伤看不见，只咽喉处有一个很深的窟窿，满身是血。温守善用一个大绸子手绢把张作霖的伤口堵上，然后和张学曾一起，把张作霖抬到齐恩铭的汽车上，由副官王宪武抱着横卧在车上，两边还有三公子张学曾和随身医官杜泽先，以最快的速度向大帅府驰去。

到了帅府东院的小青楼，马上把张作霖抬到一楼的会客厅里，紧急进行抢救。后来，又请来小河沿盛京施医院的院长英人雍大夫，参与抢救。但终因伤势过重，于当日上午 9 时不幸死去，年仅 54 岁。他说的最后一句话是：“我受伤太重……恐怕不行了……叫小六子快回奉天！”[②] 以后灵柩停厝在大

① 《奉系军阀档案史料汇编》，第 7 部上，第 203 页。

② 张华民：《张作霖被炸所闻》，《辽宁文史资料精粹》，第 1 卷，辽宁人民出版社 1999 年版，第 437 页。

未爆炸前的皇姑屯三洞桥

爆炸时的皇姑屯三洞桥

帅府东门的东厢房里，直到九一八事变。从张作霖的临终遗言可以看出，他把全部的希望都寄托在张学良的身上。

同车被炸负伤的高级幕僚还有：原农工总长莫德惠，头部受伤；陆军总长张景惠，颈部受伤；教育总长刘哲、总参谋长于国翰，也被炸伤。随行的日籍顾问仪峨诚也，面部及手腕受轻伤。后经英文《时事新报》记者披露，此次事件共计死亡 20 人，受伤 53 人。这就是日本关东军制造的骇人听闻的“皇姑屯事件”。

炸车时间是 1928 年 6 月 4 日早晨 5 时 23 分。

日籍顾问仪峨诚也作为陪绑，也受了轻伤。他下车后直奔日本人士井原公馆治疗。午后，奉天总领事林久治郎召见仪峨诚也，了解情况。仪峨诚也说，爆炸之前，他同陈庆云一同到张作霖的车厢。那时张作霖和吴俊升相对靠坐在椅子上，正在他向张、吴问早安的一瞬间，发生了爆炸。

其实，在爆炸发生后约 30 分钟，奉天交涉总署日本科科长关庚泽，就给日本驻奉天副领事河野打去电话口头抗议说：“日本人在交叉点附近炸毁了张作霖乘坐的专列。”河野不满地反问：“是否已有确实证据？”关庚泽不容置疑地说：“证据尚待核实，但系日本人所为则是确定无疑的。”① 这就是说，在爆炸发生后的第一时间，中国即已确认是日本人所为，并且通知了日本人。以后的事实证明，这个判断是完全正确的。河野把关庚泽的口头抗议向林久治郎作了汇报。

林久治郎对此是心中有数的，知道是日本人干的。但为了推卸责任，便提出双方共同调查。1928 年 6 月 4 日早 8 时，日本总领事馆派内田领事与奉天交涉署日本科科长关庚泽会同调查。调查结果，双方的结论分歧很大。内田领事认为，这次事件“是南方便衣队投掷的炸弹”造成的。关庚泽反驳说：“爆炸如此猛烈，绝非人力所能投掷。”

6 月 5 日，奉天交涉员署发出致日本驻奉总领事林久治郎正式外交照会明确指出：“调查当时轰毁状况，足证此种爆炸性极猛烈，为状甚剧，其炸裂适在大元帅乘车经过桥洞之时。似此布置之周密、技术之精巧、断非无此技能之人所能办事。前必有计划，犯人亦必有组织。查该桥平时悉由贵方守护，

---

① 王也平译：《九一八事变——奉天总领事林久治郎遗稿》，辽宁教育出版社 1987 年版，第 21 页。

三洞桥炸毁现场

其左近又极空旷，有人经过亦易发见。何以装置此项巨弹，事前毫无觉察，自应详查真相，严缉凶犯，以凭根根究，而明实情。”这实际上已经指出此次爆炸就是你们日本人策划并实施的。

6月10日，内田找到关庚泽，拿出一份打字的日文报告，内称这次爆炸是南方派来的便衣队所为，要他签名盖章联合发表，遭到关庚泽的拒绝。关庚泽明确地说：“在调查时，我曾声明，既然双方意见分歧，大可不必写共同调查书!”内田口气强硬地威胁说：“如果你不答应盖章，日本军人将对你过不去，于你不利。”关庚泽坚决回应道：“张大元帅偌大的人物都被炸伤，我这样一个小角色又算什么呢，任凭它吧!”内田无法，只得退去。6月11日，内田领事又到交涉署，要求中国方面签字，又被中国方面拒绝。

中日共同调查之后，中国方面又单独进行了调查。6月5日，奉天兵工厂派俄国工程师罗米托夫和达尔尼两位专家，由关庚泽等陪同，再一次进行仔细测量观察，并拍下现场照片10张。调查后俄国专家鉴定分析：一是炸药量。根据爆炸力如此猛烈分析，其炸药量有500~600磅，而且埋设两处。二是炸弹位置。一处在桥洞南侧石垛上方与上边铁桥脚连接处。另一处在中间桥洞之副桥北端。三是炸药放置方向。炸药是“由铁桥上面安置的”，也就是说，是在日本人守备的南满铁路线上偷偷安放的。而且，又确认“断非有此技能之人所能办的”。这个调查，完全戳穿了日本人的谎言。其结论是，炸药是安放在日本守备队警戒的南满铁路桥上，而且整个炸药的埋设、引爆，都是由精通爆破技术的专门人员精心设计安排的。

据交涉署日本科科长关庚泽的报告称：张作霖专列共20节。被炸车厢在中部，即第九节至第十二节。第九节车厢上部及门窗，均被石块、枕木所毁，后部尤重。第十节大包车，是张作霖、吴俊升等所乘，车身几乎全被毁坏，仅剩前门框，后部车轮脱落向右倾斜，并有火烧痕迹。第十一节是饭车，破

张氏帅府的小青楼

坏最重，所有机轮都已损坏，又遭火焚。第十二节车厢为睡车，前部损坏较重，也遭火焚。这一切都说明，日本人准确地掌握并操控了爆炸时间。

同时，关庚泽又查看了两个所谓南方便衣队的尸体，发现除刺刀贯通伤痕外，还有很多注射吗啡的针眼，说明他们的“体格似非健全”。因此，不能认定他们就是南方便衣队。

“皇姑屯事件”都知道是日本人干的，但他们竟厚着脸皮硬是不承认。日本关东军参谋长斋藤恒少将约见张作霖的日文秘书陶尚铭，虚伪地说道：“据关东军所得情报，炸车确系出自南方间谍之手，实为张作霖将军不幸。”日本政府对此一直讳莫如深，守口如瓶。直到第二次世界大战结束日本投降后，在东京审判时，始由日本前陆军省兵工局局长东宫隆吉少将全部揭露，才知道这是前关东军高级参谋河本大作大佐等人所犯下的罪行。

五、吐供状大白天下

日本关东军高级参谋河本大作大佐是设计暗杀张作霖的直接凶手之一。

日本关东军高级参谋河本大作大佐

上文提到，这一历史谜案，直到 20 年后才由事件的参与者东宫隆吉供述出来。原来炸车时，东宫隆吉上尉担任沈阳独立守备大队中队长，驻守皇姑屯的三洞桥附近。他接受河本大作的指示，负责炸车的技术工作。爆炸时的按钮就是他按的。因此，他洞悉整个事件的内幕。后来，河本大作又口述了他策划阴谋刺杀张作霖的更多内幕，由历史学者笔之于书，才使事件的全貌大白于天下。河本大作的《我杀死了张作霖》，就是他的自供状。

河本大作自述，他在关东军任高级参谋时，曾以随员的身份，参加了日本东京的东方会议。在会上，讨论了日本对满蒙的政策。河本大作力主对于奉天军阀已非外交抗议所能收效。关东军司令官武藤信义强调用武力来解决。田中义一首相也同意这个主张。于是，大体上决定了以武力解决的方针。

河本大作狂妄地说："我认为，只要打倒张作霖一个人，所谓奉天派的诸将，便会四散。""干掉头子。除此之外，没有解决满洲问题的第二条路。只要干掉张作霖就行。"① 1928 年 5 月 18 日，田中义一声明发表之同时，关东军司令部密议，乘张作霖败退出关之际，迫其下野。但在会上，河本大作大吼道："杀掉张作霖岂不是一切问题迎刃而解！"并进一步发挥道："迫张下野，谁能保证其继承人之改弦易辙，若较张更难控制又如何？杀掉张作霖，其子张学良必不善罢甘休，其部下亦必骚动，我军可借维护治安名义，解除奉军武装，一举占领满洲，进而另觅属意人员，我军在保护下，组织政府，满洲权益问题岂非一劳永逸。"这是河本大作打的如意算盘。

他的言论得到与会少壮军人的拥护。继任的关东军司令官村冈长太郎中将，有田中义一首相"放手而为"的指示，遂裁定照河本大作主张行事。于是，暗杀张作霖的计划就开始实行了。

河本大作认为，要杀掉张作霖"用谋略应该就可以达到这个目的"。

关东军司令官村冈长太郎，曾秘密派遣竹下义晴少佐到北京与驻华使馆

① ［日］河本大作：《我杀死了张作霖》，吉林文史出版社 1986 年版，第 19 页。

武官建川美次少将联系，组织刺杀张作霖的行动。河本大作在《我杀死了张作霖》里写道："有人认为，假华北日军之手，便能够轻而易举地干掉他。因而决定派遣竹下（义晴）参谋为密使。前往华北。"指的就是这件事，"有人"这个人，就是指关东军司令官村冈长太郎。这就完全说明了暗杀张作霖是关东军最高领导人的决策。

在奉天的沈阳馆，村冈长太郎司令官向竹下义晴交代赴北京组织刺客并暗杀张作霖的任务。竹下义晴受命后，从司令官室出来，在二楼走廊上遇见了河本大作。他对河本大作说："现在我要去北京。"说话时，神情紧张。河本大作看其表情有异，觉察必有要事，就邀请竹下义晴晚间吃饭。晚间在沈阳十间房招待所的一个"绿"字号的客间里，他们同桌共饮。席间，趁酒酣耳热之际，河本大作一再追问竹下义晴为何急赴北京。竹下义晴不得不把他北京之行的目的，告诉了河本大作。河本大作得知内情后，认为这样办不妥。他傲慢地分析道："不要多此一举，万一失败了怎么办？华北方面有没有敢干这种事的人，实在不无疑问。万一的时候，不要给军方或国家负任何责任，而由一个人去负一切责任。否则虎视眈眈的列国，一定会乘这个求之不得的机会来胡搞。所以由我来干好了。"竹下义晴很觉为难，说他不能不执行司令官的命令。河本大作解释说，作为司令官直接参与这件事是不恰当的，对你来说不违反司令官的命令，有他河本大作一个人就足够了。最后说服了竹下义晴，由河本大作主持暗杀张作霖的任务，而竹下义晴听从他的指挥。

河本大作当即派竹下义晴和田中义一两名参谋，赴京侦察张作霖的行期。他们两个人借同北京武官处联络的名义，从事调查张作霖之列车编组及行车时刻。很快，竹下义晴就拍来了密电，说张作霖已经决定出关，并报告了火车的预订行程。因此，河本大作便派出关东军特务机关的石野芳男大尉到山海关，武田丈夫、神田泰之助到新民屯等京奉铁路要地，命令他们切实监视火车到达和启动的具体时间、地点，并及时报告他。

关于暗杀地点问题，他们对照地图，一再研究。开始认为巨流河上的辽河大铁桥很合适。于是派某工兵队中队长去侦察，结果发现奉军戒备森严，无隙可乘。而且，安装炸药最少也得一个星期，时间也不够。这个地点只得放弃。后经多方研究，得出满铁线和京奉线的交叉点最为安全的结论，因为满铁线在上面，京奉线在下面。日本人在那里活动，不会引起别人的注意。同时，根据非法的南满铁路条约，中国军警是不能靠近南满铁路的。这就为他们布置埋设重磅炸药，提供了便利条件。

关于暗杀方法问题，他们也精心策划。无非是两种方法：一种是用炮弹袭击火车；另一种是用炸药炸毁火车。如果用第一种方法，马上就会知道是日本人干的。如果用第二种方法，也许能不留痕迹地达到目的。因而他们选择了第二种方法。

此外，为了预防爆炸失败，他们又策划了第二道计划，即令火车出轨翻车计划。他们计划乘混乱之际，使刺刀队冲上去刺杀。特派荒木五郎率领一支队伍，充当刺刀队。

关于现场布置及爆炸执行问题，他们选中了驻守当地的日本守备队中队长东宫隆吉上尉。并自朝鲜新义州调遣工兵一组，携带电气发火之500磅高爆炸药两箱，配属其作业。特派关东军神田、富田两大尉负责勘定地点；派工兵队长管野装置电流炸药；派东宫隆吉专门负责控制电流。

日本关东军派自朝鲜调遣来的工兵，在铁路交叉点上，工作6个小时，将120公斤黄色炸药，分装在30个麻袋内，装置在铁路交叉点桥墩上面的两处地方。为了保证爆炸成功，他们设置了两道爆炸装置。同时，在桥墩500米外的瞭望台上设有电线按钮，以控制触发爆炸。

为了掩盖其罪行，河本大作又阴谋设计了嫁祸于南军的计划。5月27日，河本大作在迁移到奉天的关东军司令部内邀见日本浪人安达隆成，向他交代，要找三名中国人，以做替死鬼。安达隆成转托中国失业军人刘戴明，并引见于河本大作，以2万元成交，讲明事后结账，当即给刘戴明1000元。刘戴明觅得三名吸食大烟的无业游民，他们是吴贵生、张文才和查大明，每人给50元。让他们到日本附属地的澡堂洗了澡，换上了新衣服，好吃好喝，但不许出门。6月1日凌晨1时，把他们带到南满陆桥地点，命日本兵刺杀了吴、张两个人，并在死人身上塞进表明与南方有关系的信件等物，但意想不到的是，查大明则趁黑逃走。

爆炸当时，随着两声巨响，黑烟腾空200多米。河本大作写道："我以为张作霖的骨头也飞上天空了，其黑烟和炸声，使我惊奇不已。"因此，他认为"第二道的出轨计划和刺刀队现在都用不着了"。

爆炸之后，河本大作所希望的东北发生大混乱局面并没有出现。河本大作便指使日本浪人在满铁附属地投掷炸弹，并诬告是奉军所为，故意制造混乱，以便浑水摸鱼，从而取得关东军出兵东北的理由，企图乘机占领整个东北。但是，留守东北的督军署参谋长臧式毅和奉天省长刘尚清非常冷静，沉着应对。约束奉军，不得同日军轻易发生冲突，使得关东军找不到借口出兵。

当然，日本武装占领东北的条件还不成熟，他们还要等一等，也是一个原因。

其实，河本大作早在 1927 年 12 月就想炸死张作霖。为此，他与川越守二上尉和北满土匪头子中野某策划，曾经先后制造了中东铁路的东部和西部路线上铁桥的两起爆炸案。只炸铁轨，不炸列车。他们想以此来测试中国、苏联和日本的反应。果然如他们所料，这些国家报纸的报道认为，东部线的爆炸案是张作相干的，或者是白俄罗斯人反抗张作霖的暴政干的；西部线的爆炸案则是齐齐哈尔的吴俊升干的。没有人怀疑是日本人干的。由此，他们发现许多人反对张作霖。因此，他们认为，伪装成中国人来杀死张作霖并非不可能。

在6月4日早8时，中日双方共同调查时，日本内田领事，有意劝引中方调查人员说："桥洞以南数十丈远处，有便衣队两人，被守备队刺杀，请同往勘验。"大家只好跟着内田向南走，发现有两具男尸。这两个人均系剃光之头皮，年30余岁，胸、背均有刺刀贯通伤三四处。腿背肚腹，吗啡痕迹甚多，体格似非健全。尸体旁放置新奉天草帽两顶、便鞋一双，另一双便鞋，放置瞭望台旁。而且，发现死者手中"各持有俄国制炸弹一个。搜检衣袋，查出密信两封，内有不稳言语"。当场打开一封信，是私人信件。又打开另一封信，有红格宣纸制成的信纸两页，已破碎不全。在信纸红格上部，横书"国民革命关东招抚使用笺"。右边直书"革命尚未成功"，左边直书"同志犹须努力"。据此，内田领事认为，这两个人肯定是南方便衣队的。但是，中方调查人员一眼便看穿了日本人的鬼把戏，知道这是他们制造的假现场。

中日双方共同调查后，中方单独提出一份调查报告。这就是《奉天交涉署科长关庚泽安祥对张作霖被炸地点老道口勘验情形给交涉署长的报告》。这个报告是6月6日呈交的。报告内称：

为报告事。窃查本月四日十一时……科长等奉署长面谕，前往老道口，勘验爆弹炸裂肇事情形等因，遵即会同宪兵司令部所长金慕韩、地方监察厅监察官陈国翰、省会警察厅科员吕名实、商埠警察局科员于文治，并由地方监察厅派检验吏二名，驰往老道口，即京奉、南满两铁路交叉地点，详细查勘。适驻奉日总领事亦派内田领事、八代副领事、折笠主事等到场。嗣又遇见秦少将及三谷宪兵队长、三岛守备队长，并京奉铁路山领技士等。仅将查勘情形，分别缕陈于左：

一、事前警备状况。生事地点俗称老道口，系京奉南满两线交叉地点。南满路在陆桥上，京奉路在陆桥下。桥有三洞，北两洞系铁路，南一路系通皇姑屯之大道。爆弹炸裂之处，系在最北首之一洞。该处警备，据宪兵司令部各高级职员面称，事前曾由通达日语之金所长慕韩，与日方宪兵分队三谷队长商议，陆桥上面由中日双方宪兵共同警戒，桥下一带则由中国宪兵及稽查警察等警戒。三谷队长始而面允，继而声称，满铁路桥上面如派中国宪兵加入警戒，有碍日方颜面。该处向归日本守备队巡护，不妨仍由该队担任警备，日方负完全责任。并为中日双方联络免生误会起见，派日本下士一名、宪兵二名前往，随时接洽等语。当日，金所长慕韩赴日方宪兵分队，要求该队所派下士及宪兵同往，既欲同乘汽车行将出发，而该队长复将所派之下士唤回，以奉关东军司令部命令，桥上完全归日方警备，不准我国宪兵上桥检视，只由该队派下士等三名，前往联络而已。于是，金所长等始单独前往该处，并称桥洞前后，共计派有骑马宪兵三十名，队长一员，又由齐司令率领来往压道一次。外有稽查官数名及警察等，并因金所长通达日语，故亦派往该处。此事前警备之大概情形也。

二、车辆被炸情形。大元帅乘坐之列车，共计二十辆。被炸毁之车，由机关车起算，系第九辆至十二辆，共计四辆。第九辆为津浦东海三号，第十辆为八十号大包车，第十一辆系二一六号饭车，第十二辆系二一四号睡车。肇事之后，前列之八辆已开往新车站，即沈阳站。后列之八辆已开回皇姑屯。其津浦三号包车，则停在桥洞东首数十丈远之处。车之上部为石块及枕木所毁，后方尤甚，门窗亦多毁坏，车身向北倾斜，车底板下部毫未损坏，后方左轮脱出轨道之里侧。此车内有男尸一具，系于参谋长之电车夫。经检察官验明，系因打伤后脑致死，验毕交尸亲领埋矣。第十辆大包车，系大元帅、吴督办、仪我顾问等所乘，车身几全毁坏，仅剩前方门及门框，并框侧木板而已。后方脱落一轴二轮，向右倾斜，并有火烧痕迹。此处发见黑焦尸体一具，由其内衣残片中检出小皮包一个，内有京奉车免票一张，上面记有山海公司李子亨字样。询问山海公司人员，则称确系该公司饭厅仆役，经检察官验讫，交给该公司人员领埋矣。第二一六号饭车破坏最甚。所有机轮等件，均已毁坏。

炸后复被火焚，车之前方北侧有尸一具，全身烧焦，不辨男女，惟以其体格瘦小观之，似系女尸。已由检察官验明，交给警察第六署，备棺验埋招领矣。又于其近处，检出镶有宝石之金手镯一个，小号保险铁柜一个，均已交路警保管。第二一四号睡车前部损坏较重，全体亦被火烧。此车辆被炸之大概情形也。

三、桥洞被炸情形。该处桥洞上面西首，系斜方铁桥。桥用巨型铁板制成。东西两方制有整直铁板之栏杆，中间置枕木，上铺铁轨。桥之东首，尚有副桥，系以连接之两个铁垛制成。其上满铺枕木，以备大车行走之用。桥洞南北两侧，均系用大型石块堆砌成垛。三处桥洞上下构造均相仿佛。勘验时，北首铁桥完全坠落。其栏杆正压在饭车右侧。其副桥则坠落于其南首。副桥之南端，炸有大型洞二处，口径均逾尺。又中间铁桥，北首炸坏，桥板有向下方卷曲者。副桥亦坠落在地。副桥之北端，亦被炸坏。桥洞北侧石垛上部坠落，石块有一二层不等。南侧石垛上部石块，几坠落全高三分之一或四分之一。北侧石垛有火烧焦痕。南侧石垛东部有黄色痕迹，似系炸药烟气所熏。其西部亦有火烧焦痕。洞之上部犹残留弯曲之轨道三根，有满铁保线区工人正在修理。桥洞东首，有电报线柱及电话线柱，所有电线概亦轰折，亦有日人电线工正在修理。至北首桥洞，下部京奉铁路仅烧毁枕木数根，并无凹洞，毁坏车辆移去后，略换枕木，即可开车恢复交通矣。此桥洞被炸大概情形也。

四、装置爆弹之处所。此次爆弹轰落铁桥一架、副桥两架，炸毁火车四辆，南北两侧石垛亦被轰坏，足证药性之猛，用药之多，决非手腕之力所可抛掷。必系预先装置，临时或系使用电流发火器燃点者。此不过由常识判断而已。至装置之处，约可判定在此桥洞南侧石垛上方。盖南侧石垛最上部业已轰毁，残留之上部尚带黄色。副桥之南端炸毁最甚，且有口径逾尺之巨洞。中间桥洞之副桥北端，亦被炸毁。被炸火车之损坏，均系右侧较重。依据以上种种理由观测，大致可以断定。即内田领事等亦以此说为然，表示观察相同。至于爆药系属何种，使用分量若干，如何制法，确系如何使用，非专门家不克检定。既经遴派专门技士，前往实地勘验，不难查明。此查明爆弹装置处所之情形也。

五、勘验犯人。以上各处勘验之后，据内田领事言，桥洞以南数十丈之处，设有瞭望台，台西沙地有便衣队二人，被守备队兵刺杀，请同往勘验。行至瞭望台下沙地内，见有二尸，均系剃光之头皮，年约三十余岁，胸背均有刺刀贯通伤三四处。腿臂肚腹吗啡痕迹甚多。体格似非健全。尸旁放置新奉天制草帽两顶，便鞋一双，另有便鞋一双放置瞭望台旁。据守备队三岛队长及宪兵分队三谷队长言，本月四日午前三时半顷，有着华服之人三名走近瞭望台，被守备队兵发见，上前盘问，该三人举手作欲掷击状，守备队兵即以枪刺突击。该三人向西逃跑，行至沙地，刺杀二人，其余一人逃走。追经检查，各持有俄国制炸弹一个，搜检衣袋查出密信二封，内有不稳言语，可以认为便衣队。此次爆弹案件或系便衣队所为，亦未可知等语。彼时有一守备队兵，持来洋瓷脸盆一个，内装钢铁炸弹二枚，形似茄子，两端略尖，上端有环，全体有纵横线，表面呈方块形，惟已见有锈。又一守备队兵，由衣袋内取出信二封。其一信面书有润轩兄启字样，余一封有叙五兄启字样，另有一信封发信人盖有蓝色戳记，文曰：奉天南满站弥生町十八番地凌寓，电报挂号0407，中华民国十七年五月三十一日缄。寄信内有信纸两张，破碎不全，系宣纸红格，上部横书“国民革命关东招抚使用笺”，右边直书“革命尚未成功”，左边直书“同志犹须努力”。文内有“中日亲善，革命成功”及其他暗语，文尾有“凌印清启”字样。询据内田领事言，已由日警署派警前往查拿等语。复由检察官验明伤痕填单，二尸均交警察第六署验埋招领矣。此勘验犯人之大概情形也。勘验各处时拍有照片十种，理合检同照片报告署长，鉴核施行。

科长　关庚泽

安　祥

六月六日[1]

这个报告事实清楚，证据确凿。可以得出两点结论：其一，炸药药量巨大，“决非手腕之力所可抛掷”；其二，炸药置放位置，“约可判定在此桥洞南侧石垛上方”。也就是说，是在铁路交叉点上方的南满铁路置放的炸药。而南

① 《奉系军阀档案史料汇编》，第7部上，第212页。

满铁路是由日本方面负责的。

张作霖被炸后，6月4日上午10时30分，日本陆军省迫不及待地发表了一个声明："有人在沈阳车站与奉天车站之间的交叉点，对张作霖所坐的列车投掷了炸弹。由此张作霖和吴俊升受轻伤，有几人伤亡。警备队即时枪击便衣队。但日军与中国军之间并没有发生任何冲突。"肆意欺骗舆论，说这是"便衣队"向"列车投掷了炸弹"造成的。这是日本人在给这个事件定调子、造假象。

日方关于此次事件说法互相歧异，自相矛盾。为了"统一口径"，奉天总领事林久治郎召开了一个碰头会。6月5日上午9时，特务机关长秦真次、高级参谋河本大作、奉天宪兵队长三谷清、警察署长和田、当夜负责警备的独立守备队长东宫隆吉（东宫铁男）、张作霖的顾问仪峨诚也少佐等，都准时到会。他们决定："今后我方的一切消息均以军司令部发表的事实为准。至于那两个中国人之被击毙也统一定为4日凌晨发生的事情。"[①] 谣言总是破绽百出的。他们在做弥缝补苴的后续工作，以便继续混淆视听。

6月7日，日本驻奉总领事林久治郎给奉天交涉员署高清和署长一照会，内称：

（公文336号　科员黄嘉时译）

为照会事。兹于本月四日午前五时半，张大元帅乘坐之京奉铁道列车，开至与南满铁道交叉地点，不知为何人所设置之炸药爆破，甚为遗憾。张大元帅既负伤，又有其他之死伤者。且满铁方面，因路桥及桥脚破坏所蒙之损害，亦非浅鲜。本案既如四五两日，经贵我双方有关系官宪，共同审查时所认定，恐系肇事当夜被我守备兵所杀害，形似便衣队之不良贵国人等，凡有嫌疑。相应照请贵署查照，为迅捕犯人及防止此种事件再发，讲求适当之措施为荷。此照会。

奉天交涉署长　高

驻奉总领事　林久治郎

昭和三年六月七日[②]

---

① 王也平译：《九一八事变——奉天总领事林久治郎遗稿》，辽宁教育出版社1987年版，第23页。

② 《奉系军阀档案史料汇编》，第7部上，第210页。

日本驻奉总领事林久治郎假装糊涂，说什么“经贵我双方有关系官宪，共同审查时所认定，恐系肇事当夜被我守备兵所杀害，形似便衣队之不良贵国人等”，诬指肇事者是“形似便衣队之不良贵国人等”，这里所说的“贵国人”，就是中国人。

6月12日，日本陆军省又发表了一个声明，继续造谣：“……4日上午3点钟左右，有三个形迹可疑的中国人想爬上满铁线的堤上。我监视兵走近问他们是谁，他们却要投炸弹。于是我士兵遂刺杀其中两个人，一个逃走。检查中国人的尸体结果，发现两颗炸弹和两封信。其中一封是私收，一封是国民军关东招抚使书信的断片。由这些，可以断定他们是南方便衣队队员无疑。”[①] 就这样，日本把这起轰动中外的炸车事件完全推到了南方国民军的身上了，与他们没有任何干系。

但是，纸总是包不住火的。

令日本人感到非常难堪的事情发生了。出乎意料，另一个逃跑的中国人查大明来到奉天监狱，要求收容保护。因为他面临着生命危险，日本人正在追查他。张作霖被炸后，他听日本人宣传说是“南方便衣队”投弹炸了张作霖，感到日本人有阴谋，就来到奉天监狱，找到典狱长，揭发了日本人的阴谋。当天，查大明身着灰布制服，脚穿黑布便鞋。同被刺死的另外两个人，一样打扮。据他说：“我们数人在南满站做小工，因吸食白面，被日本警察抓走，拘留在一处，也没有审问。先给我们剃头洗澡，然后换上我穿着的这身新衣服和新鞋，并且给我们吃好的，喝好的。住了好几天以后，昨天半夜忽然把我们几个叫了起来，带到南满铁桥地点，对我们说：你们随便走吧！当时我觉得莫名其妙，可是我准知道日本小鬼子没安好心眼，我早就提防上了。果然，这时过来几个日本兵，一语未发，用枪刺向头先的几个人就扎。我一看不好，撒腿飞跑，拼命逃进城来。”[②]

这就是日本人所说的“南方便衣队”的真相。典狱长听罢，感到事关重大，立即报告上级。至此，奉天当局掌握了确凿的证据，证明“皇姑屯事件”

---

① ［日］户川猪佐武：《满洲某重大事件》，［日］河本大作等：《我杀死了张作霖》，吉林文史出版社1986年版，第97页。

② 周大文：《张作霖皇姑屯被炸事件亲历记》，《文史资料选辑》，第5辑，中华书局1960年版，第133页。

就是日本人一手策划并实施的。但鉴于当前复杂的形势，奉天当局并没有深究。

爆炸完后，刘戴明向河本大作索要欠他的钱。河本大作赖账不还，并担心刘戴明揭发他们，就设计把刘戴明骗到旅顺暗杀了。

6月15日，奉天交涉署为调查张作霖被炸后对日交涉情形上呈了一个全面的报告，即《奉天交涉署为调查张作霖被炸现场后对日交涉情形的报告》，前五点与前文引述相同，我们这里只引述第六点：

> 六、交涉经过情形。综观以上调查各节，足证此种爆药，性极猛烈，数量亦多。由其装置处所观察，必系由铁道上面安置者。而其炸裂又适在大元帅乘车经过桥洞之时，似此布置之周密、技术之精巧，断非无此种技术之人所能办。事前必有计划，犯人亦必有组织。且查该铁桥平时系由日本守备队守护，临时又经三谷宪兵队长声明，愿负完全责任，担任警备。此项爆炸既系由铁桥上面装置，日方自应负完全责任。即经依据此意，拟具照会，向日领严重抗议。并以事关重大，先将照会原稿送呈。
>
> 省长及藏参谋长核阅，均蒙附允。当于六月五日，正缮发间，忽接政务厅关厅长电话，问贵署与日本抗议之公事已发出否。当答以时有是件，现刻尚未发出。惟此公事昨已送省座暨臧参谋长阅过，均以为然。关厅长答以，虽然如此，仍以不发为是。最后则嘱以，如发时请候信再发可也。
>
> 移时，复接张参议之汉来访。入坐即问及抗议公事，当将原稿送阅。张参议阅后谓，此件公事措辞甚佳，惟如此办理，使彼无从诿卸，势必激成其他举动。设将来奉军出关，彼若借端阻碍，我方有何对策？况此公文传登报纸，竟成笔伐口诛，反使彼方有辞可借。昔鲁桓公如齐之难，鲁人且忍辱不敢复仇。此时亦惟当以忍耐为上策。语至此，彼此心酸，相对而泣。当言清和亦奉天之人，忝为大元帅之属，且复职在外交。我方一人民被害，尚应抗议力争，况大元帅乎？交涉之事，贵乎敏速，且宜以正义公理为依归，我方不即时抗议，恐对方用报纸宣传，国际间只知系中国便衣队所为。大元帅为国家遭难，终难使中外人民了解。日方以我方畏惧，不敢直言，嗣后再接再厉，将用何方法以善其后乎？吾辈做事知有正义公理，

不能以彼方有强权，即不敢说话。如彼对我有意外举动，亦愿为正义公理而牺牲。张参议云，吾弟之言甚是。但地方治安要紧，请三思可也。和（高清和）云，我公以保卫地方治安诸大端为前提，所见亦不无理由，但此公事已呈诸省座暨臧参谋长核阅，岂可压而不发？张参议谓，省座处，决无何等问题。若将此意说透，亦未必不以缓发为是。

迨张参议走后，旋接省座电召。见面即云，曾见张参议否？回说，顷已晤及。省座复谕以，伊等心细，所言当以地方大局为重，不为无见。余先亦以为抗议诚是，然值此风云紧急，时势阽危，抗议之事，应从缓议。于是，遂即中止。等因。

特派员自当遵照，暂从缓办。不意六月八日，忽接日领来函，谓六月四日午前五时半，大元帅乘坐之京奉铁路列车，开至与南满铁路交叉地点，不知何人放置之炸药爆破，甚为遗憾。大元帅既负伤，又有其他伤亡人员，且满铁方面因路桥及桥脚破坏，所受损害亦非浅鲜。本案犯人恐系肇事当夜被我守备队所杀，形似便衣队之不良贵国人等，犯有嫌疑，应请迅捕罪犯，并讲求适当措置，以免再生此种事件等语。详释日领来文，对于路桥上面警备责任，并未提及，而以守备队杀死之华人二名，认为形似便衣队，犯有嫌疑。不知该华人二名系惯打吗啡之流氓。利用此辈作为证据，反足露其破绽。即将日领来文，录呈省座核夺。奉谕，候交参议核议，等因。以是延至今日，尚未提出抗议。又六月十日，据日领来署面称，此案调查情形，应请共同发表，以昭划一。当以双方报告微有参差，不便共同发表，拒绝其要求。日领后于翌日又来要求如前，并称如有意见不同之点，何妨从长计议。当即提出数点，令其更正。彼虽稍加删改，究与吾方意见相去甚远，故始终拒绝共同发表。此本案经过之大概情形也。[①]

这里主要说明，当时之所以没有向日本提出书面抗议的原因，主要从地方治安角度考虑，“我公以保卫地方治安诸大端为前提”。但是，奉方坚决拒绝了日本共同发布调查报告的无理要求。

---

① 《奉系军阀档案史料汇编》，第7部上，第144件，242页。

其实，从揭发出来的历史事实看，河本大作只是谋杀张作霖的直接凶手之一。而真正的元凶，则是关东军的整个高层，特别是关东军司令官村冈长太郎。而他们所有的暗杀阴谋都是经过日本最高当局反复酝酿策划的，是他们阴谋侵略中国的一个步骤。他们炸死张作霖，企图借此占领整个东北。但是，他们没有达到这个目的。因为东北的元老和张作霖的继承人张学良临危不乱，处置有方，才得以平稳地渡过这个难关。

六、放烟幕诬称苏联

2006年，日本《产经新闻》刊登了一篇耸人听闻的报道，内称："张作霖被炸，与日本人无关，而是苏联情报机构所为。"这是该报驻莫斯科记者采访俄罗斯历史小说作者普罗霍罗夫的一篇报道。与《产经新闻》同属一个出版集团的《正论》杂志在最新的2006年4月号，刊登了采访全文。这就掀起一股浊浪，似乎张作霖不是日本军人炸死的，而是苏联情报机构所为。

那么，这位俄罗斯文人普罗霍罗夫握有什么过硬的证据呢？是根据确凿无误的档案史料？还是有实施暗杀的当事人站出来做证？不是，什么都不是。据报道，这位小说家在接受《产经新闻》记者采访时，首先声明，他的观点不是以苏联共产党或情报机构未公开过的秘密档案为根据的，只是通过对苏联时代出版的军队领导人回忆录或采访记录，以及对苏联解体后被公开的公文档案等，进行"综合分析"，"几乎可以断定"，"张作霖被炸是苏联情报机构所为"。这里说得很清楚，这位普罗霍罗夫自己承认，他没有什么根据、没有什么证据，他的观点是他个人"分析"的结果，是一个推断、是一种猜测。

普罗霍罗夫对《产经新闻》的记者称，张作霖与苏联就中国东北铁路的使用问题发生纠纷，苏联政府对此耿耿于怀。于是，就命令苏军情报局对张作霖采取暗杀行动。苏军特工的第一次暗杀计划是在张作霖的官邸埋设炸弹，但由于张作霖手下的密探事先探听到风声，在特工交接炸弹时，将其逮捕。后来，苏联政府声明该嫌犯是已经逃离苏联的白匪。

普罗霍罗夫表示，此后张作霖采取了许多敌视苏联的行动。1928年，因接连作战而元气大伤的张作霖开始与日本人谈判，企图依靠日本政府的支持，在东北建立一个反苏的"独立的满洲共和国"。得知此事后，苏联决定再次暗杀张作霖，于是制造了皇姑屯爆炸案。该报道称，"由于皇姑屯处于日本关东军的警戒范围内，日本也就成了最大的嫌疑人”。但所有这一切，都没有任何确切的证据，都出自普罗霍罗夫的个人分析。可以说，都是这位小说家的一种想象。

普罗霍罗夫是何许人？《环球时报》驻俄罗斯的记者想探听个究竟，采访了许多俄罗斯专家，但大部分人都没有听说过他。最后，经过许多人的帮助，好不容易才找到了有关他的一点资料。普罗霍罗夫的全名为德米特里彼特罗维奇普罗霍罗夫，是俄罗斯的一位历史小说作者。2000—2005 年，他出版了八本书，主要以所谓的历史揭秘和猎奇为主，诸如《以色列特种部门》等。2003 年，发表《张作霖之死档案》。在俄罗斯相关的图书网页上，在他所写的历史小说后面，没有一个读者发表的评论。这足以说明，他是一个普通的作者。

对于普罗霍罗夫的关于张作霖被炸的奇谈怪论，俄罗斯的历史学者持什么态度呢？《环球时报》驻俄罗斯的记者本着探求真理的态度，特意采访了俄罗斯科学院远东研究所的中国历史问题专家米罗维茨卡娅女士。米罗维茨卡娅女士研究远东近代史多年，是俄罗斯远东史方面的专家。她表示，她根本没有听说过普罗霍罗夫这个人。这就说明，普罗霍罗夫不是研究远东史、研究中国史方面的专家。对于普罗霍罗夫的观点，她也明确表示完全不能同意。她非常清晰地表示，根据我们目前掌握的证据，1928 年，是日本特务在皇姑屯一手制造了火车爆炸事件，炸死了张作霖。这一点，在俄罗斯的历史书上是得到肯定的，没有任何疑义。喜欢寻根究底的《环球时报》的记者，又特意到俄罗斯的书店里购买了一本最新的 2004 年版的《中国历史》。该书是由俄罗斯的历史学家弗阿达姆奇克等近 10 位著名学者联合编著的。该书明确写道：“在去沈阳的路上，张作霖被日本人炸死。”

历史学者米罗维茨卡娅女士明确地表示，根据目前俄罗斯方面掌握的历史资料，日本政府暗杀了张作霖这一点是无疑的，至少她本人还没有听说过在这方面有什么新的历史资料被发现。

问题在于日本对普罗霍罗夫的推断和猜测，很感兴趣。自“二战”结束以来，日本就有人提出各种各样的所谓证据，试图为当年犯下的罪行翻案。这一次，他们抓住了一棵救命的稻草。

普罗霍罗夫的奇谈怪论正中日本右翼分子的下怀。同一期《正论》杂志还刊登了日本拓殖大学教授藤冈信胜的文章，题目是《张作霖爆炸事件的不可解性》。藤冈信胜是日本右翼新历史教科书代表执笔者。他声称，他一直就对张作霖暗杀事件怀有疑问。普罗霍罗夫的猜测等于给他提供了炮弹。

但是，假的就是假的，谎言不能永远不被揭穿。其实，日本人炸死了张作霖是证据确凿的铁案，任何人也是翻不了的。①

① 《环球时报》，2006 年 4 月 4 日。

第十七章　学良继遗志　历史有定评

一、保稳定正确举措

曾任日本驻奉天总领事代理的森岛守人后来回忆道："本来，策划爆炸者的企图，并不只是为了杀害张作霖一个人。主要目的是想趁列车爆炸和张的死亡而引起社会紊乱之际，立即出兵。进而挑起大规模的武装冲突，然后使用武力彻底解决满洲问题。列车爆炸后，在奉天城内日本侨民会等几处连续发生的投弹事件，也无一不是为了给日本出兵制造借口。"他倒是说出了当时日本军方的企图。

当时留守东北的奉天省长刘尚清和奉天督军署参谋长、总参议臧式毅，面对复杂的内外形势，沉着冷静，商讨对策。他们适时地采取了四个重要措施，安定局面，安抚民心。

第一个措施，密电张学良，请其速回沈阳。他们在第一时间，就把张作霖被难的实情，由密电处急电前方的张学良。为稳定局势，安定人心，决定封锁消息，秘不发丧。对日本人则采取虚与委蛇的策略，等待张学良顺利归沈。

第二个措施，密电各县知事，传递稳定信息。6月6日，奉天省长公署致各县知事密电：

知事：主座由京回奉，路经皇姑屯东南满铁道桥梁，发生炸弹爆伤数人，主座亦身受微伤，精神尚好。关内军情，各路遵息争通电，均完全转移适当地点。省城亦安谧如常。乃近日外报登有种种谣言，实足淆惑听闻。为此，密电该道尹知事，迅即传谕地方商民，勿得轻信浮言，自滋惊扰。并饬警从严查禁，是为至要。省公署。鱼。[①]

此封密电告知各县“省城安谧如常”，“迅即传谕地方商民，勿得轻信浮言，自滋惊扰”。

为此，6月7日，黑龙江省长公署向各县知事发出电报，内称：

各知事，并转法团、报馆均鉴：案准，奉天臧参谋长式毅麻电开，帅座回奉，道经南满路铁桥下，突有炸弹，轰然一声，列车玻璃震碎，帅座受有微伤。当时稍觉晕眩，旋即改乘汽车，安全回府。现在精神已渐恢复。特此奉闻。等因。准此，合电知照。省署。阳（六月七日）[②]

第三个措施，任命吴泰来接替吴俊升护理黑龙江督办。6月6日，任命吴俊升嗣子吴泰来暂行护理黑龙江督办，当日吴泰来复电。电文称：

盛京臧总参议、刘省长，吉林张督办、诚省长，哈尔滨张长官（张焕相）、吕督办，总司令部勋鉴：

本日奉上将军公署电开，现因吴督办俊升在奉养疴，一时未能回任。所有职务，著师长吴泰来暂行护理。此令。镇威上将军公署，歌印，等因奉此。泰来遵于即日就职，谨电奉闻。吴泰来庚印。[③]

6月9日，当吴泰来得知吴俊升已经死亡的确信后，又发一电，表明心迹。电文称：

盛京臧总参议、刘省长，吉林张督办、诚省长，哈尔滨张长官（张焕相）、吕督办，总司令部勋鉴：

安密庚电，谅陈察览。惨戚之余，何堪胜任。惟以上承上将军

---

① 《奉系军阀档案史料汇编》，第7部上，第208页。

② 《奉系军阀档案史料汇编》，第7部上，第211页，第130（9）件。

③ 《奉系军阀档案史料汇编》，第7部上，第219页。

署电令，下系一省治安，公谊私情，不得不暂维一时。自维体轮智弱，陨越滋虞。诸公先达前进，夙所钦仰。务恳导以先河，匡所未逮。谨再电陈，伏乞惠察。吴泰来佳印。①

得到吴泰来庚、佳两电后，于6月14日，奉天省长刘尚清给吴泰来一封复电，电文称：

卜奎吴护督办鉴：庚、佳两电奉悉。执事坐镇旅边，奠安北鄙，英才健武，佩慰交深。刘尚清　寒印。②

很明显，奉天督军署总参议臧式毅和奉天省长刘尚清任命吴泰来接替吴俊升的举措，是正确而适时的。这保证了北方边境的稳定。

第四个措施，宣布省城戒严，任命戒严司令。6月9日，宣布奉天省城戒严，任命齐恩铭、陈奉璋为奉天省城戒严正、副司令。奉天省长公署转发了镇威上将军公署委任齐恩铭、陈奉璋为奉天省城戒严正、副司令的训令，内称：

案奉镇威上将军公署训令，内开为令行事。现值时局不靖，地方治安关系重要。奉天为省会首善之区，外侨聚集之地，亟应加意保卫，以免疏虞，而维治安。自本日起，宣布戒严令。兹特委齐宪兵司令恩铭为奉天省城戒严司令，陈警务处长奉璋为戒严副司令。③

这四个重要措施，保证了东北政局的稳定，使日本人不能借机挑起更大的事端。

此外，大帅府里谢绝一切往来，凡知情人员均嘱保密。就连在救治张作霖现场的小河沿盛京施医院院长英人雍大夫，也被军医处长王宗承诚恳地嘱咐说："这件事关系太大，希望做到严守秘密。"雍大夫为人诚实，当英国驻奉天总领事问他时，他只说负伤了，严守了秘密。他因此也丢掉了院长的职

① 《奉系军阀档案史料汇编》，第7部上，第222页。
② 《奉系军阀档案史料汇编》，第7部上，第223页。
③ 《奉系军阀档案史料汇编》，第7部上，第225页。

务。“每日厨房照常开张作霖的饭，杜医官天天来府假装换药并填写医疗经过和处方，以瞒过日本的窥探。日本方面不断有人来慰问求见，皆婉言谢绝。”张作霖的生死，外界一直无法得知。奉天总领事林久治郎为探听实情，提出派日本医师去为张作霖诊治，遭到婉言谢绝。其间，日本顾问町野武马找到省长刘尚清打探虚实，刘尚清平淡地说：“大帅精神很好，能进饮食。”

日本林久治郎总领事派他的夫人到帅府来访，以探究竟。寿夫人正披头散发，哭得像个泪人。一听日总领事夫人来访，即命副官陪入客厅休息。自己赶紧梳洗打扮，艳妆华服一如平日，走进客厅，连声道歉说：“因为大元帅遇险轻伤，并受惊吓，我侍候他抽过大烟，安置睡下，致劳久候。”① 一面命副官开香槟，相互举酒干杯，共庆大元帅洪福齐天，得逃大难。谈笑风生，毫无悲戚之感，尽欢而散。

张作霖的日文秘书陶尚铭一直同日本领事馆有来往，特别是与日本军方有联系。林久治郎记道：“他虽然一直致力于两国人士间的交往，但自 4 日事件发生以后，陶与其他亲日派官员到大帅府时，一律不准进入张公馆的内部，因此关于张作霖的生死情况，他也无从得知。8 日，他在公馆门前嗅到了焚香的气味，又窥见女人们身着丧服，才察知张作霖虽死但尚不报丧，因而把情况告诉了我们。从此以后，张作霖的死耗，才逐渐被一般人所知晓。”②

6 月 9 日，刘尚清在行政公署设宴欢迎林久治郎到任。日方 10 多名文武官员参加，有林久治郎总领事、内田领事、河野副领事及守备队长、地方事务长等。中国方面由刘尚清和臧式毅做东，交涉署官员作陪。在会上，刘尚清说：“愿中日两国继续亲善，勿因无根之言，致生疑虑。”③ 这是在张学良未归之前，刘尚清所采取的稳住对手的策略。

树欲静而风不止。为了搅乱局面，以便浑水摸鱼，6 月 10 日，日本人制造了两起爆炸事件：一起是奉天普记药店爆炸；一起是日本居留民公会忠公馆爆炸。关于这两起爆炸事件，奉系档案留有详细记载，文件内称：

迳启者：本月十日午后九时三十分钟，忽闻轰然一声，类似炸

---

① 王大任：《张作霖被炸实录》，《张作霖传记资料》，第 5 辑，台湾天一出版社，第 39 页。

② 王也平译：《九一八事变——奉天总领事林久治郎遗稿》，辽宁教育出版社 1987 年版，第 28 页。

③ 直心：《刘尚清》，《沈阳文史资料》，第 19 辑，内部发行 1992 年版，第 232 页。

弹响动。当即电传各警队，一体出动，详细搜查去后，兹据第四警警长王达善报告，闻炸弹声响，即带长警寻声调查。将出警，即有小西门外瓮园路西，门牌五十三号普记药店来人报告，后墙发生炸弹等语。当即驰往附近搜查，并无可疑之人。后验被炸地点，系在该药店后墙外，将厕所墙完全炸倒，约长五尺余。附近楼房玻璃，都被震坏，并未伤人。详检亦无铝铁等类，系属炸药性质。并无铝铁足以伤人之物。讯据该药店执事宋福田声称，柜伙赵振轩赴厕所便溺，由水洞看见外边有火亮两个，类似香头。返屋后，即问何人在厕所墙外上香。话将说完，即闻轰然一声，等语。查该药店尚无可疑之处，想系奸人意图扰乱治安之所为。同时，小西便门外亦发现炸弹声，查验该处，系商埠警察局管界内。日本居留民公会忠公馆东胡同，有空房三间，门牌五十六号至五十九号。其五十九号平房被炸倒一间，并未伤人。当经该管警察，在五十六号门前获得日本花条布包，内包方形炸弹一个，有三寸长，药线一根，朝日烟卷头一个。于今早有日警官三名，用照相具将该两处被炸之房墙拍照，带回日站去讫。各等情报告前来，除饬各警队一体认真防范外，相应函请查照。此致

奉天交涉署启

六月十一日①

这个文件内称："获得日本花条布包，内包方形炸弹一个，有三寸长，药线一根，朝日烟卷头一个。"这里的"日本花条布包"和"朝日烟卷头"完全暴露了肇事者是日本人。文件推测"想系奸人意图扰乱治安之所为"，这个奸人实际就是指日本人。

但是，日本人却贼喊捉贼，意图掩盖他们的罪行。6月12日，日本驻日总领事林久治郎竟然照会奉方，内称：

（公文第347号）

为照会事。案查本月四日，京奉满铁交叉地点列车被炸事件勃发以后，未逾旬日，于前十日夜间，本市内复又发生炸弹爆炸事件。

① 《奉系军阀档案史料汇编》，第7部上，第238页。

是夜九时许之炸弹，系在小西边门外日本居留民公会后边爆炸。该处附近居住日本人家屋五处，如另表所列。窗玻璃被震坏二十四块。敝国人散在本市内各处，居住者甚多。贵方亦深知之。此种事件之发生，不仅压迫其居住非鲜，而及于生命财产之危险亦甚大。取缔此事，当然归贵国方面负责。相应检同被害调查书，照请贵署查办。际此时期，务希贵国方面，以诚意维持地方之治安，筹措最善之方案为荷。此照会。

奉天交涉署长　高

驻奉总领事　林久治郎

昭和三年六月十二日①

然而，日本人的阴谋并没有得逞，张学良很快地回到了沈阳。

二、继遗志学良任职

张作霖被炸的6月4日（农历四月十七日），正是张学良的生日。张学良生于1901年农历四月十七日，阳历是6月3日。而1928年的农历四月十七日，阳历却是6月4日。中国人的习惯，过生日过阴历。张学良过生日是在农历四月十七日。这一天，杨宇霆、孙传芳和军团部的高级人员及少数亲友，在北京中南海的万字廊，举行了一个小型聚会，以示祝贺。忽接奉天密电：“雨帅皇姑屯遇

帅府办事处，又称帅府舞厅

① 《奉系军阀档案史料汇编》，第7部上，第239页。

难，速回奉料理善后。”张学良当即机警地告诉大家，张作霖的专车被炸，大帅受伤，来客遂不欢而散。当杨宇霆等离去后，屋里只剩下张学良和刘鸣九时，张学良低声说道：“老将不在了!”遂即泪如雨下。张学良把悲痛埋在心里，表面一切如常。第三、四军团的人只知大帅受伤，不知已经亡故。

情况突变。张学良临危不乱，冷静采取对策。他立即命令长辛店、卢沟桥一线的第三、四方面军团，火速向滦河方向撤退。当晚，他和杨宇霆离京东去。离京前，安排奉军鲍毓麟旅留在北京维持秩序。5日，张学良和杨宇霆抵达军粮城。7日，在芦台以东之汉沽与张作相会商奉军撤退事宜。决定第三、四方面军团部设在锦州，吉军驻扎山海关、锦州之间。此后，张学良、杨宇霆赶到滦州，收束军队。

这一时期，张学良主要处理的是张宗昌的异动问题。张宗昌图谋不轨，军纪太坏，又企图出关，索要奉天省东边道地盘。张学良坚决阻止他出关，遂有滦河以东解决直鲁联军之战。战斗是以后的8月打响的。张学良在滦州做完应对张宗昌的军事部署后，把前方指挥权交给杨宇霆，就秘密返回奉天了。

张学良秘密返回奉天，有几种版本。我认为当时张学良的卫队营营长崔成义的回忆很可信。据他的回忆，张学良在返奉奔丧之前，曾特派黄显声先行赴奉准备。一天，张学良将崔叫到他的列车上，对他说：“你知道老将遇难了吗?”崔答：“不知道。”张学良又说：“我打算派你护送我回奉天。”崔说：“是!”停了一会儿，张学良又说：“老将遇难，伤势情况如何还不得而知。恐敌人于途中对我有所留难，沿途要多加注意。如有询问我的行踪的，应予保守秘密，以防万一。”崔营长即遵嘱带领全营官兵做好准备。

6月17日，张学良派刘多荃团分乘两列火车回奉，张学良乘第一列兵车。临行前，张学良把长发剃光，特意换上灰色士兵服装，杂坐在卫队营的士兵中间。卫队营长崔成义和张学良的副官谭海暗中保护。车到山海关，机车上水停车，有日本宪兵三人打听，本列军车的最高指挥官是谁，士兵答称是崔营长。日本宪兵来见崔，询问列车去奉天干什么，崔营长答回奉后另有任务。又问张学良是否在车上，崔答不在。列车经过绥中、锦州、沟帮子等站，各站站长皆上车打听张学良是否在车上。看情况，他们已经知道了张学良回奉的消息。

列车从新民县车站继续开行后，张学良嘱咐崔说：“经过老将遇难处时告诉我一声！”① 列车过兴隆店车站后，崔营长立即报告就要经过该地。列车经过南满铁路交叉点张作霖遇难处时，张学良探身窗外观望，神色惨淡，一语不发，默然良久。列车一直开抵奉天西边门车站，时为6月17日上午。

列车抵站后，张学良的随行副官谭海先下车探视，见黄显声一人已在车站等候迎接。张学良随即由黄显声、谭海两人陪同，未经车站站台的出口处，横穿铁道东行，乘早已准备好的汽车，直驶大帅府。

于凤至初见张学良，看到他那身灰突突的穿戴，吓得妈呀一声。张学良来到客厅，擦了把脸，连衣服也没换，就到大帅灵前哭奠去了。想起老父平日的慈爱，想到其父悲怆的惨死，他情不能禁，号啕大哭，几至昏厥。家人怕张学良哭晕过去，赶忙由两个人把他搀扶起来，送到外室，让他渐渐地冷静下来。

张学良安全返回奉天，使奉天的军政界感到有了主心骨。

当前需要解决的第一个问题是督办军务一职，必须立即由张学良接替。

6月18日，奉天各法团会议，公推张学良继任奉天军务督办。为此，正式发表了一个通电，电文称：“案奉镇威上将军铣电开，本上将军现在病中，所有督办奉天军务一职不能兼顾，着派张学良代理，仰即知照，并转所属一体知照，等因。奉此，除分行外，合令该员知照。此令。”因为张作霖死亡的消息还没有公布，张学良只能暂时以代理的名义出现。

6月19日，张学良在奉天督军署正式就职，并通告各国领事。官商各界纷纷前往拜谒，各国驻奉领事也同时赴督军署祝贺。至此，奉天人心安定，社会稳定。

6月20日，张学良发表《就任奉天军务督办通电》，公布施政纲领五条：（1）罢兵言和，反对内战；（2）睦邻政策，友好外交；（3）精兵主义，兵农实边；（4）开源

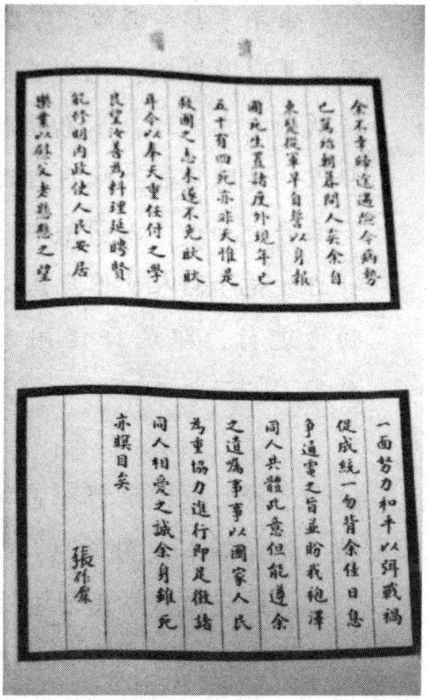
遺囑
余不幸歸途遇險今病勢
已篤恐朝暮間人矣余自
束髮從軍半自誓以身報
國死生置諸度外現年已
五十有四死亦非夭惟是
救國之志未遂不免耿耿
耳今以奉天重任付之學
良望汝善為料理延聘賢
能修明內政使人民安居
樂業以慰父老懸懸之望
一面努力和平以弭戰禍
促成統一勿背余往日息
爭通電之旨並盼我袍澤
同人共體此意但能遵余
之遺囑事事以國家人民
為重協力進行即是徵諸
同人相愛之誠余身雖死
亦瞑目矣
張作霖

张作霖之遗嘱

① 崔成义：《张学良奔丧返奉》，《张学良和东北军（1901—1936）》，中国文史出版社1986年版，第84页。

节流，政治改革；（5）尊重民意，取诸公决。“以上所列之则，秉承于庭训，内之则发动于良心。端绪虽繁，精神不贰。志愿所在，生死以之。敢布腹心，敬希公鉴”。这是张学良的就职宣言。

张学良就任奉天军务督办，这个重要问题解决了，就可以顺理成章地宣布张作霖的死讯了。

6月21日下午，奉天省长公署正式公布张作霖逝世的消息。成立葬仪委员会，委员长为张作相，副委员长为袁金铠。开吊公祭，为张作霖发丧。全城下半旗。停止一切歌舞，以示哀悼。并成立葬仪筹备处，以东三省官银号总办彭贤（字相亭）为处长，负责勘测葬地和修建陵墓。

同日，东三省议会联合会召开三省紧急临时大会，当场推举张作相为东三省保安总司令兼吉林省保安司令，张学良、万福麟分任奉天、黑龙江两省保安司令。张作相坚辞不就东三省保安总司令职。

丧葬筹备处公布《张作霖遗嘱》：

> 余不幸归途遇险，今病势已笃，殆朝暮间人矣！余自束发从军，早自誓以身报国，死生置诸度外。现年已五十有四，死亦非夭。惟是救国之志未遂，不免耿耿耳。今以奉天重任付之学良，望汝善为料理，延聘贤能，修明内政，使人民安居乐业，以慰父老恳恳之望。一面努力和平，以弭战祸，促成统一，勿背余佳日息争通电之旨。并盼我袍泽同人共体此意，但能遵余之遗嘱，事事以国家人民为重，协力进行，即足征诸同人相爱之诚，余身虽死，亦瞑目矣。张作霖。①

这个遗嘱，据说是督军署秘书处长谈国桓操觚，并经张学良过目的。遗嘱反映了张作霖本人的意愿，即：一是名正言顺地把东北军政大权传给张学良；二是谆谆告诫张学良要罢战息争，保境安民。

发丧期间，张学良没有露面，也没有守灵。负责接待外宾的是陶尚铭、周培炳等。陪灵守孝的是学铭、学曾、学思等。一般内务由五太太寿夫人主持。

葬礼极为肃穆、隆盛。东辕门搭有黑、白两色布扎的斗拱飞檐的牌坊，

① 《张大元帅哀挽录》，第1编，遗嘱。

辕门两侧站有四名臂戴黑纱荷枪的岗兵。帅府正门也搭有牌坊，有八名岗兵站岗。灵堂设在二进院正房中间过厅。灵座正中是大元帅的遗像。像前置放供器，燃烛焚香。

张作霖灵堂正面

前来吊唁的人，往来如梭。各国驻奉领事，各省、各市派来的官员，来客依次到灵前鞠躬致哀。帅府内设置乐队，整天哀乐不止。这场丧事从6月11日至8月7日，前后共操办了58天。

丧礼过后，督军署秘书处长谈国桓，把治丧期间的吊唁文字收集成册，编成四巨册的《张大元帅哀挽录》。书名由“谈国桓敬题”。全书为线装铅印本，封面和封底均为黑色。书貌墨色沉着，表现心情沉重。

共三编，第一编一册，第二编一册，第三编两册，分为卷上、卷下。

第一编有遗像、遗墨、遗嘱、行状、典礼摄影、各地追悼摄影。

张作霖灵位

遗像是张作霖任大元帅时期、安国军总司令时期、东三省巡阅使时期、师长时期和统领时期组成，计五幅。遗墨有张作霖在帅府假山门洞上题写的石匾“慎行”、“天理人心”和“一丸塞寒谷，三箭定天山”、“智深须有忍，将勇贵能谋”、“神威扬万里，英勇冠三军”

位于辽宁省凌海市石山镇驿马村240号的张作霖墓园

等三副对联。遗嘱为手书体。《中华民国陆海军大元帅张公行状》为手书体，是标准的楷书，计有4478字。此文主要是叙述了张作霖的生平，赞扬了张作霖的功德。最后写道："每慨光复以还，海内以攻伐相寻，几无宁宇。东三省处边隅之地，赖公之长驾远驭，撑距其间，独晏然无兵戈之患。然则天之使公应运而兴，岂无意乎？"丧礼摄影有5幅相片、各地追悼摄影有14幅相片。

第二编有祭文、诔文、挽诗、碑文。

祭文88篇，首篇是吴佩孚的祭文，开篇写道："呜呼！天下滔滔，乱民接踵。东北义旗，一隅犹重。公之一身，国之梁栋。闻公之亡，临江长恸。非公之惜，惟国是痛。轵里无名，博浪竟中。始闻而疑，今腾于众。呜呼哀哉。自与公交，寒暑两经。以事变之纷扰，致肝胆以莫倾。恐瞑目而长往，或遗恨于九泉。爰馈奠以致辞，而告慰夫英灵。呜呼哀哉。"祭文很长，出自吴佩孚的手笔。感情真挚，催人泪下。

吊词5篇，其中4篇系日本人敬挽，1篇系中国人敬挽。诔文4篇，其第四篇是开原华商会小学校全体学生敬挽。铭1篇，为四言体诗，无作者名。赞2篇，为四言体诗，是联名同挽。挽诗11首，为五言体诗和七言体诗，4人所作，其中吴廷燮一人敬挽8首。

第三编有挽联。挽联1421副，有国内各派军阀，如曹锟、段祺瑞、吴佩孚、孙传芳、靳云鹏、李宗仁、白崇禧等人所送，也有各界人士所送。

段祺瑞的挽联："薤露悲凉怀旧雨，云车缥缈黯灵旗。"曹锟的挽联："开国旧功高千古英雄同涕泪，传家遗泽永一时金石见交情。"李宗仁的挽联："与总理生前为友述志有人能令欃枪化日月，当中原多事之秋捍边最力每从辽海想旌旗。"①

---

① 王振之：《张作霖治丧始末》，张英智、赵杰：《张氏帅府》，辽宁人民出版社1993年版，第95页。

1928 年 11 月，为张作霖选中了抚顺东 35 公里的高丽营子附近的水龙卧村，一个向阳的山冈，作为陵址。决定由东三省官银号总办彭相亭主持修建元帅林。1929 年动工，1931 年夏即将竣工，突发九一八事变，工程停止。1954 年，修建大伙房水库，元帅林最前部分的前门等被水淹没。1973 年，抚顺成立了石刻管理所。1978 年，拨款修复元帅林。1979 年正式开放，接待游客。

1931 年，张作霖的灵柩从大帅府东院东厢房移到小东边门外的珠林寺暂厝。后来彭相亭和张作相出面，与伪满洲国总理大臣张景惠相商，改葬在锦县（今凌海市）东北驿马坊张家墓地。

发丧期间，张学良没有停止其他工作，抓紧组建东北最高军事领导机构。

6 月 23 日，在奉天召开东三省军民联合会议，讨论恢复保安总司令及易帜问题。张作相、袁金铠、于珍、邢士廉等军政首脑均出席。会议开到 27 日结束。会议决议恢复东三省保安总司令名义，推举张作相为东三省保安总司令兼吉林保安司令。但张作相坚决推辞不就，并反复向各方做工作，极力推荐张学良就任该职。张作相素称稳健，对张作霖生前极为忠诚，并自知无力应付当前复杂的局面。他认为，张学良少年英俊，干练有为，完全能够担此危任，应对内外。张学良继承父业，是理所当然的事。他将这个想法分别说给旧派听，旧派接受了他的意见，同意他辞职不就。“张作相复以老资格的身份，首推张学良为东北保安总司令。新派对此当然欢迎，旧派亦随声附和地共同拥戴了。张学良从此掌握了东北的领导权，对张作相寻常呼为‘辅帅’，始终以长辈的身份尊崇之。”①

7 月 2 日，东三省议会联合会会议决定：准予张作相辞职。此次会议决定，一致改推张学良为东三省保安总司令兼奉天保安司令。

张学良就任东三省保安总司令后，通电全国，收束军事，息争议和。表示今后对于国事绝难用武力解决，因为民生极困，外交紧迫。决心以整理东北为己任，誓保东三省之治安。

就这样，东北地区平稳地交接了政权，顺利地渡过了难关。从而粉碎了日本鲸吞满蒙的痴心妄想，使日本侵占东北的狂妄计划推迟了三年。

---

① 鲁穆庭等：《张作霖被炸后的东北局势》，《辽宁文史资料选辑》，第 2 辑，辽宁人民出版社 1963 年版，第 70 页。

三、选吉地建造陵墓

张作霖遇难之后，其灵柩暂厝于大帅府东院东厢房内，后移厝于沈阳小东边门外珠林寺。丧仪过后，为张作霖建造一座陵墓，安葬灵柩，成为当务之急。

1928年8月，张学良特派大帅府处长郑紫宸负责，选择大帅张作霖的茔地。郑紫宸不敢怠慢，急忙“邀集沈阳著名术士和关内堪舆专家多人”，分别派往辽沈各地，广泛查勘，反复比对，选择吉地。经过比较，最后把目标集中在抚顺县第四区高丽营子附近的水龙卧村。

水龙卧村位于抚顺东35公里处。水龙卧村的自然条件完全符合堪舆学家心中选陵的标准。这个村子处在一个小山冈上。这个小山冈自北向南突出，北高南低，缓缓而下，是一个南北约有500米的开阔地，俗称老龙头。沉静的浑河水自东经南，如一条轻盈的素练，向西款款流去。

隔水相望，南向就是著名的铁背山。铁背山上有著名的界藩城。“界藩”满语是交汇之意，是说此地乃是浑河与苏子河交汇之处。界藩城曾经是清朝开国君主清太祖努尔哈赤居住的行宫。据考证，他曾经在此居住一年零四个月。笔者趁开会之机，有幸登上了界藩城。从元帅林码头乘船渡河，几分钟后即可抵达铁背山渡口。下船后从西豁口进入，顺人工修筑的石阶而上，半个小时就登上了山顶，进入界藩城内。一路之上，怪石嶙峋，树木纷披。界藩城的城墙遗迹明显，依山而筑，环绕山脊。据资料记载，界藩城的最高峰283.1米，城墙周长4612.5米，城内面积63000平方米。[①] 界藩城分为西卫城、内城、东卫城。努尔哈赤的行宫在内城，内城建有汗王殿和后妃宫。界

张作霖生母王太夫人墓

① 郝武华：《元帅林风景区简介》，第9页，内部发行。

藩城易守难攻，在努尔哈赤开疆拓土的战争中曾发挥了重要的作用。界藩城上自然景观亮点甚多，有狮虎峰、苍鹰台、四方洞、点将台和夹扁石，最使人难忘的是著名的晃荡石。它与元帅林陵寝的中轴线遥遥相对，被认为是一个吉兆。老汗王努尔哈赤的界藩城闻名遐迩，为此地增添了几许神秘而高贵的色彩。

张作霖墓园大门

向北望去，山冈以北是一片平川，三里外为起伏错落的高山。北倚高山，南接平川，中有阔地，这是建造陵墓的风水宝地。风水先生周氏对此地赞曰：前照铁背山，后座金龙湾，东有凤凰泊，西是金沙滩。

得知水龙卧村是建陵的风水宝地，张学良决定亲往勘察。1928 年 10 月 30 日，张学良偕夫人于凤至、张作霖五太太寿夫人勘察水龙卧村。老臣张作相、汤玉麟等陪同左右，彭相廷、郑紫宸、周氏风水先生随行前往。他们一行乘火车由奉天直达铁背山站，雇用三辆马车抵达水龙卧村。张学良站立山冈，极目远眺，铁背山尽收眼底。铁背山下，清澈的浑河水潺潺流过。回眸望去，远处的山峦起伏不断，似巨大的屏障护卫其后。张学良被这里的自然景观征服了。而

张作霖与原配夫人赵春桂的合葬墓

1929年，任东北边防司令长官的张学良

且，此地离沈海铁路很近，交通条件也十分理想，遂决定在此修建陵墓，就对身旁的于凤至说道："我看这地方不错，爸爸可以长眠于此了。"又对寿夫人征求意见道："五姨，您看怎么样？"寿夫人点头答道："很好，不错。"①就这样，决定在此建造张作霖的陵墓。

张作霖的墓地是叫"陵"，还是叫"林"，这是当时由张学良决定的。张学良具有民主思想，感到张作霖墓地叫"陵"不合适，就决定叫"林"。曾担任过张学良机要秘书的郭维城将军后来回忆道："（修元帅林）当时有人提议叫元帅陵，可张学良不同意。他说：皇帝墓称陵，我父亲是安国军大元帅，就叫元帅林吧！"后来在墓地多次发现琉璃瓦件，其上刻有"张大元帅林墓琉璃瓦，民国十八年制造"等铭文，足证此墓地当时定名为张大元帅林。中国古代对墓葬的名称有严格的等级规定：皇帝之墓称"陵"，王侯之墓称"冢"，圣人之墓称"林"，百姓之墓称"坟"。孔子之墓称为"孔林"，关羽之墓称为"关林"。张学良比照古代墓葬的规定，将张作霖归入圣贤之列，而称为"林"。

1929年1月，正式成立大元帅葬仪筹备处。这是营建元帅林的领导机关。葬仪处的人员组成：总办彭相廷；会办郑天顺（字紫宸）；经理石辑五、王运丰（帅府总务科长）。葬仪处在外地设立两个办事处：一个是张大元帅葬仪筹备处北平办事处，设在北京前门外施家胡同；另一个是大元帅墓葬工程处，设在抚顺元帅林。

时任边业银行总裁的彭相亭，兼任葬仪处总办。这是张学良点的将。彭贤，字相亭，号相廷，别号香庭。其父彭万荣曾与张作霖换过帖，是拜把兄弟。彭万荣过世后，彭贤在新民县信和粮店当小伙计。恰逢张作霖任巡防营管带，驻防在新民县。一次偶然的机会，张作霖知道了彭贤是他的把兄弟彭万荣的儿子，而且干活勤谨，为人本分，就有意提拔他。后来，张作霖升任第二十七师师长，进驻沈阳，就把彭贤带到了沈阳。起初将彭贤安排在军需

① 李凤民：《话说元帅林》，东北大学出版社2004年版，第8页。

处，后来逐步升为东三省官银号总办，成为张作霖时代红极一时的人物。张作霖死后，彭贤坚决辞去东三省官银号总办的职务，在家赋闲。过了一段时间，张学良请他帮忙就任张家私人企业边业银行总裁，他不便推托，只得答应下来。张学良又说：“还有一事，就是先父的灵柩现在浮厝于花园里，关于葬地，因驿马坊老坟不能动土，应另选吉地，修建坟墓，择期安葬，此事拟请分神筹办。”① 彭贤义不容辞，也一并答应下来。于是，彭贤就任葬仪处总办。

葬仪处的第一件事是征地动迁。张学良指示，要“体恤农民”，高价动迁。当时每亩地，市场价格是现大洋 20 元。张学良出具的高价是，上等地每亩现洋 160 元，中等地每亩现洋 80 元。房屋、坟茔拆迁也给予高价补偿。由于动迁价格优厚，百姓积极配合，十几户人家很快动迁完毕。

葬仪处的第二件事是筹备经费。借张作霖周年祭典之机，四省要人会议决定厚葬大元帅张作霖。预算经费 1400 万元，陵墓预定三年完成。经费负担：张学良 500 万元，辽宁省 400 万元，吉林省 200 万元，黑龙江省 200 万元，热河省 100 万元。

葬仪处的第三件事是设计图纸。张学良决定聘请天津华信工程司的工程师殷俊设计大元帅林。现在辽宁省档案馆藏有殷俊设计的《大元帅林程简略说明书》，这是目前唯一能够找到的大元帅林工程设计方面的档案资料，弥足珍贵。这份《说明书》档案是学者李凤民发现的，很有史料价值。《说明书》包括“张故大元帅林墓之形势”“建筑大纲”“简略预算”三部分。其第一部分：“张故大元帅林墓之形势：沈阳之北，辽水之东，有佳域焉，名为水龙湾。其地势紧凑，起祖于长白之龙岗；千里奔腾，发祥于铁背山之麓。前朝后应，气象万千，左降右伏，明堂端正。结回龙祖顾之穴，流神环抱；揽浑河上游之秀，屈曲到堂。且也灵石遥承，俱见精英之凝结；奇峰环列，益形拱卫之森严。是知吉人福地，允宜百世荣昌。此诚天施地设，所以酬我遗德在民之张故大元帅者也。”

这是一篇辞情并茂的骈体文。殷俊以绮丽华彩的文笔对水卧龙村作了形神逼肖的描述，体现出他对大元帅林设计的重视与投入，也可看出殷俊具有深厚的中华文化的底蕴。殷俊大约是在 1929 年 3 月完成建筑方案设计的。元

① 吴景勋：《东三省官银号总办彭相亭》，《辽宁文史资料》，第 14 辑，辽宁人民出版社 1986 年版，第 73 页。

帅林的设计者学界一直不知是何许人，学者李凤民在《话说元帅林》里考证出为建筑设计师殷俊，这是一个重要的发现。

葬仪处的第四件事是采购石刻。据后来抚顺博物馆调查，大元帅林的石人、石兽、石牌坊等石刻大多来自于北京西郊石景山区五里坨隆恩寺，以及清代饶余敏亲王、安亲王和明代太监坟上。饶余敏亲王即是清太祖努尔哈赤的第七子阿巴泰。安亲王是阿巴泰的第四子岳乐，号安，封亲王，故称安亲王。这些石刻都是葬仪处花钱购买的。①

葬仪处的第五件事是动工兴建。招募民工 1200 多人，其中石工约 100 人、瓦工约 100 人、木工约 60 人，其余大量的是力工。在当地雇用大车 50 辆。1929 年 5 月动工。1929 年秋季，在冈北修建了元帅林火车站，向南修筑了火车道和大车道，以利运输。工程到 1931 年九一八事变时，已经基本完工。事变的翌日，经理石辑五派人到沈阳请示，即停止修建。

建成的大元帅林规格崇隆，气势雄伟。东起老龙头，西至二道沟，北达火车站，南抵浑河岸，占地 1200 亩。元帅林由三部分组成，即外城、方城和圆城。方城在南，圆城在北，方城和圆城的外面围以外城。

外城。外城的城墙大体呈长方形。城墙依山而建，起伏如山城式。东西宽 315 米，南北长 680 米，墙高 3 米，墙基厚 1 米，墙顶厚 0. 7 米。外城四角各建炮台一座，炮台为圆形，直径 15 米。外城设头门 3 间，券洞式。其墙顶加盖门楼子 5 间，木质彩绘，琉璃覆顶。外城东西各有侧门一间。门内各设守卫房一座。

元帅林石牌坊及宝顶

方城。方城的城墙东西宽 150 米，南北长 170 米，墙厚 1 米。入头门约 100 米，越过 3 间楼牌坊，可直达方城的中

① 王秀岩：《元帅林修建前后》，《沈阳文史资料》，第 3 辑，内部发行 1982 年版，第 167 页。

门，中门的建筑与头门无异。踏入中门，方城北部正中是3间大殿。大殿的中间摆设红色花梨木灵座，座后装置红木云龙屏神橱，供祭祀之用。大殿东、西两侧各有配殿5间，供祭典时休息之用。

元帅林前的两个纪念柱

圆城。从方城的后门出去，就是两座顶天立地的纪念碑。两座纪念碑之间，依山坡而建的是10层120级台阶。拾级而上，台阶的顶端为4个翁仲，翁仲是墓前石人的专称。穿过翁仲，可达圆城的正门。正门又称墓门，体量3间，木架结构，每间装木门一扇。木门内外钉满天星金钉，门顶铺设绿琉璃瓦。圆城的东、西各有厚重的侧门一座。圆城的城墙依山而建，墙体用大块砖垒成，磨砖对缝，外加雕刻，顶饰琉璃。步入圆城正门，穿越高十数米、四柱三楼的汉白玉牌坊，就是宝顶了。宝顶共上、下两层，下为圆形平台，平台正中为圆形丘冢基墙，基墙之上凸起圆形冢顶。宝顶地宫的三道石门均为汉白玉的。穿过与地表同一水平面的15米长的墓道和7.8米的二墓道，就是地宫的单窟墓室。墓室拱顶呈穹隆形，上面彩绘日月星辰。地宫之内装置白洋灰灵座，灵座前设置玉石案桌，上设五供、万年灯。

整座陵寝仿照帝王的陵墓，只是规模较小而已。

因九一八事变，元帅林停工。原来准备设立的张作霖的石碑，也没有完成，成了无字碑。

元帅林建成后的具体风貌，未见记载。著名历史学家金毓黻在元帅林停工第三年会同日本古建筑专家杉村勇造等人到元帅林考察，对元帅林曾有详细描述，十分难得。金毓黻在其《静晤室日记》1934年4月25日里记道：

朝起，偕衫村诸君赴元帅林。此故大元帅张公雨亭之冢墓，工将竣而未克葬者也。

沿沈海路东行，过抚顺城，至营盘之东，有村曰高丽营子。其南有铁背山，山上有土城二，东曰界城，西曰藩城，合称界藩城，清太祖与明兵构战时曾居于是。浑河自东方来，流于山之北麓，其直如矢。

河之北于平地起三培塿。中高而左右俱低，俗称水龙坞。中部即张公玄堂之所在也。自南而北始为平地。建石坊一于正面，再进则为南外门，入门地甚敞夷，中有石坊。再进则为祀殿之门，进门中为祀殿，左右为配殿，外有垣。环之成正方形。过祀殿而北，地势隆起，左右树二石表甚竣。中为白石甬道，逐次而高。凡十层，每层十二级，共一百二十级，上有翁仲，横列为四。拾级而登，玄室隆起为圆顶，如帝王陵，中有路，直造室内。内为圆形，如穹庐，中有石床，以置棺。门有石扉，床侧饰以石人，尽为人残毁矣。玄室亦有垣绕之，惟缺其前面耳。祀殿门前，石料纵横，中有石坊、石马、石狮、翁仲，多为前代制，有极佳者。①

“玄堂”，指地宫；“南外门”，指外城之南门；“外有垣”，指方城；“二石表”，指两座石华表，即两座纪念碑；“玄室亦有垣绕之”，“玄室”指地宫，“垣”指圆城；“惟缺其前面耳”，指没有圆城正门。此门可能是在九一八事变第二年，日本人出动飞机炸宝顶时将其炸毁。

1954 年，因修建大伙房水库，元帅林山下部分地处淹没区。大坝合龙前，山下的石刻政府尽数拆迁到山上。后来全部置放在圆城内，计 64 件。粉碎“四人帮”后，有关部门拨出专款对元帅林进行了维修，并且成立了元帅林文物石刻管理所，对文物、石刻加以保护。

九一八事变后，张作霖的灵柩如何安葬，成了张家的大问题。当时，日本关东军司令本庄繁曾致电张学良的二弟、时任天津市市长的张学铭，帅府所有财产和父陵均妥善保护，如派人索取，将如数归还。为此，张学良在北平官邸顺承王府召开了一次家庭会议，参加者有大姐冠英、二弟学铭、三弟学曾、四弟学思、堂弟学成，共议此事。张学良气愤地说：“国土都沦陷了，还要那些破烂（指张家财物）干什么！只是父陵要葬。”② 最后议定将张作霖

① 金毓黻：《静晤室日记》，第 5 册，辽沈书社 1993 年版，第 3299 页。

② 赵杰：《元帅林》，《辽宁文史资料》，第 22 辑，辽宁人民出版社 1988 年版，第 195 页。

的灵柩迁出沈阳珠林寺，暂葬于锦县驿马坊。1937 年 6 月 2 日，在沈阳珠林寺举行张作霖亡灵的超度仪式。第二天，正是张作霖遇难九周年忌日，在慰灵祭之后，匆匆起灵，移葬于锦县（今凌海市）石山镇驿马坊张家墓地。这个墓地最早埋葬的是张作霖的母亲王太夫人，后来续葬了张作霖的夫人赵春桂。这次埋葬的是张作霖。先是雇民工在其夫人坟墓的南侧，打开一个比棺材大一些的墓穴，然后三面用砖石砌墙，灌以水泥。张作霖的灵柩下葬后，再以水泥板封口，最后与其夫人之坟共同修成一个大坟。张作霖和赵春桂的坟在前，王太夫人的坟在后。这里成为了张作霖墓园。

笔者于 2006 年 5 月 6 日驱车 250 公里，亲自踏访了张作霖墓园。墓园位于锦县（今凌海市）石山镇驿马坊。此地离张作霖的生母王太夫人的老家黑山不远，距锦州 39 公里。

墓园的大铁门紧闭。我们从北面的侧门进到里面，看到了一间简陋的砖瓦房，找到了看墓的老者。老者很是热情，引导我们参观。墓园幽静，只见到零星的参观者。

墓园的大门坐东朝西，正对十三山的中峰。门前 100 多米有一条南北流向的小溪，雨季水流充沛，旱季溪水断流。我们没有看到水流。墓园不大，占地 20 余亩。1916 年，张作霖将其母亲王太夫人由黑山县移葬于此，立为主坟。开始张作霖并没有过多关注这座墓园。后来，张作霖官运亨通，步步高升，他认为是墓地显灵，于是大兴土木，美化墓园。墓园现在略具规模，成为锦州市文物保护单位。

张作霖墓园墓道

墓园由墓门、墓墙、墓碑和墓丘组成。墓门原为三柱式石质牌楼，早年废圮，现为水泥砖石结构的门柱。门外，两根高 2.2 米的方形石柱，分立南北。柱面阴刻正楷宋体楹联：“佳兆千秋开驿马，孝思百代仰慈乌。”

这副楹联是袁金铠撰拟。袁金铠曾任奉天书院教授，《奉天通志》副总编修，是奉天省的文化名人。

墓园里面树木稀少，只有少许灌木。大部分园地已经开垦成农田。墓园的正前方南北各立一通九眼透龙石碑，背驮石碑的是著名的赑屃。碑高 3 米，宽 0.9 米，厚 0.3 米。南面一通为宣统皇帝于宣统二年（1910）十一月十九日颁布的诏书，张作霖将其立于生母坟前，以表对母亲的尊重。关键是北面的石碑。此碑立于 1916 年 11 月，是记载歌颂王太夫人的功德碑。此前，1916 年 7 月 6 日，张作霖就任奉天督军兼省长，飞黄腾达，炙手可热。于是，他整修墓园，刻石勒碑，以表孝思。

张作霖墓园保存完好，张作霖的后人曾到墓园祭奠。

四、光未来后继有人

1. 张作霖的前辈

据考证，如前文所述，张作霖的祖籍是河北省大城县。张作霖的祖上本姓李。李家与张家姑舅亲，张家缺嗣，李家的儿子过继到张家为子，后为张家祖先。对此，1990 年 90 岁的张学良在其口述历史中有所陈述。他说："我们家的祖籍是河北大城。我们家本来是姓李的，是张家的女孩子嫁到李家去，生了个儿子。可是张家没有后人，就把李家的孩子抱一个回来，过继了一个，就姓张了。这个族谱后来叫我找到了。"① 这是说，张学良自称找到了张氏族谱，证明张家原来姓李。

张作霖曾祖张永贵于清道光年间，迁居辽宁省海城县叶家堡。此地现在改称为辽宁省盘锦市大洼县东风镇叶家堡屯。张永贵是张氏家族在这里定居的第一代人。到了祖父张发时，张家已经成为当地的一个富户。"躬耕之余，兼理烧碱业，家计赖以充裕，乡里称素封。"张发生有四个儿子，张作霖的父亲张有财排行老三。张发死后，父辈几个兄弟才分家另过。张有财娶妻邵氏，未生育。邵氏病逝后，续娶王氏。王氏共生三子一女：长子张作泰、次子张作孚、三子张作霖、四女张秀英。张家极贫。张有财死时，张作霖才 10 岁左右。

① 张学良口述，唐德刚撰写：《张学良口述历史》，第 1 章，第 3 页。

2. 张作霖的兄妹

长兄张作泰因与有夫之妇有染，十七八岁时被其父张有财误伤致死，前文已经提及。

二兄张作孚娶妻，生有二子三女。张作孚曾任黑山县警察队队长，1911年在黑山剿匪时牺牲。长子张学成（字铸卿）、次子张学文（字右卿）均尚年幼，由张作霖抚养。

长子张学成曾任张作霖的卫队营长，“皇姑屯事件”时为张宗昌部下师长，驻山东。九一八事变后沦为汉奸，张学良派人将其处死。遗女张闾华夭折。遗子张闾庸由张学良抚养至西安事变为止，居天津，为天津化学工业公司会计师，曾任科长，后退休。张闾庸曾著文《张作霖家族》，发表在1984年《沈阳文史资料》第6期上。张作霖家族的情况大多来自此文。

次子张学文曾留学日本、法国多年。西安事变时为东北军团长。事变后解甲经商，后侨居巴西，1986年曾到沈阳访问。共有三子。长子曰张闾纲，美国力学博士，任职芝加哥大学副教授，在阿岗原子能研究所做科研工作。次子曰张闾宁，美国力学硕士，任职美国西屋公司核子发电研究所工程师。三子曰张彤光，曾在巴西任大学电影系讲师，现经商。1992年6月4日，张学文的长媳张临凡带领女儿秋宜、薇宜来张氏帅府参观。

张作霖的妹妹张秀英配与杨姓，生有二子，叫杨成荫、杨德荫。其孙女乃奇，原为冶金部干部，现退休居北京。爱人王之玺曾任冶金部总工程师。

3. 张作霖的六位夫人

第一房是原配夫人，名赵春桂。1875年生，北镇县高山子镇赵家庙村人。她相貌端庄，性情温和，能辛苦地操持家务，相夫教子。传说眼睛有点斜视，但从新发现的照片，一点也看不出来。张作霖好骂人，常与同伙发生龃龉，经赵氏从中斡旋，赖以相安无事。张作霖婚娶赵氏，还有一段曲折的经历。张作霖在学兽医时，仍喜欢赌博。一日，因输钱不给，被人绑在树上毒打。张作霖不甘示弱，还破口大骂。时村中赵老恒，“家道小康，见而奇之”，拟将女儿许配给他。可是，遭到妻子和内弟的反对，而未成功。

后来，张作霖参加毅军，升为哨长。他感到提亲的时机成熟了。便请了两个月的婚假，带着立功的功牌、哨长的札委和见面的厚礼，来到赵家。先未提婚事，假说串门，对未来的岳母和舅舅，极为恭敬有礼，并出示所得功牌和哨长札委等。他见时机成熟，就托人向赵家求婚。赵家感到这个小伙子会有前途，这次全都同意了，于是他们就办了喜事。那年是 1896 年，他们都是 21 岁。生有一女二男，1898 年生首芳（后改名冠英），1901 年 6 月 3 日生学良，1904 年生学铭。

1911 年冬，赵氏携学铭到奉天找张作霖要钱。赵氏和学铭住外间，张作霖住里间。因为夜间学铭啼哭，把张作霖吵醒，张起来，把学铭打了一顿。赵氏与张争吵，次日即回新民家中，转年 4 月病逝。时冠英 14 岁、学良 11 岁、学铭 7 岁，从此，卢夫人便担当起做母亲的责任。后来张作霖续娶了五房姨太太，都没有扶正。张作相对赵夫人评价甚高："大帅能成就大业，多亏我那老嫂子！"世人评论赵氏说："善良贤淑，相夫教子，对于张作霖的勋业很有帮助。"1912 年 8 月 4 日去世，终年 38 岁。

第二房是卢夫人，名卢寿萱。1881 年 10 月 8 日生。她是北镇县中安堡一个塾师的女儿。能书会写，美貌异常。一日被张作霖看见，想入非非。他找了一个借口，说为其帮首程敬芳提亲。女孩的舅舅推托说："程是外乡人，不知底蕴不嫁。若像你这样的人，才能嫁。"舅舅的意思是，你张作霖已经有了妻子，所以随意说说而已。但张作霖把这句话记在心里，就不断地献殷勤，而后就认真地求婚。舅舅说："你已有妻，我的甥女岂能给人做二房？"张作霖答道："两头为大，绝不是二房。"[①] 卢家本想将女儿送往北镇县城内逃避，但是路途 40 里，中间还有几伙土匪，担心被抢。比较起来，张作霖还算好一点，遂决意嫁给张作霖。1900 年秋，张作霖娶卢氏。赵氏料理一切，时赵氏已经身怀张学良三个月了。九一八事变后，长期居住天津。1974 年 5 月 15 日病故于天津。生有二女，1907 年生怀英，1911 年生怀卿。

第三房是戴夫人，名戴宪玉（亦有称陶氏、宪氏或王氏者）。1886 年生。她是北镇县一个捕盗班头的儿媳，远近闻名的美人。张作霖用重金将她买了来。先在外边居住四个月，后与四太太许氏一同进门。戴氏不满意这桩婚姻，诸事不顺。一次，拿使女出气，打得使女难以坐卧。这件事被张作霖听到。刚当上奉天督军的他，怕此事张扬出去，有失体统，就当众痛骂了戴氏一顿。戴氏觉得大丢面子。再加上其弟因用手枪击毁路灯，而被张作霖下令枪决。戴氏感到俗世悲凉，而皈依佛门，削发为尼。1916 年郁闷而死。她没有子嗣。

---

① 周大文：《张作霖集团的形成》，《吉林文史资料选辑》，第 4 辑，吉林人民出版社 1983 年版，第 36 页。

第四房是许夫人，名许澍旸。1888 年生，河北宛平人。她父亲病死，母女相依为命。张作霖见她貌美，强迫成婚。许夫人为了改变自己的命运，曾进入学堂读书，后被张作霖强迫退学。但在家里，她也和孩子们一起读私塾，学到了一些文化。她事有见地，教子有方。九一八事变前，她迁居天津。七七事变后，又移居美国。新中国成立后只身回国。1978 年死于北京，享年 91 岁，安葬在八宝山烈士公墓。生有二子二女，1911 年生学曾（三子），1916 年生学思（四子），1909 年生怀瞳（三女儿），1913 年生怀曦（五女儿）。

张作霖最宠爱的五夫人寿氏

第五房是寿夫人，名寿懿。1898 年生。她是黑龙江将军寿山的一个外室王姓所生，故又名王雅君。1917 年中学毕业时代表毕业生致辞，被与会的时任奉天督军兼省长的张作霖相中，1918 年成婚。她中学毕业，聪明伶俐，知书达礼，且精明能干，宽严有度。后很得张作霖的宠爱，而成为帅府的内当家。九一八事变后，寿夫人和马夫人移居天津，1948 年冬，她们离津赴沪转台湾。1974 年病逝于台北。在台湾的时候，每逢她寿辰之日，张学良均往府上行叩首礼，数十年如一日。生有四子，1920 年生学森，1922 年生学浚，1924 年生学英，1925 年生学铨。

第六房是马夫人，名马岳清。1905 年出生。她出身贫苦，被卖到天津的天宝班学唱戏。一次偶遇张作霖，被张作霖看中。后来由寿夫人出面接到帅府，先以丫鬟的身份安排在自己的身边。在适当的场合，才公开了她的身份。大家习惯称她为六太太。她性格内向，为人谦和。1948 年她和寿夫人一同去了台湾。马夫人于 1976 年在台湾病逝，享年 72 岁。生有一女，即怀敏。

张作霖的六房妻妾，一律叫太太，不叫姨太太。起初，以大、二、三、四、五、六太太称之。后来，张作霖入主中南海，自封陆海军大元帅，由寿夫人提议，以娘家氏称，一律改称夫人，以示郑重。遂有卢夫人、许夫人、寿夫人、马夫人等各位夫人，除寿夫人和马夫人外，九一八事变后，她们之间基本无来往。

4. 张作霖的八个儿子

张作霖共有子女 14 人，其中子 8 人。子 8 人是：张学良、张学铭、张学曾、张学思、张学森、张学浚、张学英、张学铨。女 6 人是：张首芳、张怀英、张怀卿、张怀瞳、张怀曦、张怀敏。

长子张学良，字汉卿，号毅庵。1901 年 6 月 3 日生，农历是四月十七日。他过生日和中国人的风俗一样，都过农历。1912 年，生母赵氏病逝，聘请崔骏声等学者为家庭教师。1916 年，开始学英文。是年，与于凤至结婚。1919 年 3 月，入东三省陆军讲武堂学习。1920 年从讲武堂毕业，任巡阅使署卫队旅旅长。1922 年，任东三省陆军整理处参谋长。1924 年，任镇威军第三军军长。1925 年，任陆军中将。1926 年 3 月，任镇威军第三方面军军团长。1928 年 7 月 3 日，被推举为东三省保安总司令兼奉天省保安司令。同年 12 月 29 日，宣布改易旗帜，与南京政府统一合作。1929 年 1 月 4 日，南京政府委任张学良为东北边防司令长官。10 月 9 日，就任全国陆海空军副司令。

1931 年 9 月 18 日，日本炮击沈阳北大营，九一八事变爆发。张学良执行蒋介石的不抵抗命令，东北军退出沈阳。1933 年 3 月 11 日，张学良通电下野。4 月 11 日，出国考察。后回国，参与剿共，先在鄂、豫、皖，后在陕、甘、宁，屡遭失败。1936 年 12 月 12 日，发动了震惊中外的西安事变，后被蒋介石软禁。1946 年，押送台湾。1990 年，解除对张学良的管制，在软禁了 55 年后，他获得了自由。1991 年 3 月 10 日（美国时间），他和赵一荻飞到美国旧金山去探亲。1995 年 4 月，张学良和赵一荻宣布在美国夏威夷定居。当地时间 2001 年 10 月 20 日，在美国檀香山病逝。享年 101 岁。

1927 年 6 月，张学良与夫人于凤至在顺承王府官邸

夫人于凤至，字翔舟，1897 年农历五月初八生。吉林省怀德县南崴子乡大泉眼村人。她和张学良的婚姻，是张作霖决定的。于 1915 年成婚。婚后，于凤至又进入奉天女子师范学校学习。西安事变后，她匆匆从英国只身返回国内，进行多方营救。并陪伴张学良度过了三年的幽禁生活。1940 年，乳房患疾后，赵一荻立即从香港赶来，接替她照顾张学良。她率子女旅美。1964 年 3 月，亲笔写信同意和张学良办理离婚手续。她说："赵绮霞对张家是有大功的，真是不容易啊！"她 1990 年 3 月 17 日因心脏病，在美国洛杉矶市好莱坞山寓所逝世，享

年91岁。

1927年，于凤至与子女在一起（左起于凤至、闾琪、闾玗、闾珣、闾瑛）

生一女三子。1916年生女儿张闾瑛，1917年生长子张闾珣，1918年生次子张闾玗，1919年生三子张闾琪。三子张闾琪于1929年因肺病死于沈阳。张闾瑛、张闾珣都没有子女。次子张闾玗有儿子张居仁、女儿张康妮，一直在于凤至身边。

1933年，张学良背负不抵抗的名声下野时，长女张闾瑛随同家长出国。父亲应召回国，她跟随母亲在英国留学。辗转去了欧洲几个国家，会六国语言。1941年，与凤城人陶鹏飞结婚，后定居美国旧金山。于凤至定居在洛杉矶。因为工作的关系，她们没有生活在一个城市。

陶鹏飞在旧金山湾区被誉为“湾区名人”。他早年曾就读于东北大学，张学良是他的校长。他和张闾瑛结为伉俪，是在西欧。在美国定居后，他在加州圣旦克兰大学任教授。侨界尊称其为陶教授、陶公。1962年，张学良解禁后，因缘时会，陶鹏飞夫妇被邀请参加在台湾召开的阳明山会议。由于他们的一再申请，在会议结束前，获准去探望张学良。这次探望，是蒋经国陪同前往的。吃饭时，蒋经国借故离开了。对于蒋经国的陪往，陶鹏飞感慨地说：“他还是很热情的。虽然探访时他陪同前往，但家宴却托词没有参加。”① 这是他们结婚后第一次见到张学良。世事沧桑，感慨万千，其中的酸甜苦辣，自难形容。1999年10月13日去世。他生于1909年4月22日，享年91岁。

张学良与赵一荻的婚姻富有传奇色彩。赵一荻（亦名赵媞、赵绮霞）1928年在芳龄16岁时来到张学良的身边，直到1964年才在台湾补行了婚礼。她陪伴了张学良72年。2000年，夏威夷时间6月22日在夏威夷病逝，享年88岁。

① 赵杰：《留住张学良——赴美采访实录》，辽宁人民出版社2002年版，第103页。

他们于 1930 年 12 月 17 日生一子，名闾琳。1940 年，赵一荻去贵阳修文阳明洞陪伴张学良，将闾琳送美国朋友家长大。现居美国洛杉矶。闾琳的夫人陈淑贞是粤军陈济棠的侄女。他们生有二男：巴比和罗比，中国名字为居信、居仰。居信毕业于斯坦福大学，学电脑工程；居仰毕业于南加州大学，学新闻学。

张学良夫妇与子女在一起

次子张学铭，字西卿。1906 年生。他和大哥张学良同为赵氏所生，但张作霖不喜欢他。这都是因为一个梦。据说，生学铭时，看门人老薛午睡做了一个梦，看见一个小喇嘛直入院内，薛起来急忙追去，恰与张作霖相遇，张作霖忙问："跑来做什么?"薛答："见一小喇嘛进院，故追入。"张作霖骂道："胡说，你做梦吧!"此时，赵氏恰好生下学铭。张作霖骂道："这小子找我算账来了!"因为张作霖办团练时，在土匪中有一个小喇嘛被他枪杀，因此不大喜欢学铭。张作霖是非常迷信的。

赵绮霞像

1923 年，张学铭与东北医院姚院长的女儿姚小姐结婚，1925 年姚氏生一女，取名张闾娥。后张学铭与姚氏离异。后与北洋政府代总理朱启钤的五女儿朱洛筠结婚，生有二子，长子张云冲生两孙子李大壮、张岩；次子张鹏举。

后来，张作霖的实力逐渐扩充，做了东北王。日本人为了控制他，要求张作霖派一个儿子去日本留学，意在把这个儿子作为人质。此时的张作霖前嫌尽释，对儿子学铭极为关注，1928 年，就把学铭派到日本去，进入日本陆军步兵学校留学。大哥张学良对这个二弟亦非常关心，经常写信鼓励他努力学习，增长才干。有一封信中写道："弟能知在异邦奋勉，不贻国人之羞，不丢父兄之脸，兄甚喜。我弟论及东瀛人士，皆能努力前程，非同我国之军阀、官僚，日以大烟、麻雀为生活可比，兄闻之更快甚，觉我弟知识高进矣。但望我弟永远保守此种思想，将来学成归国，勿践旧官僚之恶习，是为切要。"①

1929 年，张学铭学成归国，先在东北军中任职。1930 年 10 月，任天津市公安局局长。1931 年 3 月，任天津市市长，兼任公安局局长和东北政务委员会财政整理委员会委员。1933 年，辞去天津市市长职，到欧美游历。1941 年，张学铭全家取道香港回国，闲居天津。1943 年，任汪伪军事委员会委员。1945 年，抗日战争胜利后，国民党政府曾任其为东北保安司令部中将参议，东北行辕参议室副主任，中将总参议。1949 年 1 月，全家蛰居津门。1950 年，入华北革命大学学习。毕业后，任天津市建设局园林处人民公园管理所副所长。1959 年 4 月，任政协全国委员会委员。历任天津市建设局副局长、顾问，天津市政协常务委员，民革天津市委员会主任委员，民革中央委员会委员。临终前，他嘱托次子张鹏举："我一生唯一的遗憾，就是不能与大哥见面。将来有机会的话，你一定要把我的话告诉他。"1983 年 4 月 9 日病逝，终年 77 岁。

原配姚夫人之女张闾娥，原在天津第二中心医院任图书管理员，现已退休。爱人何炳焕为天津医疗器械公司工程师，生二男二女。

朱夫人朱洛筠住北京，为全国政协文史专员。生有二子，长子允冲在香港经商；次子鹏举在天津市政建设开发总公司工作。1998 年 6 月 3 日，他曾随其他亲友赴美国夏威夷为大伯祝寿，完成了父亲的遗愿。鹏举的夫人名吴量绩。

三子张学曾。系四夫人许氏 1911 年所生。笃学敏思。曾先后赴日本、英国留学。第二次世界大战后，转赴美国。后在联合国总部秘书处任职，现已退休。有二子一女，均在美国。长子张闾瓒，在美国学化学，后在美国石油研究发展公司工作；次子学美术。张学曾于 2003 年在美国去世，享年 92 岁。

---

① 张学良：《致二弟张学铭函》，毕万闻：《张学良文集》（一），新华出版社 1992 年版，第 76 页。

青年时代的张学思

四子张学思。字述卿，曾用名张昉。系四夫人许氏1916年1月6日所生。自幼好动，天资聪颖。1928年，在奉天同泽中学读书。在校外，他得到了进步教师王西征的指导，阅读了大量进步书籍。王西征给张学思取名张昉，取“旭日初升”之意。1931年去北京汇文中学读书。1933年4月，经王金镜介绍，17岁时加入了中国共产党。1934年7月，经张学良保荐进入国民党南京中央军校学习。1936年12月12日，张学良、杨虎城发动了西安事变，张学思当夜被关押。12月25日，西安事变和平解决，张学思被释放。1937年1月，张学思从中央军校毕业，回到天津。1937年7月，他到上海找到赵四小姐，一同到奉化溪口探望张学良。8月，他又重新加入中国共产党。1938年10月，周恩来派张学思到革命圣地延安，进入马列学院二班学习。1939年9月，张学思从马列学院毕业。不久。被派到抗日军政大学三分校任东北干部队队长。在此期间，他和延安女子大学的学员谢雪萍相识并相爱了，1940年结婚。1941年9月，张学思率领东干队到晋察冀，开展敌后斗争。先后任冀中军区司令部参谋处长，军区副参谋长，晋察冀军区参谋处长，平西分区副司令员兼参谋长等。1945年8月8日，苏联对日宣战。10月，张学思率部到沈阳。1946年10月，张学思任辽宁省政府主席兼军区司令员。1949年9月，参加第一届全国政协。11月，任中国人民解放军第一所海军学校——大连海军学校副校长兼副政治委员。1953年，任中国人民解放军海军司令部副参谋长。1955年，授予海军少将军衔。1956年8月，赴苏联列宁格勒伏罗希罗夫海军学院学习。他用两年的时间完成了四年的学业。1958年，毕业回国。1961年3月，任海军参谋长。1970年5月29日，在“文革”中被迫害致死。年仅54岁。①

他和谢雪萍，有二男四女。男名先毅，仲群。女名晓晓，啸啸，乐然，子京。他们有的住北京，有的住香港。

五子张学森。1920年生于沈阳。曾留学美国学习航空。日本投降后，回国任天津警备司令部少校秘书。1948年去台湾，后移居美国夏威夷，在某航

① 刘永路等:《张学思将军》，解放军出版社1985年版，第383页。

空公司工作。1995年8月30日，他由夫人和三个女儿陪同，从美国夏威夷到北京参加海内外抗日将领、爱国人士及亲属纪念抗日战争50周年座谈会。连日来，他参观座谈、访亲晤友，十分兴奋。9月3日突然发病，9月8日不幸逝世。

张作霖的八子合影：学良、学铭、学曾、学思、学森、学浚、学英、学铨

生三女。长女闾衡，在香港经商。次女闾芳，居台湾。三女闾芝，在美国。1995年9月，张学森病逝于北京，享年75岁。

六子张学浚。1922年生于沈阳。20世纪40年代初，曾在北京辅仁大学肄业。日本投降后，曾在国民党军统部门工作，1946年去台湾。1949年去香港，在香港待了大约三年，就到了澳门。在澳门待了十六七年。生有三女二男：长女张闾雯是1949年在台湾出生的，二女张闾敏、三子张闾贤、四子张闾实、五女张闾怡，都是在澳门出生的。

七子张学英。系寿夫人1924年生于沈阳。1948年，去台湾转香港。20世纪50年代末期又回到台湾。一生无正式工作。其夫人史文馨。无子女。1983年，逝于台湾。

八子张学铨。系寿夫人1925年生于沈阳。九一八事变后到天津。1943年后，由天津到东北解放区。营口解放时进城，在税务局工作。天津解放后，退职回天津。1960年经周恩来总理批准，由天津市安排在第五十五中学工作，已退休。天津市政协委员。爱人马蕴兰在天津市先锋幼儿园工作。生一女，名闾琪，在天津市第二幼儿园工作。张学铨于1993年去世，终年68岁。

5. 张作霖的六个女儿

长女张首芳，又名冠英，1898年生。在兄弟姐妹中最长。由张作霖包办，与黑龙江督军鲍贵卿之子鲍英麟（字育才）结婚。九一八事变后，迁居天津。日本投降后，回到沈阳。全国解放前，迁居北京。1954年病逝。终年56岁。

张作霖的六女合影：首芳、怀英、怀瞳、怀卿、怀曦、怀敏

有二女二子。长女鲍雪芹，雪芹生长外孙女王秦，外孙王恒，二外孙王健，二外孙女王滨；二女儿鲍琨生四个外孙：关思秦，关思屏，关思佳，关思悌；三女儿鲍婕无子女；长子鲍健、次子鲍超均无子女。

次女张怀英。系卢夫人1907年所生。张作霖包办嫁给内蒙古达尔罕亲王之子色布。色布先天呆傻，婚后张怀英长期回娘家居住。这也是一桩政治婚姻。1921年5月，张作霖正式被任命为蒙疆经略使，成了真正的满蒙王。为了稳定内蒙古，他便决定，把自己的女儿许配给在内蒙古很有影响力的达尔罕亲王的公子。1928年6月，张作霖遇袭身亡后，她才得以离婚。后改嫁给曾任外交部代部长的陈箓之子陈友寿，寓居上海。解放前只身去天津，与妹妹怀卿在一起生活。无子女。1991年3月4日病逝。终年84岁。

三女张怀瞳。1909年生。张作霖包办许配给东三省总督、后任临时参议院议长的赵尔巽之子赵天赐博士为妻。婚后夫妻感情融洽，十分和睦。婚后赵天赐改名赵世辉。抗日战争全面爆发后，先迁居香港，后移居美国。“已绿树成荫，子满枝矣”。怀瞳生二子一女。

四女张怀卿。1911年生。张作霖包办嫁给了上演复辟丑剧的张勋之子张梦潮。张梦潮患有严重的神经官能症，婚姻不幸福。九一八事变后，二人正式办理了离婚手续。后与岳某结婚，生有一子岳钦尧，一女岳钦兰。岳去世后，张怀卿与姜秉玉结婚，生有四个女儿：姜培平，姜培英，姜培敏，姜培玲。定居于天津。曾任天津市政协委员。1992年病逝，享年81岁。

五女张怀曦。四夫人许氏1913年生。张作霖包办嫁给国务总理靳云鹏之子，未婚。张作霖死后，退婚。后与张晓雪结婚，生有一子二女。1937年，她随母亲许夫人移居美国。曾在华盛顿工作。1991年，其子张永琪偕夫人许秋玲来沈阳张氏帅府访问。①

六女张怀敏。六夫人马岳清 1924 年生。1947 年，毕业于北京辅仁大学，与曾任奉天省省长的翟文选之孙翟元堃结婚。1948 年，随母亲去台湾，先后在台北师范大学和台湾辅仁大学任教授。翟元堃为某单位总工程师。生二男一女。男名为鲁平、芸台。女名为海蒂。②

五、爱国者历史定评

张作霖是一位极其复杂的历史人物，对他的评价众说纷纭，莫衷一是。我想，对他的评价应该有两个层面必须考虑到：一个是道德的层面，一个是历史的层面。

1. 道德的层面

这里所指的道德，是宽泛的道德概念。主要是指张作霖的为人、处世、奉上、驭下、侍亲、待友等思想行为领域范畴泛道德的概念。与张作霖有过直接或间接接触的同时代的人，对他都有一些感性或理性的评说，应该属于泛道德的范畴。这些评说，往往受到历史学者有意或无意的忽略。这是很不正常的史学现象。我们应该重视当时人的评说，哪怕是支离破碎的只言片语。这对历史学者来说，应该是弥足珍贵的。

这些评说采取多种方式反映出来，有的著书，有的作文，有的座谈，有的口述。综合这些众人评说，会给我们这个时代的人，留下一个立体的、完整的、鲜活的张作霖的形象，而不是抽象的、干瘪的、僵死的张作霖的概念。我想，这也正是历史学者应该完成的任务。可是，我们往往是在历史人物的概念上做文章，而忽略历史人物的真实形象，这个问题是不是应该引起我们的注意呢？

有广泛影响的台湾《传记文学》杂志社，在 1977 年 10 月举办了“张作霖先生座谈会”。③ 这是他们组织的第二十二次“每月人物专题座谈会”。与会者为东北耆老、知名人士和历史学者。有原东北军师长缪澂流，原冯庸大

① 张闾实：《漫漫归乡路》，哈尔滨出版社 2010 年版，第 44 页。

② 张闾庸：《张作霖家族》，《沈阳文史资料》，第 6 辑，内部发行 1984 年版，第 137 页。

③ “张作霖先生座谈会”，台湾《传记文学》，第 31 卷，第 4 期，第 26 页。

学校长冯庸，原东北军军官王铁汉、齐世英、郭德权，历史学者沈云龙，以及张式纶、王奉玮、陆云山、徐自强等。这是在张作霖被难后39年，在台湾召开的首次座谈会。与会者认真地回忆和恳切地品评了张作霖，发言具有相当深度和参考价值，值得我们重视。

缪澂流评说："我们对老帅不敢妄自评论，就其治军待人确是外严内宽。入蒙剿匪出力官兵，卧冰卧雪之艰苦，始终不忘。初上来，汉公带兵不能换新人者在此。再者他认识人才，重用人才……再讲老帅重用王永江诸位治理内政，其成绩超过关内各省。在民国二十年九一八事变以前，东三省大体均能安居乐业。直鲁难民每年成千成万出关，落户生根。东北处于日、俄两强之间，时时发生问题。这些年不但未订过丧权辱国条约，就北京对日所订'二十一条'，如辽南中日杂居、土地自由买卖、矿山开采等条件，有老帅在世，日本均未能行得通。回头说，曾国藩以侍郎办团练编成湘军，李鸿章以翰林出身编成淮军。老帅既无名位又无凭借，崛起辽东编成奉军，其在世关系国家地方，其死于皇姑屯之难，影响国际，影响世界。天助自助，诚为不世之雄才。其功其罪，近代史家自有公平论述。"缪澂流曾任东北陆军第十六旅旅长、第一一六师师长，1925年授陆军少将，1935年授陆军中将，国民党第五十七军军长和热河省政府主席。

冯庸评说："归纳起来，雨帅这位杰出人物，我自认很公正地评定他，是忠、诚两个字。他忠，他虽经日本芳泽谦吉公使的利诱威胁，始终不允签订丧权辱国的协定，致遭日本军部之忌，在皇姑屯将之炸死，以身殉职，而终未得爱国人士的同情……他诚，他对人是推诚委任，不猜疑，不忌妒。他用人经过面谈后，就决定职权，拨给武器、金钱，指定防区，人事任用委以全权，决不派人暗中考察。"冯庸1922年任东北航空处上校参赞，1925年任东北空军少将司令官，1929年任冯庸大学校长，1933年任东北抗日联军总指挥。后任国民党中将，1949年赴台，任高雄港口司令。

沈云龙评说："张雨帅于清末民初，以绿林豪杰崛起关外，际会风云，寖假而绾领封疆，为一方重镇。当然有其过人的才智和不寻常的机缘，是他最大成功的因素。自民国成立后，他由师长而督军、省长、东三省巡阅使、蒙疆经略使、东三省保安司令长官，名位崇隆，声威日增，手握军政重权十余载。用人惟才，不拘省籍，宽厚驭众，无间新旧，确具有做领袖的条件。虽身处日、俄两大列强之间，却时刻不忘国家领土主权的维护，不循故常，使觊觎者于既得权益之外，无可再生妄念，得以相安无事……可惜张雨帅毕竟历史知识不够，对近代政治基本概念也缺乏了解，再加上诚如缪军长所说‘英雄主义’作祟，因而不听有见识的王永江等劝告，曾经几次向关内进军，卷入政治旋涡，陷于泥沼，不能自拔。”沈云龙曾任《传记文学》杂志社编辑顾问，文海出版社总编辑，台湾大学历史教授及台湾“中央研究院”近代史所口述历史主持人。

王铁汉评说：“综合张先生与国父（孙中山）合作过程及往返函信中，观察分析则是，张先生对国父极为推崇。尤其在民国十一年至十三年，革命艰苦阶段，而有经济和物资上的援助。可以说，在这一时期，张作霖先生对革命是有贡献的。”王铁汉早年在东北陆军任连长、营长，后任陆军第一〇五师师长，第四十九军军长，国民党第一绥靖区司令长官，1948 年任辽宁省政府主席，1949 年赴台。著有《东北军事史略》。

郭德权评说：“张公为人忠厚，可称节、义、廉、明。张公自奉节俭，衣着朴素，饮食单简，每餐必进东北粗食高粱米饭少许，誓不忘本……张公胸襟宽宏，处事果断。”郭德权当年曾在黑龙江陆军军官养成所任职。

以上是这次座谈会部分人的发言片段。可以看出，他们对张作霖的总的评价是比较高的。此外，还有一些著述论及张作霖，现一并摘引如下，以供参考。

曹汝霖在《曹汝霖一生之回忆》中评道：“张氏身躯不高，声亦不大，颇有恂恂儒雅之风，没有赳赳武夫之气。北人南相，决不像长白山出身之健儿也……他最推崇者为袁项城（袁世凯）。他说，只有项城的能力、智力，能统一中国，惜误于群小忽起帝制运动，中道而殂……对赵次老（赵尔巽）说，旗人中有此远大眼光者少，惜缺乏时代知识。对合肥（段祺瑞）谓，他虽有刚愎之性，但用人不疑，对人诚实，不用权术，故门生故旧人才众多，无一不乐为之用，惜过信又铮（徐树铮）。又铮之才，胜于宇霆，惟锋芒太露，反有时为合肥之累。对东海（徐世昌）则谓，有容人之量而短治现代之才。他的学问深，但理论不切于时势，也许我们没有他的学问，故不易了解。对黄陂（黎元洪）谓，碌碌庸才，靠了一时运气，做了副总统，还要乱出主意，以至府院不和。对冯玉祥则深恶痛绝，谓反复小人，惟利是图，还要装伪君子。这人险而诈，同他共事，真要小心。余与他（张作霖）初次畅谈，听他评论人物，论及时事，却都中肯，不觉起了倾佩之意。”“张氏坐镇东三省，整军有方，理财有术，保境安民，人民称颂。尤其对付日本人，内外并进，刚柔互用，关东军无所施其技。少壮派恨之入骨，非去之不可，遂以非常手段，致丧其命，张氏亦不愧为一世之雄也。”[①] 曹汝霖在清末曾任外务部副大臣。北京政府期间，曾任外交总长，交通总长，财政总长。1927 年，曾任张作霖北京军政府财政委员会委员长。

颜惠庆在《颜惠庆自传》中评道：“至于他的功罪，一时尚难评判，只好留待史家的公正裁决。他所受的教育，十分有限，完全凭借本人天赋的智慧和机变，造成他死前的领袖地位。他能在东三省，日本军阀极度侵略之下，维持地方秩序，经历若干年，其应付能力要非一般武人所能企及。至于他的弱点，中国一般武人所共有，不能对张氏个别加以苛刻指摘。”颜惠庆曾几度任北京政府国务总理兼外交总长，是熟悉国际事务和国内政情的资深政治家和外交家。

顾维钧在《顾维钧对民国史几个问题的自述》中评道：“张作霖对我非常客气。我觉得他有他的特长，虽然他没有受过教育，统御部下却有他的一套。例如，张宗昌是他的部下，他对于大帅（张作霖）是要磕头的。张作霖要他做什么事，他就做什么事，服从得很。张大帅对部下，晓得他们的脾气。他自己不要钱，对部下手头很宽……而他自己的生活很简单。”顾维钧前文已作介绍，也是几届北京政府的国务总理兼外交总长，是老练的政治家和资深外交家。

以上是三位中华民国时期的头面人物所作的关于张作霖的书面评论，应该是字斟句酌的。张作霖留给他们的是智慧的、难忘的特别印象，认为张作霖的身上有许多长处。因此，认为他的崛起不是偶然的。

当然，在回忆文章中还有另一种声音，在这里也作一介绍。有代表性的典型文章是吴俊升的参谋长刘德权的《张作霖其人》，现全文摘引如下：“张作霖的总参议、号称智囊的杨宇霆对我说：张老将军毕竟是一个政治家，不是军事家。他指挥军队乱出主意，毫无定见，而且胆量又小。他的儿女亲家吉林督军鲍贵卿对我说过：张雨亭不能有五分钟对座说话，怎能研究军国大事。他最信赖的政治干才、省长王永江对我说：此人（指张）极嫉妒，而无信义，终不能成就大事。他的秘书长袁金凯对我说：张雨亭向来遇事一直向前钻，顾头不顾屁股，加上杨宇霆从后边向前紧，将来不撞在墙上不休。吴俊升督军对我说：张巡阅使专好对部下、将领加以离间，使其互相不和，终要演成流血惨剧。安徽督军姜登选对我说：张老将军对于一切，全是假的。

① 《曹汝霖（润田）的评论》，台湾《传记文学》，第 31 卷，第 4 期，第 18 页。

直隶督办李景林对我说：张巡阅使待人，不能推心置腹，反不如曹锟待吴佩孚，全权倚任。这些人可算是张作霖最亲信和依赖的军事和政治上的干员，他们在其左右甚久，评论他的为人、性格、作风，当然较确。因特一一记出，也可能作为他一生的性格鉴定之一助。”①

此文涉及的杨宇霆、鲍贵卿、王永江、袁金凯、吴俊升、姜登选和李景林等七人，确实都是张作霖最信赖的奉系高层军政官员。然而，他们对张作霖的评价却完全是负面的。这使我想到了人的两面性。张作霖有他的两面性，他的部下有他们的两面性。因为他们对刘德权说的话只是只言片语或一言半语，而刘德权又没有交代说话的时间、地点、背景等相关因素，因此这个材料也只能供读者参考。但起码使我们知道，张作霖是一个政治家，他不可能只具有一面性。

综上，由于人们看问题的立场、观点、方法的不同，也由于人们的身份地位、利害关系、观察视角的不同，所以，对一个人的评价也会有所不同，甚至是很大的差异。这是很正常的现象。我们把这些材料原汁原味地公之于众，希望读者对张作霖拥有一个立体的、完整的、真实的印象。

2. 历史的层面

所谓历史的层面，是说给张作霖以历史的评价。当前，史学界对历史人物张作霖的评价，大体有三种观点。

第一种观点是全盘否定说。认为张作霖的一生，“是反动的一生，祸国殃民的一生”。“最后，被日本帝国主义者看作为不堪利用的工具把他杀害了，落得个可悲的下场。”②

第二种观点是全盘肯定说。认为张作霖：“雨亭先生以一人之进退生死，而攸关世局与国运，如此其巨大，如此其深远。生为东北之重镇，国家之长城。死则以身殉国，重如泰山。中国近代史无论如何编纂，雨亭先生必然永居重要地位，成为民族英雄，历史伟人。”③

第三种观点是否定肯定说。论者认为：“盖棺论定，张作霖是个做了许多

---

① 刘德权：《张作霖其人》，《吉林文史资料选辑》，第 4 辑，吉林人民出版社 1983 年版，第 112 页。

② 常城：《张作霖》，辽宁人民出版社 1980 年版，第 206 页。

③ 张式纶：《论张大元帅雨亭先生》，台湾《传记文学》，第 31 卷，第 4 期，第 30 页。

坏事的封建军阀，但也干了一些好事……张作霖就是这样一个复杂的人物，对他持全盘肯定和全盘否定的观点都是不对的。”①

我同意第三种观点，认为张作霖应当是在否定的前提下给以部分肯定的一个封建军阀。他一生做了许多坏事，诸如：镇压辛亥革命，捕杀革命党人张榕；连年穷兵黩武，入关参战，争夺地盘，为害人民；反对共产党，杀害共产党领袖李大钊；反对五四运动，绞杀五卅运动等。从这一观点出发，对张作霖的评价基本上是否定的。但是，我认为不能全盘否定，应该在否定中有部分肯定。

他需要肯定的部分也是突出的，鲜明的。

诸如：在对外方面，东北身处日、俄两强之间，张作霖时时要应付来自日、俄两国的压力。后来，主要的是来自日本的压力。日本一直对中国东北虎视眈眈，他们梦想把全部东北和东部内蒙古首先变成日本的殖民地，然后以此为基地，进一步侵占中国，继而亚洲。他们对张作霖千方百计地威胁利诱，费尽心机地强迫他签订丧权辱国的条约。但是，在这个关乎国家前途命运的大节面前，张作霖绞尽脑汁地采取各种手段，沉着冷静地同日本斗法。或推托，或抵赖，或翻脸，或装傻。在情况危急时，他可以爽快地答应日本的苛刻要求，但危机过后，他也可以坚决地推翻他原来的承诺。这是作为特定历史条件下的特殊历史人物的特别做法。由此，事实上，他在主政东北期间，没有同日本正式签订任何丧权辱国的条约。这是难能可贵的。

在对内方面，张作霖为了增强东北的实力，做了很多工作。他重用人才，惟才是举，尊重知识，大办教育，派遣留学，整军经武，发展实业，修建铁路。他还镇压了俄国操纵的蒙古民族分裂分子的叛乱，同时在东北首创国内一流的东北大学。这一切，都是张作霖为东北的稳定和发展所做的工作。这是应该肯定的。

张作霖被日本军国主义分子暗害，其原因是他拒绝签订丧权辱国的条约，不愿意做出让后世子孙诟骂的卖国行径。这里突出地表现了他的爱国思想和民族意识。如果他俯首帖耳地签订了这些条约，就不会发生被炸死的惨剧。

直到他退回北京之前几天，日本公使芳泽谦吉还多次威胁他在密约上签字，如不签字将对他不利。但他仍然顽强地加以拒绝。甚至愤怒地高声大骂：“我是东北人，东北是我的家乡，祖宗父母的坟墓所在地。我不能出卖东北，

① 陈崇桥：《张作霖真传》，辽宁古籍出版社1997年版，第380页。

以免后代骂我张作霖是卖国贼。我什么也不怕，我这个臭皮囊早就不打算要了!”而这些话是骂给听得懂中国话的日本公使芳泽谦吉听的。张作霖这一骂，骂出了他的爱国情怀，骂出了他的民族风采。我们对张作霖的这个爱国表现，不能视而不见。

对芳泽谦吉实在拖不过去，就应付地签了个不着边际的“阅”字，用以对付日本人。正由此，使得日本人恼怒异常，而采取了暗杀的卑劣手段。

对于张作霖的死难，著名历史学家金毓黻评道：“作霖之遭日人嫉恨也，由于对日交涉无所屈挠。民国四年，日本向我提‘二十一条’，政府已允其请矣，中如延长旅大租期，及南满铁路交还年限为九十九年。疆吏固无术挽救。又如许日人杂居及商租土地，则为东三省存亡所系，日人尝胁作霖履约，作霖不应，急饬地方官民不得以房地外赁，违者处以重辟。厥后日人屡以商租房地向民间尝试，终无一人应者。由是‘二十一条’等于废纸矣。”

又进而说道：“日人欲伸其巨掌于东省者久矣，光绪甲辰两役所获已多，犹未餍足。遇中原有事，辄向作霖有所要索，颛颛若不出口。作霖谈笑而麾之，或折以片言，尝有以关其口而夺其气。故当其世东省中日交涉迄不得决，号为悬案。日人劫于积威，惮不敢发。然所以蓄怒于作霖者亦至深。故作霖亦终不免饮日人一弹。持此一节，固已皎然不污，可告无罪于天下后世。”①

“持此一节，固已皎然不污，可告无罪于天下后世。”金毓黻的评价是公允而客观的。

对于他的死难，我们既不能说是“以身殉国，重如泰山”，也不能说是“落得个可悲的下场”，而应当说是具有爱国的民族的悲壮色彩的。

总之，我认为，张作霖是一个具有爱国思想和民族意识的封建军阀。

① 金毓黻：《张作霖别传》，《吉林文史资料选辑》，第4辑，吉林人民出版社1983年版，第248页。

张作霖大事年表

1875 年（光绪元年）　1 岁

阴历二月十二日，即阳历 3 月 19 日，生于奉天省海城县小洼村，现称大洼县东风镇叶家村张家甸屯。

1887 年（光绪十三年）　13 岁

入杨景镇私塾念书三个月。

1888 年（光绪十四年）　14 岁

其父死后，随其母王氏到镇安县（黑山县）二道沟外祖父家就食。

1889 年（光绪十五年）　15 岁

卖烧饼，学木匠，打零工，当兽医。

1894 年（光绪二十年）　20 岁

中日甲午战争爆发，投清宋庆毅军当兵，后升任骑兵哨长。

1895 年（光绪二十一年）　21 岁

退伍回家，同赵家庙村地主赵占元的次女赵春桂结婚。

1900 年（光绪二十六年）　26 岁

甲午战后，官府腐败，土匪横行。张作霖在赵家庙村组织民间自卫武装“大团”，后占据北镇县中安堡。

1901年（光绪二十七年）　27岁

土匪金寿山在腊月三十夜半，偷袭中安堡。张作霖先逃到姜家屯，后逃往八角台。在逃往八角台的途中，其夫人赵春桂于马车上生下了张学良。

1902年（光绪二十八年）　28岁

接受新民府点编，任巡警前路游击马队帮办（副营长），后升任管带（营长）。

1904年（光绪三十年）　30岁

日俄战争爆发，其原则是谁给我好处，我就帮助谁。先帮助俄军，后改为帮助日军。

1906年（光绪三十二年）　32岁

因其带兵名声甚佳，被新任盛京将军赵尔巽任命为五营统带（团长）。

1907年（光绪三十三年）　33岁

清政府在东三省设立行省，任命徐世昌为东三省总督。因计擒匪首杜立三立大功，授为奉天巡防营前路统领（旅长），管辖马步五营。

1908年（光绪三十四年）　34岁

奉徐世昌之命，去剿灭被俄国收买的蒙匪，将蒙匪陶克陶胡驱逐出境，边疆安宁。

徐世昌将其兵力扩充为七个营，达到3500人，成为东北最大的一支劲旅。

1911年（宣统三年）　37岁

武昌起义爆发，张作霖带兵急赴奉天省城，镇压革命党人。东三省总督赵尔巽命他兼任中路巡防营统领，统率15个营的兵力。

1912年（民国元年）　38岁

因挤走革命党人蓝天蔚，诱杀革命党人张榕，深得清廷赏识。清廷授其为关外练兵大臣，以总兵记名，后任为第二十四镇统制（师长），并兼奉天巡防营总办。从此，掌握了奉天省的军事大权。袁世凯就任中华民国临时大总统后，改防营为陆军，任命其为民国陆军第二十七师师长，授陆军中将衔，特授勋五位。

1913 年（民国二年）　39 岁

袁世凯在北京召见张作霖，向他暗示升官有望。

1914 年（民国三年）　40 岁

1912 年，任命张锡銮为东三省西边巡抚使，后改任奉天都督兼奉天民政长。1913 年，兼署吉林都督。1914 年，改任奉天巡按使，旋又改任奉天将军，授镇安上将军，节制东三省。张作霖觊觎其位。

1915 年（民国四年）　41 岁

张作霖两次秘密派人赴京，试图运动继任奉天将军。张锡銮调走，袁世凯任命他的心腹段芝贵为奉天巡按使、镇武上将军，节制东三省。张作霖的希望落空。

1916 年（民国五年）　42 岁

巧妙驱逐段芝贵。大造"奉人治奉"的舆论，袁世凯任命其为奉天盛武将军督理奉天军务兼奉天巡按使。袁世凯帝制失败病死后，黎元洪继任大总统，改任张作霖为奉天督军兼省长。日本阴谋暗杀张作霖，未遂。

1917 年（民国六年）　43 岁

兼并黑龙江省，保举他的儿女亲家鲍贵卿为黑龙江督军兼省长。

1918 年（民国七年）　44 岁

徐世昌总统任命其为东三省巡阅使。

1919 年（民国八年）　45 岁

五四运动爆发。对学生爱国运动力主镇压。将儿女亲家鲍贵卿调任吉林督军。任命部下亲信孙烈臣为黑龙江督军兼省长。张作霖真正掌握了东三省的大权，成为名副其实的东北王。

1920 年（民国九年）　46 岁

在直皖之争中，助直反皖。借祝寿名义，在奉天召开八省联盟会议，组成反皖联盟。

1921 年（民国十年）　47 岁

在天津参加靳云鹏、张作霖、曹锟和王占元的四巨头会。5 月 30 日，北京政府任其兼任蒙疆经略使，辖有热河、察哈尔、绥远三个特区，成为事实上的满蒙王。

1922 年（民国十一年）　48 岁

在张作霖的支持下，梁士诒组阁。吴佩孚猛攻梁阁，梁阁辞职。第一次直奉战争爆发，奉军失败而归。张作霖宣布东三省自治，自任东三省保安总司令。成立东三省陆军整理处，以便整军经武。

1923 年（民国十二年）　49 岁

扩建奉天兵工厂。任命沈鸿烈为镇威上将军公署航警处少将处长，扩建东北海军。开始建设东北大学。整理财政，当年奉天省的财政盈余 820 万元。

1924 年（民国十三年）　50 岁

奉军组成镇威军，张作霖自任总司令，下辖六个军。挥军入关，与直系再战，是谓第二次直奉战争。直系冯玉祥阵前倒戈，发动北京政变，直系大败。召开天津会议，推出段祺瑞为中华民国临时执政。张作霖和冯玉祥瓜分地盘。

1925 年（民国十四年）　51 岁

杨宇霆当上江苏督办，姜登选当上安徽督办。浙江督办孙传芳联合长江流域的直系军阀，密谋反奉。杨宇霆和姜登选分别退出苏皖，奉军退回山东。郭松龄举兵反奉，因日本助张反郭，郭败被杀。张作霖不事株连。

1926 年（民国十五年）　52 岁

奉天代省长王永江辞职。张作霖联合吴佩孚，讨伐冯玉祥。孙传芳被北伐军打败，向张作霖求救。张作霖就任安国军总司令，决定攻打南方和西北的国民军。

1927 年（民国十六年）　53 岁

在北京绞杀了李大钊等多名革命志士。张作霖在北京组成安国军政府，在怀仁堂就任中华民国陆海军大元帅职，成为北洋政府的末代国家元首。任命潘复为国务总理。日本召开东方会议，策划如何进一步侵略中国。日本逼迫张作霖签订丧权辱国的条约，张作霖极力推托。

1928 年（民国十七年）　54 岁

国民党新军阀蒋介石等对奉军发动进攻。奉军节节败退，张作霖决定退回关外。日本公使芳泽谦吉多次威胁、利诱张作霖在密约上签字，张作霖愤然拒签。

6 月 3 日，由北京乘专车返奉。

4 日晨 5 时 23 分，张作霖专车在皇姑屯附近的三洞桥被炸，不幸死难。阴谋暗杀者是日本最高当局指使的日本军国主义分子。

17 日，张学良化装秘密自滦州动身回沈，次日晚安全抵达。

18 日，奉天各法团会议公推张学良继任奉天军务督办，张学良于次日在军署正式就职。

23 日，在奉天召开东三省军民联合会议，当场推举张作相为东三省保安总司令兼吉林省保安司令，张学良、万福麟分任奉天、黑龙江两省保安司令。张作相坚辞不就东三省保安总司令职。

7 月 2 日，东三省议会“咨举”张学良出任东三省保安总司令，张学良于 4 日就职。张作相、万福麟任副司令。张学良继承遗志，就任东三省保安总司令。东北地区平稳地交接了政权，粉碎了日本乘乱鲸吞满蒙的妄想。

图书在版编目(CIP)数据

张作霖 / 徐彻著. -- 北京 : 中国文史出版社,
2022.2

(徐彻作品系列 / 徐忱主编)

ISBN 978-7-5205-3310-2

Ⅰ. ①张… Ⅱ. ①徐… Ⅲ. ①张作霖(1875-1928)
-传记 Ⅳ. ①K827=6

中国版本图书馆 CIP 数据核字(2021)第 215739 号

责任编辑：蔡晓欧

出版发行：中国文史出版社
社　　址：北京市海淀区西八里庄路 69 号院　邮编：100142
电　　话：010-81136606　81136602　81136603（发行部）
传　　真：010-81136655
印　　装：北京新华印刷有限公司
经　　销：全国新华书店
开　　本：720×1020　1/16
印　　张：25.25　　字数：418 千字
版　　次：2022 年 2 月第 1 版
印　　次：2022 年 2 月第 1 次印刷
定　　价：76.80 元

文史版图书，版权所有，侵权必究。

文史版图书，印装错误可与发行部联系退换。